电力机车制动系统检修与维护

主　编　◎　姚皓杰　吴风丽　张衍成

副主编　◎　曾　光　贾乾峰　柳建强

参　编　◎　乔洪顺　李　觃　李　杰

主　审　◎　黄世清

西南交通大学出版社
·成　都·

图书在版编目（CIP）数据

电力机车制动系统检修与维护 / 姚皓杰，吴风丽，张衍成主编. -- 成都：西南交通大学出版社，2025.
1. -- ISBN 978-7-5774-0257-4

Ⅰ.U264.2

中国国家版本馆 CIP 数据核字第 2024P91Q88 号

Dianli Jiche Zhidong Xitong Jianxiu yu Weihu
电力机车制动系统检修与维护

主 编／姚皓杰　吴风丽　张衍成

策划编辑／张华敏
责任编辑／张华敏
封面设计／原谋书装

西南交通大学出版社出版发行
（四川省成都市金牛区二环路北一段 111 号西南交通大学创新大厦 21 楼　610031）
营销部电话：028-87600564　　028-87600533
网址：https://www.xnjdcbs.com
印刷：四川森林印务有限责任公司

成品尺寸　185 mm×260 mm
印张　18　　插页　2　　字数　457 千
版次　2025 年 1 月第 1 版　　印次　2025 年 1 月第 1 次

书号　ISBN 978-7-5774-0257-4
定价　59.00 元

课件咨询电话：028-81435775
图书如有印装质量问题　本社负责退换
版权所有　盗版必究　举报电话：028-87600562

前　言

党的二十大报告指出："教育、科技、人才是全面建设社会主义现代化国家的基础性、战略性支撑。必须坚持科技是第一生产力、人才是第一资源、创新是第一动力，深入实施科教兴国战略、人才强国战略、创新驱动发展战略，开辟发展新领域新赛道，不断塑造发展新动能新优势。我们要坚持教育优先发展、科技自立自强、人才引领驱动，加快建设教育强国、科技强国、人才强国，坚持为党育人、为国育才，全面提高人才自主培养质量，着力造就拔尖创新人才，聚天下英才而用之。"

随着我国铁路事业的快速发展，机车制动技术也由传统的电气控制发展转变为新型计算机网络控制。为了更好地适应机车制动技术的发展和专业要求，培养具有扎实理论知识，具有较强分析问题、解决问题和操作技能的交流电力机车制动系统应用型人才，我们编写了这本既介绍传统机车制动技术，又涵盖新型机车制动技术的教材。

本教材依据最新教育部颁布的《高等职业学校铁道机车专业教学标准》，结合《铁路技术管理规程（普速铁路部分）》《铁路机车操作规则》以及 HXD_3 型和 HXD_{3C} 型电力机车检修技术规程等铁路相关规程、规章和企业标准编写而成，教学内容对接铁路行业铁道机车车辆制动钳工（机务）、电力机车副司机、电力机车司机等岗位技能的要求。

本教材采用"项目-任务"模式编写，共包括四个学习项目：铁路机车制动基础知识、DK-1型电空制动机检修及试验、CCBⅡ型制动系统检查及试验、CAB型制动系统检查及试验。每个项目依据岗位技能进行了任务划分，并配套有PPT、动画等教学资源。

本教材由山东职业学院姚皓杰、吴风丽、张衍成主编，中国铁路济南局集团有限公司曾光、贾乾峰、柳建强担任副主编，参与编写的还有中国铁路济南局集团有限公司乔洪顺、山东职业学院李晛、中国铁路西安局集团有限公司李杰。具体编写分工如下：姚皓杰编写项目二的任务三至任务八、项目三的任务二至任务五、项目四的任务四；吴风丽编写项目四的任务二和任务三；张衍成编写项目二的任务一和任务九至任务十一、项目三的任务一、项目四的任务一；曾光编写项目四的任务六和任务七；柳建强编写项目四的任务五；贾乾峰编写项目三的任务六和任务七；乔洪顺编写项目一的任务一；李晛编写项目一的任务二；李杰编写项目二的任务二。全书由姚皓杰统稿，由中国铁路昆明局集团有限公司黄世清主审。

本教材在编写过程中得到中国铁路济南局集团有限公司济南机务段、济南西机务段职工教育科、运用车间、检修车间以及其他单位有关专业技术人员的大力帮助，在此表示衷心感谢！

由于编者水平有限，书中难免不妥之处，欢迎读者提出宝贵意见。

编　者
2024年10月

数字资源目录

序号	资源名称	资源类型	资源位置（页码）
1	项目一课件	PPT	1
2	项目二任务一课件	PPT	15
3	项目二任务二课件	PPT	31
4	项目二任务三课件	PPT	43
5	项目二任务四课件	PPT	50
6	项目二任务五课件	PPT	61
7	项目二任务六课件	PPT	73
8	项目二任务七课件	PPT	83
9	项目二任务八课件	PPT	88
10	项目二任务九课件	PPT	96
11	项目二任务十课件	PPT	108
12	项目二任务十一课件	PPT	124
13	项目三任务一课件	PPT	130
14	项目三任务二课件	PPT	144
15	项目三任务三课件	PPT	150
16	项目三任务四课件	PPT	157
17	项目三任务五课件	PPT	170
18	项目三任务六课件	PPT	187
19	项目三任务七课件	PPT	198
20	项目四任务一课件	PPT	209
21	项目四任务二课件	PPT	218

续表

序号	资源名称	资源类型	资源位置（页码）
22	项目四任务三课件	PPT	225
23	项目四任务四课件	PPT	233
24	项目四任务五课件	PPT	256
25	项目四任务六课件	PPT	262
26	项目四任务七课件	PPT	275
27	ERCP模块的组成和工作原理	视频	171
28	BPCP模块的组成和工作原理	视频	174
29	16CP模块的组成和工作原理	视频	176
30	20CP模块的组成和工作原理	视频	179
31	13CP模块的组成和工作原理	视频	182
32	BCCP模块的组成和工作原理	视频	183
33	DBTV模块的组成和工作原理	视频	184
34	P50模块的作用和工作原理	视频	188
35	U43模块的作用和工作原理	视频	190
36	B40模块的作用和工作原理	视频	192
37	R30模块的作用和工作原理	视频	193
38	Z10模块的作用和工作原理	视频	194
39	F41模块的作用和工作原理.	视频	195
40	S10模块的作用和工作原理	视频	196

目录

项目一　铁路机车制动基础知识 ⋯⋯⋯⋯⋯⋯⋯⋯⋯⋯⋯⋯⋯⋯⋯⋯⋯⋯⋯⋯⋯⋯⋯⋯⋯ 001
　　任务一　认知制动基本概念 ⋯⋯⋯⋯⋯⋯⋯⋯⋯⋯⋯⋯⋯⋯⋯⋯⋯⋯⋯⋯⋯⋯⋯⋯⋯ 002
　　任务二　分析空气制动机的工作原理 ⋯⋯⋯⋯⋯⋯⋯⋯⋯⋯⋯⋯⋯⋯⋯⋯⋯⋯⋯⋯ 009
项目二　DK-1型电空制动机检修及试验 ⋯⋯⋯⋯⋯⋯⋯⋯⋯⋯⋯⋯⋯⋯⋯⋯⋯⋯⋯⋯ 014
　　任务一　检修SS$_4$改型电力机车空气管路系统 ⋯⋯⋯⋯⋯⋯⋯⋯⋯⋯⋯⋯⋯⋯⋯ 015
　　任务二　认知DK-1型电空制动机 ⋯⋯⋯⋯⋯⋯⋯⋯⋯⋯⋯⋯⋯⋯⋯⋯⋯⋯⋯⋯⋯ 031
　　任务三　认知电空制动控制器和电空阀 ⋯⋯⋯⋯⋯⋯⋯⋯⋯⋯⋯⋯⋯⋯⋯⋯⋯⋯ 043
　　任务四　检修中继阀 ⋯⋯⋯⋯⋯⋯⋯⋯⋯⋯⋯⋯⋯⋯⋯⋯⋯⋯⋯⋯⋯⋯⋯⋯⋯⋯⋯ 050
　　任务五　检修109型机车分配阀 ⋯⋯⋯⋯⋯⋯⋯⋯⋯⋯⋯⋯⋯⋯⋯⋯⋯⋯⋯⋯⋯⋯ 061
　　任务六　检修空气制动阀 ⋯⋯⋯⋯⋯⋯⋯⋯⋯⋯⋯⋯⋯⋯⋯⋯⋯⋯⋯⋯⋯⋯⋯⋯⋯ 073
　　任务七　检修电动放风阀 ⋯⋯⋯⋯⋯⋯⋯⋯⋯⋯⋯⋯⋯⋯⋯⋯⋯⋯⋯⋯⋯⋯⋯⋯⋯ 083
　　任务八　检修紧急阀 ⋯⋯⋯⋯⋯⋯⋯⋯⋯⋯⋯⋯⋯⋯⋯⋯⋯⋯⋯⋯⋯⋯⋯⋯⋯⋯⋯ 088
　　任务九　认知其他制动阀件 ⋯⋯⋯⋯⋯⋯⋯⋯⋯⋯⋯⋯⋯⋯⋯⋯⋯⋯⋯⋯⋯⋯⋯⋯ 096
　　任务十　DK-1型电空制动机"五步闸"试验 ⋯⋯⋯⋯⋯⋯⋯⋯⋯⋯⋯⋯⋯⋯⋯⋯ 108
　　任务十一　DK-1型电空制动机常见故障分析 ⋯⋯⋯⋯⋯⋯⋯⋯⋯⋯⋯⋯⋯⋯⋯ 124
项目三　CCBⅡ型制动系统检查及试验 ⋯⋯⋯⋯⋯⋯⋯⋯⋯⋯⋯⋯⋯⋯⋯⋯⋯⋯⋯⋯ 129
　　任务一　检查HXD$_{3C}$型电力机车风源系统 ⋯⋯⋯⋯⋯⋯⋯⋯⋯⋯⋯⋯⋯⋯⋯⋯ 130
　　任务二　检查车下制动设备 ⋯⋯⋯⋯⋯⋯⋯⋯⋯⋯⋯⋯⋯⋯⋯⋯⋯⋯⋯⋯⋯⋯⋯ 144
　　任务三　认知CCBⅡ型制动系统 ⋯⋯⋯⋯⋯⋯⋯⋯⋯⋯⋯⋯⋯⋯⋯⋯⋯⋯⋯⋯⋯ 150
　　任务四　检查司机室制动设备 ⋯⋯⋯⋯⋯⋯⋯⋯⋯⋯⋯⋯⋯⋯⋯⋯⋯⋯⋯⋯⋯⋯ 157
　　任务五　检查空气制动柜的电空控制单元 ⋯⋯⋯⋯⋯⋯⋯⋯⋯⋯⋯⋯⋯⋯⋯⋯ 170
　　任务六　检查空气制动柜的辅助控制模块 ⋯⋯⋯⋯⋯⋯⋯⋯⋯⋯⋯⋯⋯⋯⋯⋯ 187
　　任务七　CCBⅡ型制动系统综合作用分析及试验 ⋯⋯⋯⋯⋯⋯⋯⋯⋯⋯⋯⋯⋯ 198
项目四　CAB型制动系统检查及试验 ⋯⋯⋯⋯⋯⋯⋯⋯⋯⋯⋯⋯⋯⋯⋯⋯⋯⋯⋯⋯⋯ 208
　　任务一　检查CR200J动力车风源系统 ⋯⋯⋯⋯⋯⋯⋯⋯⋯⋯⋯⋯⋯⋯⋯⋯⋯⋯ 209
　　任务二　认知CAB型制动系统 ⋯⋯⋯⋯⋯⋯⋯⋯⋯⋯⋯⋯⋯⋯⋯⋯⋯⋯⋯⋯⋯⋯ 218
　　任务三　检查CAB型制动系统司机室设备 ⋯⋯⋯⋯⋯⋯⋯⋯⋯⋯⋯⋯⋯⋯⋯⋯ 225
　　任务四　检查CAB型制动系统制动柜设备 ⋯⋯⋯⋯⋯⋯⋯⋯⋯⋯⋯⋯⋯⋯⋯⋯ 232
　　任务五　熟悉CAB型制动系统基本设置 ⋯⋯⋯⋯⋯⋯⋯⋯⋯⋯⋯⋯⋯⋯⋯⋯⋯ 255
　　任务六　熟悉CAB型制动系统制动试验 ⋯⋯⋯⋯⋯⋯⋯⋯⋯⋯⋯⋯⋯⋯⋯⋯⋯ 262
　　任务七　熟悉CAB型制动系统常见故障 ⋯⋯⋯⋯⋯⋯⋯⋯⋯⋯⋯⋯⋯⋯⋯⋯⋯ 275
参考文献 ⋯⋯⋯⋯⋯⋯⋯⋯⋯⋯⋯⋯⋯⋯⋯⋯⋯⋯⋯⋯⋯⋯⋯⋯⋯⋯⋯⋯⋯⋯⋯⋯⋯⋯⋯ 280

项目一　铁路机车制动基础知识

项目描述

铁道机车制动系统作为铁道机车设备的关键组成部分，在保障铁路行车安全方面发挥着至关重要的作用，同时也极大地提高了铁路运输效率。司机通过制动系统能够使列车减速或停车，进而实现良好的铁路系统运输秩序。本项目学习制动机的发展历史、不同的制动方式、各类制动机类型以及自动式空气制动机的工作原理等铁道机车基础制动知识，为后续项目的学习奠定坚实基础。

项目一课件

项目导图

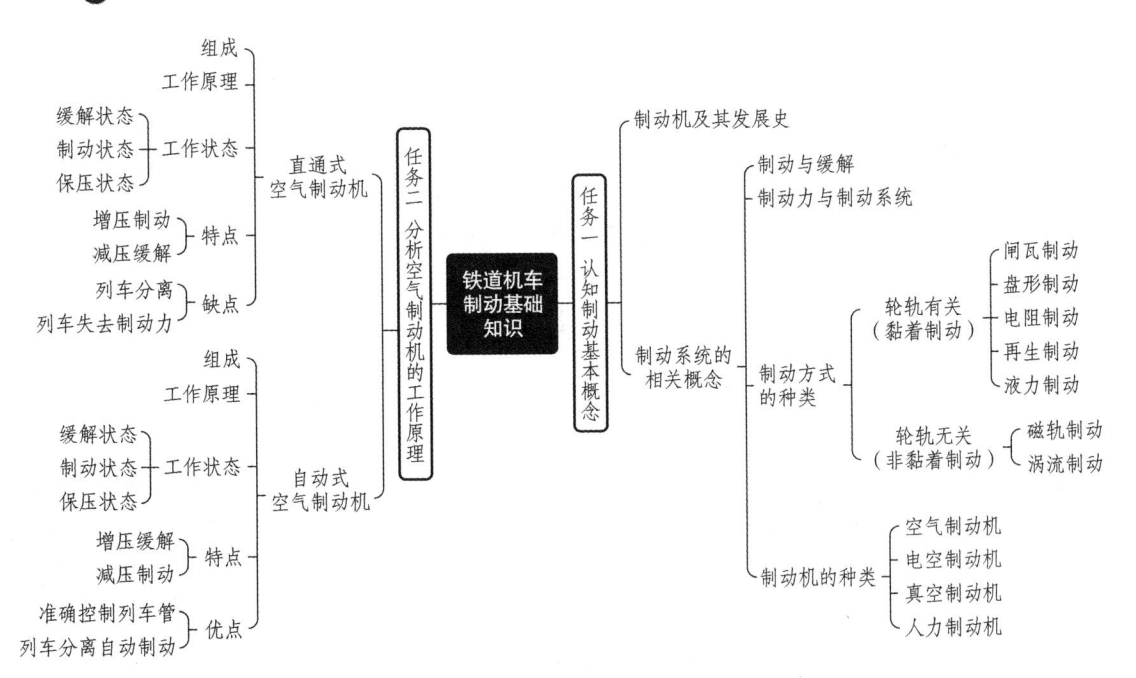

铁道机车制动基础知识
- 任务一　认知制动基本概念
  - 制动机及其发展史
  - 制动系统的相关概念
    - 制动与缓解
    - 制动力与制动系统
  - 制动方式的种类
    - 轮轨有关（黏着制动）
      - 闸瓦制动
      - 盘形制动
      - 电阻制动
      - 再生制动
      - 液力制动
    - 轮轨无关（非黏着制动）
      - 磁轨制动
      - 涡流制动
  - 制动机的种类
    - 空气制动机
    - 电空制动机
    - 真空制动机
    - 人力制动机
- 任务二　分析空气制动机的工作原理
  - 直通式空气制动机
    - 组成
    - 工作原理
    - 工作状态
      - 缓解状态
      - 制动状态
      - 保压状态
    - 特点
      - 增压制动
      - 减压缓解
    - 缺点
      - 列车分离
      - 列车失去制动力
  - 自动式空气制动机
    - 组成
    - 工作原理
    - 工作状态
      - 缓解状态
      - 制动状态
      - 保压状态
    - 特点
      - 增压缓解
      - 减压制动
    - 优点
      - 准确控制列车管
      - 列车分离自动制动

任务一　认知制动基本概念

任务导入

制动系统能让列车到站后安全平稳地停车，并且能够防止列车溜逸，它是怎么实现的？列车在途中运行包括牵引、惰行和制动三个基本工况，而制动工况的顺利实施关键在于制动系统可靠地工作。

任务目标

知识目标	1. 掌握制动、缓解的基本概念； 2. 掌握制动方式的分类； 3. 掌握制动机的分类。
能力目标	1. 能分析制动和缓解状态； 2. 能分析制动方式的优缺点。
素养目标	1. 培养责任意识、安全意识； 2. 培养分析问题和解决问题的能力。

关联知识

一、制动机及其发展史

1825 年 9 月 27 日，在英国的斯托克顿至达林顿之间建起了世界上第一条铁路，世界上第一列由蒸汽机车牵引的列车开始运营。当时所使用的制动机是人力制动机，即手制动机，因此列车上须设置若干制动员，当运行中需要制动（刹车）时，司机发出信号，由制动员们分别操纵每一节车上的手制动机进行制动。可见，人力制动不仅使工作在较为恶劣环境中的制动员们的劳动强度很大，还大大降低了列车中各车辆制动的同时性，从而造成严重的制动冲击，影响列车的制动效果。

1869 年，美国工程师乔治·韦斯汀豪斯发明了世界上第一台空气制动机——直通式空气制动机。直通式空气制动机属于气动装置，并且由司机单独操纵，所以与人力制动机相比大大提高了列车制动的同时性，减少了制动冲击，改善了列车的制动效果，但直通式空气制动机自身的工作机理使其在运行过程中存在致命的弱点——当列车分离时列车将失去制动作用。

1872 年，乔治·韦斯汀豪斯在直通式空气制动机的基础上，研制出一种新式的空气制动机——自动空气制动机。自动空气制动机克服了直通式空气制动机的致命弱点，从而在铁路运输中得到广泛应用，甚至到了科技高度发展的今天，世界各国铁路运输所使用的空气制动机，其工作原理均是源于自动空气制动机。

20 世纪 60 年代，随着科学技术的发展，电空制动技术在铁路运输领域被广泛应用，产生了电空制动机。电空制动机改善了制动机的工作性能，为铁路运输提供了更为可靠安全的制动措施。

目前，在铁路领域，正在研制电磁制动机和储能制动机等更多类型的制动机。

二、制动系统的相关概念

（一）制动与缓解

所谓"制动"，是指人为地对运动物体施加阻力使其减速（或防止其加速）或停止运动，或对已停止运动的物体施加外力使其保持静止状态，这些作用都被称为制动作用。从物理意义上讲，制动是物体动能的转移。制动过程必须具备两个基本条件：① 实现能量转移；② 控制能量转换。

对于铁道机车车辆而言，制动是指人为地对列车产生阻力并控制这个力的大小，从而控制列车减速、停止运行或阻止它加速的过程；另外，为了防止已停止运行的列车因重力作用或其他力的作用而发生溜逸，也需要对列车实施"制动"。

对已经实施制动的列车，解除或减弱其制动作用，称为"缓解"。

为了施行制动而在机车车辆上装设的一套装置，称为制动装置。

制动与制动装置可以简称为闸。实施制动称为上闸，也可以称为下闸；使制动得到缓解则称为松闸。

随着现代列车的运行速度不断增加，传统的依靠踏面与闸瓦之间的摩擦力来实施制动已不能满足要求。因此，出现了电阻制动、再生制动、涡流制动、磁轨制动等新技术。

（二）制动力与制动系统

列车制动力是指列车制动过程中所形成的可以人为控制的列车阻力，即列车减速力。而制动系统是对列车减速力进行控制，以实现和控制能量转换的装置或系统。

无论是机车还是车辆，都有各自的制动系统，即各自的制动机、停车制动装置和基础制动装置。当机车、车辆编组成列车后，其各自的制动系统相互联系又构成了一个统一的制动系统——列车制动系统。因此，制动系统有机车制动系统、车辆制动系统和列车制动系统之分。列车制动系统一般由风源系统、制动控制系统、手制动机（弹簧停放制动装置）和基础制动装置四大部分组成。

由于制动系统设置的目的是使列车能够按照人的意志减速或准确停车，所以制动性能的好坏不仅影响着列车的制动效果，而且影响着铁路运输生产。衡量制动系统性能的优劣主要是衡量制动机性能的好坏。性能良好的制动机对铁路运输有以下几方面的促进作用：

（1）保证行车安全；

（2）充分发挥牵引力，增大列车牵引质量；

（3）提高列车的区间通过能力。

（三）制动方式的种类

理论上常以制动方式区别不同的制动。制动方式是指制动过程中列车动能的转移方式或制动力的形成方式。按照列车动能转移方式不同，制动方式可以动能的消耗方式、动能转化成有用能方式、制动源动力来源、制动力是否依赖轮轨黏着关系四种方式分类。

1. 按动能的消耗方式分类

按照动能的消耗方式不同，制动方式可以分成摩擦制动和动力制动两种。摩擦制动将列车的动能通过摩擦转变为热能，然后逸散于大气中。摩擦制动又可分成固体摩擦制动和液体摩擦制动两种。如闸瓦制动（踏面制动）、盘形制动和轨道电磁制动即为固体摩擦制动。

闸瓦制动和盘形制动应用较广，轨道电磁制动主要应用在高速机车和动车组上。

1）闸瓦制动

闸瓦制动又叫踏面制动，如图 1-1-1 所示。闸瓦是用铸铁或其他材料制成的瓦状制动块，在制动时抱紧车轮踏面，通过摩擦使车轮停止转动。在这一过程中，制动装置要将巨大的动能转变为热能逸散于大气中。这种制动效果的好坏主要取决于摩擦热能的逸散能力。使用这种制动方式时，闸瓦摩擦面积小，大部分热负荷由车轮来承担，因此，列车速度越高，车轮的热负荷也越大。当车轮踏面温度增加到一定程度时，就会使踏面产生磨耗、裂纹或剥离，这样既影响使用寿命，也影响行车安全。

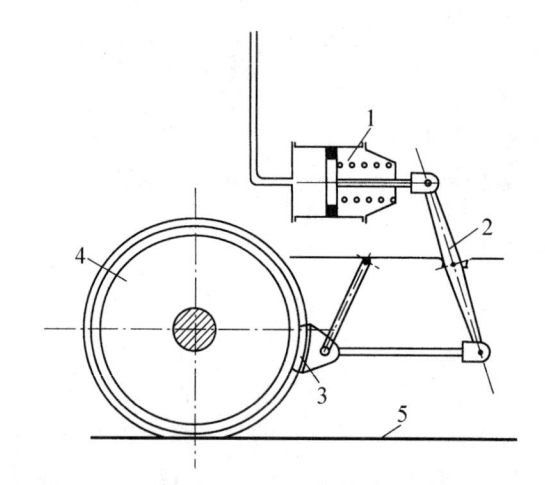

1—制动缸；2—制动传动装置；3—闸瓦；4—车轮；5—钢轨。

图 1-1-1　闸瓦制动原理示意图

2）盘形制动

传统的闸瓦制动适应不了高速列车的需要，于是盘形制动应运而生，如图 1-1-2 所示。它是在车轴上或车轮辐板侧面安装制动盘，用制动夹钳上安装的闸片紧压制动盘侧面，通过摩擦产生制动力，使列车停止前进。由于作用力不在车轮踏面上，盘形制动可以大大减轻车轮踏面的热负荷和机械磨损；另外，这种制动方式制动平稳，几乎没有噪声。盘形制动的摩擦面积大，而且可以根据需要安装若干套，制动效果明显高于闸瓦制动，尤其适合于 120 km/h 以上的列车制动，这正是普遍采用盘形制动的原因所在。但盘形制动也有以下不足：

（1）车轮踏面没有闸瓦的磨刮，会使轮轨黏着恶化。

（2）制动盘使簧下质量及冲击振动增大，运行中消耗牵引功率。

（a）轴盘式　　　　　　　　　　　　（b）轮盘式

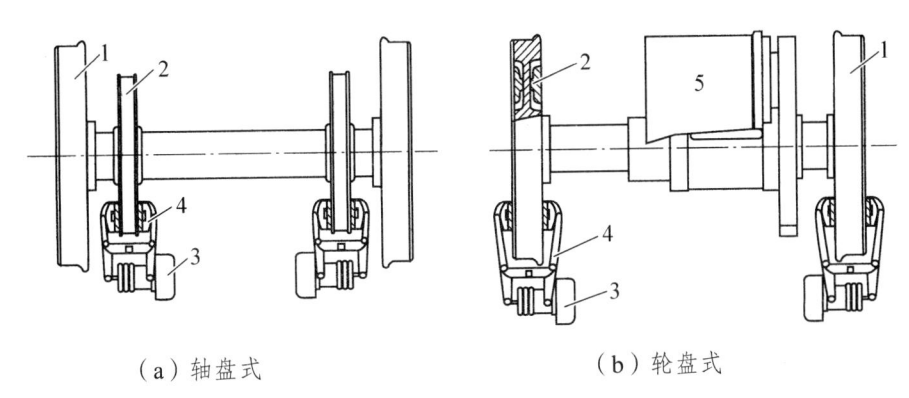

1—车轮；2—制动盘；3—制动缸；4—制动夹钳；5—牵引电机。

图 1-1-2　盘形制动装置

3）轨道电磁制动

轨道电磁制动也称磁轨制动，如图 1-1-3 所示。在制动时将电磁铁放下，与钢轨吸住，靠钢轨与磨耗板之间的摩擦转移能量。

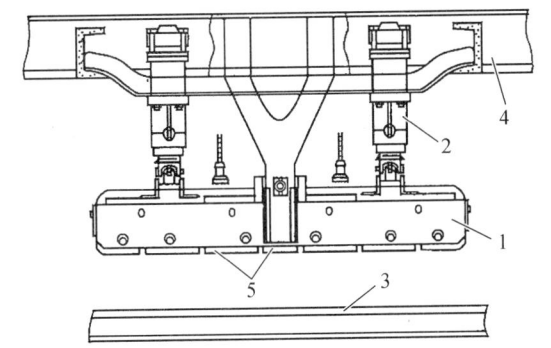

1—电磁铁；2—升降风缸；3—钢轨；4—转向架构架；5—磨耗板。

图 1-1-3　磁轨制动

4）液体摩擦制动（液力制动）

液体摩擦制动主要应用在液力传动内燃机车上。在液力传动内燃机车上装设了液力耦合器，利用液体间和液体与固体（工作液体与耦合器）之间的摩擦，使列车动能转变成工作液体的热能，并对发热的工作液体进行循环冷却，将热量经散热器逸散至大气中。液力制动在内燃机车上只是作为一种辅助制动装置，用以弥补闸瓦制动的不足。

5）动力制动

动力制动方式是把动能转化为电能后将能量从车上转移出去。在制动时，是将牵引电动机变成发电机使用，并通过发电机将机车车辆的动能转化为电能。根据对这些电能的处理方式不同，动力制动分为再生制动、电阻制动、旋转涡流制动和轨道涡流制动。

电阻制动是将牵引电动机转变为发电机，将所发电能传送给电阻器转化为热能，靠冷却风扇强行通风将热量逸散至大气中。

旋转涡流制动又称涡流式圆盘制动。牵引电机轴上装有金属涡流盘，制动时涡流盘在电磁铁形成的磁场中旋转，盘表面感应出涡流，产生电磁吸力并发热，涡流盘带有散热筋并起冷却风扇的作用,将热能逸散至大气中。旋转涡流制动主要在高速机车和动车组上采用。

轨道涡流制动时,将悬挂在转向架上的电磁铁放下到离轨面上方几毫米处,电磁铁励磁,产生强大磁场,利用它和钢轨的相对运动使钢轨表面感应出涡流,从而产生阻力并使钢轨发热,列车动能变为热能,由钢轨与电磁铁逸散至大气。轨道涡流制动既不通过轮轨黏着(不受其限制),也没有磨耗问题。但是,它消耗电能太多,电磁铁发热也很严重,所以,它只是作为高速列车紧急制动时的一种辅助制动方式。

2. 按动能转化成有用能方式分类

按列车动能转化成有用能方式的不同,制动方式可分为再生制动和飞轮储能制动两种制动方式。

再生制动是将列车的动能转换成电能,与电阻制动不同的是,它是将这部分电能反馈到牵引接触网上再加以利用,因此再生制动装置只能装在电力机车和电动车辆上。

飞轮储能制动时,把列车动能转入飞轮储存,启动加速时该能量放出,可以节约能源。飞轮储能制动不仅需要在车辆上装设旋转质量相当大的飞轮,而且还需要一整套运转装置。飞轮储能制动对于长途列车意义不大,对于启动、停车频繁的地铁车辆可考虑使用。

3. 按制动源动力来源分类

按制动源动力来源分类,目前列车所采用的制动方式主要有空气制动和电气制动。空气制动是以压缩空气为制动源动力的制动方式,如闸瓦制动、盘形制动等均以压缩空气为制动源动力。电气制动简称电制动,是以电为制动源动力的制动方式,如动力制动、轨道电磁制动均以电为制动源动力。

4. 按制动力是否依赖轮轨黏着关系分类

按照制动力形成方式不同,制动方式又可分为黏着制动和非黏着制动,如表1-1-1所示。制动力的形成是通过轮轨间黏着来实现的制动方式,称之为黏着制动;反之,不通过轮轨间的黏着来形成制动力的制动方式,称为非黏着制动。

表 1-1-1　制动方式分类

制动类型	分类		备注
黏着制动	摩擦制动	闸瓦制动	广泛应用
		盘形制动	
	动力制动	电阻制动	电力机车、内燃机车上普遍采用
		再生制动	电力机车上采用
		加馈电阻制动	电力机车上普遍采用
	惯性制动	飞轮储能制动	
非黏着制动	磁轨摩擦制动		可在高速机车、动车组上采用
	磁轨涡流制动		
	风阻制动及喷气制动		

(四)制动机的种类

制动机按其用途可分为机车制动机、客车制动机、货车制动机、城市轨道(交通)车辆制动机和高速列车制动机。

按作用对象的不同，制动机可分为机车制动机和车辆制动机。

按控制方式和动力来源不同，制动机可分为手制动机、空气制动机、电空制动机、真空制动机和电磁制动机等。

1. 手制动机

手制动机也称人力制动机，是采用人力转动手轮或用杠杆拨动的方法，使闸瓦压紧车轮踏面或使闸片压紧制动盘，从而达到制动目的的装置。现在我国机车车辆上都装有手制动机，它只是在空气制动机发生故障以及在调车作业或在就地停放时使用。

2. 空气制动机

空气制动机采用压力空气作为制动的动力来源，并利用压力空气的压力变化来操纵制动机的制动和缓解作用。空气制动机是目前各国采用最为广泛的制动机。

3. 电空制动机

电空制动机是电控空气制动机的简称。它是在空气制动机的基础上加装了电磁阀等电气控制部件而形成的。它的特点是：制动作用的操纵采用电，但制动作用的原动力还是压力空气（它与大气的压差）。当电空制动机的电控装置因故障失灵时，它仍可以实行空气压强控制（气控），临时变成空气制动机。

在列车速度很高或列车编组很长、空气制动机难以满足要求的情况下，采用电空制动机可以大大改善列车前后部制动和缓解作用的一致性，显著减轻列车纵向冲击并缩短制动距离。目前我国电力机车采用的均是电空制动机，如DK-1型、DK-2型、CCBⅡ型、CAB型、法维莱制动机等。

4. 真空制动机

真空制动机用大气压作为动力来源，用对空气抽空程度（真空度）的变化来操纵制动机的制动和缓解作用。这种制动机的制动执行部件的最高压力只能达到一个大气压，所以制动力受到限制，性能没有空气制动机好。我国除一部分出口机车车辆安装这种制动机外，国内均不采用。

无论机车采用何种制动机，都要可靠地对列车制动系统进行灵活、准确的操纵、控制并向整个列车制动系统提供质量良好的动力（如压力空气）。

（五）常用制动与紧急制动

列车制动在操纵上可以分为两种制动：常用制动和紧急制动。

1. 常用制动

正常情况下，为调节或控制列车速度，包括进站停车所实施的制动，称为常用制动。其特点是：作用比较缓和，而且制动力可以调节，通常只用列车制动能力的20%~80%，多数情况下只用50%左右。

2. 紧急制动

紧急情况下，为使列车尽快地停住而施行的制动，称为紧急制动。其特点是：作用比较猛烈，而且要把列车制动能力全部用上。

（六）制动距离

从司机施行制动开始，到机车速度降到 0 的瞬间为止，列车所驶过的距离称为列车制动距离。

任务实施

学习任务一相关内容，完成任务单 1-1。

任务单 1-1　熟悉制动的基本概念

1. 简述制动、缓解、常用制动、紧急制动概念。
2. 简述电空制动机和空气制动机的区别。
3. 目前机车常用的制动方式有哪些？

任务评价

任务：熟悉制动机的发展史和制动系统相关概念

班级_____　学号_____　姓名_____　小组_____

	考核项目	考核要求	分值	得分
自评	制动的发展史	能快速、准确地说出制动的发展史	20	
	制动的相关概念	对制动的相关概念理解透彻	20	
	制动方式的分类	熟悉不同的制动方式	20	
	素养考核	独立思考、团队协作、责任意识	20	
小组互评		从知识掌握、小组活动参与度等方面考核	10	
教师评价		根据完成任务的情况等进行评价	10	
		总评	100	

巩固自测

1. 简述制动机的发展历程。
2. 简述现代制动系统的发展方向。

任务二　分析空气制动机的工作原理

任务导入

我国铁路运输中的机车、车辆采用的制动机基本上都是空气制动机和电空制动机，而电空制动机的工作原理又是源于空气制动机的基本原理，因此，了解掌握空气制动机的基本作用原理，对学习和掌握 DK-1 型、CCB Ⅱ 型、CAB 型等电空制动机具有非常重要的意义。

空气制动机的发展经历了直通式空气制动机和自动空气制动机两大阶段，下面学习其基本作用原理。

任务目标

知识目标	1. 掌握自动空气制动机的组成及各部分作用； 2. 掌握自动空气制动机的基本工作原理。
能力目标	1. 能分析三通阀的基本工作原理； 2. 能分析自动空气制动机的基本工作原理。
素养目标	1. 培养分析问题、解决问题的能力； 2. 培养责任意识、安全意识和"精益求精"的工匠精神。

关联知识

一、直通式空气制动机

（一）直通式空气制动机的结构组成

在车辆上，直通式空气制动机主要由制动管和制动缸组成。在机车上，直通式空气制动机除了包括制动管和制动缸外，还包括空气压缩机、总风缸及操纵整个列车制动系统的制动阀等组成部分。当组成列车运行时，机车与车辆、车辆与车辆之间除车钩连接外，各自的制动机也要通过制动管连接软管连接，以构成列车制动系统，并且由司机操纵制动阀来实现相应的控制，如图 1-2-1 所示。

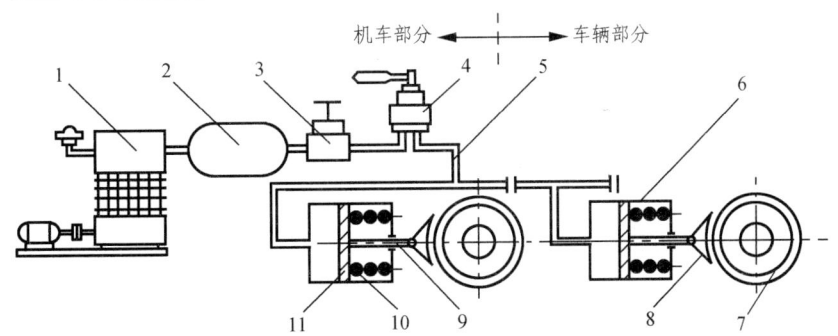

1—空气压缩机；2—总风缸；3—调压阀；4—制动阀；5—制动管；6—制动缸；7—车轮；8—闸瓦；9—制动缸活塞杆；10—制动缸弹簧；11—制动缸活塞。

图 1-2-1　直通式空气制动机结构原理图

（二）直通式空气制动机的基本工作原理

直通式空气制动机的工作状态主要包括制动、缓解与保压三个基本状态。

1. 制动状态

当列车需要制动时，司机将操纵手柄置于"制动位"，使储存在总风缸内的压缩空气经调压阀、制动阀和制动管直接向机车制动缸和车辆制动缸充风，推动制动缸活塞压缩弹簧移动，并由制动传动装置（如制动缸活塞、制动杠杆等）将此推力传递到闸瓦上，使闸瓦压紧车轮，产生制动作用。

2. 缓解状态

当列车需要减小或消除制动时，司机操纵制动阀手柄置于"缓解位"，使机车、车辆制动缸内的压缩空气经制动管和制动阀排向大气，在制动缸弹簧的压力下，制动缸活塞反向移动，并通过制动传动装置带动闸瓦离开车轮，实现缓解作用。

3. 保压状态

当列车需要保持某一制动力时，司机操纵制动阀手柄置于"中立位"，既关断机车、车辆制动缸的充风气路，又关断其排风气路，使机车、车辆制动缸内保持一定的压力，实现保压作用。如果在制动缸升压过程中将制动阀手柄反复置于制动位和保压位，可以使制动缸内压力空气的压强呈阶段式上升，这种作用称为"阶段制动"；如果在制动缸降压过程中将制动阀手柄反复置于缓解位和保压位，可以使制动缸内压力空气的压强呈阶段式下降，这种作用称为"阶段缓解"。

（三）直通式空气制动机的特点

综上所述，直通式空气制动机具有以下特点：

（1）既有阶段制动，又有阶段缓解，操纵非常灵活方便。制动缸的充、排风都需要经过制动管来完成，列车管直接通向制动缸（"直通"），所以制动管充风产生制动作用，制动管排风实现缓解作用，即直通式空气制动机是"制动管充风制动，制动管排风缓解"的工作机理。恰恰是这一特点，使直通式空气制动机存在着"列车分离时，列车制动系统失去控制作用"的致命弱点，也就是说，当列车发生分离事故、制动软管被拉断时，直通式空气制动机将彻底丧失制动能力，这也是它被淘汰的根本原因。

（2）由于制动管又细又长，所以必然导致直通式空气制动机在制动时，前部车辆的制动缸充风快、压力高，而后部车辆的制动缸充风慢、压力低，这必然导致列车前、后各部车辆的制动同时性较差，从而造成较大的列车制动冲击。

二、自动空气制动机

（一）自动空气制动机的结构组成

自动空气制动机是在直通式空气制动机的基础上增设一个副风缸和一个三通阀（或分配阀）而构成的。其中副风缸用来储存由制动管充入的压力空气，并作为列车制动时向制动缸供给压力空气的空气源。三通阀或分配阀的用途是：在制动缸充风时，向副风缸充入相同压力的压力空气，并使制动缸排风，停止向副风缸充风，同时使副风缸向制动缸充风，如图1-2-2所示。

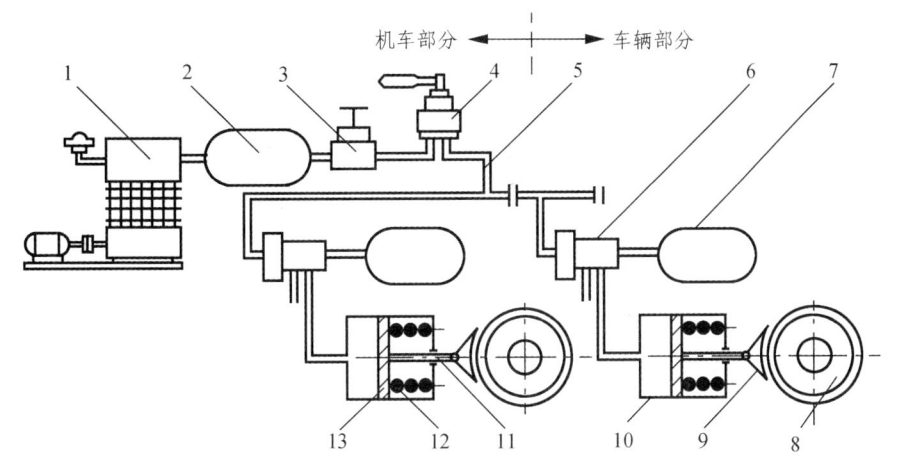

1—空气压缩机；2—总风缸；3—调压阀；4—制动阀；5—制动管；6—三通阀（分配阀）；7—副风缸；8—车轮；9—闸瓦；10—制动缸；11—制动缸活塞杆；12—制动缸弹簧；13—制动缸活塞。

图 1-2-2 自动空气制动机结构原理图

（二）自动空气制动机的基本工作原理

1. 缓解状态

司机将制动阀手柄置于"缓解位"，压力空气经制动阀向制动管充风，三通阀活塞两侧压力失去平衡而形成向右的压力差，推动活塞带动滑阀、节制阀右移，一方面开通充气沟，使制动管压力空气经充气沟进入副风缸储备；另一方面开通制动缸经滑阀的排风气路，使制动缸排风，最终使闸瓦离开车轮实现缓解作用，如图1-2-3所示。

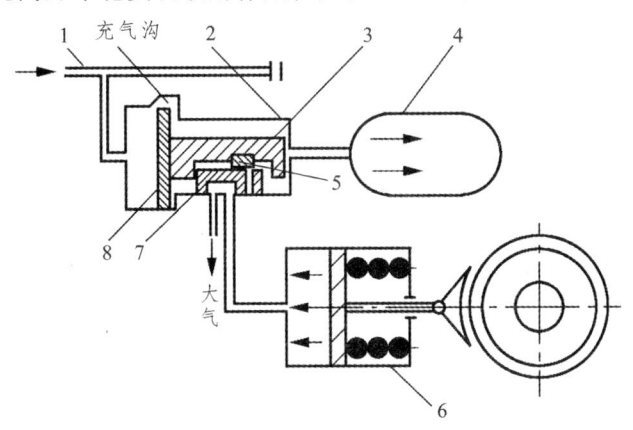

1—制动管；2—三通阀；3—活塞杆；4—副风缸；5—节制阀；6—制动缸；7—滑阀；8—三通阀活塞。

图 1-2-3 自动空气制动机的缓解状态

2. 制动状态

司机将制动阀手柄置于"制动位"，制动管内压力空气经制动阀排风，三通阀活塞两侧压力失去平衡而形成向左的压力差，推动活塞左移，关闭充气沟，使副风缸内的压力空气不能向制动管逆流；同时，活塞带动滑阀、节制阀左移，使滑阀遮盖排气口，以关断制动缸的排风气路，并使节制阀开通副风缸向制动缸充风的气路，随着压力空气充入制动缸，将制动缸活塞右移，最终使闸瓦紧贴车轮产生制动作用，如图 1-2-4 所示。

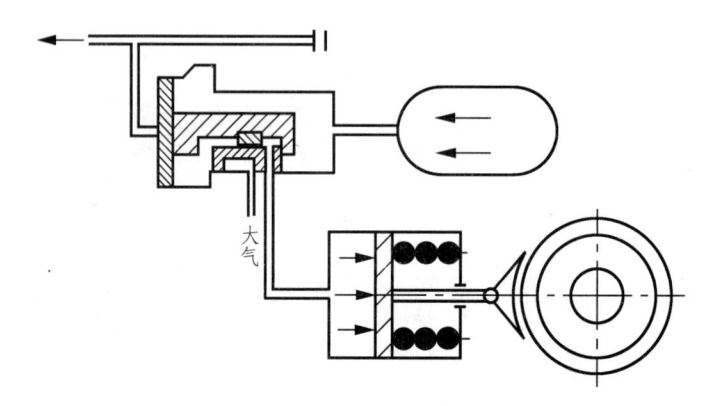

图 1-2-4 自动空气制动机的制动状态

3. 保压状态

司机将制动阀手柄置于"中立位"，切断制动管的充、排风通路，即制动管压力停止变化；随着制动状态时副风缸向制动缸不断充风，副风缸压力降低，当降到稍低于制动管压力时，三通阀活塞带动节制阀微微右移，从而切断副风缸向制动缸充风的气路，使制动缸既不充风也不排风，即制动缸呈现保压状态，如图 1-2-5 所示。

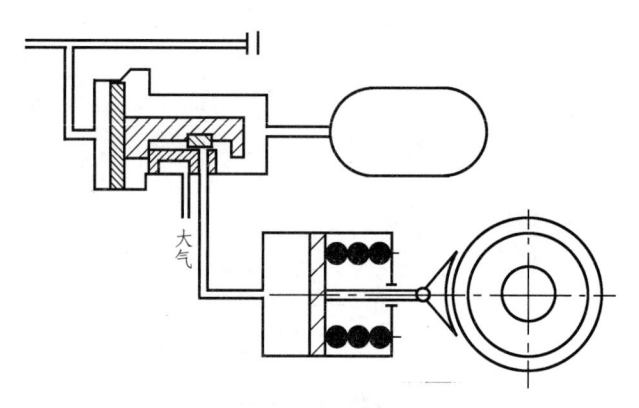

图 1-2-5 自动空气制动机的保压状态

可见，自动空气制动机具有"制动管充风缓解，制动管排风制动"的工作机理，因此它克服了直通式空气制动机的"列车分离时，制动系统失去制动作用"的致命弱点，从而得到广泛应用。

任务实施

学习任务一相关内容，完成任务单 1-2。

任务单 1-2　空气制动机的基本原理

1. 简述直通式空气制动机的组成及工作原理。
2. 自动空气制动机与直通式空气制动机有何区别？
3. 简述自动式空气制动机的工作机理。

任务评价

任务：熟悉空气制动机的基本原理

班级＿＿＿＿　　学号＿＿＿＿＿　　姓名＿＿＿＿＿＿　　小组＿＿＿＿＿＿

	考核项目	考核要求	分值	得分
自评	直通式空气制动机的工作原理分析	能准确快速地分析工作原理	20	
	自动空气制动机的工作原理分析	能准确快速地分析工作原理	40	
	素养考核	① 分析问题、解决问题的能力 ② 责任意识、安全意识、精益求精的工匠精神	20	
小组互评		从知识掌握、小组活动参与度等方面考核	10	
教师评价		根据完成任务的情况等进行评价	10	
		总评	100	

巩固自测

1. 自动空气制动机的副风缸起什么作用？
2. 试分析三通阀的工作原理。

项目二　DK-1 型电空制动机检修及试验

项目描述

电空制动机是指以电信号作为控制指令、以压力空气作为动力源的制动机。在自动空气制动机工作过程中，由于空气波和制动波的存在，不可避免地导致列车中各车辆制动的不同时性，从而造成列车制动时的纵向动力作用。特别是随着列车运行速度和牵引质量的大大提高，这一问题愈加突出，甚至已成为制约铁路运输发展的主要矛盾之一。电空制动机的问世，为解决和缓解这一矛盾开辟了新的途径。

DK-1 型电空制动机广泛应用于国产 SS 系列电力机车上，其工作过程为自动空气制动机的基本作用原理，即"制动管充风→制动机缓解；制动管排风→制动机制动"。DK-1 型电空制动机性能稳定、工作可靠，而且可以方便地与列车安全运行监控记录装置的自动停车功能及机车动力制动系统等配合，为列车的自动控制创造了条件。DK-1 型电空制动机具有准、快、轻、静，结构简单，便于维修，非自动保压式，多重性的安全措施等特点。

项目导图

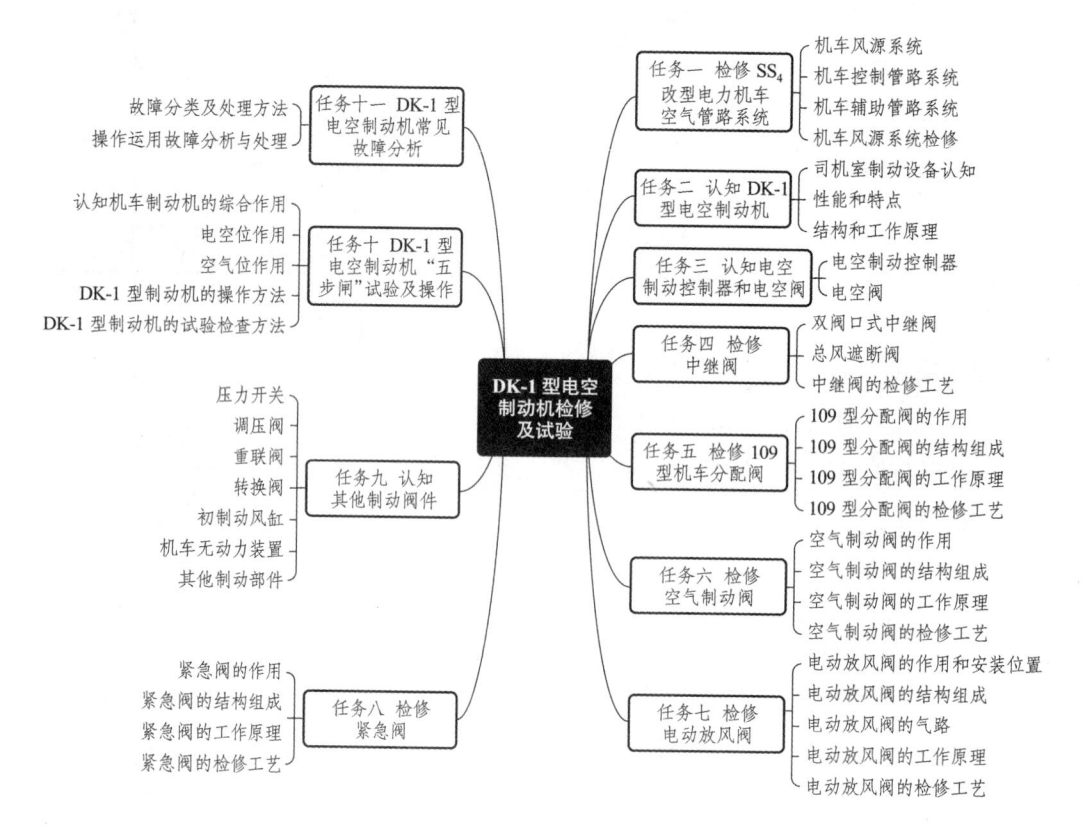

- 任务一　检修 SS$_4$ 改型电力机车空气管路系统
  - 机车风源系统
  - 机车控制管路系统
  - 机车辅助管路系统
  - 机车风源系统检修
- 任务二　认知 DK-1 型电空制动机
  - 司机室制动设备认知
  - 性能和特点
  - 结构和工作原理
- 任务三　认知电空制动控制器和电空阀
  - 电空制动控制器
  - 电空阀
- 任务四　检修中继阀
  - 双阀口式中继阀
  - 总风遮断阀
  - 中继阀的检修工艺
- 任务五　检修 109 型机车分配阀
  - 109 型分配阀的作用
  - 109 型分配阀的结构组成
  - 109 型分配阀的工作原理
  - 109 型分配阀的检修工艺
- 任务六　检修空气制动阀
  - 空气制动阀的作用
  - 空气制动阀的结构组成
  - 空气制动阀的工作原理
  - 空气制动阀的检修工艺
- 任务七　检修电动放风阀
  - 电动放风阀的作用和安装位置
  - 电动放风阀的结构组成
  - 电动放风阀的气路
  - 电动放风阀的工作原理
  - 电动放风阀的检修工艺
- 任务八　检修紧急阀
  - 紧急阀的作用
  - 紧急阀的结构组成
  - 紧急阀的工作原理
  - 紧急阀的检修工艺
- 任务九　认知其他制动阀件
  - 压力开关
  - 调压阀
  - 重联阀
  - 转换阀
  - 初制动风缸
  - 机车无动力装置
  - 其他制动部件
- 任务十　DK-1 型电空制动机"五步闸"试验及操作
  - 认知机车制动机的综合作用
  - 电空位作用
  - 空气位作用
  - DK-1 型制动机的操作方法
  - DK-1 型制动机的试验检查方法
- 任务十一　DK-1 型电空制动机常见故障分析
  - 故障分类及处理方法
  - 操作运用故障分析与处理

任务一　检修 SS_4 改型电力机车空气管路系统

任务导入

电力机车空气管路系统直接关系到机车的运行安全，是机车的重要组成部分。SS_4 改型电力机车制动机产生制动力的动力源是压缩空气，压缩空气是如何产生的？又是如何储存的呢？压缩空气除了供机车制动机工作外，机车上还有哪些设备需要压缩空气才能工作呢？SS_4 改型电力机车空气管路系统如何检修？

项目二任务一课件

任务目标

知识目标	1. 熟悉 SS_4 改型电力机车空气管路系统的结构及功用； 2. 掌握 SS_4 改型电力机车风源系统、控制管路系统及辅助管路系统的气路通路； 3. 熟悉 SS_4 改型电力机车空气管路系统的检修流程。
能力目标	1. 能熟知 SS_4 改型电力机车空气管路系统主要部件的安装位置； 2. 会分析 SS_4 改型电力机车空气管路系统的气路通路； 3. 能判断 SS_4 改型电力机车空气管路系统的使用状态并能处理常见故障。
素养目标	1. 养成细致、认真的工作作风； 2. 养成独立分析问题的良好习惯。

关联知识

SS_4 改型电力机车空气管路系统（参见附图1）按其功能可划分为风源系统、控制管路系统、辅助管路系统和制动机管路系统四大部分。

（1）风源系统：生产、储备、调节控制压力空气，并向全车各气路系统提供所需的高质量、洁净、稳定的压力空气。

（2）控制管路系统：负责为电力机车上影响机车动力性能与运行性能的主要电气设备提供压缩空气，例如为受电弓、主断路器、高压柜内转换开关及门联锁等控制电器提供稳定风压。

（3）辅助管路系统：负责为机车上的辅助设备提供压缩空气，例如为撒砂器、风喇叭、刮雨器及轮轨润滑装置等提供压缩空气。

（4）制动机管路系统：负责空气制动原动力的产生，依据电指令、空气指令控制列车管和制动缸压力变化。

SS_4 改型电力机车由两节完全相同的机车组成，每节机车的空气管路系统是完全相同的，可以单独运用，也可通过重联环节实现两节或多台机车空气管路系统的重联。

一、SS_4 改型电力机车风源系统

机车风源系统是机车空气管路系统的基础，负责生产、储备、调节控制压缩空气，并向

全车各气路系统、气动器械提供所需的高质量、洁净、干燥和稳定的压缩空气。SS₄改型电力机车风源系统主要由空气压缩机组、压力控制器、总风缸、止回阀、逆流止回阀、高压安全阀、空气干燥器、启动电空阀、塞门和连接管等组成。单节机车风源系统的原理如图2-1-1所示。

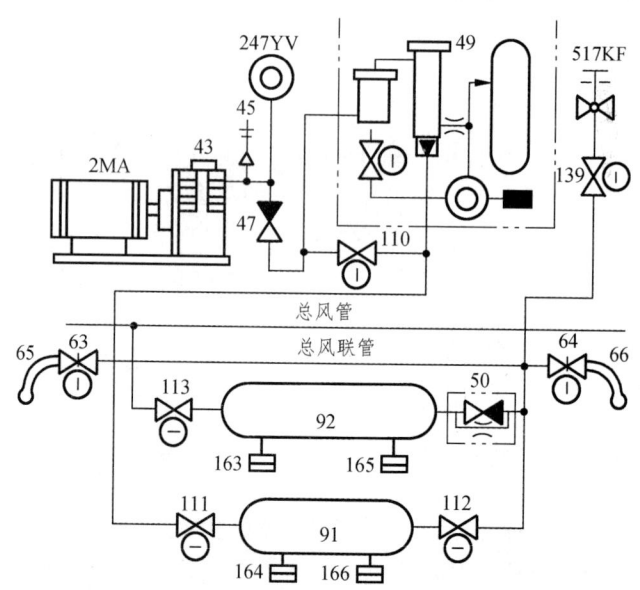

43—空气压缩机组；45—高压安全阀；47—止回阀；49—空气干燥器；50—逆流止回阀；63、64—总风折角塞门；65、66—总风软管连接器；91—第一总风缸；92—第二总风缸；110—短接塞门；111、112、113、139—塞门；163～166—排水阀；247YV—无负载启动电空阀；517KF—压力控制器；2MA—空气压缩机电机。

图2-1-1　SS₄改型电力机车风源系统原理图

SS₄改型电力机车风源系统正常工作时的气路（单节机车）如下：

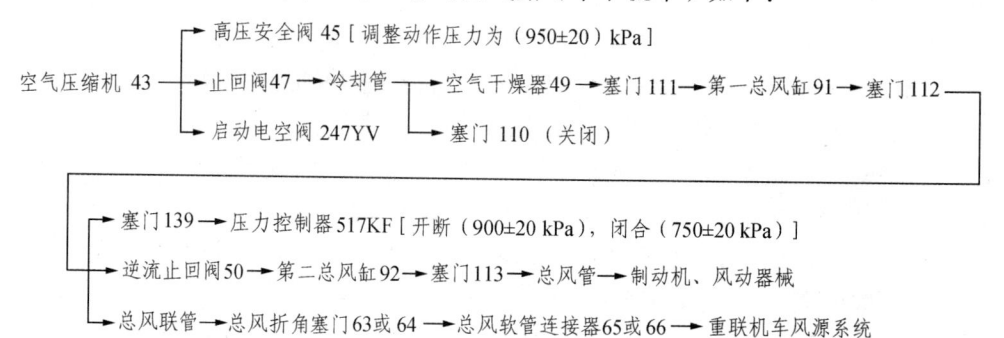

空气压缩机43 → 高压安全阀45 [调整动作压力为（950±20）kPa]
　　　　　　 → 止回阀47 → 冷却管 → 空气干燥器49 → 塞门111 → 第一总风缸91 → 塞门112
　　　　　　 → 启动电空阀247YV　　　　　　　　 → 塞门110（关闭）

→ 塞门139 → 压力控制器517KF [开断（900±20）kPa，闭合（750±20）kPa]
→ 逆流止回阀50 → 第二总风缸92 → 塞门113 → 总风管 → 制动机、风动器械
→ 总风联管 → 总风折角塞门63或64 → 总风软管连接器65或66 → 重联机车风源系统

SS₄改型电力机车风源系统的工作过程可分为：压缩空气的生产、压力控制、净化、储存以及总风的重联五个环节。

（一）压缩空气的生产

每节SS₄改型电力机车的压缩空气由一台生产量为3.0 m³/min的VF-3/9型空气压缩机43来制备。该空气压缩机为4缸、V形排列、中间冷却、两级压缩、活塞式空气压缩机，其额定排气压力为900 kPa，额定转速为980 r/min，并由一台功率为37 kW的YYD-280S-6型三相交流异步电动机2MA驱动。在运行中，如果主压缩机组出现故障，可利用另一节机车上的主压缩机组打风继续维持运行。但需要注意的是，SS₄改型电力机车有活塞式和螺杆式两种空气压缩机，不同的SS₄改型电力机车，其空气压缩机装车方案不同。

（二）压缩空气的压力控制

为了保证安全和将具有稳定压力的压缩空气供给各个系统工作使用，必须使总风缸的压力空气保持在一个规定的范围之内。压缩空气压力由YWK-50-C型压力控制器517KF来调整，经塞门139后与总风联管相通。压力控制器是根据总风缸压力的变化，自动闭合或切断空气压缩机的电动机电源，从而控制空气压缩机的运转或停止，使总风缸内压力空气的压力保持在规定的压力范围（750~900）kPa内。

压力控制器故障时，可通过塞门139切除，司机可利用强泵风按钮操作主压缩机组的启动与停转。当机车总风缸压力达到950 kPa时，安装在压缩机出风管上的高压安全阀45将连续向外喷气，这时司机应断开强泵风按键，停止压缩机组的工作。

在压缩机组开始启动时，出风管上的启动电空阀247YV将排出风管中的压缩空气，以消除启动时压缩机气缸内的气体背压，保证压缩机的正常启动。

压缩机出风管上的止回阀47可防止压缩机组停止工作后，总风逆流到启动电空阀排入大气。

通过转换开关579QS可切断压缩机组的工作电源。所有重联机车的压缩机组均由本务节机车控制。

（三）压缩空气的净化

压缩空气在储存前必须经过净化处理，将压缩空气中的油水、杂质、尘埃去掉。压缩空气的净化处理由空气处理量为3~5 m³/min的DJKG-A型空气干燥器49完成。主压缩机组生产的压力空气先经过一段较长的冷却管冷却后进入干燥器，在干燥器的滤清筒、干燥筒内进行干燥净化处理后，送入总风缸内储存。

当压缩机停止工作时，排泄电空阀打开了再生通路，滤清筒、干燥筒及冷却管内的压缩空气连同油、水和尘埃、杂质经排泄阀口，再经消音器排入大气；同时，再生风缸内的干燥压缩空气经节流孔膨胀为近似大气压力的超干燥空气，由下而上通过干燥筒内的吸附剂，将其吸附的水蒸气分子带入大气，自行完成再生作用，以备下次净化使用。

当排泄电空阀故障而使得消音器排风不止时，可关闭滤清筒下方的塞门，维持风源系统的工作。冬季使用时应闭合温控加热装置的电源开关。干燥器的短接塞门110平常应处于关闭位置（并打上铅封），只有在冬季运用时，干燥器的滤清筒或干燥筒内因冻结而堵塞压缩空气的通路时，才允许破封打开干燥器短接塞门110，维持机车运行。

需要注意的是，SS₄改型电力机车的干燥器型号有多种，如DJKG-A、DJKG-B、DJKG-A6、双塔干燥器等，不同型号、制造厂家生产的SS₄改型电力机车干燥器的装车方案不同。

（四）压缩空气的储存

SS₄改型电力机车采用具有再生作用的空气干燥器来完成上述过程。经过干燥净化处理后的压缩空气将进入两个串联的总风缸内储存。其中第一个总风缸91容积为290 L，第二个总风缸92容积为612 L。机车入库后可关闭塞门111、113，保存总风缸内的压缩空气；在机车无火回送时，应将塞门112关闭，切除第一总风缸，缩短列车的充气时间。在使用中还应定期打开总风缸排水阀163~166，检查和排除总风缸内的积水。

（五）总风的重联

SS$_4$改型电力机车设置了重联功能，经过干燥、净化处理后的压缩空气进入第一总风缸91后，一路经逆流止回阀50进入第二总风缸92供本节机车使用；另一路经总风联管、总风折角塞门63或64、总风软管连接器65或66等总风重联装置进入另一台重联机车，使得所有重联机车的总风缸相通。当一台机车空气压缩机组出现故障后，可由另一台机车通过总风重联装置提供压缩空气。

二、SS$_4$改型电力机车控制管路系统

（一）受控电气设备

SS$_4$改型电力机车控制管路系统主要向下列设备提供压缩空气：

（1）主断路器：主断路器的分闸、合闸动作由压缩空气来控制。

（2）受电弓：受电弓的升降和保持状态，需要压缩空气来完成。

（3）门联锁阀：在机车接电状态下，依靠压缩空气推动门联锁阀把各带有高压电的机械间门锁住，以防止乘务人员误进入而危及人身安全。

（4）高压电器柜：向高压柜中的转换开关、电空接触器等提供压缩空气，以实现转换。

（二）控制管路系统的工作原理

SS$_4$改型电力机车机车控制管路系统的原理如图2-1-2所示。下面对SS$_4$改型电力机车控制管路系统的3种工况进行说明。

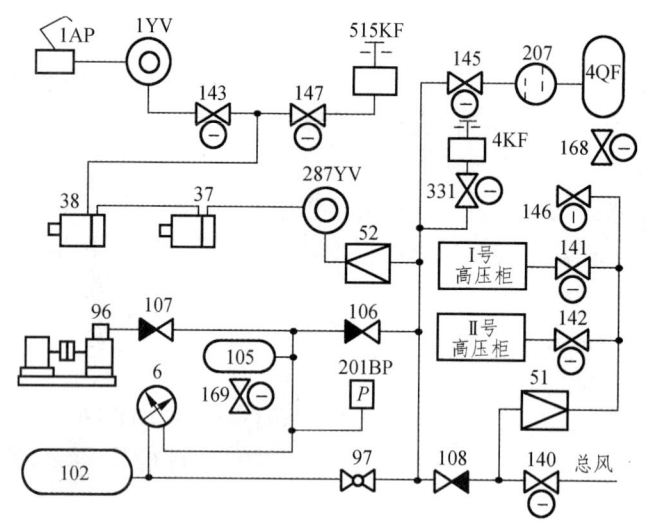

1AP—受电弓气缸；1YV—升弓电空阀；4QF—主断路器储风缸；6—双针压力表；37、38—门联锁阀；51、52—调压阀；96—辅助压缩机；97—膜板塞门；102—控制风缸；105—辅助风缸；106、107、108—止回阀；140~143、145~147—塞门；168、169—排水塞门；207—分水滤气器；287YV—保护电空阀；515KF—风压继电器；201BP—压力传感器；4KF—风压继电器；331—塞门。

注：4KF与331只在部分机车上安装使用。

图2-1-2　SS$_4$改型电力机车控制管路系统原理图

1. 正常运用时的总风缸供风

机车正常运用时，由总风缸向控制管路系统供风，工作通路如下：

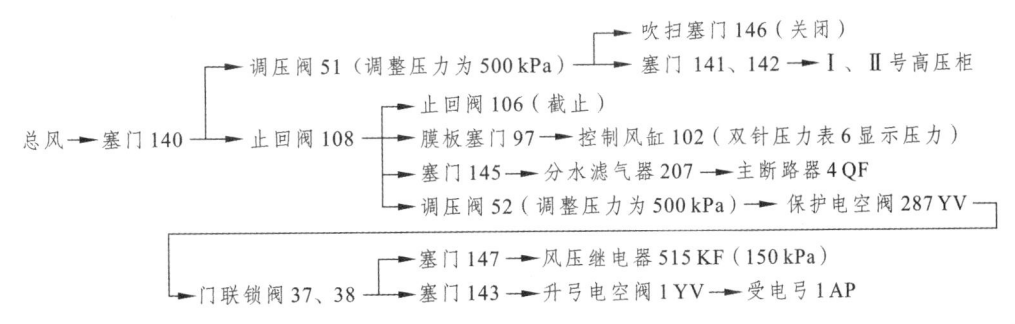

```
                         ┌─ 调压阀51（调整压力为500 kPa）─┬─ 吹扫塞门146（关闭）
                         │                                └─ 塞门141、142 ─ Ⅰ、Ⅱ号高压柜
                         │              ┌─ 止回阀106（截止）
总风 ─ 塞门140 ─┬─ 止回阀108 ─┼─ 膜板塞门97 ─ 控制风缸102（双针压力表6显示压力）
                 │            ├─ 塞门145 ─ 分水滤气器207 ─ 主断路器4QF
                 │            └─ 调压阀52（调整压力为500 kPa）─ 保护电空阀287YV ─┐
                 │                                                                 │
                 │              ┌─ 塞门147 ─ 风压继电器515KF（150 kPa）           │
                 └─ 门联锁阀37、38 ─┴─ 塞门143 ─ 升弓电空阀1YV ─ 受电弓1AP  ←─────┘
```

机车总风缸压缩空气经塞门140，一路经调压阀51将总风压力调至500 kPa后，经塞门141、142供给Ⅰ、Ⅱ号高压柜，并经塞门146供给机车吹扫用；另一路经止回阀108分为四路：一路经止回阀106截止；一路经膜板塞门97进入控制风缸102内贮存；一路经塞门145后，经分水滤气器207再次净化后向主断路器4QF风缸供风。第四路经调压阀52调整至500 kPa经保护电空阀287YV和门联锁阀37、38后，再经塞门143进入升弓电空阀1YV，在升弓电空阀得电后，受电弓升起。若在升弓时，任一高压室隔门或变压器室隔门没有关好，则门联锁阀37、38不能开放升弓通路，压缩空气不能进入受电弓。

同时，若非操纵节塞门没有关好，由于压缩空气不能进入，安装在门联锁阀38后的风压继电器515KF将切断本务机车的升弓控制电路。当受电弓升起后，保护电空阀287YV将保持得电，门联锁阀37、38内压缩空气不能排出，高压室隔门及变压器室隔门均不能打开，必须降弓并使保护电空阀287YV失电后，才能打开这些门，这样就保证了人与高压区的隔离。

如果风压继电器515KF故障，可通过塞门147切除。设置控制风缸102的目的是在分合闸操作而引起的压力波动时，稳定控制系统管路内的风压。止回阀108、107、106，是为了防止控制系统压缩空气逆流，同时替代换向阀实现风源转换而设置的。

在机车停放前，应将控制风缸102内的压缩空气充气至大于900 kPa，然后关闭膜板塞门97，以备机车再次使用时的升弓、合闸操作。使用中还应定期开放主断路器风缸下方的排水阀168，排除风缸内积水。

2. 库停后的控制风缸供风

机车停放后重新运行时，如果总风缸风压因泄漏而低于主断路器分合闸所需的最低工作压力450 kPa，而控制风缸102内压力大于700 kPa，可打开膜板塞门97，利用控制风缸内贮存的压缩空气进行升弓及合闸操作。但此时高压柜内没有压缩空气，升弓合闸后，应立即启动压缩机组打风，尽快恢复正常运用工况，由总风缸供风，而控制风缸风压可以通过制动柜上的双针风压表6观察。

控制风缸供风时的工作通路如下：

```
                                  ┌─ 止回阀108（截止）
                                  ├─ 止回阀106（关闭）
控制风缸102 ─ 膜板塞门97 ─┼─ 塞门145 ─ 分水滤气器207 ─ 主断路器4QF
                                  └─ 调压阀52 ─ 保护电空阀287YV ⋯ 受电弓1AP
```

控制风缸 102 内储存的压缩空气，经开放的膜板塞门 97 后分四路：一路被止回阀 108 截止，不能进入总风缸；一路被止回阀 106 截止，不能进入辅助风缸；另一路经塞门 145、分水滤气器 207 进入主断路器 4QF 风缸，供机车分、合闸使用；最后一路经调压阀 52、保护电空阀 287YV，去往受电弓，与前面所述相同。

3. 库停后的辅助压缩机供风

机车库停放后，再次投入使用时，如果总风缸和控制风缸 102 的风压均低于主断路器合闸所需要的最低工作压力 450 kPa，则需要启动辅助压缩机 96 打风进行升弓以及合闸操作。辅助压缩机是由机车蓄电池供电，小型直流电动机驱动。为了减轻辅助压缩机 96 的工作负担，应在启动辅助压缩机组前，关闭膜板塞门 97，切除控制风缸 102。

当辅助压缩机打风使辅助风缸 105 内的压力大于 600 kPa，可边打风边升弓、合闸，完毕后，应立即启动主压缩机组打风，在总风缸压力大于 450 kPa 后，停止辅助压缩机工作。辅助压缩机供风时的工作通路为：

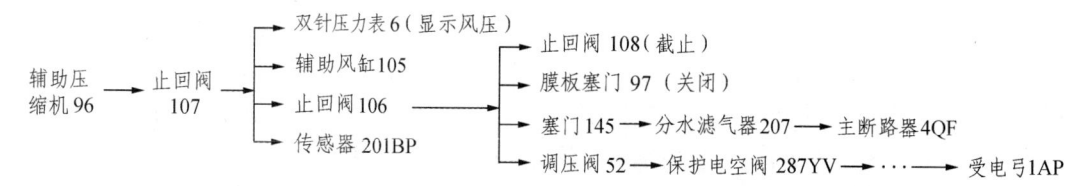

```
                        ┌─ 双针压力表6（显示风压）       ┌─ 止回阀108（截止）
辅助压   →  止回阀  →  ├─ 辅助风缸105              →  ├─ 膜板塞门97（关闭）
缩机96      107        ├─ 止回阀106                  ├─ 塞门145 → 分水滤气器207 → 主断路器4QF
                        └─ 传感器201BP                └─ 调压阀52 → 保护电空阀287YV ⋯ → 受电弓1AP
```

辅助风缸在此工况下，一方面起稳定、储存压缩空气的作用，另一方面对辅助压缩机产生的压缩空气进行冷却，故每次使用辅助压缩机后，应打开辅助风缸下方排水塞门 169 排放积水。

在操作中应注意关闭辅助压缩机的时机，在主压缩机组打风、总风缸压力低于 450 kPa 时，不可停止辅助压缩机工作，否则将使已经升起的受电弓降下，主断路器跳闸。另外，由于两节机车辅助压缩机技术指标的差异，并且管路的泄漏量不同，使用中打风速度不一致。在运用中应注意时刻观察，以防止其中一节机车辅助风缸压力超高。

三、SS₄改型电力机车辅助管路系统

辅助管路系统用来改善机车运行条件，确保行车安全。它主要由撒砂器、风喇叭和刮雨器等辅助受控装置及其控制部件组成，如图 2-1-3 所示，各辅助装置直接使用总风缸压缩空气，各辅助装置前均设有塞门。

（一）风喇叭

风喇叭是机车运行中利用压缩空气产生鸣响、发出警告和进行联络的必备设施。SS₄改型电力机车单节机车共设置了 3 个风喇叭，一个为向前高音喇叭 27，另一个为向后高音喇叭 29，还有一个是向前低音喇叭 31，它们安装在司机室顶盖左右两侧，分别由正司机台、副司机台上的手动喇叭控制阀 13、15 和正司机台面下的脚踏开关 33SA 控制。高、低音风喇叭的结构基本相同，所不同的是高音喇叭的喇叭筒比低音喇叭的短一些，因此它所发出的声音频率不同。

当司机台手动喇叭控制阀 13 向前推时，向前高音喇叭 27 发出声音；向后拉时，向后高音喇叭 29 发出声音。同样，副司机台手动喇叭控制阀 15 向前推时，向前高音喇叭 27 发出声

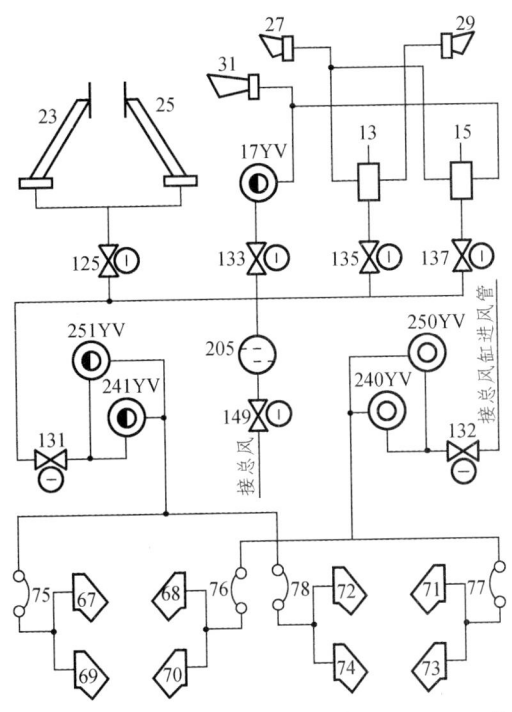

13、15—手动喇叭控制阀；17YV—喇叭电空阀；23、25—刮雨器；27、29—高音喇叭；31—低音喇叭；
75~78—撒砂连接软管；67~74—撒砂器；125、131~133、135、137、149—塞门；
205—分水滤气器；240YV、241YV、250YV、251YV—撒砂电空阀。

图 2-1-3　SS₄改型电力机车辅助管路系统原理图

音；向后拉时，向前低音喇叭 31 发出声音。如果踏下脚踏开关 33SA，喇叭电空阀 17YV 电源接通，总风经电空阀 17YV 下阀口进入向前低音喇叭 31，则向前低音喇叭 31 发出声音。

（二）刮雨器

刮雨器是为了刮去司机室前窗玻璃上的雨、雪、水珠，便于司机瞭望，确保行车安全而设置。在司机室两侧前窗各装有一套风动双杆刮雨器 23 和 25。通过调节进气阀口的供气量大小，从而启动或停止刮雨器的摆动，同时也能调节刮雨器雨刷的摆动速度。

（三）撒砂装置

撒砂装置是为向轨面撒砂、增加轮轨间的黏着力、改善机车牵引和制动性能而设置的。SS₄改型电力机车每个转向架前、后轮对侧都装有砂箱和撒砂器，每节机车有 8 个砂箱和 8 个撒砂器 67~74。撒砂装置主要由撒砂器、砂箱和司机室控制的撒砂阀组成。SS₄改型电力机车采用脚踏开关替代脚踏阀控制撒砂。

撒砂装置不仅能受司机的控制，也能与制动机、防空转滑行及断钩保护装置配合作用。当司机踩下脚踏开关 35SA 或防空转滑行及断钩保护装置和大闸紧急制动时，通过相关电路，使撒砂（Ⅰ）电空阀 251YV、241YV 或撒砂（Ⅱ）电空阀 250YV、240YV 得电，总风缸内的压缩空气通过电空阀下阀口到达与机车运行方向一致的撒砂器，将砂子吹撒到轨面。SS₄改型电力机车通过有关导线的重联，可以控制向非操纵节机车、重联机车的撒砂器送风。

四、SS₄改型电力机车风源系统检修

以某机务段空气管路系统的检修工艺为例。

（一）SS₄改型电力机车螺杆式空气压缩机检修

（1）适用范围：SS₄改型电力机车螺杆式空气压缩机小修修程。

（2）注意事项：按规定着装，戴好劳动保护用品，注意劳动安全；确认机车停放在检修库台位；检查各工装量具是否合格可用，性能良好，钢丝绳有无断股；压缩机严禁反转。

（3）需用设备及工量具：开口扳手、活扳手、管钳、螺丝刀、手电筒、棉丝、中性清洗剂、汽油、专用皮带扳手、绝缘胶带、硅脂、压缩机油。

（4）工艺过程：如表 2-1-1 所示。

表 2-1-1　SS₄改型电力机车螺杆式空气压缩机检修工艺过程

序号	检修部位	检修要求	图示
1	压缩机静止检查顺序	自上向下、自左向右、自前向后	
2	压缩机机体检查	机体良好，配件齐全，无裂纹	
3	空油冷却器（散热器）检查	（1）外观检查不得有裂损，接头风管牢固，无漏风、漏油现象，表面通风良好，并用开口扳手逆时针松开观察口固定螺丝，用手电筒照射检查内部有无漏油现象，检查完毕后，按照相反程序将观察口安装 （2）机车小修时，用高压风吹扫空油冷却器，拆下观察口，将风管伸入空油冷却器，由内向外吹扫，完毕后，将观察口紧固	
4	检查油细分离器（白色）检查	（1）安装牢固，无漏油，无裂损，当使用 400 h 以上时，需更换 （2）更换油细分离器：更换前，需要将缸内压缩空气泄完，用专用带式扳手夹住油细分离器的白色金属环，按逆时针方向旋转，拆下旧的油细分离器，换用新的油细分离器和密封圈，再按相同的方法顺时针旋紧	

续表

序号	检修部位	检修要求	图示
5	进气阀检查	进气阀安装牢固，压缩机停机时，止回良好，无漏油；卸压阀在16 s内能将油气桶内的压力卸至300 kPa以下，卸压良好	
6	真空指示器检查	安装紧固，无破损、变形、变红；否则应更换	
7	压力维持阀检查	安装牢固，无泄漏，开启后压力整定值符合（600±50）kPa	
8	压力开关检查	各接头紧固，无漏风，压力开关出厂已调好，请勿调整	
9	逆止阀检查	安装牢固，无变形、漏油	
10	油过滤器（黑色）检查	（1）各部无泄露，阀体安装紧固，无裂纹，检查油过指示变红更换，不良更换 （2）更换油过滤器，需将油气桶内压力降至0 （3）使用专用呆扳手，夹住黑色滤网上方的白色金属环，按顺时针方向旋转拆下坏的油过滤器，换上新品，用同样的方法，逆时针装上油过滤器	 

续表

序号	检修部位	检修要求	图示
11	空气滤清器检查	（1）空气滤清器应安装牢固，锁扣紧闭 （2）检查空气滤清器指示器显示良好，当显示为红色，显示指向 5~7 kPa 时，清洁或更换滤清器；当工作大于 900 h 取下滤清器，用低压风将灰尘由内向外吹扫 （3）更换空气滤清器 （4）拆卸打开三个压扣 （5）拿下壳盖 （6）取出滤芯 （7）清洁壳体内表面及支架 （8）更换滤芯 （9）安装：安装顺序与拆卸顺序相反	
12	温控阀检查	外观检查各接线紧固，风管接头牢固，无泄漏，防护层无破损，温控阀管接头无渗漏，外壳无裂损，安装牢固	
13	视油镜检查	视油镜清晰，油位可见，油位不低于中刻线	
14	压缩机座检查	螺丝安装牢固，底座无裂纹，螺丝弹簧垫圈、平垫齐全，减震垫良好	
15	出气口检查	出气口紧固，无漏风，橡胶管无老化、变形、龟裂	
16	检查安全阀	安装牢固，外观无变形，轻轻拉动安全阀的拉环，能够向外排气，说明性能良好	
17	检查泄油口	无裂损、油堵无渗漏，排油堵无变形	

续表

序号	检修部位	检修要求	图示
18	检查电控箱	安装螺丝紧固，外观无变形，门锁关闭良好，接线防护套良好，线排接线紧固	
19	化验压缩机油	小修时化验压缩机油样，不符合规定时，需换新，换油如下： （1）将螺杆压缩机运转，使油温上升，以利于排放，然后关机 （2）待油气桶内的压力降至大气压时，用扳手式管钳逆时针打开泄油阀帽，旋上泄油阀管以顶开泄油阀，将润滑油排放完毕 （3）润滑油排放完毕后，拧下泄油盖，旋上泄油阀阀帽，打开加油盖加入新油，直到视油镜中刻线为正常	
20	清洁	检修完毕后，用棉丝将压缩机擦拭干净；并做好相关试验，保证压缩机运用正常	
21	辅助压缩机	（1）安装牢固，联轴器无破损，转动灵活无异声，油位正确 （2）辅压机打风 0～500 kPa 不大于 4.5 min	

（二）SS₄改型电力机车双塔干燥器检修

（1）适用范围：SS₄改型电力机车双塔干燥器小修修程。
（2）注意事项：按规定着装，戴好劳动保护用品，注意劳动安全；确认机车停放在检修库台位；检查各工装量具是否合格可用，性能良好。
（3）需用设备及工量具：制动钳工常用工具、万用表等。
（4）工艺过程：如表2-1-2所示。

表 2-1-2　SS₄改型电力机车双塔干燥器检修工艺过程

序号	检修部位	检修要求	图示
1	检查空气干燥器装置	各部安装螺丝紧固，干燥筒及再生风缸无裂纹，风管接头及塞门无漏风，塞门手柄齐全	
2	检查电控器	（1）安装牢固，各插头插接牢靠，接线固定良好，卡子齐全 （2）各指示灯显示正确	
3	检查出气止回阀	安装牢固，阀体无裂纹、漏风	
4	检查进气阀	安装牢固，阀体无裂纹、漏风	
5	检查排气阀	安装牢固，阀体无裂纹、漏风，截断塞门手柄齐全，位置正确	
6	检查电空阀	安装牢固，接线良好无断股，过压吸收板各部件无断裂、开焊	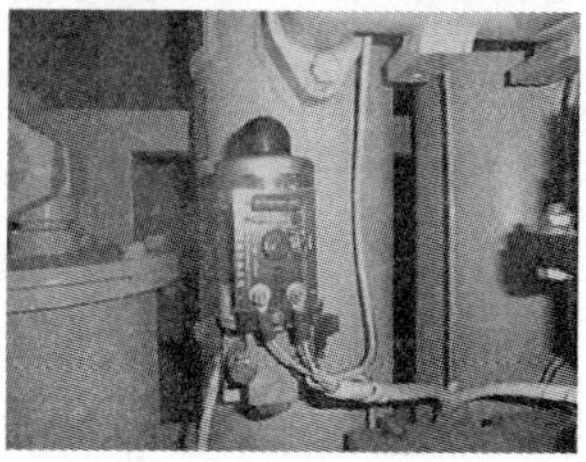

续表

序号	检修部位	检修要求	图示
7	检查电磁排污阀	排污阀体无裂损，上下盖螺丝紧固，电空阀检查，安装牢固，接线良好，接线胶木件无松动缺损，电空阀作用良好，无卡滞。	

（三）SS₄改型电力机车车上风管路及附属装置检修

（1）适用范围：SS₄改型电力机车车上风管路及附属装置小修修程。

（2）注意事项：按规定着装，戴好劳动保护用品，注意劳动安全；检查各工装量具是否合格可用，性能良好；二人作业时相互配合，注意呼唤应答。

（3）需用设备及工、量具：制动钳工常用工具、万用表等。

（4）工艺过程：如表2-1-3所示。

表2-1-3 SS₄改型电力机车车上风管路及附属装置检修工艺过程

序号	检修部位	检修要求	图示
1	各分水滤气器	安装牢固无漏风，外罩无裂损，排水阀无松动，排水作用良好	
2	检查门联锁	安装牢固，阀体无裂损，阀杆动作灵活无卡滞、漏风	
3	车长阀	（1）安装牢固，无旷动 （2）手柄转动灵活，铅封齐全 （3）高、低压试验无泄漏	
4	风笛按钮开关	（1）安装牢固可靠 （2）接线牢固，无烧损，线号齐全 （3）手压按钮开关动作灵活，无卡滞	

续表

序号	检修部位	检修要求	图示
5	各塞门	开闭灵活，手柄齐全，位置正确	
6	刮雨器	（1）手动正常灵活，刷杆无变形，刷片无破损，卡接良好 （2）刮雨器换向正常，刷杆无弯曲，摆角对称，胶皮无老化、变形，并与玻璃密贴	
7	脚踏阀	（1）安装牢固，动作灵活，无卡滞 （2）接线安装牢固无松动	
8	风笛	前后风笛安装牢固，风管无漏风，试验性能良好	

（四）SS$_4$改型电力机车总风缸及风管路检修

（1）适用范围：SS$_4$改型电力机车总风缸及车下风管路检修小修修程。

（2）注意事项：按规定着装，戴好劳动保护用品，注意劳动安全；检查各工装量具是否合格可用，性能良好；二人作业时相互配合，注意呼唤应答。

（3）需用设备及工、量具：活扳手、直钢尺、塞尺、棉丝、润滑脂、毛刷、螺丝刀、克丝钳、锉刀、万用表等。

（4）工艺过程：如表2-1-4所示。

表2-1-4 SS$_4$改型电力机车总风缸及车下风管路检修工艺过程

序号	检修部位	检修要求	图示
1	总风缸	（1）总风缸检查安装牢固、缸体无裂损、漏风 （2）安全吊板无裂纹，螺丝紧固 （3）排水阀齐全，安装牢固无漏风，排水作用良好	

续表

序号	检修部位	检修要求	图示
2	制动软管及塞门	（1）折角塞门安装牢固，手柄灵活，阀体无裂损、漏风 （2）制动软管安装牢固，无龟裂、鼓包、破损现象，软管连接器胶圈齐全、无破损，与车体中心线呈45°角 （3）水压试验符合要求	
3	各塞门	安装牢固、阀体无裂损、漏风，手柄齐全、灵活，各固定卡子紧固，焊接处无裂纹	
4	中间软管	（1）中间制动软管安装牢固，软管体无破损、龟裂，不得与车体接磨 （2）撒砂软管安装牢固，软管体无破损、龟裂，不得与车体接磨	
5	连接处风管及塞门	（1）折角塞门安装牢固，手柄灵活，阀体无裂损、漏风 （2）制动软管安装牢固，无龟裂、鼓包、破损现象，软管连接器胶圈齐全、无破损 （3）各软管水压试验符合要求	
6	单元制动器风缸	检查风缸安装螺丝紧固，制动时检查风缸接头无漏风现象	
7	制动缸管	安装牢固，软管体无破损、漏风、龟裂现象，固定卡子齐全紧固	

任务实施

学习任务一相关内容，完成任务单 2-1。

任务单 2-1　检修 SS₄ 改型电力机车空气管理系统

1. SS₄ 改型电力机车风源系统的功能有哪些？
2. 原理图中代号 63、92、111 分别指什么？
3. 原理图代号 38、102、105 分别指什么？
4. SS₄ 改型电力机车辅助管路系统的功能有哪些？
5. 为什么设置逆流止回阀 50？
6. 写出空气压缩机检查步骤。
7. 240YV 和 250YV 电空阀什么时候得电？

任务评价

任务：检修 SS₄ 改型电力机车空气管路系统

班级_____　学号_____　姓名_____　小组_____

	考核项目	考核要求	分值	得分
自评	螺杆式空气压缩机检查	熟练掌握螺杆式空压机的检查技术要求	20	
	双塔干燥器检查	熟练掌握双塔干燥器的检查技术要求	20	
	风管路检查	熟练掌握风管路的检查技术要求	20	
	素养考核	细致、认真的工作作风，独立分析问题的能力	20	
	小组互评	从知识掌握、小组活动参与度等方面考核	10	
	教师评价	根据完成任务的情况等进行评价	10	
	总评		100	

> 巩固自测

一、填空题

1. SS₄改型电力机车空气管路系统按其功能可划分为（　　　　）、（　　　　）、（　　　　）和制动机管路系统四大部分。

2. 打开110塞门，会将（　　　　）隔离。

3. 当SS₄改型电力机车无火回送时，（　　　　）塞门关闭。

二、判断题

1. 控制管路系统负责为机车上的辅助设备提供压缩空气。（　　）

2. SS₄改型电力机车控制管路系统主要向主断路器、受电弓、门联锁阀和高压电器柜提供压缩空气，以保障这些设备的正常工作。（　　）

3. SS₄改型电力机车辅助管路系统主要向撒砂器、风喇叭和刮雨器等辅助装置提供压缩空气。（　　）

三、简答题

1. 绘制SS₄改型电力机车风源系统正常工作时的气路图。

2. 绘制SS₄改型电力机车正常运用时总风缸供风气路。

3. 绘制SS₄改型电力机车库停后控制风缸供风气路。

任务二　认知DK-1型电空制动机

项目二任务二课件

> 任务导入

DK-1型电空制动机的研发历程如图2-2-1所示。DK-1型机车制动机具有批量装车时间久、运用考核严、技术高等要求，它有哪些特点？由哪些主要阀件组成？每个阀件的作用是什么？阀件之间有何关系？让我们一起来认识SS型电力机车使用的DK-1型电空制动机。

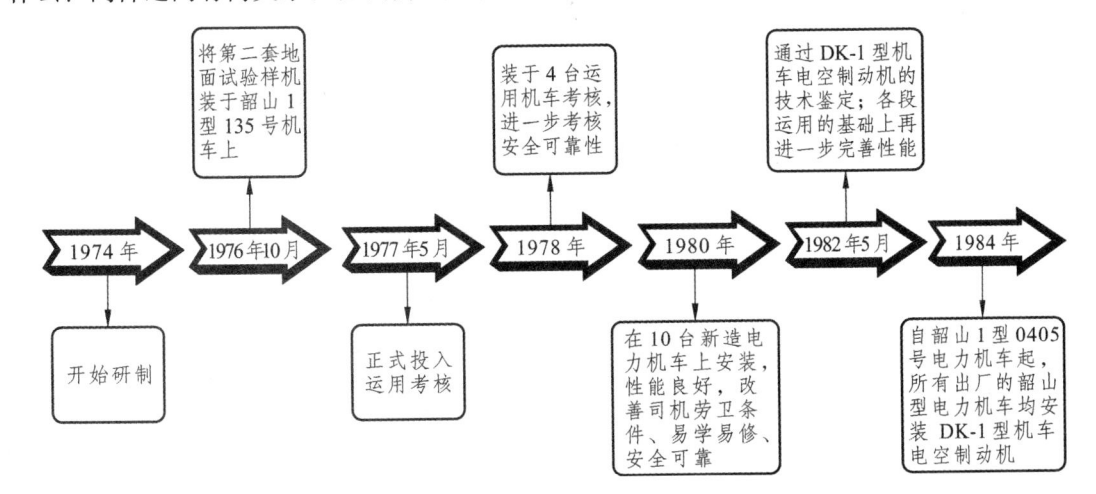

图2-2-1　DK-1型电空制动机的研发历程

任务目标

知识目标	1. 掌握 DK-1 型电空制动机组成； 2. 掌握 DK-1 型电空制动柜设备布置； 3. 掌握 DK-1 型电空制动机控制关系。
能力目标	1. 能熟练说出 DK-1 型电空制动机主要部件安装位置、主要阀件的名称及作用； 2. 能正确分析和写出 DK-1 型电空制动机在电空位下和空气位下的控制关系。
素养目标	1. 培养按章作业的好习惯； 2. 培养具有正确分析问题的思路和能力； 3. 培养"精益求精"的工匠精神。

关联知识

一、司机室制动设备认知

在机车操纵台上设有电空制动控制器、空气制动阀、压力表、紧急停车按钮、手动放风塞门等制动设备。

电空制动控制器俗称大闸，如图 2-2-2 所示，操纵该部件用来控制全列车的制动与缓解。

空气制动阀俗称小闸，如图 2-2-2 所示，在正常情况下，操纵该部件用来单独控制机车的制动与缓解。电空制动控制器出现故障时，经相应转换后，空气制动阀可控制全列车的制动与缓解。

图 2-2-2　大闸和小闸

在司机操纵台上设置有两个双针压力表，如图 2-2-3 所示，其中一个显示总风缸和均衡风缸的压力，另一个显示制动管和制动缸的压力。

1—总风缸（红）/均衡风缸（黑）压力表；2—后制动缸压力表；3—前制动缸（红）/列车管（黑）压力表。

图 2-2-3　SS₄改型机车司机台压力表

紧急停车按钮为一蘑菇形按钮,当司机发现有危及行车安全和人身安全的情况时,可直接按下紧急停车按钮,使全列车产生紧急制动。该按钮松开后不能自动复位。

手动放风塞门(原理图代号 121 或 122)设在司机室右侧壁附近的制动管支管上。当制动机失效时,可使用手动放风塞门直接排放制动管内的压缩空气,使列车紧急制动停车。

二、DK-1 型电空制动机的性能和特点

(一)DK-1 型电空制动机的特点

DK-1 型电空制动机采用电信号传递控制指令和积木式结构,具有以下特点:

(1)双端(或单端)操纵。在双端操纵 SS_1 型、SS_3 型及 SS_8 型电力机车上设置一套完整的双端操纵制动系统;而在八轴两节重联式 SS_4 改型电力机车上设置两套完整的单端操纵制动系统,每节机车可以单独使用,并且通过重联装置使两节机车或多节机车重联运行。

(2)非自动保压式。DK-1 型电空制动机制动减压量随着操纵手柄停留在"制动位"时间的增长而增加,当减压量达到所需减压量时,必须将手柄由"制动位"转换到"中立位"进行保压;否则会超过减压量而直至达到过量减压量后制动机会自动停止减压。

(3)失电制动。当电气线路或电器因故障而失电时,DK-1 型电空制动机将立即进入常用制动状态而实施制动,以保证列车的运行安全。

(4)兼有电空制动机和空气制动机两种功能。正常工作时,作为电空制动机使用;当电气线路发生故障时,故障转换装置可将其转换成空气制动机使用,以维持机车故障运行。

(5)机车副司机侧设置车长阀,确保安全。

(6)结构简单,便于维修。整体式的滑阀结构改成组合结构,使单件结构简化,通用件增多,且绝大多数部件采用橡胶件,有利于检修和查找故障,便于学习掌握。

(7)与机车其他系统配合。DK-1 型电空制动机能够与列车运行监控装置、动力制动等进行配合,以适应高速、重载列车的安全运行需要。

(8)控制车列电空制动机。DK-1 型电空制动机可以方便地对车列电空制动机实施有效控制。

(二)DK-1 型电空制动机的性能

DK-1 型电空制动机具有良好的灵活性和适应性,其主要性能如表 2-2-1 至表 2-2-3 所示。

表 2-2-1　单独制动性能

序号	项目	技术要求
1	全制动时制动缸最高压力	300 kPa
2	制动缸压力自 0 升到 280 kPa 的时间	≤4 s
3	缓解位,制动缸由 300 kPa 降至 40 kPa 的时间	≤5 s

表 2-2-2　自动制动性能（定压 500 kPa）

序号	项目	技术要求
1	初制动，制动管减压	40～50 kPa
2	运转位，制动管由 0 充至 480 kPa 的时间	≤9 s
3	均衡风缸自 500 kPa 常用减压至 360 kPa 的时间	5～7 s
4	常用全制动时，制动缸最高压力	340～380 kPa
5	常用全制动时，制动缸压力升至最高压力的时间	6～8 s
6	运转位，制动缸压力由最高缓解至 40 kPa 的时间	≤7 s
7	紧急位，制动管压力由定压排至 0 的时间	≤3 s
8	紧急位，制动缸最高压力	≤(450±10) kPa
9	紧急位，制动缸压力升至 400 kPa 的时间	≤5 s

表 2-2-3　辅助性能

序号	项目	技术要求
1	在"紧急"位时，切除动力	牵引手柄有级位切除，无级位不切除
2	列车分离（断钩、拉车长阀）保护	切除机车动力源，切除制动管补风，机车发生紧急制动
3	与列车监控装置的配合	为保障列车安全运行而发展起来的列车运行监控装置，通过 DK-1 型机车电空制动机对超速列车可实施强迫紧急制动和不同减压量的强迫常用制动，实现了列车制动的合理控制，减少了列车运行中的制动冲动
4	列车电空制动	为适应准高速旅客列车的需要而增设的列车电空制动系统，可实现全列车的制动、保压与缓解的同步，减少了车辆间的制动冲动，同时缩短了制动距离。该列车电空制动系统还能满足不同型号的车辆电空制动机之间以及与无电空的车辆制动机之间的混编
5	与动力制动协调配合	动力制动初始时，自动产生空气制动，制动管减压 40～50 kPa，25～28 s 后，空气制动自动消除，机车保持动力制动，并可实现电空联合制动
6	空气电阻联合制动	在机车准恒速加馈电阻制动和 DK-1 型机车电空制动机的基础上发展起来的空气电阻联合制动装置，能够自动对列车与机车制动机以及机车加馈电阻制动发出指令并进行必要的干预，从而将两种制动方式有机地结合起来，确保长大坡道上重载列车的行车安全。正常工况下，司机施行列车空气制动时，机车自动产生相应的电制动，而不进行闸瓦制动。当列车运行在下坡道时，司机施行加馈电阻制动，但制动力不足以控制列车速度时，该装置便能自动使车列产生空气制动力来给予补偿

三、DK-1 型电空制动机的结构和工作原理

（一）DK-1 型电空制动屏柜的结构组成

电空制动屏柜又称制动屏柜、气阀柜，是 DK-1 型电空制动机的主要组成部分。SS$_4$ 改型机车电空制动屏柜的结构和实物如图 2-2-4 所示。

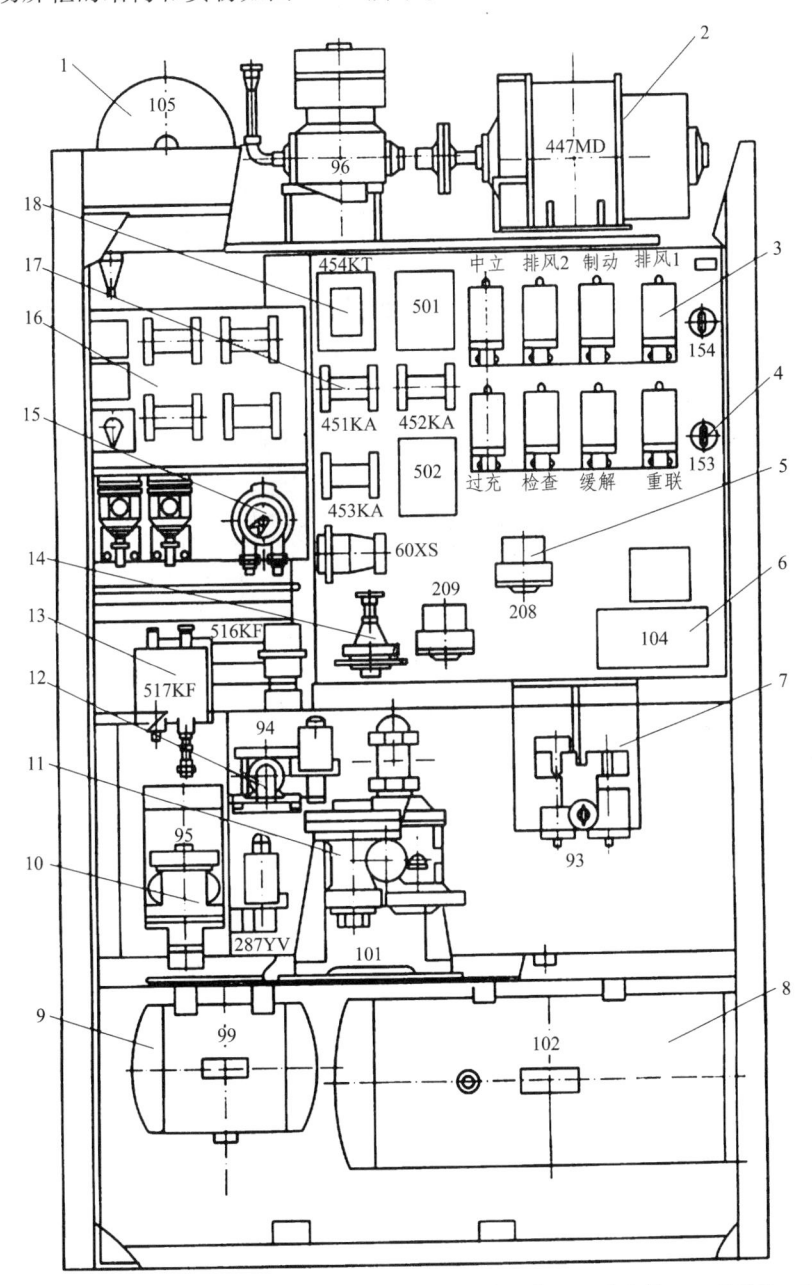

1—辅助风缸；2—辅助压缩机组；3—电空阀；4—转换阀；5—压力开关；6—中继阀；7—重联阀；8—控制风缸；9—工作风缸；10—紧急阀；11—分配阀；12—电动放风阀；13—压力控制器；14—55 号调压阀；15—双针压力表；16—电空联合制动板；17—中间电器；18—电子时间继电器。

（a）结构图

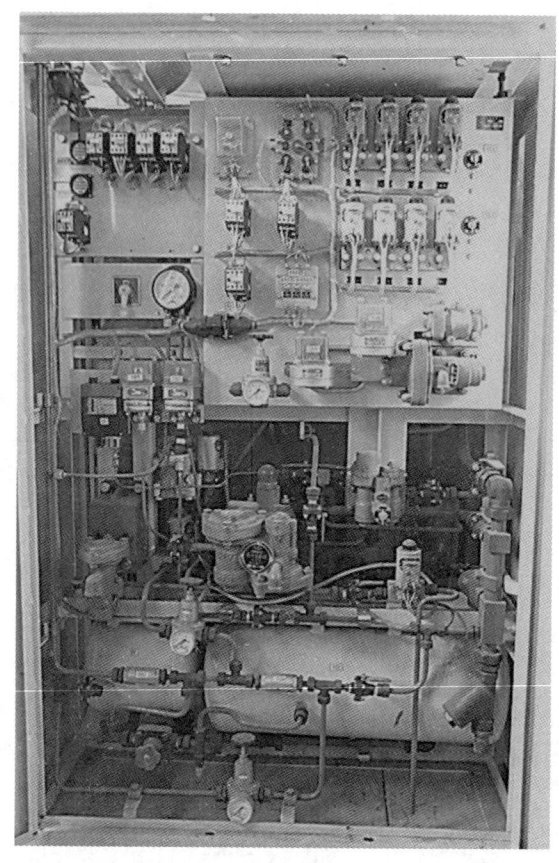

（b）实物图

图 2-2-4 SS₄改型机车电空制动屏柜的结构和实物图

SS₄改型机车电空制动屏柜主要安装有下列部件：

（1）电空阀：中间控制部件，它接收电空制动控制器的电信号指令，控制中继阀、电动放风阀等相关部件，从而实现 DK-1 型电空制动机电气线路与空气管路的联锁作用，以接通或切断相应气路。

（2）调压阀：用来调整来自总风缸的压缩空气，并稳定供给气动部件用风。

（3）双阀口式中继阀：根据均衡风缸的压力变化来控制制动管的压力变化，以实现列车的制动、缓解与保压作用。

（4）总风遮断阀：用来控制双阀口式中继阀的充风风源，以适应不同运行工况的要求。因此，也可将双阀口式中继阀和总风遮断阀统称为中继阀。

（5）分配阀：根据制动管压力变化来控制容积室和作用管的压力变化，或由空气制动阀直接控制容积室和作用管的压力变化，以实现机车的制动、缓解与保压作用。

（6）电动放风阀：当紧急电空阀 94YV 得电时，使其迅速排放制动管压缩空气，以产生紧急制动作用。

（7）紧急阀：用于紧急制动时，加速制动管的排风，同时联动电气联锁，以切除牵引工况下的机车动力。

（8）压力开关：气动电器。根据上下气室空气压力的变化，实现相关电路的自动控制。

（9）电子时间继电器及中间继电器：用于实现电路的相关联锁和自动控均衡风缸。

除此之外，制动屏柜内还设有初制动风缸、工作风缸、过充风缸、限制风堵、压力表及各种塞门等。

空气管路性能的好坏决定着制动机能否正常、可靠地工作。空气管路主要包括管道滤尘器、截断塞门、管路及管路连接件等。

（二）DK-1型电空制动机的工作原理

SS_4改型电力机车DK-1型电空制动机的工作原理参见附图2。

DK-1型电空制动机的工作状态分为两种工况：

（1）电空位（正常位）工况，通过操纵电空制动控制器（或空气制动阀）可以控制全列车（或机车）的制动与缓解。

（2）空气位（故障位）工况，通过操纵空气制动阀可控制全列车的制动与缓解。

由DK-1型电空制动机各阀件的功用可推导出其主要部件的控制关系如下：

1. 电空位操纵

（1）控制列车：

电空制动控制器→电空阀→均衡风缸→中继阀→制动管 ─┬→机车分配阀→机车制动缸
　　　　　　　　　　　　　　　　　　　　　　　　　　└→车辆制动机

（2）控制机车：

空气制动阀→作用管→机车分配阀→机车制动缸

2. 空气位操纵

（1）控制列车：

空气制动阀→均衡风缸→中继阀→制动管 ─┬→机车分配阀→机车制动缸
　　　　　　　　　　　　　　　　　　　└→车辆制动机

（2）控制机车：

空气制动阀（下压手柄）→作用管→机车分配阀→机车制动缸

3. 重联机车操纵

本务机车制动缸→本务机车重联阀→平均管→重联机车重联阀→重联机车作用管→重联机车分配阀→重联机车制动缸

四、DK-1型电空制动机制动柜的检修

以某机务段制动柜检修辅修修程工艺为例。

（1）适用范围：SS_4改型电力机车制动柜检修辅修修程。

（2）注意事项：按规定着装，戴好劳动保护用品，注意劳动安全；检查各工装量具是否合格可用，性能良好。

(3)需用设备及工、量具:制动钳工常用工具、万用表等。
(4)工艺过程:如表 2-2-4 所示。

表 2-2-4　DK-1 型电空制动机制动柜检修工艺过程

序号	检修部位	检修要求	图示
1	检查总风滤尘器	安装牢固无泄漏。按照范围和技术要求清洗滤芯	
2	检查各塞门	制动柜各塞门位置正确,146、155、156 塞门在关闭位,其他各塞门均在开放位	
3	检查各风缸	安装牢固,各风管路无泄漏,管卡齐全牢固。单向阀动作灵活无卡滞,无窜风现象	
4	检查调压器	安装牢固,无松动,风管接头无泄漏,风管无接磨。试验高低动作值符合,高压(900±20)kPa,低压(750±20)kPa	
5	检查风压继电器	安装牢固无泄漏,风管无接磨,开盖检查接线牢固,联锁断闭灵活,无卡滞,测量联锁电阻不大于 1 Ω,否则更换联锁电阻。试验继电器动作值:150~180 kPa。	
6	检查压力开关	安装牢固无松动、漏风现象,芯杆动作灵活无卡滞。测量 208、209 联锁电阻不大于 1 Ω,开盖检查各接线牢固,线号齐全、清晰。试验 208 联锁电阻动作值为 190~230 kPa,209 联锁电阻动作值不大于 20 kPa。	

续表

序号	检修部位	检修要求	图示
7	检查各电空阀	安装牢固，接线良好，接线胶木件无松动裂损，通断正常，无卡滞、泄漏，线圈无松动、短路及断路，衔铁气隙及阀杆行程符合要求，外接过压吸收板清洁，无断线、脱焊、烧损。电空阀使用寿命不得超过5年	
8	检查DKL逻辑控制装置	安装牢固，各钮子开关作用良好，各连线、插座连接良好，各指示灯显正常；进行电空阀试验时，各电空阀动作良好、逻辑正常	
9	检查分配阀及安全阀	安装牢固无松动，156塞门位置正确，手柄齐全；各部无漏风；安全阀调整螺帽紧固、无松脱，排风口通畅无堵塞，动作值为450 kPa	
10	检查紧急放风阀	安装牢固无漏风，联锁支架安装紧固，测量联锁电阻不大于1Ω，接线紧固无断股，导线无破损	
11	检查电动放风阀	各螺栓紧固，无漏风，塞门位置正确，铅封良好，电空阀安装牢固，防尘帽齐全，无漏风，接线紧固，接线胶木件无松动	

续表

序号	检修部位	检修要求	图示
12	检查中继阀	安装牢固无漏风,外观阀体无缺损;总风遮断阀无泄漏,安装牢固,阀体良好	
13	检查重联阀	安装牢固无泄漏,转换灵活无卡滞	
14	检查调压阀	安装牢固无漏风,调整手轮无破损、裂纹,丝杆螺纹良好,锁紧帽紧固齐全,下盖紧固无松动;压力表安装牢固无漏风,压力显示正常。试验时确认各阀压力值:55 号为 500 kPa 或 600 kPa	
15	检查空气制动阀	操作灵活,无旷动、下垂,应在规定位置插入、取出。转换开关安装牢固,无泄漏,转换灵活,无卡滞、不到位现象。接线端子无裂损,接线正确	

任务实施

学习任务二相关内容,完成任务单 2-2。

任务单 2-2　认知 DK-1 型电空制动机

1. 写出 SS₄改型机车司机室的主要制动设备名称及功用。

2. 对照下图所示的 DK-1 型制动机的制动柜，写出主要部件的名称、原理图代号及功用。

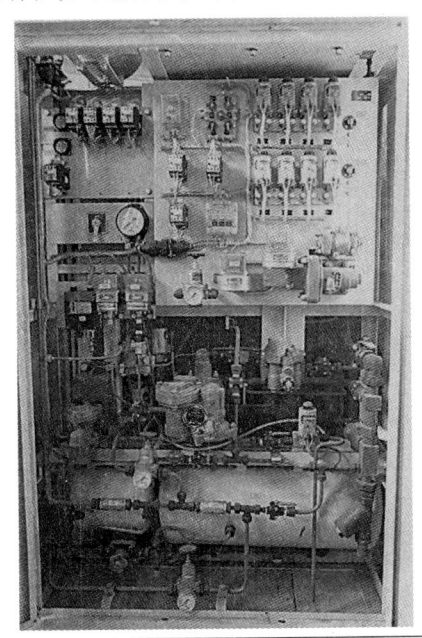

3. 试分析 DK-1 型电空制动机的控制关系。

任务评价

任务名称：DK-1 型制动柜检修

班级_____ 学号_____ 姓名_____ 小组_____

项目	分数	评分标准	每次扣分	次数	扣分
操作技能	70	1. 操作、检查、测量、调整方法不当或错误	4		
		2. 工序错乱	6		
		3. 漏拆、漏检、漏修、漏测	6		
		4. 零部件脱落、损伤	4		
		5. 口述内容有遗漏、错误	4		
		6. 工作中返工	10		
		7. 作业后未按要求恢复、整理	3		
		8. 按工艺要求，质量不符合规定	2		
工具设备使用	15	1. 工、量具及设备开工前不检查，收工时不清理	3		
		2. 工、量具及设备使用不当	3		
		3. 工、量具脱落	3		
		4. 工具、设备损坏，视情况考核	6～15		

续表

项目	分数	评分标准	每次扣分	次数	扣分
劳动态度安全生产	15	1. 专业技能训练不勤学苦练，缺乏创新意识	6		
		2. 着装不符合要求	3		
		3. 违章或违反安全事项	4		
		4. 工作场地不整洁，工件、工具摆放不整齐	2		
合计	100				
教师评价	100	根据学生在任务实施过程中的完成情况给予考核，积极引导学生完成任务			
小组互评	100	主要从知识掌握、小组活动参与度、任务完成度等方面给予评价			
总评	100	总评成绩=检修项目×60%+教师评价×20%+小组评价×20%			

巩固自测

一、选择题

1. 由 DK-1 型电空制动机的主要部件间的控制关系可知，在空气位操纵时空气制动阀控制（　　）。

　　A. 作用管　　　　B. 均衡风缸管　　　　C. 制动管　　　　D. 53#调压阀管

2. 由 DK-1 型电空制动机的主要部件间的控制关系可知，在电空位操纵时空气制动阀控制（　　）。

　　A. 作用管　　　　B. 均衡风缸管　　　　C. 制动管　　　　D. 53#调压阀管

3. 由 DK-1 型电空制动机的主要部件间的控制关系可知，在电空位操纵时分配阀控制（　　）。

　　A. 作用管　　　　B. 均衡风缸管　　　　C. 制动管　　　　D. 机车制动缸

4. 由 DK-1 型电空制动机的主要部件间的控制关系可知，在电空位操纵时中继阀控制（　　）。

　　A. 作用管　　　　B. 均衡风缸管　　　　C. 制动管　　　　D. 过充管

二、判断题

1. 由 DK-1 型电空制动机的主要部件间的控制关系可知，在电空位操纵时空气制动阀控制列车制动管。（　　）

2. 由 DK-1 型电空制动机的主要部件间的控制关系可知，在电空位操纵时分配阀控制制动管压力。（　　）

3. 由 DK-1 型电空制动机的主要部件间的控制关系可知，在电空位操纵时单独控制机车时，作用管控制分配阀。（　　）

三、简答题

为何不直接控制列车管的充气和排气来完成制动机的制动与缓解？设置均衡风缸的目的是什么？

任务三 认知电空制动控制器和电空阀

任务导入

人们往往用"好的厨师，一把盐"来形容厨师娴熟的厨艺。而在铁路行业，"好的司机，一把闸"是形容一名合格的火车司机能熟练地手握闸把操纵机车的精湛技艺。本任务学习机车司机控制机车制动、缓解和保压状态的闸。闸有几个工作位置？闸的功用有哪些？带着这些问题进行本任务的学习。

任务目标

知识目标	1. 熟悉电空制动控制器和电空阀的功用； 2. 掌握电空制动控制器和电空阀的构造及作用； 3. 掌握电空制动控制器触头闭合表。
能力目标	1. 能独立对电空制动控制器和电空阀进行拆装检查； 2. 能通过综合作用原理图分析电空制动控制器的触头闭合表得失电线号； 3. 能结合 DK-1 型电空制动机原理图分析电空阀的工作状态。
素养目标	1. 养成细致认真的工作作风； 2. 养成独立分析问题的良好习惯； 3. 能够自如地与他人沟通、协作完成任务。

关联知识

一、电空制动控制器

电空制动控制器俗称"大闸"，是 DK-1 型电空制动机的操纵部件。当司机操纵电空制动控制器时，通过控制相关电路的闭合与断开，即通过电空阀的开闭来控制气路的通断，从而控制全列车制动系统进行制动、缓解与保压。

（一）电空制动控制器的组成

电空制动控制器主要由操纵手柄、凸轮轴组装、静触头组、定位机构等组成，如图 2-3-1 所示。

1. 操纵手柄

操纵手柄为司机操纵部件，共设置了 6 个工作位置，按逆时针排列顺序依次为：过充位、运转位、中立位、制动位、重联位、紧急位，如图 2-3-2 所示。操纵手柄通过限位装置只能在"重联位"取出或装入，对于双端操纵的机车，两个电空制动控制器只配备一个操纵手柄，以确保行车安全。

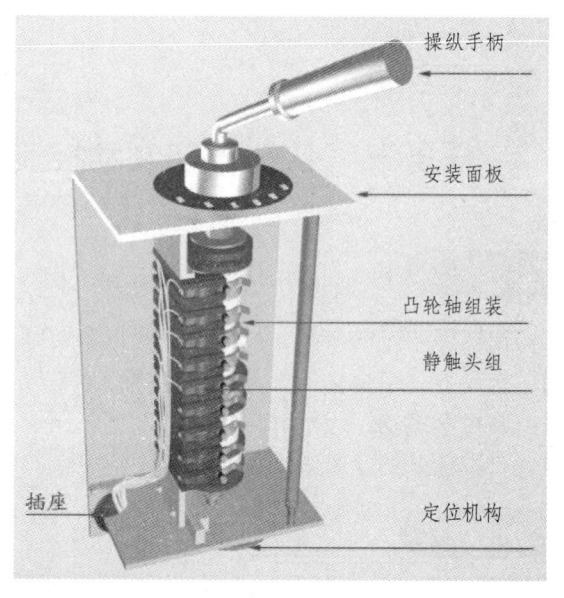

图 2-3-1　电空制动控制器结构图

图 2-3-2　电空制动控制器操纵手柄工作位置图

电空制动控制器手柄位置的作用如下：

（1）过充位：车辆快速缓解，机车保压。在长大下坡道区段，施行制动调速后，需要列车缓解，并将副风缸的压力空气迅速充满，以防止再制动充风不足，此位置时车辆快速缓解，机车保持原有制动状态，使列车以高出列车管定压 30～40 kPa 的充风压力快速充风缓解，并使机车保压。

（2）运转位：机车车辆缓解。这是列车运行中、调速后的缓解及停车后再开车时所用的位置，使全列车进行正常缓解。

（3）中立位：机车车辆保压。司机准备制动前或实施制动后必须放置于此位置，使全列车进行保压。

（4）制动位：机车车辆制动。司机在区间内进行调速或在站内停车所用的位置，列车管持续减压，机车、车辆产生制动，使全列车进行常用制动。

（5）重联位：无控制作用，受本务机车控制。机车重联、机车无动力、补机、机车换端操纵等情况将操纵手柄放置该位置，制动机由本务机车负责操纵。

（6）紧急位：机车车辆紧急制动。这是在运行中遇有特殊情况需要立即停车时使用的位置,此时列车管迅速减压到0,使全列车紧急制动,并切断牵引工况机车的动力源。

2. 定位机构

定位机构用来固定电空制动控制器手柄在某一手柄位置上,使其不能轻易滑动而改变手柄的工作位置,避免造成失误动作。定位机构主要由棘轮、滚轮杆、滚轮及弹簧组成,如图2-3-3所示。它利用有缺口的定位凸轮和有弹簧张力并带滚轮的定位杠杆来实现定位,以使操纵手柄准确地停留在各个工作位置上。

3. 凸轮轴组装

凸轮轴组装可随操纵手柄同步转动,以控制相应电路的闭合与断开。它主要由转轴、轴承、调速垫圈、隔板、动触头等组成。凸轮轴由装在转轴上的不同形状的凸轮(动触头)构成,每一个凸轮可与两个对应的静触头构成两个独立的触头组。转轴的上部与控制手柄相连,下部受定位机构的控制,如图2-3-4所示。

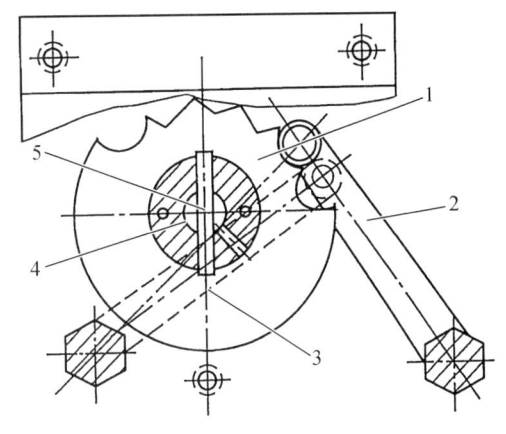

1—棘轮;2—滚轮杆;3—弹簧;4—转轴;5—定位销。

图 2-3-3 定位机构结构图

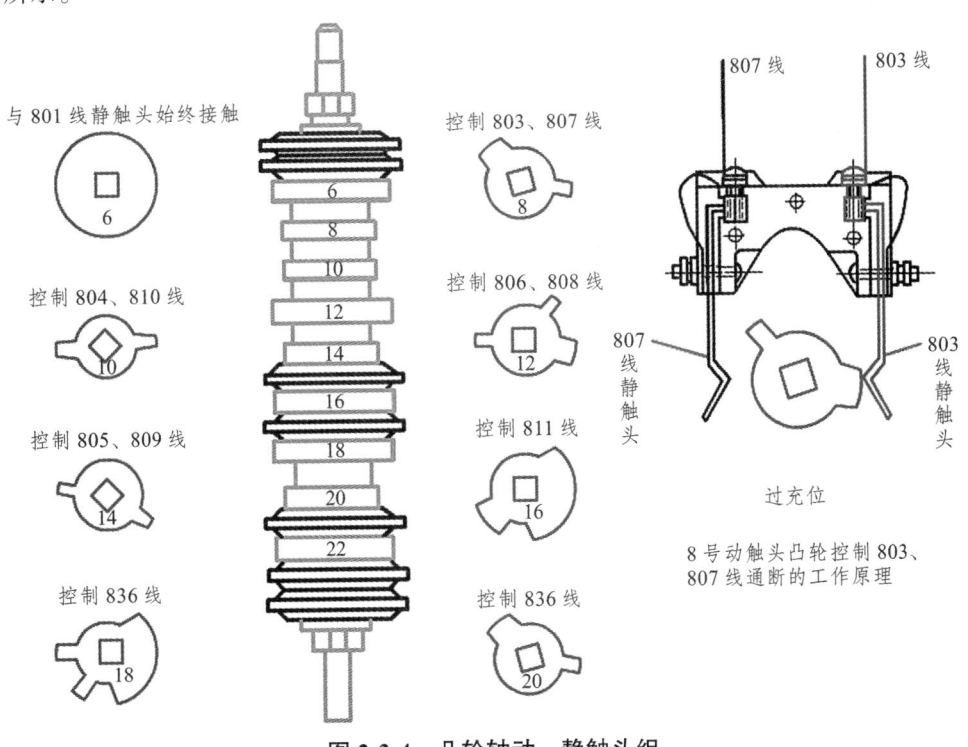

图 2-3-4 凸轮轴动、静触头组

4. 静触头组

静触头组包括18个静触头。每个静触头均由触头座、触指、弹簧、出线座、软连接片和调整螺钉组成。18个静触头分两列安装在一个触头座上，一个凸轮动触头分别与一个或两个静触头构成一对或两对触头组。当操纵电空制动控制器手柄在不同工作位置时，凸轮动触头分别与相关静触头接触或分离，从而使相应的电路闭合或开断。通常，用触头闭合表来表示不同手柄位置下相应电路的闭合与断开情况。

（二）大闸触头闭合表

通常情况下，用触头闭合表来表示不同手柄位置下相应电路的闭合与断开情况，如图2-3-5所示。

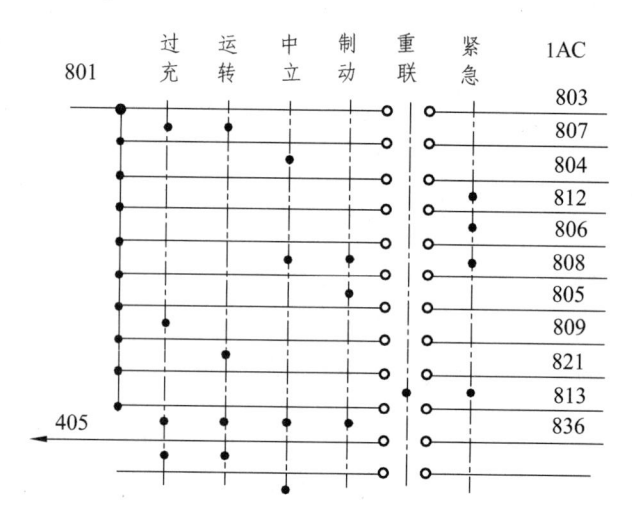

图 2-3-5　SS$_4$改型电力机车触头闭合表

1. 识读触头闭合表的要领

（1）某一手柄位置下某一对触头组闭合时，则在该手柄位置下方及相应触头组下侧加注"●"表示，不闭合的触头组不加注"●"。

（2）静触头连接导线的线号标注在该导线上侧。

2. 操纵手柄的6个工作位置

（1）过充位：导线803、805、813、836（经导线405）得电。

（2）运转位：导线803、809、813、836（经导线405）得电。

（3）中立位：导线807、806、813得电。

（4）制动位：导线806、808、813得电。

（5）重联位：导线821得电。

（6）紧急位：导线804、812、806、821得电。

二、电空阀

电空阀是通过电磁力来控制空气管路的连通或切断，从而实现远距离控制气动装置的电器。DK-1型电空制动机除采用传统的TFK$_{1B}$型电空阀外，为满足系统的性能还装用TFK型电空阀（习惯称三通电空阀），由电磁机构及气阀两大部分组成。

目前国产电力机车上统一装用螺管式电磁铁、立式安装的闭式电空阀。闭式电空阀在失电时上阀口打开、下阀口关闭。闭式电磁阀的示意图如 2-3-6 所示。

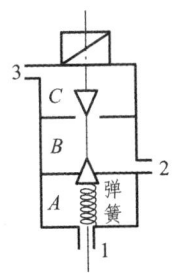

A—下气室；B—中气室；C—上气室；1—输入口（进风口）；2—输出口（出风口）；3—排气口。

图 2-3-6　闭式电空阀示意图

（一）TFK₁B 型电空阀

1. 构造

TFK₁B 型电空阀主要由电磁机构部分的励磁线圈、动铁芯、铁芯座、磁轭、接线座及气阀部分的阀座、上阀门、下阀门、弹簧、阀杆等组成，如图 2-3-7 所示。其中上、下阀门与阀座分别构成上、下阀口；气阀部分被上、下阀口分成 3 个气室，且各气室分别与外部连通；下气室与风源连接，称为输入口；中气室通向控制对象，称为输出口；上气室与大气连通，称为排气口。

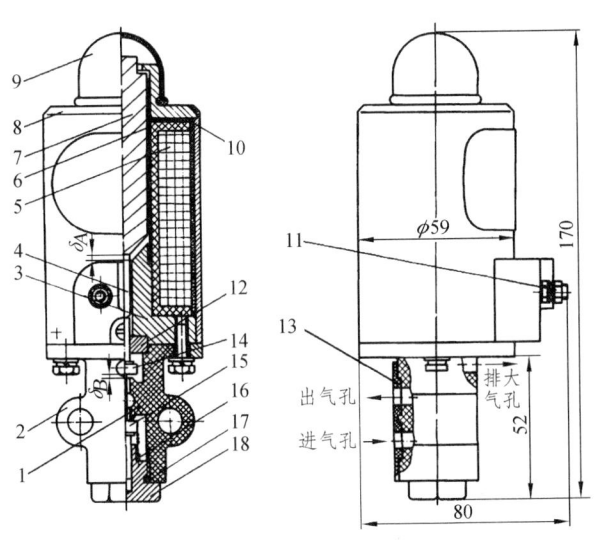

1—阀杆；2—阀座；3—静铁芯；4—芯杆；5—线圈；6—铜套；7—动铁芯；8—磁轭；9—橡皮防尘帽；10—橡胶垫；
11—接线柱；12—滑块；13—密封垫；14—上阀门；15—下阀门；16—复原弹簧；17—O 形圈；
18—下盖；δ_A—阀门行程；δ_B—铁芯气隙。

图 2-3-7　TFK₁B 型电空阀结构原理图

2. 工作状态

TFK₁B 型电空阀的工作过程包括两个状态：

（1）失电状态：当励磁线圈失电时，励磁线圈内不产生电磁力，在弹簧作用下，推动下阀门、阀杆、上阀门、芯杆、动铁芯上移,关闭下阀口,并开启上阀口,连通输出口与排气口之间的气路。

(2)得电状态:当励磁线圈得电时,励磁线圈所产生的电磁力推动动铁芯、芯杆、上阀门、阀杆、下阀门压缩弹簧下移,从而关闭上阀口,并开启下阀口,连通输入口与输出口之间的气路。

(二)电空阀的安装位置

DK-1型电空制动机在制动柜的右上方有8个电空阀,在原理图中的代号是253YV中立、256YV排风2、257YV制动、254YV排风1、252YV过充、255YV检查、258YV缓解、259YV重联;1个电动放风阀电空阀94YV,布置在制动柜的左下方;4个撒砂电空阀,在原理图中的代号分别为240YV、250YV、241YV、251YV,其中2个在司机的脚下、2个在干燥器的背后。

(三)电空阀代号及连通气路

电空阀代号及连通气路如表2-3-1所示。

表2-3-1 电空阀代号及连通气路

名称	代号	配管 输入口	配管 输出口	配管 排气口	功用
撒砂	251YV 241YV 250YV 240YV	总风管	撒砂管	大气	紧急制动时得电,自动撒砂防滑
过充	252YV	总风管	中继阀过充管	不通	过充位得电,使列车管得到过充压力(超过定压30~40 kPa)
中立	253YV	总风管	总风遮断阀管	大气	中立、制动、重联、紧急位得电,切断中继阀的制动管供风风源
排风1	254YV	作用管	大气	大气	得电时,排风作用管的压缩空气,以实现机车制动机的缓解
检查	255YV	总风管	均衡风缸管	不通	与检查按钮配合,用于发车前检查判断制动管开通状态
排风2	256YV	不通	过充风缸管	大气	中立、制动、重联、紧急位失电,加速排放过充风缸的压缩空气,以避免影响中继阀的使用
制动	257YV	不通	初制动风缸管	大气	失电时,排放初制动风缸的压缩空气;得电时,关闭该气路
缓解	258YV	55调压阀管	均衡风缸管	初制动风缸管	缓解、过充位得电,使总风经调压阀55向均衡风缸充风;失电时,连通均衡风缸与初制动风缸的气路
重联	259YV	列车管	均衡风缸管	不通	重联、紧急位得电,连通列车管与均衡风缸的气路,使中继阀自锁
紧急	94YV	总风管	电动放风阀模板下侧	大气	紧急位得电,以控制电动放风阀开放列车管的放风气路;失电时,关闭该气路

任务实施

学习任务三相关内容，完成任务单 2-3。

任务单 2-3　熟悉电空制动控制器和电空阀

1. 写出电空制动控制器的作用、手柄位置及各位置功用。
2. 根据大闸触头闭合表，分析大闸手柄在运转位和紧急位时触头的得失电状态。
3. 闭式电空阀失电时，画出电空阀简图并分析上阀口和下阀口的开闭。
4. 根据 SS₄ 改型机车 DK-1 型电空制动机的原理图，分析制动柜电空阀的管路接口及功用，并填写以下表格：

名称	代号	配管			功用
		输入口	输出口	排气口	
过充					
中立					
排风 1					
制动					
缓解					

任务评价

任务：熟悉大闸和电空阀

班级_____　学号_____　姓名_____　小组_____

	考核项目	考核要求	分值	得分
自评	分析大闸功用	熟练掌握大闸的相关知识	20	
	分析电空阀功用	熟练掌握电空阀的相关知识	20	
	素养考核	细致认真、团队协作、独立思考	20	
	小组互评	从知识掌握、小组活动参与度等方面考核	20	
	教师评价	根据完成任务的情况等进行评价	20	
		总评	100	

巩固自测

一、选择题

1. 当过充电空阀得电时，过充电空阀连通的气路是（　　）。
   A. 总风缸→过充风缸　　　　　B. 制动管→过充风缸
   C. 均衡风缸→过充风缸　　　　D. 过充风缸→大气

2. SS$_4$改型电力机车电空位操纵时，若将电空制动控制器手柄由制动位移至中立位，则由得电转为失电的导线是（　　）。
   A. 806　　　B. 808　　　C. 806、808　　　D. 806、808、813

3. SS$_4$改型电力机车电空位操纵时，若将电空制动控制器手柄由运转位移至制动位，则由失电转为得电的导线是（　　）。
   A. 806　　　B. 808　　　C. 806、808　　　D. 806、808、813

二、判断题

1. 空气位状态下，操纵电空制动控制器手柄，既不能使机车制动机产生作用，也不能使车辆制动机产生作用。（　　）
2. 中立电空阀得电，总风经中立电空阀向总风遮断阀充风。（　　）
3. 排风1电空阀得电，使作用管通大气。（　　）
4. 重联电空阀得电，使制动管与工作风缸连通。（　　）
5. 重联电空阀得电使中继阀自锁。（　　）
6. 过充电空阀得电，总风经过充电空阀向过充风缸充风。（　　）
7. 电空位状态下，操纵电空制动控制器手柄或操纵空气制动阀手柄，都可使制动管压力发生变化。（　　）

任务四　检修中继阀

项目二任务四课件

任务导入

依据 DK-1 型制动机在电空位下的控制关系，大闸控制电空阀的通或断，电空阀控制中继阀的动作，从而控制列车的制动或者缓解。本任务学习中继阀，中继阀由哪些部件组成呢？中继阀是怎么工作的呢？中继阀应该怎么检修？

任务目标

知识目标	1. 掌握双阀口式中继阀的结构组成及作用原理； 2. 掌握总风遮断阀的结构组成及作用原理。
能力目标	1. 通过双阀口式中继阀结构示意图，会分析双阀口式中继阀的作用原理； 2. 通过总风遮断阀的结构和中立电空阀 253YV 得失电，会分析总风遮断阀的作用原理； 3. 会检修双阀口式中继阀和总风遮断阀。
素养目标	1. 通过中继阀的作用位置原理分析，培养具有自主学习、独立思考的能力； 2. 通过中继阀的检修，培养心系乘客和"精益求精"的工匠精神。

关联知识

中继阀是电空制动控制器（大闸）及空气位时空气制动阀（小闸）的执行元件，它依据均衡风缸的压力变化来控制列车管的压力变化，从而完成列车的制动、保压和缓解。该阀具有供排风快和灵敏度高的特点，特别是当电空制动控制器处于过充位时，能使列车管压力超过规定压力 30～40 kPa，以缩短列车初充气和再充气的时间，当电空制动控制器由过充位移回运转位时，列车管的过充压力还能缓慢地消除，而不会引起列车的自然制动。中继阀在原理图上的代号为 104。

中继阀由双阀口式中继阀、总风遮断阀和管座三部分组成，如图 2-4-1 所示。

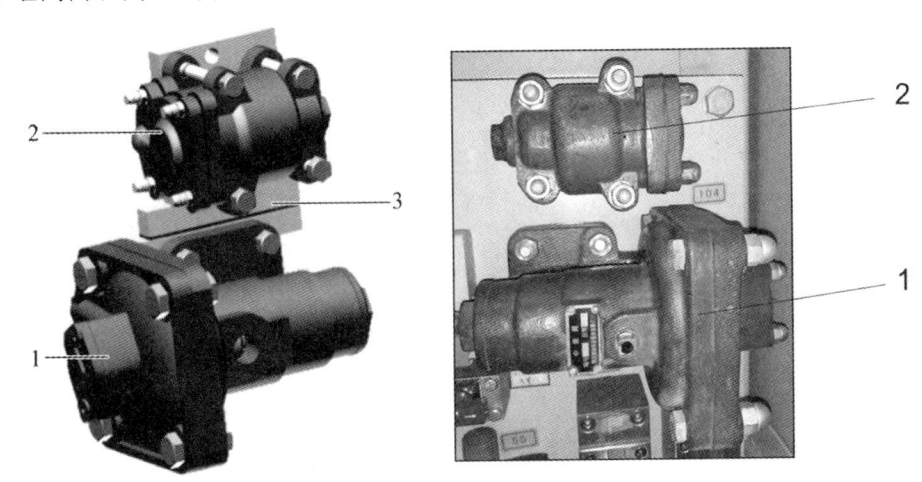

1—双阀口式中继阀；2—总风遮断阀；3—管座。

图 2-4-1　中继阀的外形及结构

一、双阀口式中继阀

（一）双阀口式中继阀的结构

双阀口式中继阀由主活塞、膜板、排气阀、供气阀、阀套、阀座、阀体、过充盖、过充柱塞、顶杆及 O 形圈、各作用弹簧等组成，如图 2-4-2 所示。

双阀口式中继阀主要是控制列车管的充气和排气。主活塞的左侧为中均室，与均衡风缸管连通，右侧与列车管相通。主活塞通过顶杆与排气阀或供气阀联动，排气阀室与大气相通，供气阀室经总风遮断阀口与总风管相通，两个阀座的中间与列车管相通。为了提高列车管初充气和再充气的速度，在主活塞左侧设置了一个过充柱塞，过充柱塞左侧与过充风缸管相连，中间通大气，右侧为中均室，与均衡风缸管相通，它们之间以 O 形圈密封隔离。

（二）双阀口式中继阀的管座

该管座上连有五根管子：总风遮断阀管、过充风缸阀管、总风管、列车管、均衡风缸管，如图 2-4-3 所示。

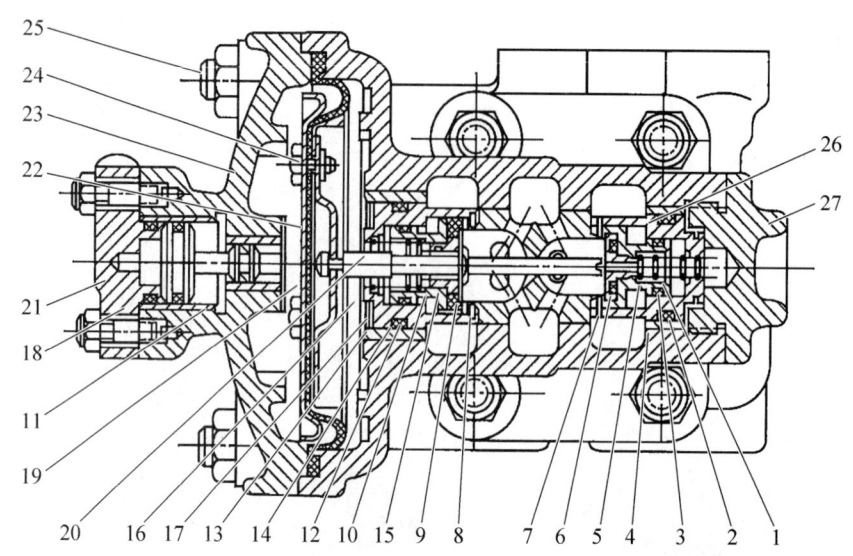

1—供风阀套；2、3、11、12、14—O形圈；4—供气阀；5—供气弹簧；6—胶垫螺帽；7—供气阀套挡圈；8—排气阀挡圈；9—排气阀胶垫；10—排气阀；13—定位挡圈；15—胶垫螺帽；16—排气阀套；17—排气阀弹簧；18—过充柱塞；19—主活塞；20—顶杆；21—过充盖；22—膜板；23—中继阀盖；24—螺钉；25—六角螺栓；26—供气阀胶垫；27—螺盖。

图 2-4-2 双阀口式中继阀的结构

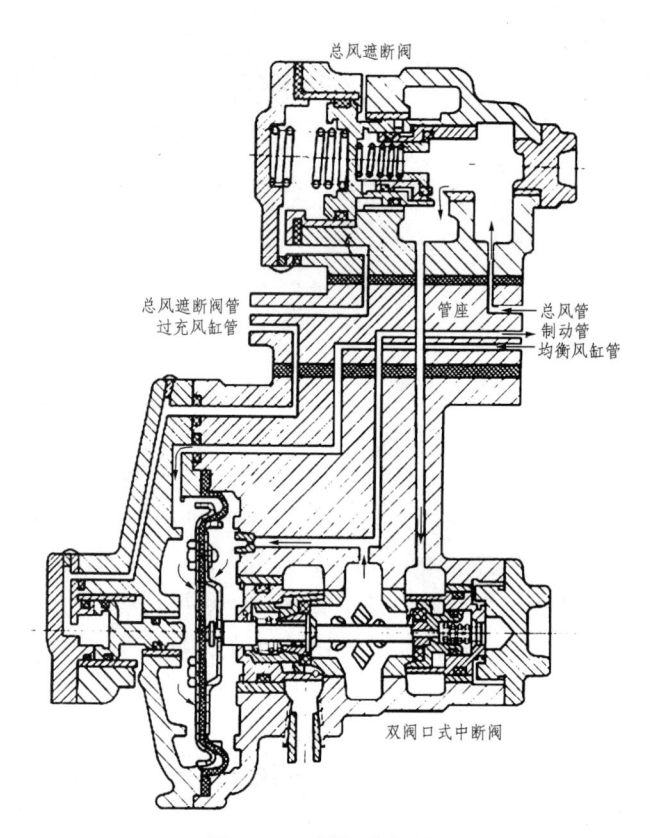

图 2-4-3 缓解充气位

（三）双阀口式中继阀的作用原理

根据均衡风缸及过充风缸的压力变化，双阀口式中继阀共有三个作用位置，其作用原理如图 2-4-3 至图 2-4-5 所示。

1. 缓解充气位

缓解充气位如图 2-4-3 所示，当主活塞左侧中均室的均衡风缸压力增加时，膜板活塞向右侧移动，通过顶杆将供风阀开启，总风经供风阀口向列车管充风，同时经 1 mm 的缩孔使列车管与主活塞右侧连通，随列车管压力的增加，逐渐平衡主活塞左侧压力，活塞左移逐渐缩小供风阀口，直至关闭。

为加速充风，在过充柱塞左侧充入与总风管相等的压缩空气后，过充柱塞右移，其端部顶在主活塞上，相当于中均室增加了压力。当总风管压力在 750～900 kPa 之间变化时，使列车管增压的范围为 30～40 kPa，因而对长大列车或长大下坡道上运行的列车充风缓解极为有利。消除过充压力使过充风缸的风缓慢排向大气，过充柱塞端部作用在主活塞上的附加力逐渐消失，此时列车管过充压力随之缓慢排向大气，不会引起后部车辆的自然制动。

2. 制动位

制动位如图 2-4-4 所示，当主活塞左侧中均室的均衡风缸压力降低时，膜板活塞在右侧列车管压力作用下左移，通过顶杆带动将排气阀开启，列车管压力空气经排气阀口排向大气，同时活塞右侧压力空气经缩孔，随同列车管一起降低压力，逐渐平衡主活塞左侧压力，活塞右移逐渐缩小排气阀口，直至关闭。

3. 保压平衡位

当主活塞右侧列车管压力上升或下降后，与左侧中均室均衡风缸压力接近一致时，主活塞处于中间平衡位，供风阀或排气阀在其弹簧作用下关闭其阀口，列车管停止充气或排气，列车管呈缓解充气或制动后的保压状态。若主活塞左侧中均室的均衡风缸压力再增加，或主活塞右侧列车管压力由于泄漏而降低，则主活塞将再次失去平衡，活塞右移使供气阀再度被开启，列车管再充气，待主活塞两侧压力接近一致时，又处于保压平衡位。若主活塞左侧中均室的均衡风缸压力再降低，则主活塞仍将失去平衡，活塞左移使排气阀重新开启，列车管再排气，待主活塞两侧压力接近一致时，重新恢复保压平衡位。主活塞的动作灵敏度为 10 kPa。

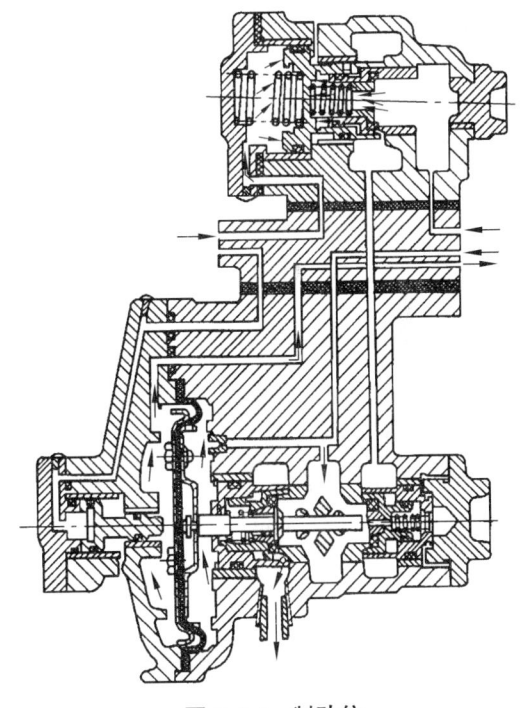

图 2-4-4　制动位

4. 过充位（快速充风位）

为了适应列车运行于长大坡道或长大列车运行时对缓解充风速度的要求（即需要快速充风时），DK-1型电空制动机设置了"过充位"操纵（见图2-4-5），以实现列车的快速充风。当司机将电空制动控制器手柄置于"过充位"时，连通了总风向过充风缸充风的气路，即过充柱塞左侧压力升高，推动过充柱塞右移，并作用在活塞膜板上，该作用力的大小相当于30~40 kPa压缩空气所产生的作用力；同时，连通总风经调压阀55（用于调整、限定均衡风缸的定压；所谓定压，是指制动机工作过程中，均衡风缸的最高工作压力；《铁路技术管理规程》规定，定压可选择500 kPa或600 kPa）、缓解电空阀258YV向均衡风缸充风的气路，即活塞膜板左侧压力也升高。在二者共同作用下，活塞膜板带动顶杆迅速右转，顶开供气阀口，并且阀口开启较大，使总风迅速向制动管及活塞膜板右侧充风；当活塞膜板右侧压力及制动管压力与活塞膜板左侧压力平衡时，在供气阀弹簧的作用下，关闭供气阀口。可见，当

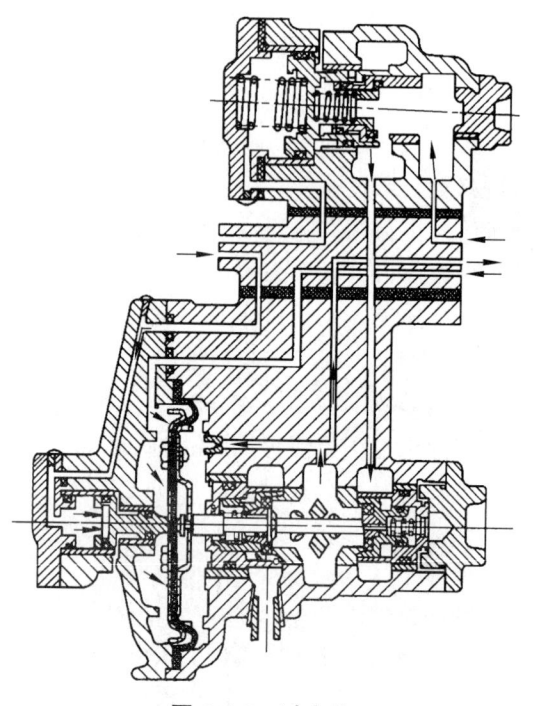

图 2-4-5　过充位

电空制动控制器手柄置于"过充位"时，经双阀口式中继阀动作，能够实现制动管的快速充风，并使制动管压力得到过充压力，即超过定压30~40 kPa。

怎样消除过充压力？可将电空制动控制器手柄由"过充位"转换至"运转位"，此时，均衡风缸仍保持定压，而过充风缸内的压缩空气经过充风缸小孔（$\phi 0.5$ mm）缓慢排向大气，过充柱塞慢慢左移，使双阀口式中继阀的活塞膜板产生向左的微弱压力差，活塞膜板带动顶杆缓慢左移，微微打开排气阀口，则制动管压缩空气缓慢排出，直到消除过充压力而保持定压为止，从而避免列车产生自然制动。

什么是中继阀自锁？可自行分析。以上各位置作用原理也可以用图2-4-6所示的简化图来分析。

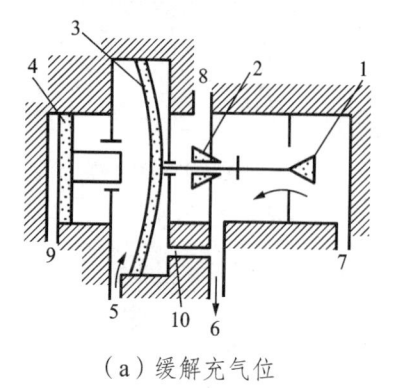

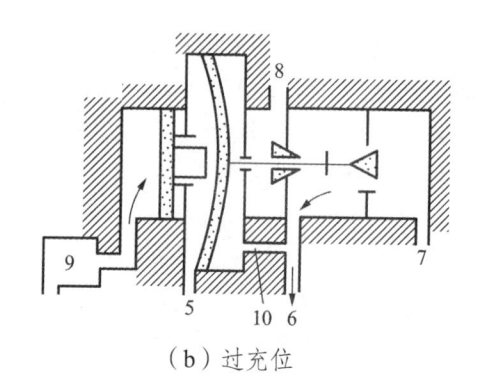

（a）缓解充气位　　　　　　　　　　　（b）过充位

（c）保压平衡位　　　　　　　　　（d）制动位

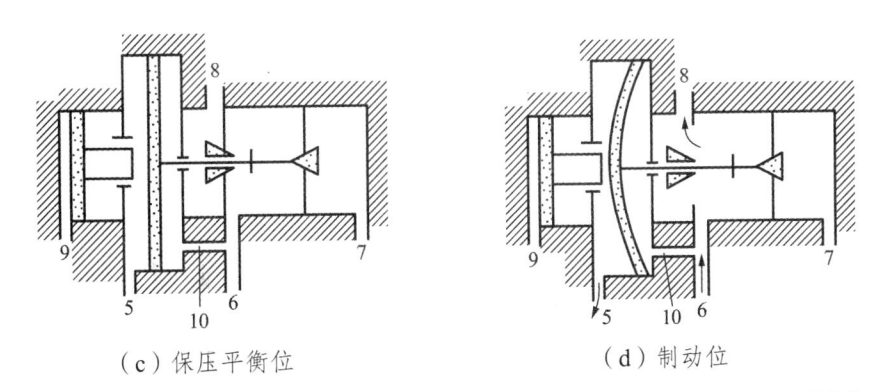

1—供风阀及阀口；2—排气阀及阀口；3—主活塞；4—过充柱塞；5—均衡风缸管；6—列车管；
7—总风管；8—排风口；9—过充风缸管；10—缩孔。

图 2-4-6　双阀口式中继阀各作用位置示意图

二、总风遮断阀

总风遮断阀的结构如图 2-4-7 所示，它由阀体、遮断阀、阀座、阀套、弹簧等组成，如图 2-4-8 所示，其中遮断阀与双阀口式中继阀的排风阀通用。总风遮断阀作为控制总风向列车管充风的一道关口，一般情况下，该阀的动作与均衡风缸的减压动作同步，即均衡风缸减压，该阀关闭遮断阀口，以确保一次缓解型制动机的制动作用可靠。

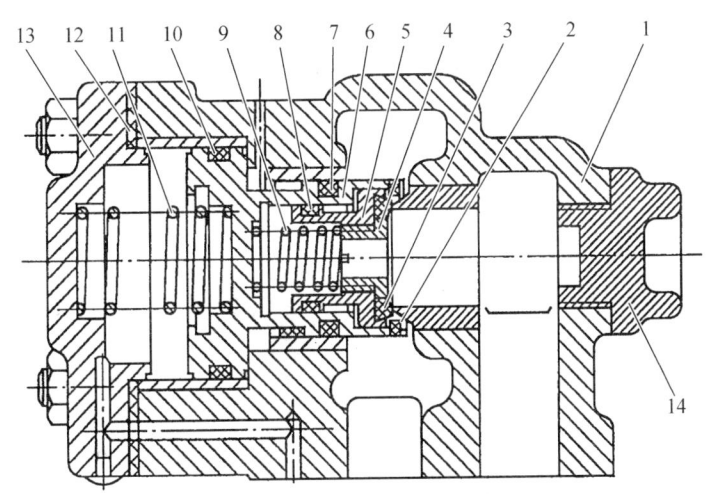

1—遮断阀体；2—挡圈；3、12—胶垫；4—胶垫螺帽；5—遮断阀；6—遮断阀套；7、8、10—O 形圈；
9—遮断阀弹簧；11—作用弹簧；13—遮断阀盖；14—螺盖。

图 2-4-7　总风遮断阀结构图

当中立电空阀 253YV 失电时，总风遮断阀管向大气排风，遮断阀套左侧无压力空气时，遮断阀在其右侧的总风压力作用下，克服弹簧的反力左移，遮断阀口呈开启状态，总风压力空气经开启的阀口进入双阀口式中继阀的供气阀室，保证列车管的充风效能。

当中立电空阀 253YV 得电时，总风向总风遮断阀充风，遮断阀左侧充入总风压力空气时，遮断阀在其左侧的总风压力及弹簧力的作用下右移，迅速关闭遮断阀口，切断了至双阀口式中继阀的总风源，即切断了列车管风源，列车管就得不到补充或充风。

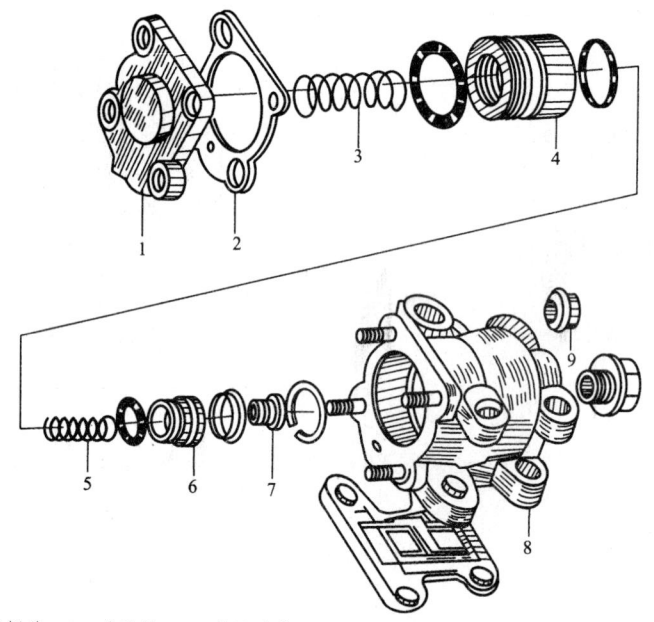

1—遮断阀盖；2—盖胶垫；3—作用弹簧；4—遮断阀套；5—遮断阀弹簧；6—遮断阀；
7—遮断阀胶垫螺母；8—遮断阀体；9—阀座。

图 2-4-8　总风遮断阀组成图

三、中继阀的检修工艺

以某机务段阀件的检修工艺为例：
（1）适用范围：DK-1 型电空制动机总风遮断阀及中继阀小修修程、配件检修。
（2）需用材料：毛刷、白布、白绸布、汽油、水砂布、擦铜油（备用）、润滑脂、替换件。
（3）需用设备及工、量具：开口扳手、钢板尺、卡钳、钢针、螺丝刀、胶木棒、游标卡尺、油盘、DK-1 型制动机试验台。
（4）工艺过程：如表 2-4-1 所示。

表 2-4-1　中继阀的检修工艺

工序	工步	作业要领	质量标准	备注
1. 清扫检查	（1）清洁	用毛刷清扫阀体表面灰尘，再用白布将阀体擦拭干净		
	（2）检查	外观检查中继阀是否有变形、裂损	无变形、无裂损	
2. 解体	（1）分解总风遮断阀	①用开口扳手拆下总风遮断阀，安装螺丝，取下总风遮断阀 ②用扳手旋下遮断阀螺盖 ③用开扳手拆下阀盖紧固螺母，取下遮口断阀盖 ④使用胶木棒从螺盖处顶出活塞，取出活塞弹簧、活塞体，撬出卡圈，取出遮断阀及阀弹簧		

续表

工序	工步	作业要领	质量标准	备注
2.解体	（2）分解中继阀供气阀部	①用扳手旋下中继阀螺盖 ②取出供气阀联体，撬出卡圈，由套内取出供气阀及阀弹簧 ③用开口扳手松开膜板压盖紧固螺丝 ④逆活塞上所标明箭头方向，向外拨出主活塞（其他方向上不能取出活塞）		
	（3）分解排气阀部	①用卡簧钳取出挡圈，抽出排气阀联体及顶杆 ②撬出挡圈，由套内取出排气阀及阀弹簧		
	（4）拆过充柱塞部	用开口扳手拆下柱塞盖紧固螺丝，取下柱塞盖抽出柱塞		
	（5）拆下风堵	用螺丝刀旋下风堵		
	（6）拆橡胶件	取下各部所有橡胶件		
3.检修	（1）检查各弹簧	外观检查各弹簧是否有裂纹、变形、锈蚀，并用游标卡尺测量各弹簧的自由高度	a. 弹簧无裂损、无变形、无锈蚀 b. 弹簧自由高度： 遮断阀活塞弹簧 63^{+1}_{-3} mm 遮断阀弹簧 38^{+1}_{-3} mm 供气阀弹簧 29^{+1}_{-3} mm 排气阀弹簧 38^{+1}_{-3} mm	记录
	（2）检查各阀与套的状态	检查各阀及套的状态	各阀、套工作面应无明显拉伤、偏磨，无过量磨耗	
	（3）检查活塞组件	外观检查	a. 各板、阀的橡胶垫无老化、无裂损、无麻坑 b. 板阀动作灵活，内、外活塞均无变形、无裂损、无锈蚀	
	（4）检查顶杆	外观检查顶杆并用游标尺测量顶杆长度	无弯曲、不变形、无裂损、无锈蚀，顶杆总长 $92^{0}_{-0.2}$ mm	记录
	（5）检查各阀座	外观检查各阀座状态，座口有无锈蚀、麻坑拉伤等，并用白绸布涂上擦铜油磨修，尽量不使用砂布打磨	均应配合紧固，不松动、不脱落，口面良好	
	（6）检查风堵	外观检查风堵	丝扣良好，通气孔无异物阻塞，孔径为 ϕ 0.6 mm	

续表

工序	工步	作业要领	质量标准	备注
3. 检修	（7）更换橡胶件	因橡胶件容易老化，必须全部更新（橡胶件有O形圈、膜板阀座垫圈、阀体风道密封橡胶圈、阀盖密封垫）	所更换的橡胶件必须与原装件同一型号，其规格为： a. 遮断阀活塞大端 $\phi 50 \times 3.5$ mm b. 排气阀套 $\phi 40 \times 3.4$ mm c. 遮断阀活塞小端 $\phi 36 \times 3.5$ mm d. 供气阀套 $\phi 34 \times 3.5$ mm e. 遮断阀 $\phi 24 \times 2.4$ mm f. 过充阀盖、排气阀、过充柱塞大端均为 $\phi 24 \times 2.25$ mm g. 供气阀 $\phi 18 \times 2.25$ mm h. 过充柱塞小端 $\phi 12 \times 1.75$ mm i. 膜板 $\phi 132$ mm	
4. 组装	（1）给各部装上橡胶件	① 组装膜板活塞体 ② 给各阀及阀套装上O形圈及胶垫 ③ 装上各部件间风道密封橡胶圈	a. 膜板舒展，不扭曲，膜板边应装入活塞槽内、不得有压边现象 b. O形圈必须落入槽内，无翻拧现象，并有一定的紧度 c. 密封橡胶圈、垫应齐全，不可缺少又不可多装	
	（2）涂润滑脂	给所有橡胶件表面、各阀套内面均匀涂上一薄层润滑脂	所涂润滑脂应适量，如果过多易吸尘物，阻塞风道	
	（3）各阀部组装	将供气阀部、排气阀部、遮断阀部装成组件	各阀在套内均能灵活动作	
	（4）总体组装	① 组装供气阀联体，拧紧供气阀螺盖 ② 装入排气阀组件及顶杆，装上挡圈 ③ 将膜板活塞体按箭头所指方向推动着挂上顶杆 ④ 其他部件按照与解体相反的次序组装	a. 活塞须挂上顶杆，不可虚挂 b. 各部件配合良好，无异常现象	
5. 试验	试验台试验	将检修好的中继阀、遮断阀安装在DK-1型制动机试验台上，按试验项点要求进行试验	均应符合试验技术要求	

任务实施

学习任务四相关内容，完成任务单2-4。

任务单 2-4　检修中继阀

1. 简述双阀口式中继阀的结构、组成。

2. 中继阀管座有几根配管？分别是什么配管？

3. 大闸处于制动位时，分析中继阀的动作原理。

4. 写出中继阀的检修步骤。

任务评价

任务：中继阀检修

班级_____　学号_____　姓名_____　小组_____

项目	分数	评分标准	每次扣分	次数	扣分
操作技能	70	1. 操作、检查、测量、调整方法不当或错误	4		
		2. 工序错乱	6		
		3. 漏拆、漏检、漏修、漏测	6		
		4. 零部件脱落、损伤	4		
		5. 口述内容有遗漏、错误	4		
		6. 工作中返工	10		
		7. 作业后未按要求恢复、整理	3		
		8. 按工艺要求，质量不符合规定	2		
工具设备使用	15	1. 工、量具及设备开工前不检查，收工时不清理	3		
		2. 工、量具及设备使用不当	3		
		3. 工、量具脱落	3		
		4. 工具、设备损坏，视情况考核	6~15		
劳动态度安全生产	15	1. 专业技能训练不勤学苦练，缺乏创新意识	6		
		2. 着装不符合要求	3		
		3. 违章或违反安全事项	4		
		4. 工作场地不整洁，工件、工具摆放不整齐	2		
合计	100				
教师评价	100	根据学生在任务实施过程中的完成情况给予考核，积极引导学生完成任务			
小组互评	100	主要从知识掌握、小组活动参与度、任务完成度等方面给予评价			
总评	100	总评成绩=检修项目×60% + 教师评价×20% + 小组评价×20%			

> 巩固自测

一、判断题

1. 双阀口式中继阀主活塞左侧通过充风缸。　　　　　　　　　　　　　　　（　　）
2. 双阀口式中继阀主活塞右侧通制动管。　　　　　　　　　　　　　　　　（　　）
3. 中继阀主活塞左侧的压力增加时，膜板活塞向右移动，通过顶杆将供风阀打开，打开了由遮断阀来的总风缸压力空气向制动管充风的气路。　　　　　　　　　（　　）
4. 中继阀主活塞左侧的压力增加时，膜板活塞向右移动，通过顶杆将供风阀打开，打开了由遮断阀来的工作风缸压力空气向制动管充风的气路。　　　　　　　（　　）
5. 双阀口式中继阀过充位时，过充柱塞左侧充入工作风缸压力空气，使过充柱塞右移。
　　　　　　　　　　　　　　　　　　　　　　　　　　　　　　　　　（　　）
6. 总风遮断阀的功用是适时地打开或关闭总风经中继阀到制动管的通路。　（　　）
7. 中继阀的代号是101。　　　　　　　　　　　　　　　　　　　　　　　（　　）
8. 中继阀的作用是在多机重联运行时，使机车的制动和缓解一致。　　　　（　　）
9. 双阀口式中继阀主活塞左移时，顶杆顶开排气阀。　　　　　　　　　　（　　）
10. 双阀口式中继阀主活塞右移时，顶杆顶开供气阀。　　　　　　　　　　（　　）
11. 双阀口式中继阀主活塞右移时，顶杆顶开排气阀。　　　　　　　　　　（　　）

二、选择题

1. 依据 DK-1 型电空制动机主要部件间的控制关系，可知在电空位操纵时中继阀控制（　　）。

  A. 作用管　　　　　　　　　　　　B. 均衡风缸管
  C. 制动管　　　　　　　　　　　　D. 过充管

2. 中继阀根据（　　）的压力变化来控制列车制动管的压力变化，从而完成列车的制动、缓解与保压作用。

  A. 过充风缸　　　　　　　　　　　B. 总风缸
  C. 均衡风缸　　　　　　　　　　　D. 工作风缸

3. 双阀口式中继阀主活塞左侧通（　　）。

  A. 过充风缸　　　　　　　　　　　B. 机车制动缸
  C. 均衡风缸　　　　　　　　　　　D. 工作风缸

4. 中继阀主活塞左侧的压力增加时，膜板活塞向右移动，通过顶杆将供风阀打开，打开了由遮断阀来的总风缸压力空气向（　　）充风的气路。

  A. 过充风缸　　　　　　　　　　　B. 制动管
  C. 均衡风缸　　　　　　　　　　　D. 工作风缸

5. 双阀口式中继阀主活塞左侧压力降低时，制动管的压力推动主活塞左移，主活塞使顶杆带动排风阀打开排风口，（　　）的压力空气经排风口排向大气。

  A. 总风管　　　　　　　　　　　　B. 制动管
  C. 作用管　　　　　　　　　　　　D. 中均管

任务五　检修 109 型机车分配阀

项目二任务五课件

任务导入

依据 DK-1 型制动机在电空位下的控制关系，中继阀动作会引起制动管的压力变化，而制动管的压力变化会引起机车分配阀的动作。那么，机车分配阀是怎么工作的呢？它由哪些部件组成？机车分配阀应该怎么检查？本任务就介绍 109 型机车分配阀。

任务目标

知识目标	1. 熟悉机车分配阀的结构组成； 2. 掌握机车分配阀的作用原理； 3. 掌握机车分配阀的检修工艺。
能力目标	1. 能熟知分配阀的结构组成和管座，会分析分配阀的作用原理； 2. 按照检修工艺，会检修机车分配阀。
素养目标	1. 通过了解机车分配阀精巧的结构设计，培养创新意识； 2. 培养担当意识、责任意识。

关联知识

一、109 型机车分配阀的作用

109 型机车分配阀的作用是：根据列车制动管的压力变化而动作，并接受空气制动阀的控制，向机车制动缸充气或排气，使机车实现制动、保压和缓解作用。

二、109 型机车分配阀的结构组成

109 型分配阀在原理图上的代号为 101。用于机车的 109 型分配阀包括主阀、安装座及安全阀三大部分，如 2-5-1 所示。主阀用 M16 的双头螺栓和螺母安装在安装座垂直面上，安装面用橡胶阀垫密封；安装座坐式安装在钢架上。

109 型机车分配阀座式安装，其内部容积室为 1.85 L，外接工作风缸。

（一）安装座

安装座用灰铁铸成，座内铸有一个局减室（0.6 L）和一个容积室（1.85 L，并与作用管连通），

图 2-5-1　109 型机车分配阀实物图

如图 2-5-2 所示。安装座也是分配阀与制动管、总风缸管、制动缸管、工作风缸管及作用管等 5 条空气管路的连接基座。

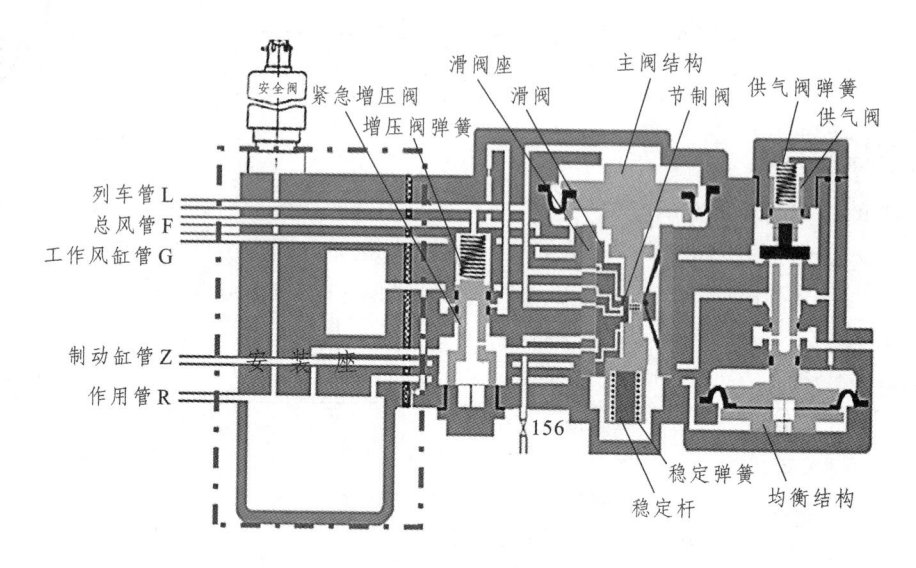

图 2-5-2　安装座

（二）主阀

主阀控制着不同通路的充风、缓解、制动和保压等状态，是分配阀的主要部分。它由主阀部、均衡部和紧急增压阀等三部分组成，如图 2-5-3 所示。

1. 主阀部

主阀部利用列车管与工作风缸的压力差来产生充风、局减、制动、保压和缓解等作用，其作用是用于根据制动管的压力变化来控制容积室和作用管的充、排风。

主阀部由主活塞、橡胶膜板、滑阀、滑阀座、滑阀弹簧、稳定杆、稳定弹簧及挡圈等组成，如图 2-5-4 所示。主活塞的膜板上、下两侧互相密封，膜板上侧通列车管，下侧通工作风缸。主阀部就是利用上下压力差，即列车管与工作风缸的压力差，使主活塞带动节制阀和滑阀上下移动，形成各个不同的作用位置。由稳定杆、稳定弹簧和挡圈等零件安装在主活塞杆尾部的套筒内，它一定程度上阻碍主活塞的向上移动，用以防止列车在运行中因列车管轻微漏泄或压力波动而引起的意外自然制动，从而加强制动机在缓解状态时的稳定性。

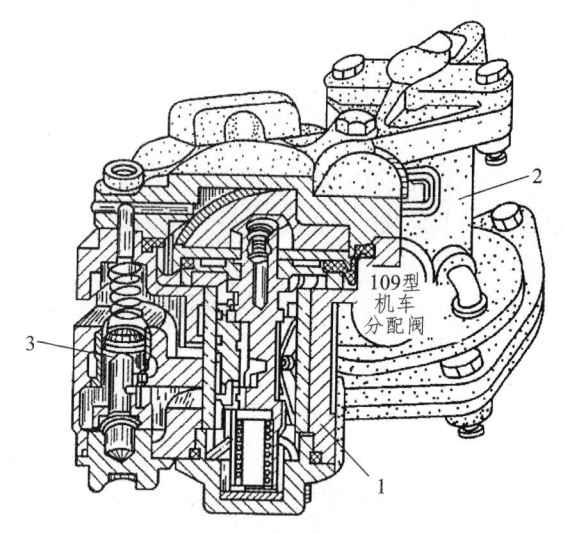

1—主阀部；2—均衡部；3—紧急增压阀。

图 2-5-3　109 型分配阀主阀

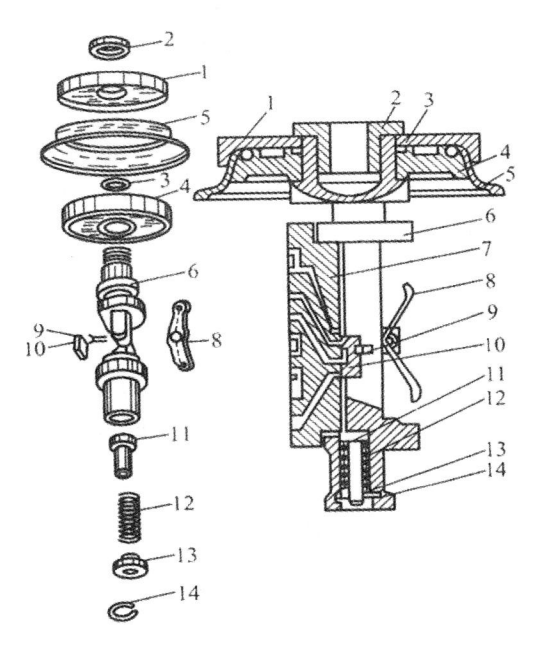

1—上活塞；2—活塞压帽；3—密封阀；4—下活塞；5—膜板；6—活塞杆；7—滑阀；8—滑阀弹簧；
9—节制阀弹簧；10—节制阀；11—稳定杆；12—稳定弹簧；13—稳定弹簧座；14—挡圈。

图 2-5-4　主阀部的结构

2. 均衡部

均衡部的主要作用是根据容积室和作用管压力的增、减来控制机车制动缸的充、排风。分配阀均衡部由下部的均衡活塞部、上部的均衡阀部等组成，如图 2-5-5 所示。

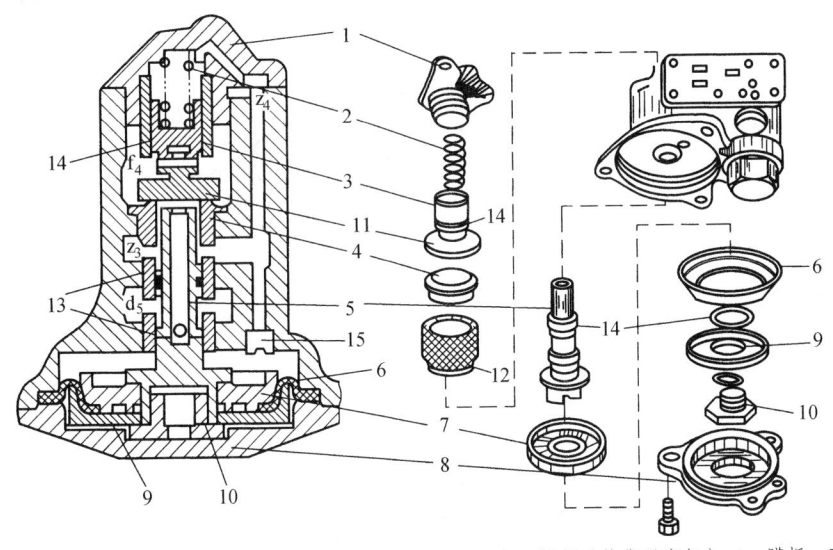

1—均衡上盖；2—供气阀弹簧；3—供气阀导向杆；4—阀座；5—空心阀杆（均衡活塞杆）；6—膜板；7—上活塞；
8—均衡下盖；9—下活塞；10—均衡活塞压帽；11—供气阀（均衡阀）；12—滤网；13—阀杆套；
14—密封圈（$\phi 0.8$ mm）；15—缩堵；z_3、z_4—通制动缸；
f_4—通供气阀上方的供气阀室；d_5—大气孔。

图 2-5-5　分配阀均衡部的结构

均衡活塞部包括均衡活塞、橡胶膜板、密封圈等零部件。均衡阀部包括均衡上盖、弹簧、均衡阀（供气阀）、均衡阀杆等零部件。均衡阀与均衡阀杆用销连接，这样即使阀座与阀杆中心稍有偏斜，也不影响阀的气密性。橡胶膜板上侧通制动缸，下侧通容积室。均衡活塞杆（空心阀杆）上的轴向中心孔经杆上的四个径向孔通大气，并装有密封圈，以防止制动缸的漏泄。均衡阀（供气阀）上侧通总风管、下侧通制动缸。均衡阀杆的上方也通制动缸，在杆上也套有密封圈，以防止它下方的总风压力空气向上漏入制动缸。另在阀体上装 $\phi 0.8$ mm 的缩孔堵，以使制动缸压力保持稳定上升。

根据主阀部或空气制动阀控制的容积室压力变化，使均衡活塞按其上下两侧的压力关系而上下移动或停留。从而使均衡阀（供气阀）顶开或关闭，并使均衡活塞杆上端中心孔口关闭或开启，以控制制动缸的充风、保压和排风，实现制动、保压和缓解作用。

3. 紧急增压阀

紧急增压阀用于紧急制动时，使总风向容积室迅速充风，从而使机车制动缸压力迅速升高，以实现紧急制动。

紧急增压阀属于柱塞式空气阀。柱塞式空气阀的工作是通过柱塞在柱塞套中轴向的移动，由柱塞上的凹槽来连通或切断相应气路的。

紧急增压阀主要由增压阀柱塞（简称增压阀）、增压阀柱塞套（又称增压阀套）、增压弹簧及密封圈等组成，如图 2-5-6 所示。

紧急增压阀内部各空间分别与 3 条空气管路连通：

（1）增压阀上侧与制动管连通。

（2）增压阀下侧及内侧与容积室连通。

（3）增压阀套上孔与总风连通。

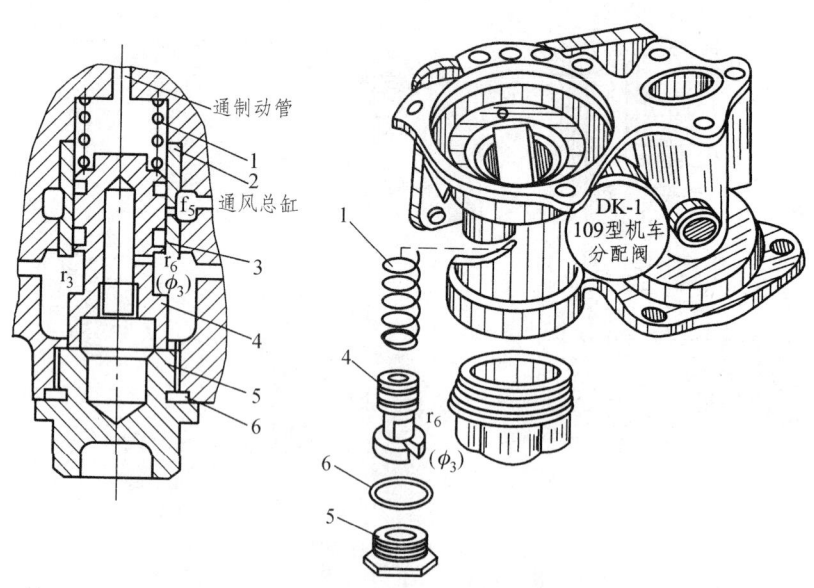

1—增压阀弹簧；2—增压阀套；3、6—密封圈；4—增压阀；5—增压阀盖；r_3—增压阀外周；f_5—增压阀套径向孔；r_6—增压阀径向孔。

图 2-5-6　紧急增压阀结构

（三）安全阀

安全阀与安装座通过阀座与安装座连接，它主要由阀、阀杆、调整弹簧、阀体等组成。其功用是防止紧急制动作用后制动缸压力过高，使其控制在规定的压力范围内。其整定压力为 450 kPa（无火回送时设定为 200 kPa 左右）。当容积室压力超过调整弹簧压力时，阀稍稍离开阀座，压缩空气进入较大的阀面上，使阀快速上升，阀杆上移，则将左侧直孔关闭，同时开放排风口，使容积室压力降低。一旦容积室压力降低，弹簧稍将阀压下，此时直孔开放，空气进入阀的上面，使阀上部受力增大，迅速将阀压下停止排风。当容积室压力再度增加时又重复上述过程。由于该全过程很迅速，所以安全阀的动作是跳跃式的。

三、109 型分配阀的工作原理

109 型分配阀有充风缓解位、常用制动位、保压位和紧急制动位四种工作状态。另外还包括机车单独制动和机车单独缓解 2 个作用位置。

（一）充风缓解位

充风缓解位分初充风和再充风缓解两种工况。前者为机车运行前的初始状态，列车管压力为零时由总风向列车管充至定压；后者为列车管已减压产生了制动作用后需要缓解时，总风向列车管再充至定压，使制动缸缓解。

1. 初充风

当列车管充风时，压缩空气经安装座主阀安装面进入主阀，经主阀体内暗道及通路到主阀部主活塞上方，将主活塞推向下方，主活塞杆通过其上肩推动滑阀一起向下移，直至主活塞下底面碰到主阀体时为止，此时主活塞及滑阀处于充气缓解位，列车管压缩空气充入工作风缸直至定压，列车管压缩空气经进入增压阀杆上方的 l_{12} 孔与增压弹簧的共同作用，使增压阀杆处于下部关闭位，如图 2-5-7 所示。

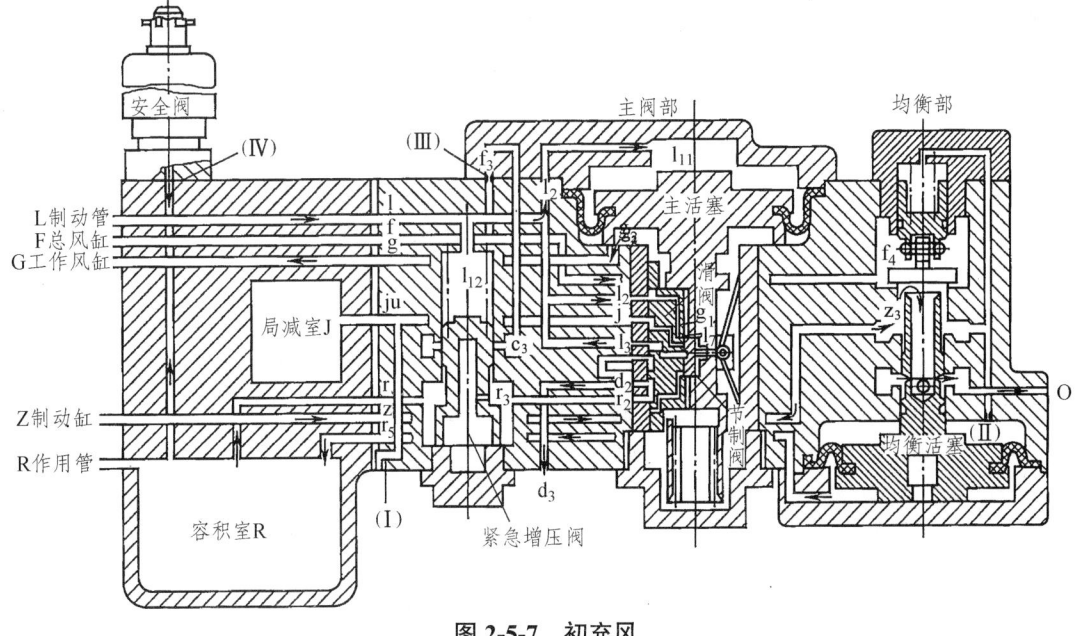

图 2-5-7 初充风

2. 再充风缓解

当列车管减压制动后再充风时，由于列车管增压，破坏了主活塞在制动保压位时的平衡状态，当主活塞两侧压力差及重量之和，超过滑阀与节制阀的摩擦阻力时，主活塞便带动滑阀下移到充气缓解位，这时，工作风缸再充气，容积室与制动缸排气缓解，其充气通路与初充风完全相同。

1）容积室缓解

容积室（包括作用管）的压缩空气经主阀安装面上的 r 孔→增压阀杆下部→滑阀座 r_2→滑阀底部的缓解联络槽 d_1→滑阀座孔 d_2→主阀部排风口 d_z（156 塞门开放）→大气。而均衡活塞下方的压缩空气经主阀体内暗道 r_4→主阀体安装面上的 r_5 孔→容积室，再经上述通路通大气。

思考：正常情况下，156 塞门是关闭的，如果大闸在运转位，容积室是怎么缓解的？从制动机气路综合作用图中分析可知，大闸运转位时，809 导线得电，则 254YV 电空阀得电，排掉作用管和容积室的压力。

2）制动缸缓解

由于容积室的缓解，均衡活塞上下失去了平衡，制动缸压力使活塞杆下移，使活塞杆的顶面离开均衡阀，制动缸压缩空气经安装座→主阀安装面上的 z 孔→均衡活塞杆上部外围 z_3→活塞杆轴向中心孔和径向孔 d_5→均衡部排风口 O→大气。而均衡活塞上侧及均衡阀杆上侧的压力空气也经上述通路排入大气。

由上可知，制动缸的压力受容积室压力的控制。

（二）常用制动位

当列车管进行常用减压时，因工作风缸压力空气来不及经充气通路向列车管逆流，于是在主活塞两侧产生了一定的压力差。此压力差克服了节制阀、主活塞膜板和稳定弹簧等阻力，使主活塞先带动节制阀，然后带动滑阀向上移动，产生常用制动作用。

1. 初制动位（局减作用）

如图 2-5-8 所示。当列车管减压后，主活塞两侧形成一定的压差，主活塞先由其尾部压缩稳定弹簧，并带动节制阀上移，此时由于滑阀与滑阀座间的最大静摩擦力大于压缩稳定弹簧所需的力，故滑阀暂时未动。当节制阀上移时，先关闭滑阀背面的充风缩孔Ⅰ，以切断列车管与工作风缸的通路；主活塞压缩稳定弹簧且带动节制阀上移 4 mm，由于滑阀与滑阀座之间的最大静摩擦力大于压缩稳定弹簧的力，即滑阀未动；节制阀上移切断了列车管与工作风缸的通路，开放了工作风缸通向容积室的充风通路上的制动孔 r_1，做好向容积室充风的准备，最终使列车管压力至局减室经 $\phi 0.8$ mm 缩孔（Ⅰ）排入大气，产生列车管局减作用，形成分配阀的初制动位，也称第一阶段局部减压。

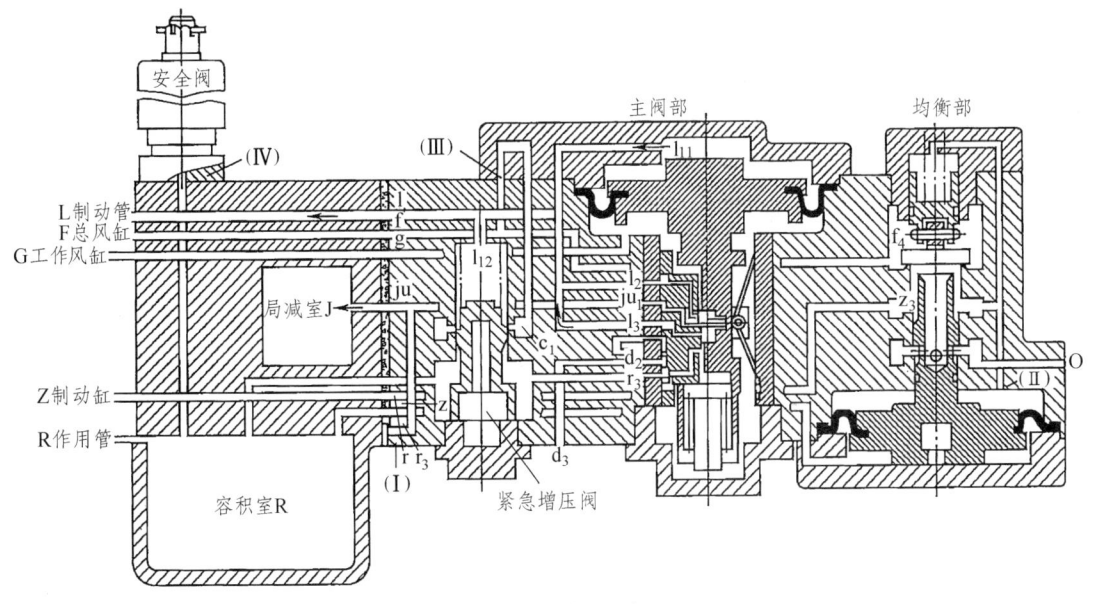

图 2-5-8 初制动

2. 制动位

由于列车管的局减作用及列车管的继续减压更加大了主活塞两侧的压力差，于是主活塞带动滑阀克服滑阀与滑阀座之间的摩擦阻力进一步上移到制动位。滑阀与滑阀座的相对位置发生了变化，滑阀底面上的 l_6 孔与滑阀座上的 l_3 孔错开，因而切断了列车管与局减室的通路，第一阶段局减作用结束，如图 2-5-9 所示；同时，滑阀底面上的 l_8、l_9 和 r_1 孔分别与滑阀座上的 l_3、z_1 和 r_2 孔对准，形成了容积室与制动缸充风通路，进一步产生制动作用，如图 2-5-9 所示。

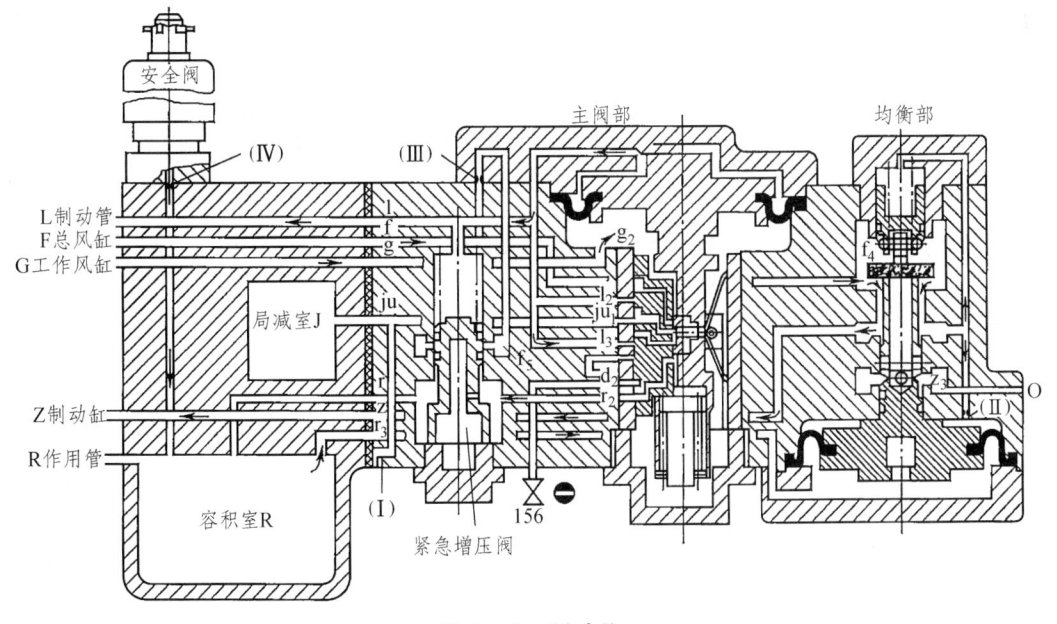

图 2-5-9 制动位

1）容积室充风

工作风缸压力空气→滑阀室→滑阀上的制动孔 r_1→滑阀座上的容积室孔 r_2→增压阀杆的下部周向通道→主阀安装面上的 r 孔→容积室 R，容积室压力充风上升。

2）制动缸充风

容积室与均衡活塞下侧一直是连通的，所以容积室压力空气→主阀安装面上的 r_5 孔→主阀体暗道和主阀体底面孔 r_4→均衡活塞下侧，推动均衡活塞上移顶开均衡阀。

同时，总风经体内暗道至均衡阀气室上方 f_4→开放的均衡阀口→均衡活塞杆上端外围空间 z_3→主阀安装座及面上的 z 孔→安装座→制动缸充风，制动缸压力增加；另一路至均衡阀杆上方，使均衡阀与阀座密贴；再一路经缩孔（Ⅱ）进入均衡活塞上侧。

（三）制动保压位

列车管停止减压，则分配阀处于保压位置，使制动缸压力也保持一定。在列车管刚停止减压时，由于主活塞和滑阀、节制阀都还在制动位，工作风缸仍在向容积室充风，因而工作风缸压力仍继续降低，直到主活塞两侧的列车管与工作风缸压力相接近时，在主活塞尾部原被压缩的稳定弹簧的反力及主活塞自重的作用下，使主活塞仅带动节制阀向下移动，节制阀遮盖住滑阀的背面的制动孔门，切断工作风缸与容积室的通路，工作风缸停止向容积室充风，此时的主阀部处于保压位，如图 2-5-10 所示。

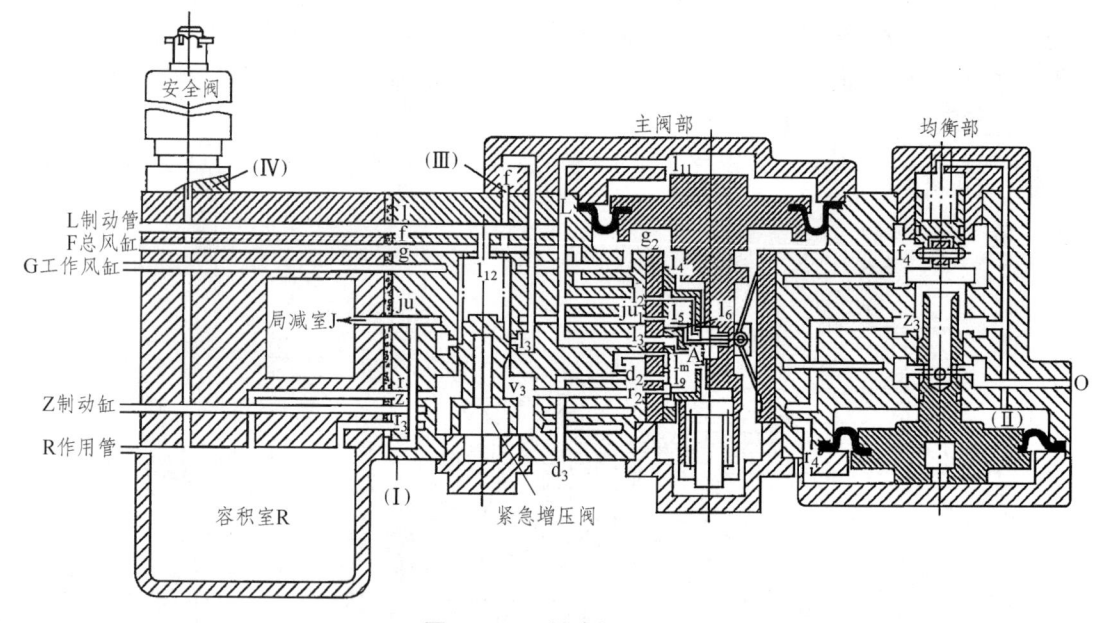

图 2-5-10 制动保压位

在均衡部，当容积室压力停止上升时，由于均衡阀仍在开放状态，总风仍在向制动缸充风，当通过缩孔流到均衡活塞上侧的制动缸压缩空气，其压力增大到与均衡活塞下部的容积室压力相近时，在均衡阀、均衡活塞的自重及均衡阀弹簧的作用下，使均衡阀压着均衡活塞杆一起下移，关闭阀口，切断总风与制动缸的通路，停止制动缸的充风，制动缸压力停止上升，使分配阀处于制动保压位。

（四）紧急制动位

当列车管由于种种原因而引起急速排风时，分配阀产生紧急制动作用。

紧急制动时，主阀各部分的作用，除紧急增压阀外，均与常用制动位相同，只是动作更加迅速，通路变大。

由于列车管压力急速排出，所以在增压阀上部的列车管压力急剧下降，而同时其下部的容积室压力迅速上升。当容积室的压力达到能克服增压阀弹簧的反力和列车管较小的剩余压力时，增压阀上移，于是增压阀套径向小孔开放，增压阀处于开放位。此时，总风经小孔迅速流向容积室，容积室的压力受安全阀的控制，机车紧急制动时的制动缸压力为(450 ± 10)kPa，如图2-5-11所示。

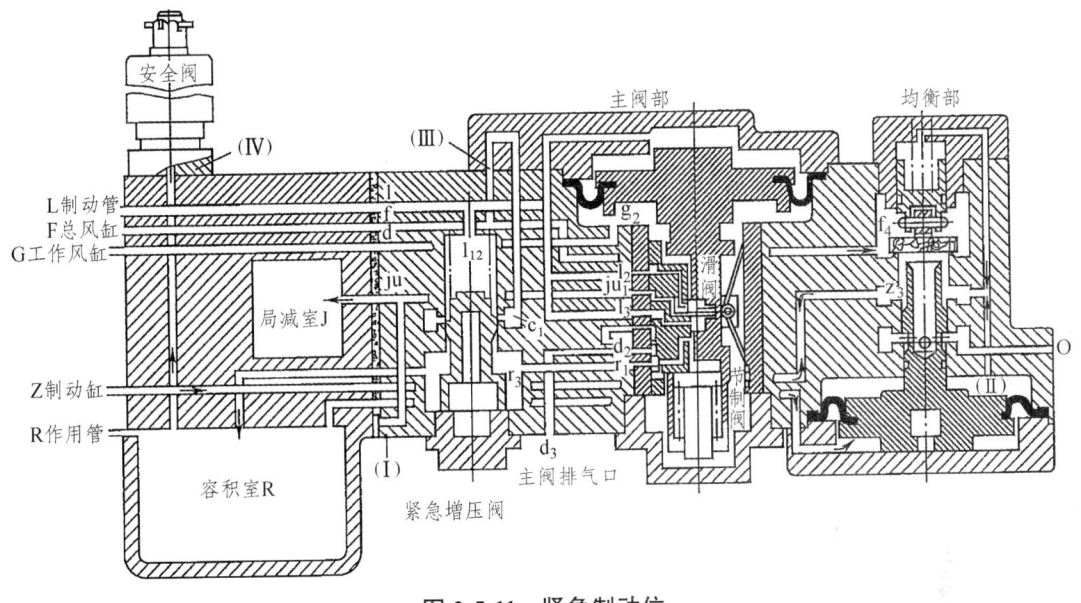

图 2-5-11 紧急制动位

（五）机车单独制动位和单独缓解位

小闸单独控制机车的制动和缓解作用（包括小闸下压手柄）时，通过作用管控制机车分配阀的均衡部动作，通过以上各作用位置的均衡部动作，实现机车的单独制动和单独缓解。

四、109型分配阀的检修工艺

以某机务段阀件的检修工艺为例：

（1）适用范围：DK-1型电空制动机分配阀小修修程及配件检修。

（2）需用材料：毛刷、白布、白绸布、棉丝、汽油、水砂布、擦铜油、润滑脂、替换件。

（3）需用设备及工、量具：开口扳手、螺丝刀、钢针、卡簧钳、游标卡尺、油盘、管钳、刮刀、油石、小平台、DK-1型制动机试验台。

（4）工艺过程：如表2-5-1所示。

表 2-5-1　分配阀的检修工艺

工序	工步	作业要领	质量标准
1.清扫检查	（1）清扫	用毛刷清扫阀体表面灰尘，再用白布擦拭干净	
	（2）检查	外观检查阀体	无裂损、无变形
2.解体	（1）分解主阀部	①用开口扳手松开主阀部上盖螺丝，取下上盖。抽出活塞、膜板、活塞杆、滑阀、滑阀弹簧、节制阀 ②用专用扳手松开主阀活塞杆膜板压帽并取下，取上活塞及膜板 ③用专用工具卸下主阀部下盖，用卡簧钳取出挡圈 ④取出稳定弹簧座、稳定弹簧及稳定杆	
	（2）分解紧急增压部	①用专用工具卸下增压阀盖，取下密封圈 ②缓慢取出增压阀组装件，将O形圈从阀体上取下 ③取出增压阀弹簧	
	（3）分解均衡部	①用开口扳手拆除均衡部下盖的串螺丝，取下盖 ②缓慢抽出活塞组装件，并对其进行解体，分开活塞，取下膜板 ③用开口扳手拆卸均衡部上盖，并将盖拿下 ④取出供气阀弹簧及供气阀组件	
3.检修	（1）清洗	对所有零部件进行清洗。并吹干擦净	
	（2）弹簧	外观检查各弹簧状态	无锈蚀、变形及损伤，压缩弹力良好
	（3）均衡部阀座	外观检查均衡部供气阀座状态，如有锈蚀麻坑、拉伤等，可用白绸布涂上擦铜油进行磨修	无拉伤、无锈蚀
	（4）滑阀及节制阀	外观检查滑阀、节制阀及滑阀座状态，如有乱沟纹，可用白绸布涂上擦铜油进行磨修	无乱纹，接触面良好
	（5）膜板及活塞	检查各活塞及膜板，不良者更换新品	活塞无裂纹、无变形
	（6）各阀杆	外观检查主阀活塞杆和均衡空心阀杆及安全阀杆	无裂纹、无变形、无弯曲
	（7）丝扣部	外观检查所有带丝扣的零件	丝扣良好、无锈蚀
	（8）橡胶件	更换各柱塞O形圈及膜板	不同规格的不能混用
4.组装	（1）给各部装上橡胶件	①组装主阀大膜板活塞体、均衡部膜板活塞体 ②给各柱塞装上O形圈 ③装上各风道密封圈	a.膜板应舒展，不扭曲，膜板边缘应装入活塞槽内，不得有压边现象 b.O形圈不得有翻扭现象，应有一定的缩紧度
	（2）组装阀本体	依次按照与解体顺序相反的次序，组装主阀部、均衡部、增压部	
5.试验	试验台试验	将检修好的分配阀安装在DK-1型制动机试验台上，按试验项点要求进行试验	均应符合试验技术要求

任务实施

学习任务五相关内容，完成任务单 2-5。

任务单 2-5　检修 109 型机车分配阀

1. 简述 109 型机车分配阀的结构、组成。
2. 109 型机车分配阀管座有几根配管?分别是什么配管?
3. 大闸处于制动位时，分析分配阀的动作原理。
4. 写出 109 型机车分配阀的检修步骤。

任务评价

任务：分配阀检修

班级_____　　学号_____　　姓名_____　　小组_____

项目	分数	评分标准	每次扣分	次数	扣分
操作技能	70	1. 操作、检查、测量、调整方法不当或错误	4		
		2. 工序错乱	6		
		3. 漏拆、漏检、漏修、漏测	6		
		4. 零部件脱落、损伤	4		
		5. 口述内容有遗漏、错误	4		
		6. 工作中返工	10		
		7. 作业后未按要求恢复、整理	3		
		8. 按工艺要求，质量不符合规定	2		
工具设备使用	15	1. 工、量具及设备开工前不检查,收工时不清理	3		
		2. 工、量具及设备使用不当	3		
		3. 工、量具脱落	3		
		4. 工具、设备损坏，视情况考核	6~15		
劳动态度安全生产	15	1. 专业技能训练不勤学苦练，缺乏创新意识	6		
		2. 着装不符合要求	3		
		3. 违章或违反安全事项	4		
		4. 工作场地不整洁，工件、工具摆放不整齐	2		
合计	100				

续表

项目	分数	评分标准	每次扣分	次数	扣分
教师评价	100	根据学生在任务实施过程中的完成情况给予考核，积极引导学生完成任务			
小组互评	100	主要从知识掌握、小组活动参与度、任务完成度等方面给予评价			
总评	100	总评成绩=检修项目×60% + 教师评价×20% + 小组评价×20%			

巩固自测

一、选择题

1. DK-1 型机车分配阀原理图上的代号为（　　）。
   A. 101　　　　B. 95　　　　C. 104　　　　D. 94
2. 109 型分配阀可受电空制动控制器的控制，根据制动管压力的变化，控制（　　）的制动或缓解。
   A. 全列车　　　B. 车辆　　　C. 机车　　　D. 列车管
3. 无动力回送操作时开放分配阀缓解塞门（　　）及无动力回送塞门 155。
   A. 156　　　　B. 115　　　　C. 112　　　　D. 155
4. 列车管控制（　　）。
   A. 电空阀　　　　　　　　B. 均衡风缸
   C. 机车分配阀　　　　　　D. 机车基础制动装置
5. DK-1 型电空制动机的主要部件间的控制关系可知在电空位操纵时作用管控制（　　）。
   A. 分配阀的均衡部　　　　B. 分配阀的主阀部
   C. 制动管　　　　　　　　D. 机车制动缸

二、判断题

1. DK-1 型电空制动机的主要部件间的控制关系可知在电空位操纵时分配阀控制制动管压力。　　　　　　　　　　　　　　　　　　　　　　　　　　（　　）
2. 分配阀的均衡部是用于根据容积室和均衡风缸管压力的增、减，来控制机车制动缸的充、排风。　　　　　　　　　　　　　　　　　　　　　　　　（　　）
3. 分配阀的均衡部橡胶膜板上侧通制动管。　　　　　　　　　　　　（　　）
4. 分配阀的均衡部橡胶膜板下方通制动缸。　　　　　　　　　　　　（　　）
5. 分配阀的均衡部是用于根据容积室和作用管压力的增/减，来控制过充风缸的充/排风。　　　　　　　　　　　　　　　　　　　　　　　　　　　　（　　）
6. 分配阀的均衡部是根据容积室和作用管压力的增/减来控制机车制动缸的充/排风。　　　　　　　　　　　　　　　　　　　　　　　　　　　　　（　　）
7. 分配阀的安全阀的作用是防止因局减室内压力过高而使机车出现滑行现象。（　　）
8. 分配阀是根据均衡风缸的压力变化来控制列车制动管的压力变化，从而完成列车的制动、缓解与保压作用。　　　　　　　　　　　　　　　　　　（　　）

任务六　检修空气制动阀

项目二任务六课件

任务导入

DK-1 型制动机阀件中，单独控制机车的制动和缓解作用由哪个阀件实现？依据 DK-1 型制动机在电空位下的控制关系，单独控制机车的制动和缓解作用是由空气制动阀（俗称"小闸"）来实现的。本任务介绍空气制动阀结构、原理及其检修。

任务目标

知识目标	1. 熟悉空气制动阀的结构； 2. 掌握空气制动阀的作用原理； 3. 掌握空气制动阀的检修工艺。
能力目标	1. 能熟知空气制动阀的结构和管座，会分析空气制动阀的作用原理； 2. 按照检修工艺，会检修空气制动阀。
素养目标	1. 培养分析问题、解决问题的能力； 2. 培养"按章作业"的工作作风和"精益求精"的工匠精神。

关联知识

一、空气制动阀的作用

空气制动阀用于单独控制机车的制动和缓解。但该制动阀在通过电-空转换扳键转换后，能实现控制全列车的常用制动和缓解作用，具有"大闸"的基本功能，但它不具备"大闸"的全部功能。空气制动阀在原理图上的代号为 3（Ⅰ端）、4（Ⅱ端）。

空气制动阀在"电空位"下单独控制机车的制动、缓解与保压；在"空气位"下控制全列车的制动、缓解与保压。空气制动阀有 4 个工作位置，按逆时针方向依次为缓解位、运转位、中立位和制动位，如图 2-6-1 所示，操纵手柄只能在运转位取出或插入。

1—阀座（管座）；2—阀体；3—电-空转换扳键；
4—凸轮盒；5—操纵手柄。

图 2-6-1　空气制动阀

二、空气制动阀的结构组成

空气制动阀主要由操纵手柄、转轴、定位凸轮、作用凸轮、作用柱塞、转换柱塞、定位柱塞、排风阀（单缓阀）、联锁开关组以及阀体、凸轮盒、管座等组成，如图 2-6-2 所示。

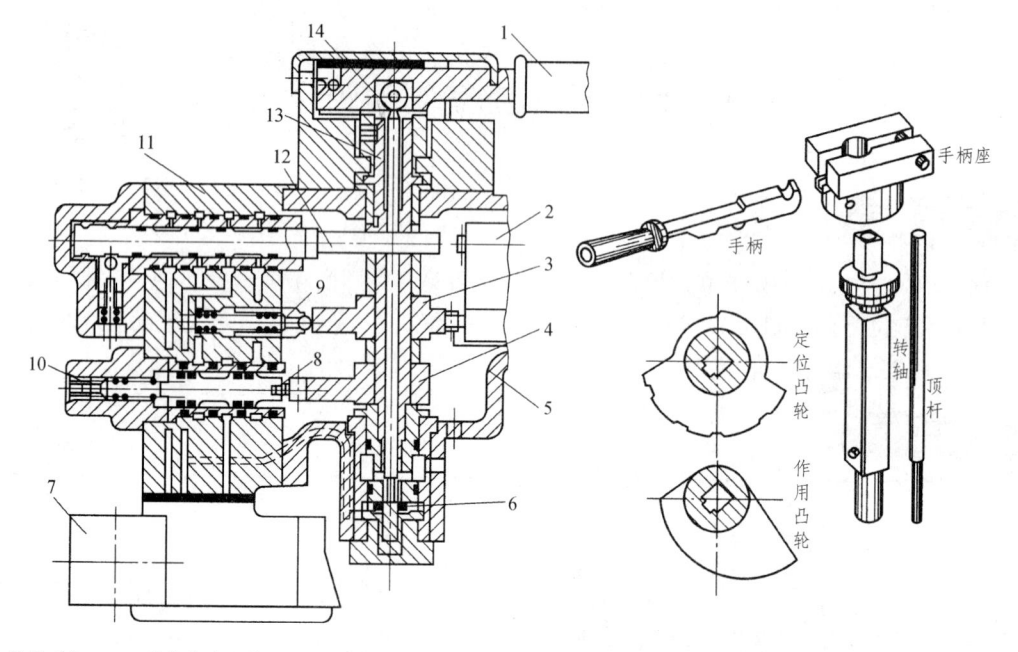

1—操纵手柄；2—联锁微动开关组；3—定位凸轮；4—作用凸轮；5—凸轮盒；6—单缓阀；7—管座；8—作用柱塞；9—定位柱塞；10—排风堵；11—阀体；12—转换柱塞；13—转轴；14—顶杆。

图 2-6-2 空气制动阀的结构组成

（一）操纵手柄、转轴和凸轮

操纵手柄 1、转轴 13 和凸轮 3、4 组成动作机构，实现不同工作位置的不同气路和电路通断，保证动作的准确可靠。操纵手柄 1 通过盖板缺口只能在运转位取出或插入手柄座。转轴为空心方轴结构，上部与手柄座联结，外套定位凸轮 3 和作用凸轮 4，中心装有顶杆 14。顶杆 14 上顶手柄、下与排气阀相连。由于工作位置范围小于 180°，所以定位凸轮有两个作用：与定位柱塞 9 组成定位机构，确保位置的准确无误；与联锁开关组 2 组成电控环节。作用凸轮只控制作用柱塞 8 的左右移动，实现气路的连通或切断。

（二）柱塞阀、开关座、管座

空气制动阀共装有两个柱塞阀，上部为转换柱塞 12，它不随手柄转动而动作，是通过阀的左侧电-空转换扳键的扳动在转换柱塞套内作前后动作，通过其尾部定位装置使转换柱塞只有两个工作位：电空位和空气位。该柱塞的移动不仅改变气路，同时使开关座上方的联锁开关改变不同电路的通或断。下部为作用柱塞 8，它随手柄转动而动作，由作用凸轮的升、降程与尾部弹簧反力使作用柱塞在作用柱塞套内左右移动，改变气路的开通。

制动阀上装有的联锁开关组 2，共装两个微动开关，分别受转换柱塞 12 及定位凸轮 3 的控制，并通过接线端子与外电路相连。

管座既是空气制动阀的安装基座，也是管路的连接座。管座上接有三根管子，即经调压阀 53（或 54）通过来的总风管（简称调压阀管）、作用管和均衡风缸管，如图 2-6-3 所示。

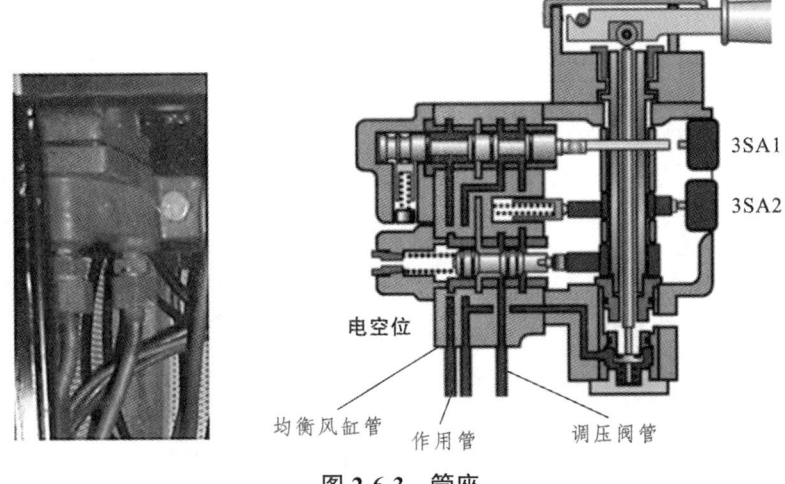

图 2-6-3 管座

（三）排风阀（单独缓解阀或者单缓阀）

当下压手柄时，推动顶杆下移并顶开单缓阀阀口，从而连通作用管向大气排风的气路，以实现机车的单独缓解。

三、空气制动阀的工作原理

空气制动阀在不同工况时分别具有"小闸"和"大闸"的功能。现就电空位和空气位两个工况分析其电路和气路有何特点。

电空位工况下的电路为 DK-1 型机车电空制动工作电源经空气制动阀后供给电空制动控制器（即导线 801 或 802 有电）；空气位工况下的电路切断了电空制动控制器的工作电源（即导线 801 或 802 无电），使得电空制动控制器不能控制制动机系统，为了保证空气位的正常操纵，在空气位时，空气制动阀还使得制动电空阀得电（即导线 800 有电）关闭均衡风缸管经制动电空阀排大气通路。

另外，为了在电空位工况下，电空制动控制器与空气制动阀均处运转位时，机车制动缸压力能够缓解，空气制动阀的缓解位与运转位还将连通导线 809 或 819 与导线 818。而在空气位工况下，由于导线 809 或 819 无电，该通路无作用。

电空位工况下的气路为引入调压阀管、作用管与大气，只对作用管进行控制，这时的空气制动阀只有"小闸"的作用；空气位工况下的气路为引入调压阀管、均衡风缸管与大气，只对均衡风缸管进行控制，这时的空气制动阀只有"大闸"的作用。

（一）电空位

电空位是空气制动阀的正常工作位，如图 2-6-4 所示，用于单独控制机车的制动与缓解。它有四个工作位置：缓解位、运转位、中立位和制动位，在电空位下电-空转换扳键处于电空位，即转换柱塞处左极端位置，并与对应微动开关脱离，此时均衡风缸管与其他管的通路被转换柱塞上 O 形圈阻断，而作用管经转换柱塞上的凹槽与作用柱塞处的管路连通，即作用管可以投入使用，而均衡风缸管不能投入使用。

1. 缓解位工作位置

如图 2-6-4（a）所示，作用凸轮有一个最大的升程，该凸轮推动作用柱塞克服柱塞左侧弹簧反力，左移到左极端位置，这时经转换柱塞到达作用柱塞处的作用管压缩空气经转换柱塞右侧固定通道进入凸轮盒与大气相通。

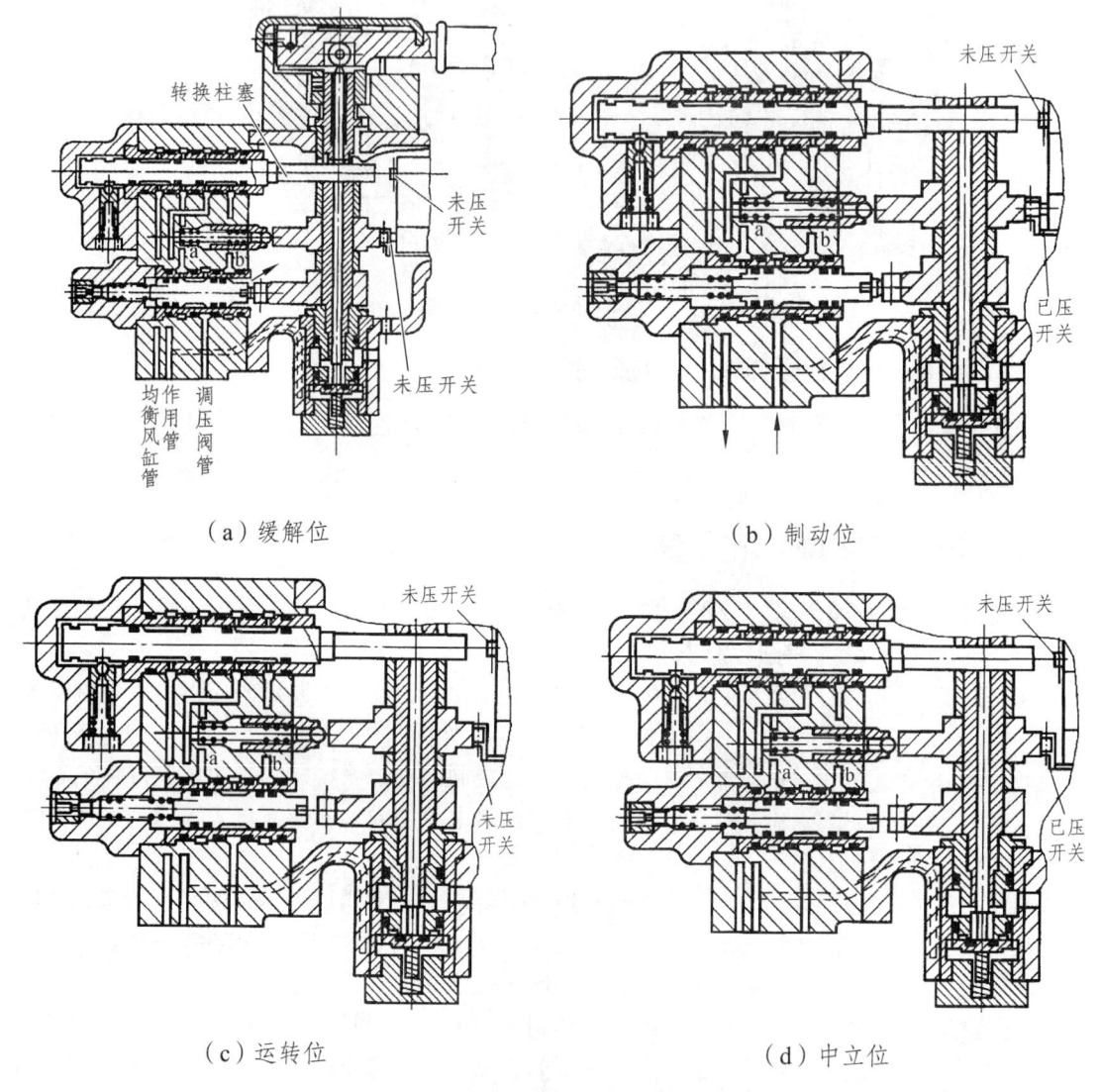

（a）缓解位

（b）制动位

（c）运转位

（d）中立位

图 2-6-4 空气制动阀作用原理图—电空位

同时，定位凸轮有一个降程，使得该凸轮与右侧对应微动开关脱离，3SA(2) 微动开关常闭联锁连通了外接电路，即 3SA(2) 闭合，导线 809 和 818 闭合，使 254YV 得电，排作用管的压缩空气。（此时大闸在运转位 254YV 是排作用管的压缩空气的，如果大闸制动后的中立位，则 254YV 不排作用管的压缩空气，与 254YV 无关。）

即缓解位，小闸自身排作用管的压缩空气，254YV 也排作用管的压缩空气，所以缓解位单独缓解机车速度较快。

2. 制动位工作位置

如图 2-6-4（b）所示，作用凸轮有一个最大的降程，作用柱塞在柱塞左侧弹簧反力作用下，右移到右极端位置。调压阀管压力空气经作用柱塞凹槽、转换柱塞凹槽进入作用管，作用管压力上升。

同时，定位凸轮有一个升程，使得凸轮与右侧对应微动开关接触，微动开关常闭联锁断开，切断了外接电路，即 3SA(2) 断开而使导线 809 和 818 断开。

如果大闸处于运转位，809 得电，3SA(2) 微动开关开断起作用，此时 3SA(2) 断开，则 254YV 失电，作用管的压缩空气不从 254YV 电空阀排出，与小闸处于制动位的逻辑关系是正确的；如果大闸处于其他位置，809 失电，3SA(2) 微动开关开断不起作用，254YV 电空阀是失电的，作用管的压缩空气不从 254YV 排出。

3. 中立位工作位置

如图 2-6-4（c）所示，作用凸轮较制动位时有一个较小的升程，作用柱塞左移至中间位，此时不仅切断了制动位连通的调压阀管与作用管的通路，同时也切断了缓解位连通作用管与大气的通路。

定位凸轮与微动开关的位置关系与制动位相同，即切断了外接电路。

4. 运转位工作位置

如图 2-6-4（d）所示，作用凸轮与作用柱塞的位置关系与中立位相同，即气路均不连通。而定位凸轮与微动开关的位置关系与缓解位相同，即连通了外接电路。

（二）空气位

空气位为空气制动阀的非正常工作位，具有"大闸"的基本功能，可实现控制全列车的常用制动与缓解。空气位只有三个工作位置：缓解、保压和制动。各工作位置如图 2-6-5 所示。

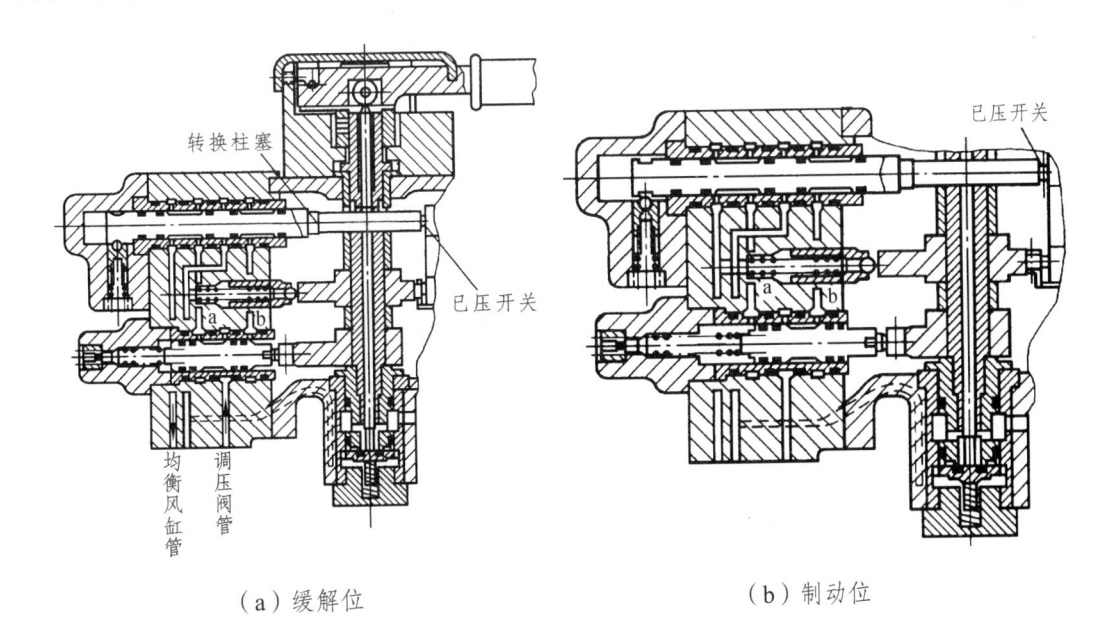

（a）缓解位　　　　　　　　　　（b）制动位

（c）保压-中立位　　　　　　　　（d）单缓位

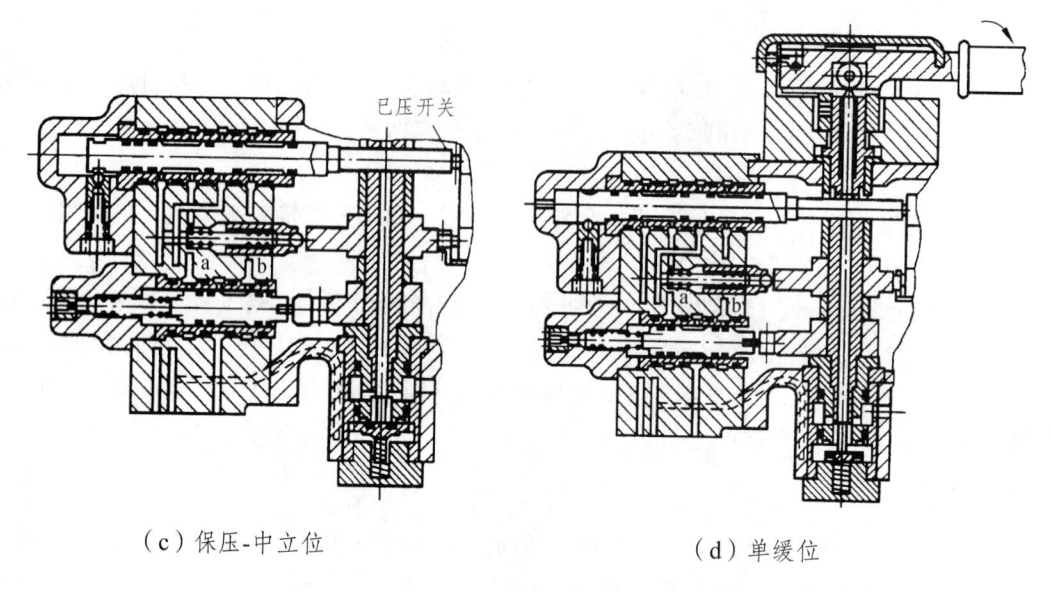

图 2-6-5　空气制动阀作用原理图—空气位

在空气位工况下，电-空转换扳键应处于空气位，即转换柱塞处于右极端位置，并压缩微动开关 3SA(1)，这时，作用管与其他管的通路被转换柱塞上 O 形圈阻断，而均衡风缸管经转换柱塞上的凹槽与作用柱塞处的管路连通；同时，微动开关 3SA(1) 动作切断了电空制动控制器的电源电路，而由于大闸无电，809 线失电，3SA(2) 微动开关的开断使 254YV 得失电已经不影响作用管与容积室的充排风。

1. 缓解位工作位置

如图 2-6-5（a）所示，作用柱塞的位置与电空位的缓解位相同，处于左极端位置，这时，调压阀管压力空气经作用柱塞凹槽，再经转换柱塞凹槽进入均衡风缸管，使均衡风缸充气增压。

定位凸轮与微动开关 3SA(2) 的位置关系与电空位的缓解位相同，即连通了外接电路，但无作用。

2. 制动位工作位置

如图 2-6-5（b）所示，作用柱塞的位置与电空位的制动位相同，开放了均衡风缸管与大气的通路，均衡风缸压力空气经转换柱塞凹槽、作用柱塞左侧通道、作用柱塞尾部排气缩堵排入大气。均衡风缸排气减压速度受排气缩堵限制。

定位凸轮与微动开关 3SA(2) 的位置关系与电空位的制动位相同，即切断了外接电路，但无作用。

3. 保压位工作位置

如图 2-6-5（c）所示，由于在运转位与中立位时，作用柱塞处于中间位置，调压阀管与均衡风缸管，以及均衡风缸管与大气的通路均被切断，而定位凸轮控制的微动开关 3SA(2) 电路实际上无作用，故两个位置的作用相同，均为保压作用。

4. 单缓位工作位置

如图 2-6-5（d）所示，空气位时单缓机车，必须通过下压手柄，将单缓阀打开，使作用管压力空气排入大气，即可实现机车单缓作用。

四、空气制动阀的检修工艺

以某机务段阀件的检修工艺为例：

（1）适用范围：DK-1 型电空制动机空气制动阀小修修程及配件检修。
（2）需用材料：毛刷、白布、白绸布、汽油、水砂布、润滑脂、替换件。
（3）需用设备及工、量具：钳工台、DK-1 型制动机试验台、开口扳手、钢针、螺丝刀、游标卡尺、内六方扳手、尖嘴钳、尼龙棒、万用表、油盘。
（4）工艺过程：如表 2-6-1 所示。

表 2-6-1 空气制动阀的检修工艺

工序	工步	作业要领	质量标准
1. 清扫检查	（1）清洁	用毛刷清扫阀体表面灰尘，再用白布擦拭干净	阀体整洁，无变形，无裂损、无锈蚀
	（2）外观检查	外观检查阀体各部	
2. 解体	（1）分解阀体	用开口扳手松开凸轮盒与阀体连接螺丝，分别拆下螺母（因为三条螺丝中有一条只有在撬开凸轮盒与阀体后，双方向外分离，螺母才能取出），分开凸轮盒与阀体	
	（2）拆手柄座	用螺丝刀将手柄座盖止钉拧出，取下手柄座盖及手柄座	
	（3）拆转轴座	用内六方扳手，松开转轴座螺丝，取下转轴座，将凸轮盖翻口朝上，取出凸轮组及套	
	（4）拆接线盒	用螺丝刀松开接线盒与体连接螺钉，取下接线盒及微动开关	
	（5）分解缓解阀	用开口扳手松开并取下单独缓解阀螺堵、弹簧及阀	
	（6）分解阀体	① 取出定位柱塞 ② 用螺丝刀松一下防动螺钉 ③ 抽出转换柱塞 ④ 抽出作用柱塞及弹簧	
	（7）拆柱塞套	① 用开口扳手松开并取下转换柱塞后盖，用尼龙棒轻敲取出转换柱塞套 ② 用开口扳手松开并取下作用柱塞后盖，用尼龙棒轻敲取出作用柱塞套	
	（8）拆换橡胶件	拆换所有的 O 形橡胶圈、密封垫、缓解阀垫	

续表

工序	工步	作业要领	质量标准
3. 检修	（1）解体后清洗	将部件分别放入油盘内，用汽油清洗，特别是对各孔及暗道应彻底地清除；然后用压缩空气吹净，再用白绸布擦干	
	（2）阀体部分	① 对弹簧的检查 ② 外观检查风堵 ③ 检查各柱塞与套、套与孔的配合状态	a. 无裂损，无锈蚀，无变形，压缩有弹力 b. 无旷动，丝扣良好 c. 柱塞与套无过量磨耗
	（3）凸轮盒部分	① 检查转轴与套的配合情况 ② 检查各凸轮工作面状态 ③ 检查微动开关及接线柱，用万用表测量微动开关开闭状态	a. 其配合不松旷，不卡死 b. 无过量磨耗，允许有微量凹槽或凸台 c. 转动灵活不应卡死，接线柱丝扣良好
4. 组装	（1）阀体部分	① 组装O形圈，并涂适量的凡士林油 ② 组装作用柱塞套，装好后盖 ③ 组装转换柱塞套及后盖 ④ 组装转换柱塞，并注意对好位置，再装好防动柱塞 ⑤ 组装定位柱塞 ⑥ 同理组装作用柱塞和排风缩堵	勿扭劲。定位柱塞弹簧用润滑脂与柱塞黏结在一起，一同装入，以免弹簧与柱塞作用于不同中心，造成歪扭
	（2）凸轮盒部分	① 组装转轴、套和凸轮，并注意其顺序和方向 ② 组装转轴座，紧固好内六方螺丝 ③ 组装手柄座盖 ④ 组装单独缓解阀、弹簧，紧固好螺堵 ⑤ 组装微动开关及接线柱	
	（3）部件连接	① 连接阀体与凸轮盒。使稳钉入槽，先装最后取掉的那条螺丝与螺母，顺次将三条螺丝装上并将螺母紧固好 ② 将试验好的阀本体与管座连接起来，紧固好两条螺丝 ③ 在运转位装上手柄	
5. 试验	试验台试验	将检修好的空气制动阀安装在DK-1型制动机试验台上，按要求进行试验	均应符合试验技术要求

任务实施

学习任务六相关内容，完成任务单2-6。

任务单 2-6 检修空气制动阀

1. 简述空气制动阀的结构、组成。
2. 空气制动阀管座有几根配管？分别是什么配管？
3. 空气制动阀处于电空位时，分析 3SA(1) 和 3SA(2) 的触头闭合情况。
4. 空气制动阀处于空气位时，分析 3SA(1) 和 3SA(2) 的触头闭合情况。
5. 写出空气制动阀的检修步骤。

任务评价

任务：空气制动阀检修

班级_____ 学号_____ 姓名_____ 小组_____

项目	分数	评分标准	每次扣分	次数	扣分
操作技能	70	1. 操作、检查、测量、调整方法不当或错误	4		
		2. 工序错乱	6		
		3. 漏拆、漏检、漏修、漏测	6		
		4. 零部件脱落、损伤	4		
		5. 口述内容有遗漏、错误	4		
		6. 工作中返工	10		
		7. 作业后未按要求恢复、整理	3		
		8. 按工艺要求，质量不符合规定	2		
工具设备使用	15	1. 工、量具及设备开工前不检查，收工时不清理	3		
		2. 工、量具及设备使用不当	3		
		3. 工、量具脱落	3		
		4. 工具、设备损坏，视情况考核	6～15		

续表

项目	分数	评分标准	每次扣分	次数	扣分
劳动态度 安全生产	15	1. 专业技能训练不勤学苦练，缺乏创新意识	6		
		2. 着装不符合要求	3		
		3. 违章或违反安全事项	4		
		4. 工作场地不整洁，工件、工具摆放不整齐	2		
合计	100				
教师评价	100	根据学生在任务实施过程中的完成情况给予考核，积极引导学生完成任务			
小组互评	100	主要从知识掌握、小组活动参与度、任务完成度等方面给予评价			
总评	100	总评成绩=检修项目×60% + 教师评价×20% + 小组评价×20%			

巩固自测

一、判断题

1. 空气制动阀在电空位操纵时，用来单独控制机车的制动与缓解，与列车的制动缓解无关。（   ）
2. 小闸通过其上的电-空转换拨杆转换至电空位后，可以操纵全列车的制动与缓解。（   ）
3. 空气制动阀俗称小闸。（   ）
4. 空气位操纵时，小闸在缓解位，均衡风缸不能充风。（   ）
5. 空气位操纵时，小闸在中立位可为全列车保压。（   ）
6. 空气位操纵时，小闸在缓解位，作用柱塞开通了调压阀管至均衡风缸的通路。（   ）
7. 空气制动阀分解阀体时，先抽出转换柱塞，再抽出作用柱塞及弹簧。（   ）
8. 在检修DK-1空气制动阀时，为了避免浪费，可将拆下来性能良好的O形橡胶圈重复利用。（   ）

二、选择题

1. 单缓机车时下压（   ）。
   A. 制动缸手柄 B. 大闸把 C. 小闸把 D. 警惕按钮
2. 小闸通过其上的电-空转换拨杆转换至（   ）位后，可以操纵全列车的制动与缓解。
   A. 空气位 B. 电空位 C. 客车位 D. 货车位
3. 电空位操作，小闸位于中立位时机车的制动力（   ）。
   A. 不变 B. 变大 C. 由大变小
4. 空气位操作，小闸手柄置于中立位，要缓解机车，只能（   ）。
   A. 上提手柄 B. 压手柄 C. 拨动电-空转换拨杆

任务七　检修电动放风阀

项目二任务七课件

任务导入

列车的制动通常包括常用制动和紧急制动。为确保行车安全和适应电空制动机的工作性能，并满足行车安全装备、车长阀制动及断钩保护的要求，DK-1 型电空制动机中设置了电动放风阀和紧急阀，用来迅速排放列车管压力空气，提高空气波速和制动波速，实现全列车的紧急制动。紧急制动的列车管减压速度远远大于常用制动的列车管减压速度，同时也提高了空气波速和制动波速，缩短了动作时间。本任务学习有关电动放风阀的相关内容。

任务目标

知识目标	1. 熟悉电动放风阀的结构组成及安装位置； 2. 掌握电动放风阀的作用原理； 3. 熟悉电动放风阀的检修工艺。
能力目标	1. 能准确查找电动放风阀的安装位置； 2. 会分析电动放风阀的作用原理； 3. 会检查电动放风阀的使用状态及处理常见故障。
素养目标	1. 培养严谨、认真的工作态度； 2. 养成独立分析问题、解决问题的良好习惯； 3. 培养团队合作精神。

关联知识

一、电动放风阀的作用和安装位置

DK-1 型电空制动机中设有一个电动放风阀，用来接受紧急电空阀 94YV 得电或失电的控制，经其动作后，连通或关断列车管的放风气路，从而控制紧急制动的实施。电动放风阀如图 2-7-1 所示。

在 SS_4 改型、SS_8 型等 SS 系列电力机车上，电动放风阀装设在制动屏柜内。

图 2-7-1　电动放风阀实物图

二、电动放风阀的结构组成

电动放风阀属于阀口式空气阀，其外形结构如图 2-7-2 所示，它主要由橡胶膜板（简称膜板）、铜碗、芯杆、芯杆套、放风阀（简称阀）、放风阀弹簧、阀座等组成，如图 2-7-3 所示。图 2-7-4 所示为电动放风阀剖视图。

图 2-7-2 电动放风阀的外形结构

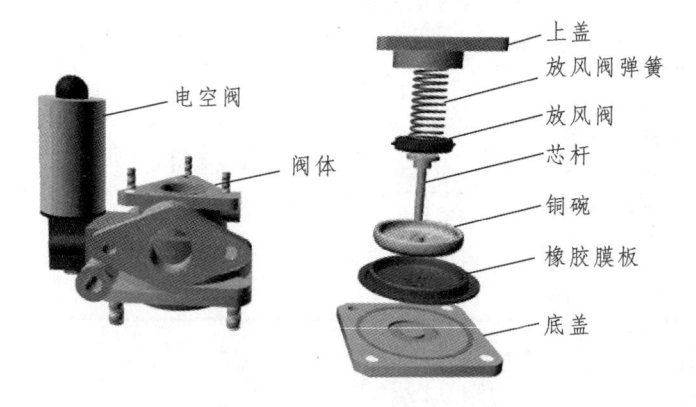

图 2-7-3 电动放风阀的组成

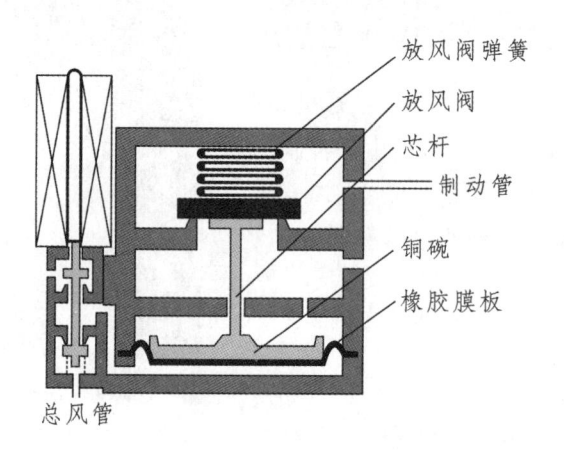

图 2-7-4 电动放风阀剖视图

三、电动放风阀的气路

电动放风阀各内部空间分别与三条气路（或管路）连通：
（1）放风阀上侧空间经阀体孔（$\phi25.4$ mm）与列车管连通；
（2）放风阀下侧及铜碗上侧空间经阀体孔（$\phi25.4$ mm）与大气连通；
（3）铜碗及膜板下侧空间与紧急电空阀94YV的控制气路连通。
电动放风阀内部空间连通的三条气路如图2-7-5所示。

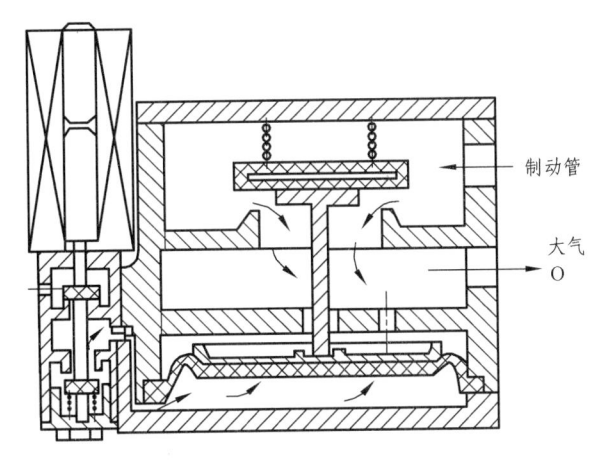

图 2-7-5　电动放风阀气路图

四、电动放风阀的工作原理

电动放风阀的基本工作原理：根据紧急电空阀94YV的得、失电，即由紧急电空阀94YV控制电动放风阀铜碗及膜板下侧空间的充、排风，使橡胶膜板和铜碗带动芯杆上下移动，以顶开或关闭放风阀口，从而控制列车管放风气路的连通与关断。

电动放风阀的工作过程包括以下两个动作状态：

（1）紧急制动状态。当紧急电空阀94YV得电时，连通总风经紧急电空阀94YV向电动放风阀铜碗及膜板下侧空间充风的气路，橡胶膜板、铜碗推动芯杆上移而压缩放风阀弹簧，顶开放风阀口，连通列车管向大气放风的气路，使列车管压力迅速降低，实现全列车的紧急制动。

（2）非紧急制动状态。当紧急电空阀94YV失电时，连通电动放风阀铜碗及膜板下侧空间经紧急电空阀94YV向大气排风的气路，在放风阀弹簧作用下，放风阀推动芯杆、铜碗、橡胶膜板下移，关闭放风阀口，切断列车管向大气放风的气路，此时，列车管的压力变化主要由中继阀控制，实现全列车制动系统的缓解、保压或常用制动。

五、电动放风阀的检修工艺

以某机务段阀件的检修工艺为例：
（1）适用范围：DK-1型制动机电动放风阀小修修程及配件检修。

（2）需用材料：毛刷、白布、汽油、替换件、润滑脂。
（3）需用设备及工、量具：钳工台、开口扳手、游标卡尺、油盘。
（4）工艺过程：如表 2-7-1 所示。

表 2-7-1　电动放风阀的检修工艺

工序	工步	作业要领	质量标准
1. 清洗	（1）拆除电空阀	使用开口扳手拆除电空阀	
	（2）清扫	用毛刷清扫阀体表面灰尘，再用白布擦拭干净	
2. 解体检查	（1）外观检查	将清洗干净的放风阀放在工作台上，对其进行外观检查	
	（2）分解	①用开口扳手拆下上盖紧固螺丝并取下上盖，取出放风阀弹簧及夹心橡胶阀 ②用开口扳手拆下放风阀下盖，将橡胶膜板组件取出	
3. 检修	（1）分解后清洗	将分解下的零件，放入油盘内，用汽油清洗，并用压缩空气吹扫干净	
	（2）外观检查	①对放风阀体及上、下盖进行外观检查，有无裂纹、变形，阀口座有无拉伤及其他缺陷 ②外观检查放风阀和弹簧，并测量弹簧的自由高度	无裂纹、无变形，口面良好
	（3）更换橡胶件	因橡胶件易老化、裂损。所以检修时应更换成新品	
4. 组装	（1）装橡皮组件	将夹心橡胶阀组件放入与列车管连接的室内	
	（2）装弹簧	将放风阀弹簧放入夹心槽内	
	（3）装上盖	上盖的弹簧槽对准放风阀弹簧，放到阀体上，用紧固螺丝安装牢固	
	（4）装橡胶膜板	将橡胶膜板组装到铜碗上，然后对准顶杆装入	
	（5）装下盖	装紧固螺丝，紧固好放风阀下盖	
5. 试验	试验台试验	将检修好的电动放风阀安装在 DK-1 型制动机试验台上，按试验要求进行试验	均应符合试验技术要求

任务实施

学习任务七相关内容，完成任务单 2-7。

任务单 2-7　检修电动放风阀

1. 简述电动放风阀的结构、组成。
2. 电动放风阀管座有几根配管?分别是什么配管?
3. 简述电动放风阀的作用原理。
4. 写出电动放风阀的检修步骤。

任务评价

任务：电动放风阀检修

班级_____　学号_____　姓名_____　小组_____

项目	分数	评分标准	每次扣分	次数	扣分
操作技能	70	1. 操作、检查、测量、调整方法不当或错误	4		
		2. 工序错乱	6		
		3. 漏拆、漏检、漏修、漏测	6		
		4. 零部件脱落、损伤	4		
		5. 口述内容有遗漏、错误	4		
		6. 工作中返工	10		
		7. 作业后未按要求恢复、整理	3		
		8. 按工艺要求，质量不符合规定	2		
工具设备使用	15	1. 工、量具及设备开工前不检查,收工时不清理	3		
		2. 工、量具及设备使用不当	3		
		3. 工、量具脱落	3		
		4. 工具、设备损坏,视情况考核	6~15		
劳动态度安全生产	15	1. 专业技能训练不勤学苦练,缺乏创新意识	6		
		2. 着装不符合要求	3		
		3. 违章或违反安全事项	4		
		4. 工作场地不整洁,工件、工具摆放不整齐	2		
合计	100				

续表

项目	分数	评分标准	每次扣分	次数	扣分
教师评价	100	根据学生在任务实施过程中的完成情况给予考核，积极引导学生完成任务			
小组互评	100	主要从知识掌握、小组活动参与度、任务完成度等方面给予评价			
总评	100	总评成绩=检修项目×60% + 教师评价×20% + 小组评价×20%			

巩固自测

一、判断题

1. 当 94YV 得电时，接通总风经紧急电空阀向电动放风阀铜碗及膜板下侧空间充风的气路。（　　）

2. 紧急制动状态电动放风阀动作，顶开放风阀口，连通均衡风缸向大气放风的气路。（　　）

3. 非紧急制动状态时，电动放风阀关闭放风阀口，切断制动管向大气放风的气路，此时，制动管的压力变化主要由分配阀控制。（　　）

二、选择题

1. 电动放风阀膜板下侧空间与（　　）的控制气路连通。
   A. 252YV　　　B. 94YV　　　C. 251YV　　　D. 258YV

2. 当（　　）得电时，接通总风经紧急电空阀向电动放风阀铜碗及膜板下侧空间充风的气路。
   A. 252YV　　　B. 94YV　　　C. 95SA　　　D. 258YV

3. 电动放风阀包括（　　）个工作状态。
   A. 5　　　B. 7　　　C. 3　　　D. 2

4. 紧急制动状态电动放风阀动作，顶开放风阀口，连通（　　）向大气放风的气。
   A. 总风管　　　B. 均衡风缸管　　　C. 制动缸管　　　D. 制动管

任务八　检修紧急阀

项目二任务八课件

任务导入

在列车运行中，可能会发生列车分离或者列车管断裂等非正常情况。当车钩分离、列车管断裂、车长阀制动等情况下是否会引起紧急阀动作而产生紧急制动作用？本任务学习紧急阀相关内容。紧急阀由哪些部件组成的？紧急阀是怎样工作的呢？

> 任务目标

知识目标	1. 熟悉紧急阀的结构组成及安装位置； 2. 掌握紧急阀的作用原理； 3. 熟悉紧急阀的检修工艺。
能力目标	1. 能准确查找 DK-1 型电空制动机紧急阀的安装位置； 2. 会分析紧急阀的作用原理； 3. 会检查紧急阀的使用状态及处理常见故障。
素养目标	1. 培养严谨、认真的工作态度； 2. 养成独立分析问题、解决问题的良好习惯； 3. 培养团队合作精神。

> 关联知识

一、紧急阀的作用

紧急阀的作用是为了加快列车管的排风速度，缩短排风时间，使制动距离缩短。同时可防止司机在使用紧急制动时，车未停稳就移动手柄等误操作，造成列车断钩事故。另外，当列车分离时，可自动切除充风通路和动力源，防止列车断钩。在紧急制动时，还起着使列车管压力流速增加的作用，能使前后列车紧急制动接近一致。

二、紧急阀的结构组成

紧急阀由阀体与阀座两部分组成，如图 2-8-1 所示。阀座又称管座，其内部设一个空腔，称紧急室（1.5 L）。紧急阀主要由活塞膜板、活塞杆、放风阀机构、微动开关、其他零部件等组成，如图 2-8-2 所示。紧急阀各组成部分的功用如表 2-8-1 所示。

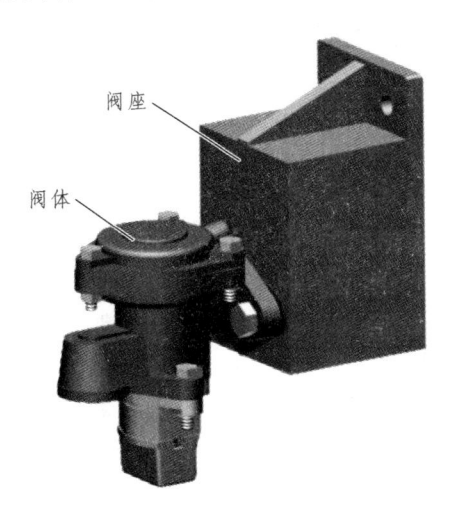

图 2-8-1 紧急阀的外形、结构

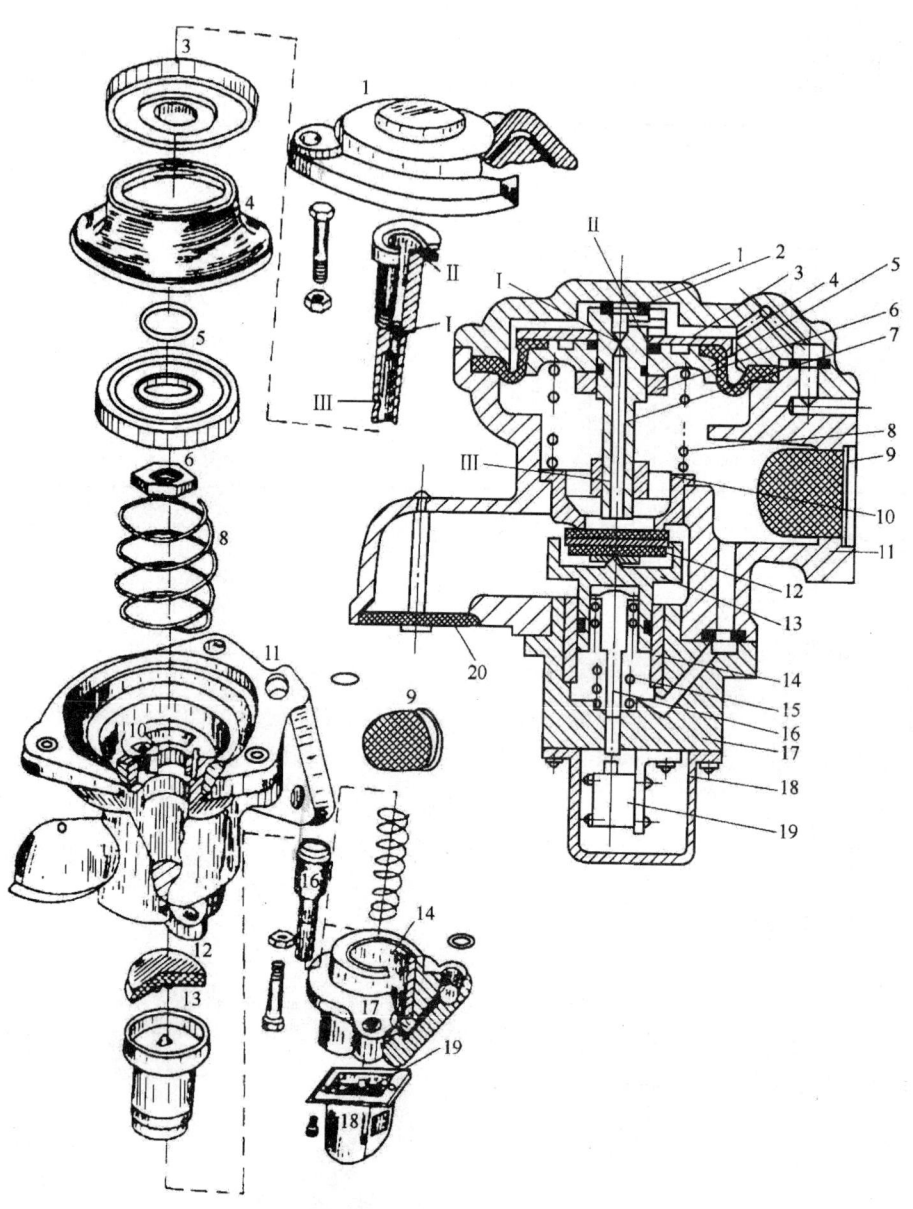

Ⅰ—缩孔φ1.8 mm；Ⅱ—缩孔φ0.5 mm；Ⅲ—缩孔φ1.2 mm；1—阀盖；2—密封圈；3—上活塞；4—膜板；5—下活塞；
6—螺母；7—活塞杆；8—安定弹簧；9—滤尘罩；10—放风阀座；11—阀上体；12—放风阀；
13—放风阀导向杆；14—放风阀套；15—放风阀弹簧；16—顶杆；17—阀下体；18—罩；
19—双断点微动开关；20—排风口罩。

图 2-8-2　紧急阀的组成结构

表 2-8-1　紧急阀各组成部分的功用

序号	各组成部分名称	功用
1	活塞膜板	为传感部件，主要由上活塞、下活塞、橡胶膜板等组成。用于感应作用在活塞膜板上、下两侧的作用力之差，从而带动活塞杆上、下移动，以关闭或开启放风阀口，切断或连通列车管的放风气路；同时，联动微动开关 95SA 断开或闭合电路 838—839。

续表

序号	各组成部分名称	功用
2	活塞杆	随活塞膜板上、下移动,关闭或顶开放风阀口。活塞杆轴向中心开一个通孔,并设3个缩孔:缩孔Ⅰ(ϕ1.8 mm)、缩孔Ⅱ(ϕ0.5 mm)、微孔Ⅲ(ϕ1.2 mm),用来控制紧急室的充、排风速度。缩孔Ⅰ(ϕ1.8 mm)是在常用制动时,控制紧急室压缩空气向列车管逆流的速度;缩孔Ⅱ(ϕ0.5 mm)是在充气缓解时,用以控制列车管向紧急室的充风速度;缩孔Ⅲ(ϕ1.2 mm)是在紧急制动时,控制紧急室向大气排风的速度
3	放风阀机构	连通或切断列车管放风气路并联动微动开关95SA的执行部件,主要由放风阀、放风阀座、放风阀导向杆、放风阀套、放风阀弹簧、顶杆等组成
4	微动开关	为双断点微动开关,电器代号为95SA,用来控制电路838—839的闭合与断开
5	其他零部件	包括安定弹簧、滤尘罩、排风口罩、密封圈等

三、紧急阀的气路

紧急阀内部空间分别连通三条气路:
(1)活塞膜板上侧空间与紧急室连通。
(2)活塞膜板下侧及放风阀弹簧侧的空间与列车管连通。
(3)放风阀下侧空间经排气口与大气连通。

四、紧急阀的工作原理

(一)紧急阀的作用原理

紧急阀的基本作用原理为:根据列车管的压力变化使作用在活塞膜板上、下两侧的作用力之差产生变化,从而使活塞膜板带动活塞杆上、下移动,关闭或顶开放风阀口,以切断或连通列车管的放风气路;同时,联动微动开关95SA断开或闭合838—839,由于紧急室经活塞杆上的三个缩孔与列车管相通,使紧急室压力随着列车管压力变化而变化。那么,活塞膜板是如何形成向下的作用力之差,从而带动活塞杆下移顶开放风阀口的呢?

如前所述,三个缩孔的作用是限制紧急室的充、排风速度,所以,尽管紧急室压力随列车管压力变化而变化,但其变化速度小于列车管压力变化的速度,故必然在活塞膜板上产生作用力之差,且该作用力之差正比于列车管压力变化的速度。因此,当列车管压力迅速下降时,在活塞膜板上产生足够的向下的作用力之差,并带动活塞杆下移,顶开放风阀口。

(二)紧急阀的工作状态

紧急阀的工作过程包括以下三个动作状态:

1. 充气缓解状态

充气缓解状态如图 2-8-3 所示。当列车管压力升高时，活塞膜板下侧压力上升的速度大于上侧的，即活塞膜板产生向上的作用力之差，并带动活塞杆上移至上端，在列车管压力空气和放风阀弹簧的共同作用下，放风阀杆带动放风阀上移至与放风阀座紧密接触，关闭放风阀口，从而切断列车管的放风气路；同时，顶杆不压缩微动开关 95SA，使其断开电路 838—839。与此同时，列车管经缩孔 I、II 向紧急室缓慢充风，直至两者压力相等为止。

2. 常用制动状态

常用制动状态如图 2-8-4 所示。当列车管正常减压时，活塞膜板下侧压力下降的速度大于上侧的，即活塞膜板产生向下的作用力之差，并带动活塞杆下移，但不足以压缩放风阀弹簧而保持放风阀口关闭，且微动开关 95SA 断开电路 838—839。同时，紧急室压力空气经缩孔 I 向列车管逆流，当紧急室与列车管两者压力相等，并且在安定弹簧的作用下，使活塞膜板带动活塞杆重新上移至上端。

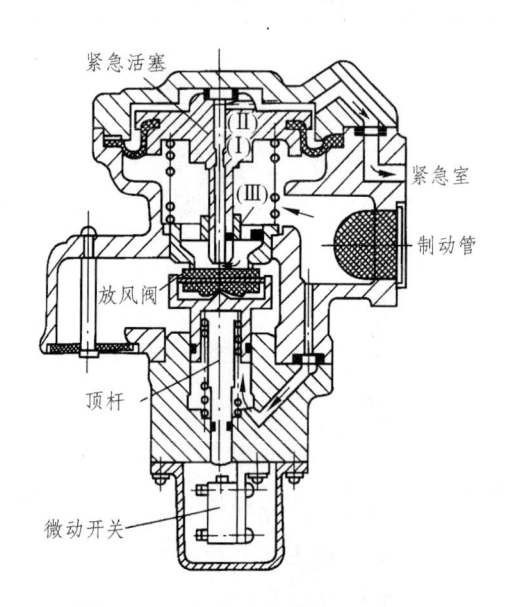

图 2-8-3　紧急阀的充气缓解状态 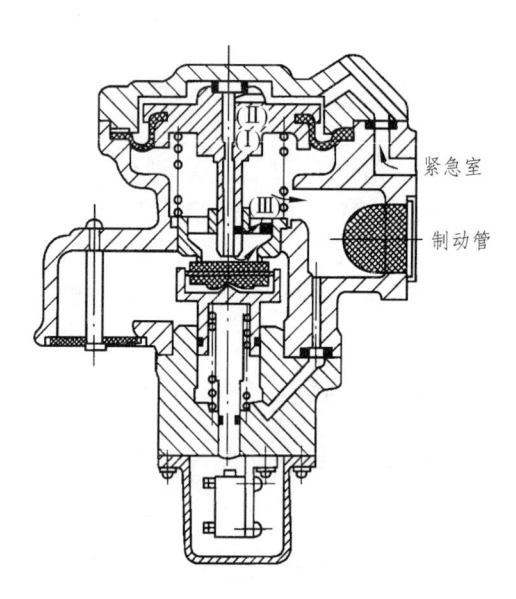　　　　图 2-8-4　紧急阀的常用制动状态

3. 紧急制动状态

紧急制动状态如图 2-8-5 所示。当列车管急剧减压时，活塞膜板下侧压力下降的速度远远大于上侧的，即活塞膜板产生较大的向下的作用力之差，并带动活塞杆下移，压缩放风阀弹簧而顶开放风阀口，从而连通列车管的放风气路；同时，推动顶杆下移并压缩微动开关 95SA，使其闭合电路 838—839，切断机车动力源；与此同时，紧急室经缩孔 I、III 向大气排风，当紧急室压力下降到某一压力值时，在安定弹簧、放风阀弹簧作用下，使活塞膜板带动活塞杆重新上移至上端，并且放风阀、顶杆也一起上移，关闭放风阀口，切断列车管的放风气路，并使微动开关 95SA 重新断开电路 838—839，最终使紧急室压力空气随列车管放风至 0。

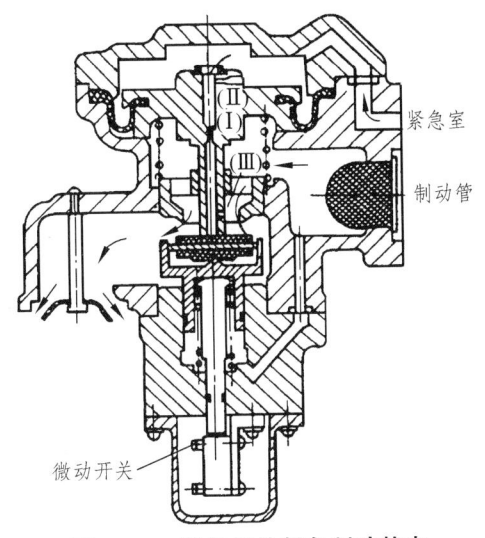

图 2-8-5 紧急阀的紧急制动状态

五、紧急阀的检修工艺

以某机务段阀件的检修工艺为例：
（1）适用范围：电力机车电空制动机紧急阀小修修程及配件检修。
（2）需用材料：毛刷、白布、汽油、橡胶替换件、微动开关。
（3）需用设备及工、量具：钳工台、开口扳手、游标卡尺、螺丝刀、钢针、油盘。
（4）工艺过程：如表 2-8-2 所示。

表 2-8-2 紧急阀的检修工艺

工序	工步	作业要领	质量标准
1. 清洗	清扫	用毛刷清扫阀体表面灰尘，再用白布擦拭干净	清洁
2. 解体检查	（1）检查	外观检查	无变形、无裂纹
	（2）分解	① 用螺丝刀拆下排气口罩和微动开关罩及微动开关 ② 用开口扳手拆下紧急放风阀盖上的螺丝，并将盖取下 ③ 取出紧急阀弹簧及传递顶杆 ④ 取出紧急阀导向杆及放风阀 ⑤ 用开口扳手拆开紧急阀上盖并将其拿下 ⑥ 抽出活塞组装件，并进行解体。用扳手松开紧固螺丝，分解出活塞杆，上、下活塞及膜板	
3. 检修	（1）分解后清洗	将拆卸开的零件放入油盘内，用汽油清洗，并用压缩空气吹净	丝扣良好，孔径应畅通无杂物，套紧固，阀及阀座工作面无拉伤
	（2）外观检查	外观检查各零件，对其不良部件修复	

续表

工序	工步	作业要领	质量标准
3. 检修	（3）检查及测量	① 检查安定弹簧及阀弹簧，并测量其自由高度，不符合要求者更换新品 ② 检查上、下活塞、膜板、活塞杆及导向杆，不良者更换新品	a. 安定弹簧为（50±1）mm，放风阀弹簧为（48±1）mm b. 无裂损、无变形、无弯曲、无裂纹，缩孔应畅通
	（4）微动开关	用手指上下按动微动开关的触头	上、下动作应灵活
	（5）拆除橡胶件	拆下所有橡胶件	橡胶件应更新
4. 组装	（1）组装橡胶件	因橡胶件易老化、裂损，所以检修时应更换成新品	勿扭动，其他规格不准代替
	（2）组装活塞	组装上、下活塞、膜板及活塞杆	
	（3）组装紧急室各部件	将稳定弹簧活塞组件装入紧急室内，装好缓冲用O形圈（D20×2.4），过孔用O形圈（ϕ16），涂适量润滑脂，装好阀盖，拧紧固定螺栓	膜板在体与盖之间要平展，安定弹簧不歪扭
	（4）组装放风阀室各部件	将放风阀、导向杆、传递顶杆、放风阀弹簧分别放进放风阀室。注意应对应好它们之间的相互位置	导向杆O形圈D25×2.4，传递杆O形圈D8×1.75
	（5）组装放风阀盖	组装阀体与放风阀下盖：装好过孔O形圈（ϕ16），涂适量润滑脂，装好阀盖，并紧固其螺栓	
	（6）装微动开关	将微动开关装在阀体上	微动开关螺丝不宜过紧
	（7）装微动开关罩	装上微动开关罩	
5. 试验	试验台试验	将检修好的紧急阀安装在DK-1型制动机试验台上，分别试验充气和泄漏，紧急灵敏度和排风以及安定试验	均应符合试验技术要求

任务实施

学习任务八相关内容，完成任务单2-8。

任务单2-8　检修紧急阀

1. 简述紧急阀的结构、组成。
2. 紧急阀管座有几根配管？分别是什么配管？
3. 简述紧急阀的作用位置。
4. 写出紧急阀的检修步骤。

任务评价

任务：紧急阀检修

班级_____ 学号_____ 姓名_____ 小组_____

项目	分数	评分标准	每次扣分	次数	扣分
操作技能	70	1. 操作、检查、测量、调整方法不当或错误	4		
		2. 工序错乱	6		
		3. 漏拆、漏检、漏修、漏测	6		
		4. 零部件脱落、损伤	4		
		5. 口述内容有遗漏、错误	4		
		6. 工作中返工	10		
		7. 作业后未按要求恢复、整理	3		
		8. 按工艺要求，质量不符合规定	2		
工具设备使用	15	1. 工、量具及设备开工前不检查，收工时不清理	3		
		2. 工、量具及设备使用不当	3		
		3. 工、量具脱落	3		
		4. 工具、设备损坏，视情况考核	6~15		
劳动态度安全生产	15	1. 专业技能训练不勤学苦练，缺乏创新意识	6		
		2. 着装不符合要求	3		
		3. 违章或违反安全事项	4		
		4. 工作场地不整洁，工件、工具摆放不整齐	2		
合计	100				
教师评价	100	根据学生在任务实施过程中的完成情况给予考核，积极引导学生完成任务			
小组互评	100	主要从知识掌握、小组活动参与度、任务完成度等方面给予评价			
总评	100	总评成绩=检修项目×60% + 教师评价×20% + 小组评价×20%			

巩固自测

一、填空题

1. DK-1型电空制动机，司机使用列车紧急制动后，需经（　　）s后才可以充气缓解。
2. 紧急阀的三种作用状态是充气缓解状态、常用制动状态和（　　）。
3. 紧急阀上的微动开关代号为（　　）。
4. 紧急阀用于控制（　　）的压力变化。

二、选择题

1. 紧急阀紧急状态时，紧急室的压缩空气经缩孔Ⅰ、Ⅲ排向（　　）。
   A. 总风管　　　　B. 均衡风缸管　　　　C. 大气　　　　D. 列车管
2. 紧急阀紧急状态时，紧急室的压缩空气经缩孔（　　）排向大气。
   A. Ⅲ　　　　B. Ⅰ、Ⅲ　　　　C. Ⅰ　　　　D. Ⅰ、Ⅱ
3. 紧急阀有（　　）个工作位置。
   A. 3　　　　B. 5　　　　C. 7　　　　D. 2
4. 列车管按紧急速率排风可启动（　　）动作，加快列车管排风速率。
   A. 重联阀　　　　B. 分配阀　　　　C. 紧急阀　　　　D. 中继阀
5. 紧急阀活塞杆上有（　　）个缩孔。
   A. 3　　　　B. 5　　　　C. 1　　　　D. 2

任务九　认知其他制动阀件

项目二任务九课件

任务导入

DK-1型电空制动机除了电空制动控制器、空气制动阀、中继阀、电空阀、分配阀、电动放风阀、紧急阀之外，还有哪些制动阀件？本任务学习DK-1型制动机的其他制动阀件，这些制动阀件可以改善机车的运行条件，确保行车安全。

任务目标

知识目标	1. 熟悉DK-1型电空制动机辅助制动部件的结构组成及安装位置； 2. 掌握DK-1型电空制动机辅助制动部件的工作原理。
能力目标	1. 能准确快速认出DK-1型电空制动机其他制动阀件的安装位置； 2. 会分析制动阀件的作用原理； 3. 会检查DK-1型电空制动机其他制动阀件的使用状态。
素养目标	1. 培养乐于奉献、甘于奉献的职业精神； 2. 培养独立分析问题、解决问题的能力； 3. 培养团队合作精神。

关联知识

一、压力开关

压力开关是利用上下气室的压差而动作来实现电路控制的，整定值一经设定，无法调整。DK-1型电空制动机中，在制动屏柜上设有两个压力开关，代号分别为208、209，如图2-9-1所示。其中，压力开关208用来控制均衡风缸或列车管的过量减压量，整定值为190～230 kPa，微动开关代号为208SA；压力开关209用来自动控制电阻制动与空气制动配合时，产生空气初制动的均衡风缸或列车管的减压量，整定值为20 kPa，微动开关代号为209SA。

图 2-9-1　压力开关实物图

（一）压力开关的结构组成

压力开关主要由气动部分和微动开关两部分组成，如图2-9-2所示。

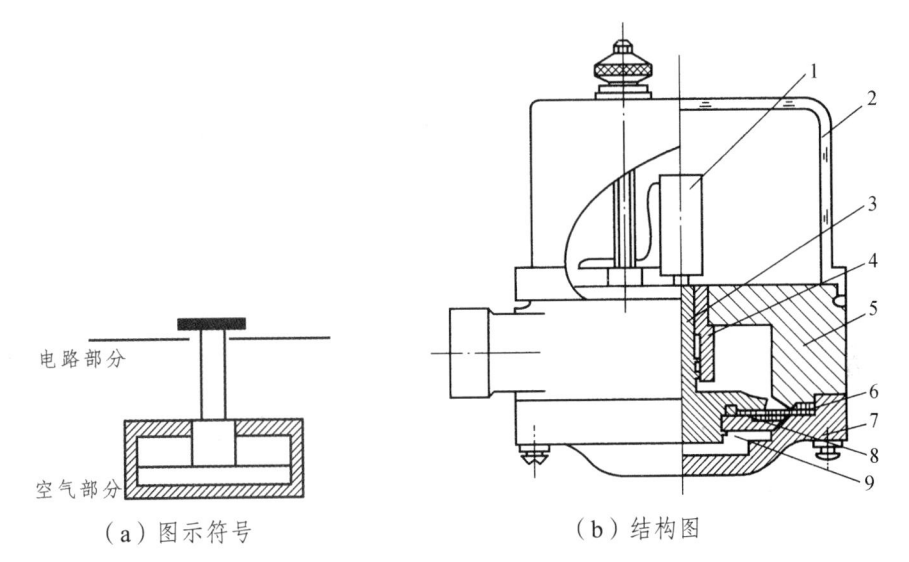

（a）图示符号　　　　（b）结构图

1—双断点微动开关；2—外罩；3—芯杆；4—导套；5—阀体；6—膜板；7—下盖；8—挡板；9—弹性挡圈。

图 2-9-2　压力开关

1. 微动开关

采用双断点微动开关，用来控制电路的闭合与断开。其中，压力开关208的控制电路为808—800；压力开关209的控制电路为822—800与807—827。

2. 气动部分

气动部分用于感应膜板上、下两侧的压力差，通过芯杆联动微动开关，以闭合或断开相应电路。气动部分主要由膜板、芯杆、芯杆导套等组成，其内部被膜板隔离为上、下两个气室，下气室与均衡风缸管连接，而上气室与调压阀55的输出管连接。

（二）压力开关的工作原理

压力开关的基本工作原理为：根据膜板上、下两侧的压力差，带动芯杆上下移动，以联动微动开关实现电路控制，如图 2-9-3 所示。压力开关的工作过程包括以下两个工作状态。

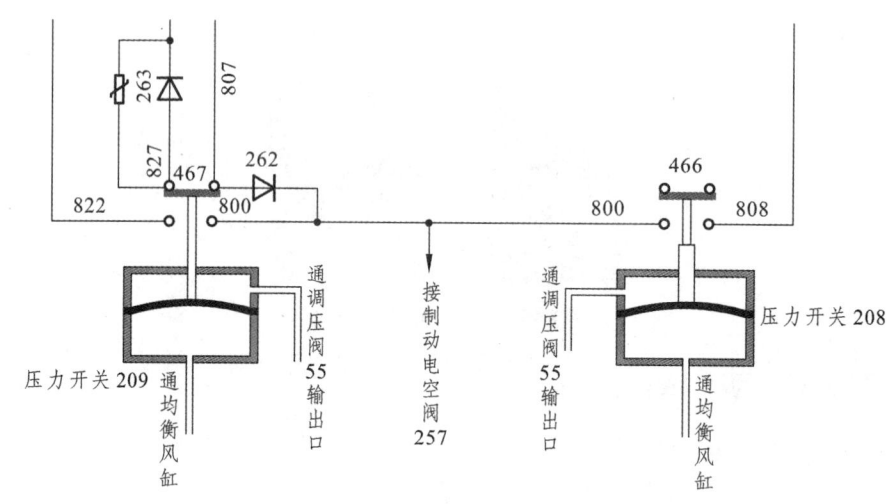

图 2-9-3 压力开关作用原理

1. 缓解状态

当均衡风缸充风至定压时，压力开关上、下气室充有相等压力的压力空气，但由于上气室受力面积小于下气室受力面积（芯杆截面占去上部分气室一定面积），所以，膜板上凸带动芯杆上移，压缩微动开关，以控制相应电路（压力开关 208 断开电路 808—800；压力开关 209 闭合电路 807—827，并断开电路 822—800）。

2. 制动状态

当均衡风缸减压并达到压力开关的整定值（压力开关 208：190～230 kPa，一般为 200 kPa。压力开关 209：20 kPa）时，膜板上产生向下的压力差，膜板下凹，带动芯杆下移并脱离与微动开关的接触，以控制相应电路（压力开关 208 闭合电路 808—800；压力开关 209 断开电路 807—827，且闭合电路 822—800）。

综上所述，压力开关 208、209 的结构完全相同，但两者的整定值不同，其原因在于：两者的芯杆截面不同，压力开关 208 的芯杆比压力开关 209 的芯杆直径大。事实上，可以通过改变压力开关芯杆的直径而改变其整定值。

二、调压阀

调压阀是为满足制动系统的不同工作压力并保证稳定供给压力空气而设置的，如图 2-9-4 所示。在 DK-1 型电空制动机中共使用了三个 QTY-15 型调压阀，一个调整均衡风缸压力，代号为 55，另两个用来调整空气制动阀作用管或均衡风缸管的压力，代号分别为 53（Ⅰ端）、54（Ⅱ端）。

（一）调压阀的结构组成

QTY-15型调压阀由调整手轮、弹簧座、调整弹簧、膜板、进风阀、溢流阀、阀杆、阀弹簧、O形密封圈及上下阀体组成，如图2-9-5所示。

图2-9-4 调压阀实物图

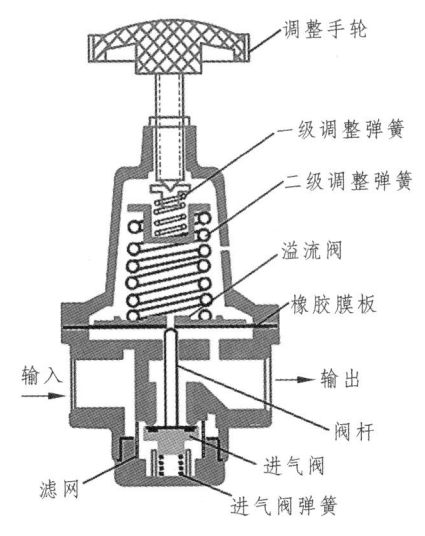

图2-9-5 调压阀的结构组成

（二）调压阀的安装位置及作用

调压阀53、54分别设置在通向空气制动阀的总风管上，电空位下整定值为300 kPa，空气位上整定值为500 kPa或600 kPa。调压阀55设置在通向压力开关258YV、208、209的总风管上，调整均衡风缸的供风压力，整定值为定压，即500 kPa或600 kPa。

（三）调压阀的气路

调压阀的内部空间与三条气路连通：
（1）进气阀下侧与左边进风口连通。
（2）进气阀上侧及中央气室与右边出风口连通。
（3）膜板上侧经小孔通大气。

（四）调压阀的工作原理

QTY型调压阀的基本作用原理为（见图2-9-6）：根据膜板上、下两侧，调整弹簧与中央气室之间的压力差，联动阀杆上、下移动，从而开启或关闭进气阀口，以控制出风口处的空气压力保持某一数值。

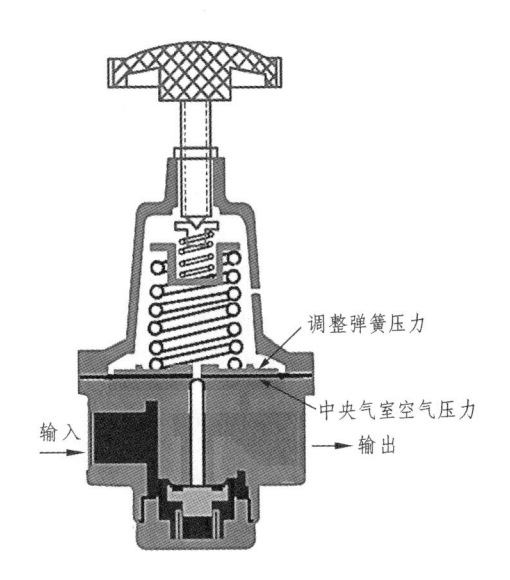

图2-9-6 调压阀的工作原理

1. 供气状态

当调压阀进风口输入压力空气时，在调整弹簧作用下，膜板推动阀杆下移，顶开进气阀口，使压力空气充向出风口侧，同时经小孔充入膜板下侧的中央气室。随着出风口侧的压力逐渐升高，膜板将渐趋平衡，使进气阀口逐渐关闭，当出风口侧或中央气室压力与调整弹簧整定压力相等时，进气阀口关闭，即出风口侧压力不再升高。

2. 溢流状态

当出风口侧（或中央气室）压力高于调整弹簧整定压力时，膜板带动溢流阀上移，开启溢流阀口，且进气阀口保持关闭，使多余的压力空气经溢流阀口排出，直至再次平衡为止，关闭溢流阀口，停止溢流。

可见，调压阀出风口侧压力总是随调整弹簧整定压力的变化而变化，因此，改变调整弹簧的整定压力，即可达到调整其输出压力的目的。

三、重联阀

（一）重联阀的作用

（1）实现多机牵引，可以使同型号机车制动机重联，也能与其他类型机车重联使用。
（2）可使重联机车制动机的制动、缓解作用与本务机车协调一致。
（3）起到分离后的保护作用。
（4）在重联运行中，一旦发生机车分离，重联阀将自动保持制动缸压力，并使重联机车制动机恢复到本务机车制动机的工作状态。

（二）重联阀的结构组成

重联阀主要由本-补转换阀部、重联阀部、制动缸遮断阀部、阀体、管座等组成，如图2-9-7所示。连接管路包括作用管、平均管、总风联管及制动缸管。

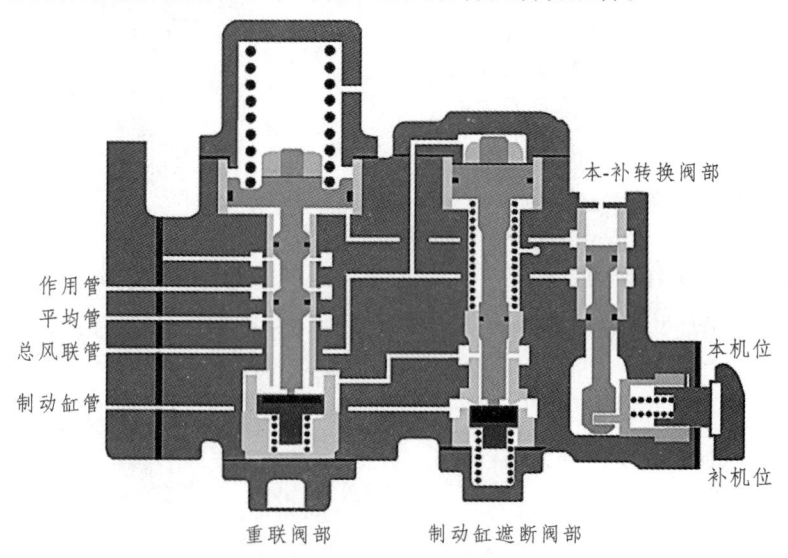

图 2-9-7　重联阀的组成

1. 本-补转换阀部

本-补转换阀部主要由转换按钮、偏心杆、弹簧、阀套、柱塞、O形密封圈、标示牌和弹性挡圈、挡盖、定位销等组成。本-补转换阀部设"本机位"和"补机位"两个工作位置。"本机位"切断总风联管与重联阀部活塞下侧之间的气路,连通重联阀部活塞下侧与大气之间的气路;"补机位"连通总风联管与重联阀部活塞下侧之间的气路。

2. 重联阀部

重联阀部主要由重联阀活塞、活塞杆、重联阀弹簧、阀套、O形密封圈及止回阀、止回阀弹簧等组成,重联阀部的工作受本-补转换阀部控制。当本-补转换阀部的转换按钮置于不同位置时,根据重联阀部活塞上下两侧的作用力之差带动活塞杆上下移动,关闭或顶开止回阀,并由活塞杆连通或切断相应气路。

3. 制动缸遮断阀部

制动缸遮断阀部主要由制动缸遮断阀活塞、活塞杆、遮断阀弹簧、阀套、O形密封圈及止回阀、止回阀弹簧等组成。正常运行时,制动缸遮断阀活塞和活塞杆下移顶开止回阀,连通制动缸与相应管路之间的气路。发生机车间断钩分离,由于总风联管压力很低,在遮断阀弹簧的作用下,活塞杆上移,止回阀关闭,切断了制动缸与其他管路之间的气路,并保持了机车制动缸的压力。

(三)重联阀的工作原理

1. 本机位

本-补转换阀部连通重联阀部活塞下侧与大气之间的气路;重联阀部活塞杆下移,顶开止回阀口,连通平均管与制动缸遮断阀部止回阀上侧之间的气路。重联阀本机位如图 2-9-8 所示。

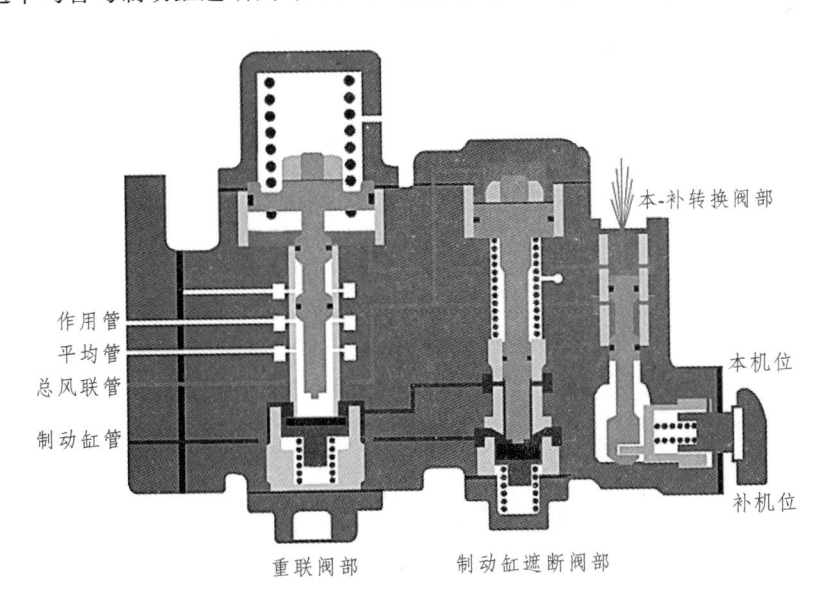

图 2-9-8 重联阀本机位

总风联管压力空气（750~900 kPa）通往制动缸遮断阀部活塞上侧，使活塞、活塞杆压缩弹簧而下移，顶开止回阀口，连通制动缸与制动缸遮断阀部止回阀上侧之间的气路。目的："本机位"时，连通制动缸与平均管之间的气路。本务机车制动机进行制动、缓解时，本务机车制动缸的压力变化经平均管和机车间的平均塞门、平均软管传入重联机车的平均管。运行中一旦机车间发生断钩分离，制动管、总风联管、平均管等连接软管均被拉断，本务机车产生紧急制动。由于总风联管内压力迅速下降，制动缸遮断阀活塞在其弹簧作用下，带动活塞杆上移，关闭止回阀口，切断制动缸管与重联阀部止回阀处的制动缸通路，防止制动缸压力空气经重联阀部止回阀、平均管向大气排风，保证本务机车紧急制动的可靠实施。

2. 补机位

当转换按钮置于"补机位"时，本-补转换阀部连通总风联管与重联阀部活塞下侧之间的气路；重联阀部活塞带动其活塞杆压缩弹簧而上移，关闭止回阀口，连通作用管与平均管之间的气路；制动缸遮断阀部在总风联管压力作用下，使活塞带动其活塞杆压缩弹簧而下移，顶开止回阀口，使制动缸与制动缸遮断阀部止回阀上侧的气路连通，该气路被重联阀部止回阀遮断。重联阀补机位如图2-9-9所示。

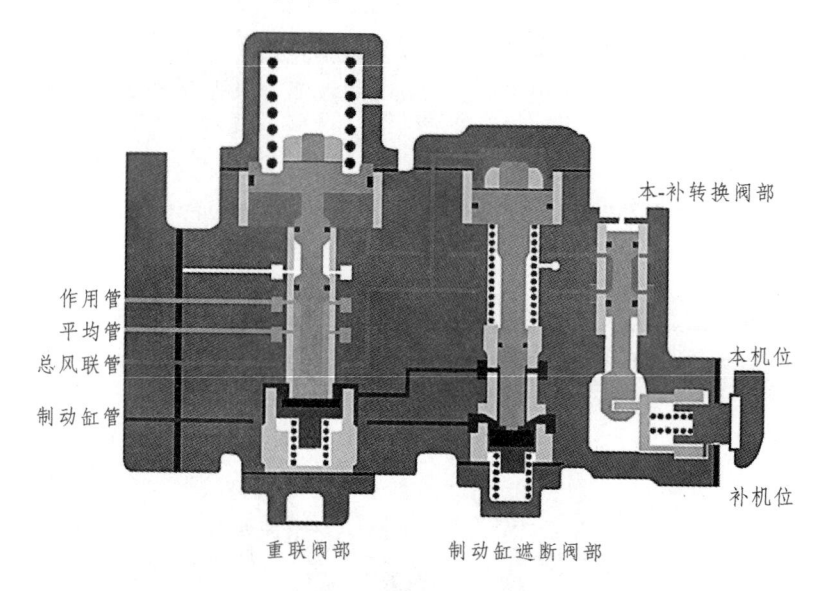

图2-9-9 重联阀补机位

"补机位"时，作用管与平均管气路的连通，使本务机车制动缸的压力变化将通过平均管传入重联机车的作用管，经重联机车分配阀均衡部动作后，确保重联机车制动缸压力变化与本务机车制动缸压力变化协调一致。

四、转换阀

（一）转换阀的作用

转换阀作为特制的塞门结构，用来保证良好的气密性和满足屏柜布置的需要。DK-1型电空制动机共设有两个转换阀，代号分别为153、154，并且均安装在制动屏柜上。转换阀153

用来控制均衡风缸与相关电空阀（258、255、259）及压力开关（208、209）之间气路的连通与切断，电空位时连通，空气位时两条通路断开。转换阀 154 用来控制两个初制动风缸（58、63）之间气路的连通与切断，以使在不同列车管定压下达到满意的初制动效果，货车位时连通，客车位时断开。转换阀的作用位置如图 2-9-10 所示。

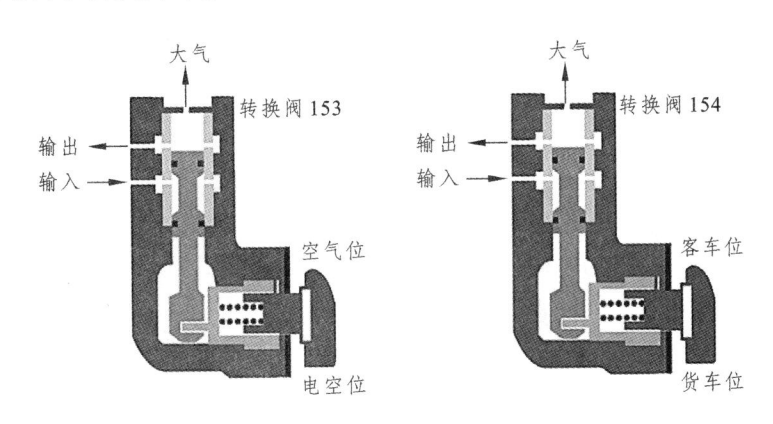

图 2-9-10　转换阀的作用位置

（二）转换阀的结构、组成

转换阀主要由阀体、柱塞阀套、转换按钮、偏心杆和柱塞阀等组成，如图 2-9-11 所示。其中，柱塞阀套轴向方向的两个位置上开径向通孔，且上孔与阀体的进气口相通，下孔与阀体的出气口相通。

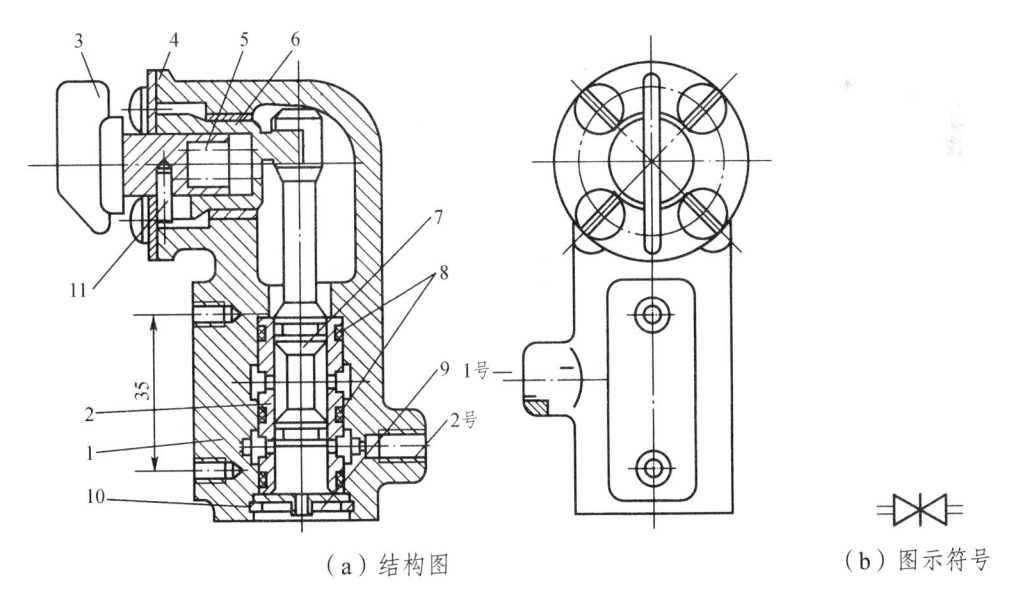

（a）结构图　　　　（b）图示符号

1—阀体；2—柱塞阀套；3—转换按钮；4—铭牌；5—弹簧；6—偏心杆；7—柱塞阀；8—O 形圈；9—挡盖；10—弹簧挡圈；11—定位销；1 号—输入口；2 号—输出口。

图 2-9-11　转换阀结构

（三）转换阀的作用原理

转换阀有两个作用位置，由其上的标示牌显示出来。转换按钮在弹簧和定位销的作用下保持在某一固定位置上，转换位置时，先按下转换按钮，然后再将其转动180°，到达另一固定位置时即可松开转换按钮。转换阀的基本作用原理为：当司机旋转转换按钮置于相应工作位置时，偏心杆随之转动，并带动柱塞阀上下移动，从而使进气管与出气管连通或切断，以控制相应气路的通、断。转换阀的工作过程以下两种状态：

1. 开通状态

当司机将转换阀153的转换按钮旋转至"电空位"时，偏心杆随之转动，并带动柱塞下移，由柱塞凹槽连通其进、出气管的气路，此时，转换阀153连通均衡风缸通往258、255、259、208、209的气路；当司机将转换阀154转换按钮旋转至"货车位"时，偏心杆随之转动，并带动柱塞下移，由柱塞凹槽连通其进、出气管的气路，转换阀154连通初制动风缸58(1)与58(2)之间的气路。

2. 关断状态

当司机将转换阀153由"电空位"转至"空气位"（或将转换阀154转换按钮旋转至"客车位"）时，偏心杆随之转动，并带动柱塞上移，由柱塞凹槽切断其进、出气管的气路。

五、初制动风缸

DK-1型电空制动机设置初制动风缸的主要目的是控制均衡风缸和列车管的最小减压量，同时还可抑制均衡风缸的回风现象，提高后部车辆小减压量时的制动灵敏性。初制动风缸由两部分组成，各自的代号是58(1)、58(2)，两者之间的通断由转换阀154控制。

六、机车无动力装置

（一）机车无动力装置的作用

机车无动力装置用于机车无动力回送（作为车辆被牵引）时，由于其空气压缩机无电停止使用，此时需开放无动力回送装置。由本务机车经列车管、机车无动力装置向无动力机车总风缸充风，以备无动力机车制动时使用。

（二）机车无动力装置的结构组成

机车无动力装置主要由止回阀和截断塞门两部分组成，如图2-9-12所示。

止回阀具有滤尘作用，故又称滤尘止回阀，用来控制无动力机车总风缸只能由列车管充风，而不能向列车管逆流，代号为103。它主要由阻流塞、止回阀、止回阀座、止回阀弹簧等组成。

截断塞门用来控制列车管向无动力机车总风缸充风气路的连通与切断，代号为155。它主要由截断塞芯、截断塞门弹簧、塞门体等组成。

（a）结构图　　　　　　　　　（b）图示符号

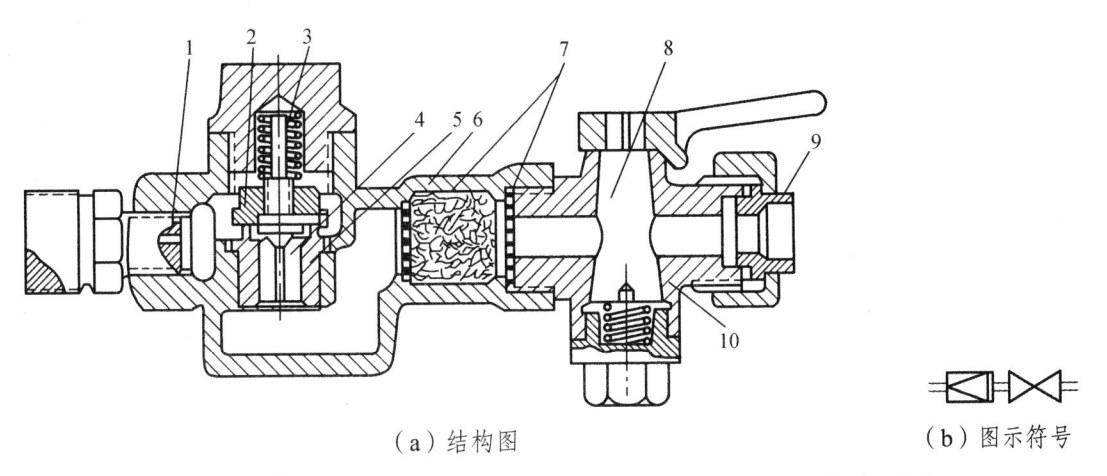

1—阻流塞；2—皮垫座；3—止回阀弹簧；4—止回阀；5—止回阀座；6—止回阀体；
7—滤尘网；8—截断塞门；9—管接头；10—截断塞门体。

图 2-9-12　机车无动力装置

（三）机车无动力装置的工作原理

通常，机车无动力装置的止回阀弹簧的整定值为 140 kPa，所以，当列车管定压力 600 kPa 时，充入无动力机车总风缸的最大压力为 460 kPa。阻流塞是一个孔径为 3.2 mm 的缩堵。当列车管向无动力机车总风缸充风时，用来防止因总风缸容积较大，使列车管压力骤然下降，而导致列车发生自然制动。当机车无动力回送时，除开放机车无动力装置的塞门 155 外，还须进行其他相应的操纵。机车无动力装置的基本作用原理为：由乘务员操纵截断塞门手柄，以连通或切断列车管向无动力机车总风缸充风的气路，并防止向列车管逆流。机车无动力装置的工作过程包括以下两个状态：

1. 开放状态

当机车无动力回送时，乘务员须将截断塞门 155 的手柄旋转至开放位，列车管压力空气经 155、滤尘网，并压缩止回阀弹簧而打开止回阀口，向无动力机车总风缸充风，以备其制动用风。当列车管减压制动时，尽管无动力机车总风缸压力大于列车管压力，但由于止回阀作用，使其不能向列车管逆流，保证全列车制动的可靠性。

2. 关闭状态

当机车非无动力回送（即作为本务、重联、补机运行）时，须将截断塞门 155 手柄旋转至关闭位，切断列车管经机车无动力装置向总风缸充风的气路，此时机车总风缸的压力空气由该机车的风源系统供给。

七、其他制动部件

（一）分水滤气器

分水滤气器用来过滤压力空气中的油分和水分，以保证压力空气的干燥、清洁。DK-1 型电空制动机中共设置了 3 个分水滤气器，代号分别为 204、205、206。

（二）管道滤尘器

管道滤尘器用来过滤压力空气中的灰尘等杂质，防止其进入制动机气动、电动部件中，而影响正常工作。DK-1 型电空制动机系统中，共设置了 2 个管道滤尘器，代号分别为 106、110。

（三）继电器

为了实现与列车安全运行监控记录装置自动停车功能、电阻制动系统的配合，在 DK-1 型电空制动机中设置了 3 个电磁中间继电器（代号分别为 451、452、453）和 1 个电子时间继电器（代号为 454），以完成自动控制。中间继电器 451 在施行紧急制动以及列车分离保护时起作用，对有关电路进行控制；中间继电器 452 和 453 共同作用控制电阻制动时的均衡风缸（列车管）的自动减压量。JS3 型电子时间继电器的代号为 454，用来控制电阻制动时列车管自动小量减压制动作用的时间。

（四）压敏电阻

在 DK-1 型电空制动机系统中，电空阀为感性负载，因此在断开电空阀时将有较高的操作过电压，经实测一般在 1.4～1.6 kV 左右。为了使电路中的阻流二极管工作正常，除选择较高电压等级的二极管外，还需要采取相应的抑制保护措施，其方法很多，目前采用的是 MY31 型氧化锌压敏电阻与二极管并联电路，保护效果较好。

（五）钮子开关

在 DK-1 型电空制动机电气线路中，设置了 3 个钮子开关 463、464 和 465，并且安装在制动屏柜的开关板上。钮子开关 463 用于控制 DK-1 型电空制动机是否需要自动补风作用；钮子开关 464 用于控制 DK-1 型电空制动机是否与列车安全运行监控记录装置自动停车功能、车长阀制动及列车分离保护配合而进行自动控制；钮子开关 465 用于控制 DK-1 型电空制动机是否与电阻制动系统配合而进行自动控制。

任务实施

学习任务九相关内容，完成任务单 2-9。

任务单 2-9　认知辅助制动部件

序号	部件名称	原理图中代号	功用
1	压力开关		
2	调压阀		
3	重联阀		
4	转换阀		
5	机车无动力装置		
6	分水滤气器		
7	管道滤尘器		

续表

序号	部件名称	原理图中代号	功用
8	继电器		
9	压敏电阻		
10	钮子开关		

任务评价

任务：熟悉其他制动阀件

班级_____ 学号_____ 姓名_____ 小组_____

	考核项目	考核要求	分值	得分
自评	分析压力开关的工作原理	熟练掌握压力开关工作原理	20	
	分析重联阀的工作原理	熟练掌握重联阀工作原理	20	
	分析转换阀的工作原理	熟练掌握转换阀工作原理	20	
	素养考核	细致、认真的工作作风，独立分析问题能力	20	
小组互评		从知识掌握、小组活动参与度等方面考核	10	
教师评价		根据完成任务的情况等进行评价	10	
总评			100	

巩固自测

一、选择题

1. 在 DK-1 型电空制动机的其他部件中，利用压力空气的压力变化来实现对电路控制的部件是（　　）。

　　A. 调压阀　　　　　B. 转换阀　　　　　C. 压力开关

2. 转换阀 153 的两个工作位置是（　　）。

　　A. 电空位、空气位　　　　　　　B. 正常位、非正常位
　　C. 正常位、空气位　　　　　　　D. 货车位、客车位

3. 转换阀 153 在电空位（正常位）时，接通气路，电空制动器通过有关电空阀控制（　　）的充排风，达到控制列车制动、缓解的目的。

　　A. 过充风缸　　B. 制动管　　　C. 均衡风缸　　　D. 工作风缸

4. 本务机车重联阀控制（　　）。

　　A. 制动管　　B. 平均管　　　C. 总风管　　　D. 中均管

5. 制动管定压为 600 kPa 时，转换阀 154 置于（　　）位。

　　A. 客车　　　B. 货车　　　　C. 中间　　　　D. 电空

6. 无动力回送操作时关断列车的制动管塞门（　　）。

　　A. 114　　　B. 115　　　　C. 112　　　　D. 155

7. 无动力回送操作时关断总风缸塞门（　　）。

　　A. 156　　　B. 115　　　　C. 112　　　　D. 155

二、判断题

1. 压力开关整定值一经设定，无法调整，而风压继电器则可通过弹簧的调整来改变其整定值。（   ）
2. 压力开关 208 是为自动控制制动主管的最大减压量而设，其动作压差为 190～230 kPa。（   ）
3. 压力开关 208 是为自动控制制动主管的最大减压量而设。（   ）
4. 重联阀转换按钮在本机位时使本务机车制动缸与作用管连通。（   ）
5. 重联阀转换按钮在重联位时使机车制动缸与作用管连通。（   ）
6. 转换阀 153 串接在均衡风缸与各有关电空阀之间。（   ）
7. 制动管定压为 500 kPa 时，转换阀 154 置于客车位。（   ）
8. 转换阀 154 串接在两个初制动风缸间。（   ）
9. 调节制动管定压时使用 53 号调压阀来调节。（   ）
10. 缓解电空阀得电，总风经 55 号调压阀经缓解电空阀向总风遮断阀充风。（   ）

任务十　DK-1 型电空制动机"五步闸"试验

项目二任务十课件

任务实施

当机车乘务员库内接车时，需要进行制动机试验，我们称为制动机的"五步闸"试验，怎么对制动机进行"五步闸"试验操作呢？做试验之前应该准备些什么呢？

任务目标

知识目标	1. 熟悉 DK-1 型电空制动机电空位下的综合作用； 2. 掌握 DK-1 型电空制动机空气位下的综合作用； 3. 熟悉 DK-1 型电空制动机"五步闸"试验技术要求；
能力目标	1. 能依据制动原理图分析制动机的综合作用； 2. 能按照规定的试验步骤对 DK-1 型电空制动机进行"五步闸"试验。
素养目标	1. 养成独立分析问题的良好习惯； 2. 培养安全意识、责任意识。

关联知识

一、认知机车制动机的综合作用

机车制动机的综合作用习惯上是根据大闸与小闸各手柄位置的变换（该变换是由操纵列车或机车实际运行情况而决定）而确定的机车制动机各主要部件之间的相互关系和作用规律。学习综合制动作用，就是要在熟悉机车制动机主要部件的构造及作用的基础上进行。

DK-1型机车电空制动机的综合作用包含自动制动作用、单独制动作用、空气位制动作用以及辅助制动作用。现以SS₄改型电力机车Ⅰ端操纵电空制动控制器与空气制动阀等操纵部件为例介绍DK-1型机车电空制动机的综合作用。

（一）自动制动作用

自动制动作用，即DK-1型电空制动机处于电空位，且小闸处于运转位，操纵大闸手柄在各位置时的综合作用，该作用用于操纵全列车的制动、保压与缓解。

（二）单独制动作用

单独制动作用，即DK-1型机车电空制动机处于电空位，且大闸处于运转位，操纵小闸手柄在各位置时的综合作用，它还包括大闸处于制动后中立位，小闸手柄置于缓解位或下压手柄时的综合作用。该作用用于单独操纵机车的制动、保压与缓解。

（三）空气位作用

空气位只是作为电空位故障的一种应急补救操纵措施，以免在区间途停而影响线路的正常运行。正因为如此，在该位操纵时，不具备电空位操纵时那样齐全的功能，而只保证能控制全列车的制动和缓解的基本功能。

（四）辅助制动作用

由于DK-1型电空制动机建立在电控的基础上，而且采用积木式结构，这对与机车其他系统的配合协调提供了极为有利的条件。机车制动机与机车其他系统的协调配合作用称为辅助制动作用，辅助制动作用具有与监控记录装置配合、紧急制动时自动选择切除动力、列车分离保护、电制动与空气制动的协调配合（即电空联锁）、补风转换等功能。辅助制动作用根据附图2可自行分析其作用原理。

二、电空位

（一）自动制动作用

DK-1型机车电空制动机的工作电源：在电空位，机车控制电源经电空制动自动开关615QS→导线899→小闸3上的微动开关3SA1→导线801有电，即大闸1AC获得工作电源。

1. 运转位

该位置是列车运用中，大闸手柄常放的位置，是向全列车初充风、再充风缓解列车制动以及列车正常运用所采用的位置。

1）电路

（1）导线801（电源）→大闸1AC→导线803→中间继电器455KA、452KA、451KA常闭联锁→导线837→缓解电空阀258YV及排2电空阀256YV得电。

（2）导线801（电源）→大闸1AC→导线809→小闸3上的微动开关3SA2→导线818→中间继电器455KA、452KA、451KA常闭联锁→导线863→排1电空阀254（254YV）得电。

（3）大闸1AC→导线813有电。

（4）其余电空阀均失电。

2）气路

（1）总风→塞门 157→调压阀 55→缓解电空阀 258YV 下阀口→转换阀 153→均衡风缸（压力上升至列车管定压）。

（2）作用管（包括分配阀容积室）压力空气→排 1 电空阀 254YV 下阀口→大气。

（3）初制动风缸压力空气→制动电空阀 257YV 上阀口→大气。

（4）总风遮断阀左侧压力空气→中立电空阀 253YV 上阀口→大气。

（5）其余电空阀气路均被切断。

3）主要阀类部件的作用

（1）中继阀。由于总风遮断阀左侧压力空气经中立电空阀上阀口排入大气，故总风遮断阀呈开启状态；由于均衡风缸压力上升，双阀口式中继阀处于缓解充风位；双阀口式中继阀主活塞在左侧均衡风缸压力作用下，带动活塞杆右移，顶动供风阀右移，打开其供风阀口；总风缸的压力空气克服总风遮断阀内遮断弹簧反力使阀左移，打开阀口，并经遮断阀口、供风阀口进入列车管和主活塞右侧，待列车管压力上升至均衡风缸压力相等且达到定压时，双阀口式中继阀主活塞两侧压力平衡，处于缓解后的保压位，关闭供风阀口，这时后部车辆全部缓解。

（2）分配阀。由于列车管压力上升，分配阀主阀部处于充风缓解位；主阀部主活塞在其上侧列车管压力作用下向下移动，并通过其上肩推动滑阀一起下移，直至主活塞下底面碰到主阀体；列车管经开放的充风孔向工作风缸充风，直到工作风缸压力与列车管定压相等；由于主阀体上的小排气口 d_3 被分配缓解塞门 156 关闭，分配阀容积室的压力空气不能经主阀部的缓解通路排入大气；增压阀在增压弹簧和列车管压力作用下处于下部关闭位，关闭了总风与容积室的通路，而均衡部由于均衡活塞下侧作用管的压力已经排 1 电空阀通向大气，制动缸压力下降，其顶面离开均衡阀，开放活塞杆上端中心孔，制动缸压力空气经开放的中心孔和径向孔以及均衡部大排气口排入大气，机车制动缸缓解。

（3）紧急阀。由于列车管压力上升，紧急阀处于充气缓解位；列车管压力将紧急活塞压紧在上盖上，使活塞顶端的密封圈与阀盖密贴，列车管压力空气通过活塞杆中心的空心杆垂向缩孔Ⅰ和上部的横向缩孔Ⅱ向紧急室缓慢充风，直到紧急室压力与列车管定压相等；夹心阀在下部弹簧的作用下关闭排风阀口。

2. 过充位

该位置是在初充风或再充风时，为迅速向列车管充气，促使车辆全部缓解时所采用的位置。和运转位作用基本相同，只是能使列车管获得过充压力，以达到加速列车管充气速度的目的，同时车辆快速缓解，而机车仍处于制动后保压的工作位置。

1）电路

（1）与运转位相同，缓解电空阀 258YV 及排 2 电空阀 256YV 得电。

（2）导线 801（电源）→大闸 1AC→导线 805→过充电空阀 252YV 得电。

（3）大闸 1AC→导线 813 有电。

（4）其余电空阀均失电。

2）气路

（1）与运转位相同，均衡风缸压力上升至列车管定压。

（2）与运转位相同，初制动风缸压力空气排入大气。

（3）与运转位相同，总风遮断阀左侧压力空气排入大气。

（4）总风→塞门157→过充电空阀252YV下阀口→过充风缸（同时经过充风缸上排气缩孔排入大气）→中继阀过充柱塞左侧。

（5）其余电空阀气路均被切断。

3）主要阀类部件的作用

（1）中继阀。该阀的作用与运转位时基本相同，由于过充柱塞左侧充入与总风压力一致的压力空气，过充柱塞右移，其端部顶在主携带上，相当于增加了主活塞左侧均衡风缸压力30~40 kPa，从而使列车管压力升至高于列车管定压 30~40 kPa 后，主活塞两侧压力平衡，自动使双阀口式中继阀呈缓解后保压位，这时后部车辆全部缓解。

当大闸手柄由过充位移回运转位，首先关闭了过充风缸的充风通路，过充风缸内压力空气经排气缩孔缓慢排入大气，其压力逐渐消失，过充柱塞逐渐左移；中继阀主活塞两侧压力由于失去平衡而带动顶杆左移，微微打开排气阀，列车管内过充压力逐渐经排气阀口排向大气；待过充风缸压力降至0时，列车管压力恢复定压，双阀口式中继阀自动呈保压位，由于此过程受过充风缸缓慢排气所控制，所以不会引起机车车辆发生自然制动现象。

（2）分配阀。其主阀部与运转位时相同，只是工作风缸压力也将过充 30~40 kPa；其增压阀部与运转位时完全相同，处关闭位；但均衡部的均衡活塞下侧作用管压力空气的排大气通路被排1电空阀关闭而保压，均衡部处于制动保压位，故制动缸也将保压，机车制动缸不能缓解。

当大闸手柄由过充位移回运转位，由于列车管过充压力缓慢消失，工作风缸内过充压力将随充气通路逆流至列车管后逐渐消失；由于运转位时排1电空阀得电，它将打开作用管排大气通路，机车制动缸压力也将缓解。

（3）紧急阀。与运转位时相同，只是紧急室压力也将过充 30~40 kPa，当大闸手柄移回运转位时，紧急室压力空气经充气通路，随列车管过充压力缓慢消失而逐渐消失。

（4）压力开关。与运转位时完全相同。

3. 制动位

该位置是操纵列车常用制动的工作位置。大闸手柄在该位置停留时间的长短，控制着列车管从最小常用制动减压量到最大常用制动减压量间的各种不同常用制动减压量。它与大闸中立位配合使用可使列车管实现阶段常用减压，实现列车的常用制动。

1）电路

（1）导线 801（电源）→大闸1AC→导线 806→钮子开关463QS→中立电空阀 253YV 得电。

（2）导线 805（电源）→大闸1AC→导线 808→压力开关208上的208SA（当均衡风缸减压量达 180~230 kPa 时，压力开关208动作，800、808接通）→制动电空阀257YV 得电。

（3）大闸1AC→导线 813 有电。

（4）其余电空阀均失电。

2）气路

（1）由于缓解电空阀258YV失电，其下阀口关闭，切断了均衡风缸的充风通路。而此时制动电空阀 257YV 也失电，使得：均衡风缸压力空气→转换阀 153→缓解电空阀 258YV 上阀口→阀座缩孔 d_3→制动电空阀 257YV 上阀口→大气。

↘管接头缩孔 d_4→初制动风缸。

制动电空阀失电的时间长短，即操纵大闸手柄在制动位停留时间的长短，决定了均衡风缸减压量的大小；阀座缩孔 d_3 决定了均衡风缸的减压速度。

由于初制动风缸的设置，使得均衡风缸有一个确保全列车制动机可靠动作的最小快速减压量 45~55 kPa，可使后部车辆中较迟钝的三通阀也能起制动作用。为适应不同列车管定压下均有较满意的最小减压量，在管路中设置了客货转换阀 154，将初制动风缸分隔为两部分，即不同列车管定压下，初制动风缸容积相应变化。

再有压力开关 208 的作用，可使在制动位均衡风缸达到最大减压量后，自动切断均衡风缸的排大气通路，即使制动电空阀自动得电。以避免不必要的过量减压。

（2）总风→塞门 157→中立电空阀 253YV 下阀口→中继阀总风遮断阀左侧。

（3）过充风缸→排 2 电空阀 256YV 上阀口→大气。

（4）其余电空阀气路均被切断。

3）主要阀类部件的作用

（1）中继阀。由于总风遮断阀左侧已充入总风，遮断阀口迅速关闭，总风遮断阀呈关闭状态，切断了列车管的风源；由于均衡风缸压力降低，双阀口式中继阀处于制动位；因主活塞左侧均衡风缸压力降低，主活塞失去平衡左移，开启排风阀，列车管压力空气将经排风阀口排向大气，列车管压力下降，这时后部车辆全部制动。

在 SS_4 改型机车上，由于过充风缸经排 2 电空阀与大气连通，如果大闸手柄是从过充位移至制动位，过充风缸压力空气将迅速排入大气，过充柱塞将不起作用，并随中继阀主活塞左移，对列车管的正确常用减压将不产生不良影响。

（2）分配阀。由于列车管压力下降，分配阀主阀部处于常用制动位，主阀部主活塞向上移动，先是关闭了工作风缸的充风通路，同时开通了局减通路，列车管压力空气进入局减室，并经主阀安装面上的缩孔排入大气，接着切除局减通路，开通了工作风缸向容积室充风的通路；由于均衡部均衡活塞下侧容积室的压力上升，活塞上移，其活塞顶面接触均衡阀并顶开均衡阀，总风经开放的均衡阀口进入制动缸，制动缸压力上升，机车产生制动作用；由于增压阀上部的增压弹簧和列车管压力仍大于下部容积室压力，增压阀仍处于关闭位。

（3）紧急阀。由于列车管按常用制动速率下降，紧急室压力经缩孔Ⅰ与列车管压力同步下降，紧急活塞悬在中间，紧急阀处于常用制动位；夹心阀在下部弹簧的作用下，仍关闭排风阀口。

4. 中立位

中立位是操纵列车常用制动前的准备和常用制动后的保压的工作位置。根据作用不同可分为制动前中立位和制动后中立位。

1）电路

（1）导线 801（电源）→大闸 1AC→导线 806→钮子开关 463QS→导线 835→中立电空阀 253YV 得电。

（2）导线 801（电源）→大闸 1AC→导线 807→二极管 262V→导线 800→制动电空阀 257YV 得电。

（3）大闸 1AC→导线 813 得电。

如果为制动前的中立位，因均衡风缸还未减压，压力开关 209 将开通另一条电路，即：导线 807→压力开关 209 上的微动开关→导线 827→二极管 263V→导线 803→中间继电器 455KA、452KA、451KA 常闭联锁→导线 837→缓解电空阀 258YV、排 2 电空阀 256YV 得电。

（4）其余电空阀、中间继电器均失电。

2）气路

（1）总风→塞门 157→中立电空阀 253YV 下阀口→中继阀总风遮断阀左侧。

（2）制动前中立位：总风→塞门 157→调压阀 55→缓解电空阀 258YV 下阀口→转换阀 153→均衡风缸。

均衡风缸充风通路仍然存在，均衡风缸压力不变。

（3）制动后中立位：均衡风缸→缓解电空阀 258YV 上阀口→初制动风缸。

由于制动电空阀 257YV 得电关闭了均衡风缸排大气口，均衡风缸不再减压而保压。

过充风缸→排 2 电空阀 256YV 上阀口→大气。

（4）其他电空阀气路均被切断。

3）主要阀类部件的作用

（1）中继阀。由于总风压力空气充至总风遮断阀左侧，遮断阀口迅速关闭，总风遮断阀呈关闭状态，切断了列车管的风源。

如果在制动前的中立位，由于均衡风缸压力没有下降，中继阀主活塞两侧压力平衡，列车管保压，在保压过程中，列车管压力由于泄漏而下降，尽管供风阀口将打开，但由于遮断阀已关闭，列车管的泄漏不能补充。

如果在制动后的中立位，由于均衡风缸压力停止下降，当列车管压力下降接近均衡风缸压力时，中继阀主活塞处于平衡状态，排风阀在其弹簧作用下关闭排风阀口，列车管压力将停止连通，下降而保压；同样在保压过程中，列车管的泄漏不能补充。

如果大闸手柄是从过充位移至制动位，再放置中立位保压，则列车管的压力理论上还受过充柱塞的影响；如果过充风缸内的压力空气经排 2 电空阀快速排入大气，则列车管减压量与均衡风缸完全一致。

如果钮子开关 463QS 处于补风位，大闸在中立位时中立电空阀 257YV 不能得电，总风不能进入总风遮断阀左侧，遮断阀不会切断列车管的风源，列车管的泄漏可以得到补充。

（2）分配阀。由于列车管压力停止下降，分配阀处于制动保压位（制动后中立位）或充风缓解位（制动前，由于列车管没有减压，分配阀主阀部、增压阀、均衡部与运转位相同。泄漏引起的列车管压力下降速度很慢，也不会使分配阀主阀部动作，工作风缸经充风通路与列车管中立位）。

在制动后中立位，由于列车管停止减压，当主阀部工作风缸向容积室充风后其压力下降接近列车管压力时，在主活塞尾部原被压缩的稳定弹簧的反力及主活塞自重的作用下，带动节制阀下移，切断工作风缸与容积室的通路，工作风缸停止向容积室充风，容积室停止上升；同时在均衡部，制动缸压力增大到与容积室压力接近时，在均衡阀、均衡活塞以及均衡部弹簧的作用下，使均衡阀压紧均衡活塞杆一起下移，关闭阀口，切断总风与制动管的通路，制动缸压力停止上升，此时，增压阀仍处于下部关闭位。

（3）紧急阀。由于列车管停止减压，紧急阀活塞在弹簧反力的作用下又恢复至充风位。制动前中立位同样处于充风位。

5. 紧急位

该位置是列车运行中紧急停车所使用的位置。

1）电路

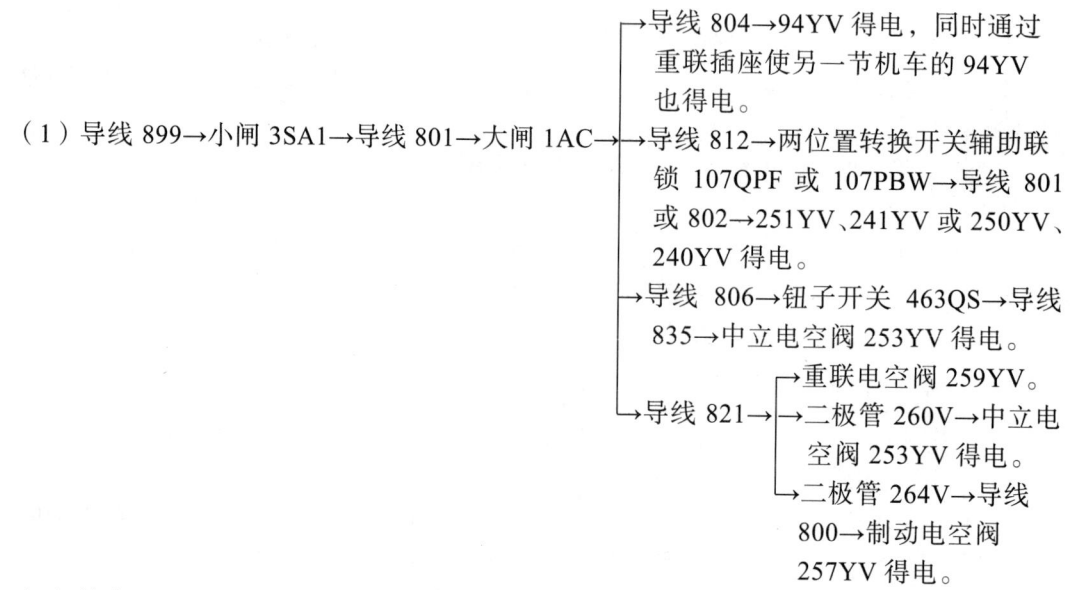

（1）导线 899→小闸 3SA1→导线 801→大闸 1AC→

→导线 804→94YV 得电，同时通过重联插座使另一节机车的 94YV 也得电。

→导线 812→两位置转换开关辅助联锁 107QPF 或 107PBW→导线 801 或 802→251YV、241YV 或 250YV、240YV 得电。

→导线 806→钮子开关 463QS→导线 835→中立电空阀 253YV 得电。

→导线 821→

→重联电空阀 259YV。

→二极管 260V→中立电空阀 253YV 得电。

→二极管 264V→导线 800→制动电空阀 257YV 得电。

（2）其余电空阀均失电。

2）气路

（1）均衡风缸→转换阀 153→重联电 259YV 下阀口→列车管（随列车管排入大气）。

（2）总风→塞门 158→紧急电空阀 94YV 下阀口→电动放风阀膜板下方。

（3）总风→塞门 157→中立电空阀 253YV 下阀口→总风遮断阀左侧。

（4）过充风缸→排 2 电空阀 256YV 下（上）阀口→大气。

（5）均衡风缸→转换阀 153→缓解电空阀 258YV 上阀口→初制动风缸。

（6）其余电空阀气路均被切断。

3）主要阀类部件的作用

（1）电动放风阀。由于电动放风阀膜板下方已充入总风压力空气，膜板将上凸，并带动顶杆顶开夹心阀，开放了列车管通大气的大通路，列车管压力空气快速排至 0。

（2）紧急阀。由于列车管压力急剧下降，紧急室压力来不及通过缩孔 I 逆流到列车管，紧急活塞失去平衡而下移并压下夹心阀，开放列车管排风阀口，进一步加速列车管的排风，同时带动下部电联锁改变电路。

（3）中继阀。由于总风压力空气充至总风遮断阀左侧，遮断阀口迅速关闭，总风遮断阀呈关闭状态，列车管的风源被切断；同时由于重联电空阀已将中继阀主活塞两侧的均衡风缸、列车管连通，而且过充风缸及过充柱塞左侧的压力空气排入大气，理论上主活塞两侧的压力相等，处于平衡状态，双阀口式中继阀锁闭无动作。

（4）分配阀。由于列车管压力急速下降，分配阀主阀部快速到达常用制动位，工作风缸迅速向容积室充风，容积室压力上升。同时增压阀下部容积室压力将超过上部增压弹簧反力，增压阀上移开放总风与容积室的通路，容积室压力继续上升，直至分配阀安全阀动作，容积室压力保持 450 kPa。由于均衡部均衡活塞下侧容积室的压力迅速上升至 450 kPa，使均衡活塞杆上移，其顶面接触均衡阀并顶开均衡阀，总风进入制动缸，制动缸压力也迅速上升到 450 kPa，机车产生紧急制动作用。

6. 重联位

该位置是重联机车（包括 SS$_4$ 型系列电力机车的非操纵节）的运行位，也是换端操作时的手柄取出位及非操纵端（节）所使用的位置。

1）电路

（1）SS$_4$ 改型机车：

导线 801（电源）→大闸 1AC→导线 821→┬→重联电空阀 259YV 得电。
　　　　　　　　　　　　　　　　　　├→二极管 260V→中立电空阀 253YV 得电。
　　　　　　　　　　　　　　　　　　└→二极管 264V→导线 800→制动电空阀 257YV 得电。

（2）其余电空阀及电动放风阀均失电。

2）气路

（1）均衡风缸→转换阀 153→重联电空阀 259YV 下阀口→列车管。

（2）总风→塞门 157→中立电空阀 253YV 下阀口→总风遮断阀左侧。

（3）过充风缸→排风 2 电空阀 256YV 下（上）阀口→大气。

（4）均衡风缸→转换阀 153→缓解电空阀 258YV 上阀口→初制动风缸。

（5）其余电空阀气路均被切断。

3）主要阀类部件的作用

（1）中断阀。由于总风压力空气充至总风遮断阀左侧，遮断阀口迅速关闭，总风遮断阀呈关闭状态，列车管风源被切断；同时由于重联电空阀已将中继阀主活塞两侧的均衡风缸、列车管连通，而且过充风缸及过充柱塞左侧压力空气排入大气，理论上主活塞两侧的压力相等，处于平衡状态，双阀口式中继阀锁闭无动作（相当于保压位）。大闸在此位置，中断阀失去对列车管的控制作用。

（2）紧急阀与压力开关。根据列车管的减压速度和减压量来决定所处的作用位置。

（3）分配阀。若大闸手柄是从运转位（或过充位）直接移至重联位，由于列车管没有减压，则分配阀处充风缓解位，机车制动缸不上闸；若大闸手柄移至重联位之前已放置制动位对列车管减压，则分配阀处于保压位，机车制动缸上闸后保压。

（二）单独制动作用

单独制动作用是指 DK-1 型机车电空制动机处于电空位，且大闸处于运转位，操纵小闸手柄在各位置时的综合作用，它还包括大闸处于制动后中立位、小闸手柄置于缓解位或下压手柄时的综合作用。该作用用于单独操纵机车的制动、保压与缓解。

1. 大闸运转位，小闸制动位

该位置是单独操纵机车制动时的作用位置。

1）电路

该位置的电路与前述大闸、小闸手柄均在运转位时相近，只是由于小闸手柄移位，使得其上的微动开关 3SA2 将原连通的导线 809 与导线 818 切断，即排风 1 电空阀 254YV 无法得电，作用管的排大气通路被切断。

2）气路

（1）空气制动阀：由于作用柱塞的右移，开通了作用管的充风通路，即：总风→分水滤气器 205→调压阀 53（调整压力为 300 kPa）→作用柱塞通道→作用管。

作用管压力上升，根据小闸在该位置停留的时间长短，可获得 0～300 kPa 不同的作用管压力。

（2）分配阀：其主阀部仍处于充气缓解位，紧急增压阀仍处于关闭位；由于作用管压力上升，均衡部均衡活塞下侧的压力也同时上升，使活塞上移，其活塞顶面接触均衡阀并顶开均衡阀，总风经开放的均衡阀口进入制动缸及均衡活塞上侧，当制动缸压力上升至与作用管压力接近时，在均衡阀、均衡活塞自重以及均衡部弹簧的作用下，均衡阀随均衡活塞杆一起下移，关闭阀口，切断总风与制动缸通路，制动缸压力停止上升，实现了机车的单独制动。

2. 大闸运转位，小闸中立位

该位置是机车单独制动前的准备以及单独制动后的保压作用位置。

1）电路

该位置的电路与小闸制动位时相同，排 1 电空阀 254YV 失电。

2）气路

（1）空气制动阀：本阀无通路，即作用管与外部通路均切断，其压力保持不变。

（2）分配阀：其主阀部处于充风缓解位，增压阀部处于关闭位，均衡部呈保压位，机车制动缸压力保持不变。

3. 大闸运转位、小闸运转位

该位置为单独缓解机车的作用位置。

1）电路

小闸上的微动开关 3SA2 闭合连通 809 和 818，使排 1 电空阀 254YV 得电，作用管的风可以通过排 1 电空阀的下阀口排入大气。

2）气路

（1）空气制动阀：本阀无通路，即作用管与外部通路均切断，其压力保持不变。

（2）分配阀：其容积室和作用管的压力通过 254YV 排风而下降，使机车制动缸缓解，机车单独缓解。

4. 大闸运转位、小闸缓解位

该位置为单独缓解机车的作用位置，但较运转位快。

1）电路

该位置的电路与大闸、小闸手柄均在运转位时相同。

2）气路

（1）空气制动阀：由于作用柱塞左移，开通了作用管排大气的通路，加上排1电空阀得电后开通了作用管排大气通路，作用管排风速度加快。

（2）分配阀：其作用与大闸、小闸手柄均在运转位时相同，只是由于作用管压力下降较快，使机车制动缸的缓解速度加快，机车单独缓解。

5. 大闸制动后中立位，小闸缓解位或下压手柄

1）电路

该位置的电路与小闸在运转位、大闸在制动后中立位时相同。

2）气路

（1）空气制动阀：处于缓解位，作用管压力空气通过作用柱塞排入大气，如为手柄下压，则作用管的压力空气经打开的排风阀口通向大气。

（2）分配阀：其主阀部仍处保压位，增压阀仍处于关闭位；而均衡部由于其均衡活塞下方的作用管压力下降，制动缸压力使活塞下移，其顶面离开均衡阀，开放活塞杆上端中心孔，制动缸压力空气经开放的中心孔排入大气，实现了列车常用制动时的机车单独缓解。

三、空气位作用

空气位作用是指用空气制动阀来操纵全列车的缓解、制动和保压作用。在运行中，万一电空系统出现故障，司机只需将空气制动阀左侧的转换扳键由电空位向后扳至"空气位"，转换柱塞转换相应的空气通路，此时小闸上的调压阀管、均衡风缸管投入使用，而作用管除下压手柄外不投入使用。电空转换柱塞还带动相应的电联锁微动开关3SA1动作，801和899断开，800和899连通，从而使电空制动控制器断电失控；制动电空阀257YV得电关闭了均衡风缸排大气口，使得均衡风缸只受"小闸"控制，同时调整调压阀53，由整定压力300 kPa调至列车管定压500 kPa或600 kPa。这样，在一般情况下即可由空气制动阀操纵全列车的制动及缓解作用。

其他电空阀因无法得电，均无法控制气路的变化。

空气制动阀在"空气位"只有三个作用位置：缓解位、中立位及制动位。而运转位与中立位作用完全相同，均为中立位。

（一）缓解位

1. 作用

缓解位是全车列的缓解位置。此位与"大闸"的运转位相当，但机车不能缓解。如要同

时缓解机车，须下压手柄才能实现。

2. 气路

（1）空气制动阀：由手柄的转动带动作用凸轮推动作用柱塞左移，调压阀 53（调整压力为列车管定压）→作用柱塞凹槽、转换柱塞的固定凹槽、均衡风缸，均衡风缸压力上升至列车管定压大小。

（2）中继阀：由于均衡风缸压力上升，使中继阀处于缓解充风位，列车管压力也开始上升，直至列车管定压。

（3）分配阀：由于列车管压力上升，主阀部处于充风缓解位，工作风缸充风；但均衡部因作用管无排大气通路，处于保压位，机车制动缸不能缓解，只有当下压手柄时，空气制动阀的排风阀被顶开，开通了作用管与大气的另一通道，使均衡部缓解，制动缸才能缓解。

（二）中立位

1. 作用

中立位是全列车制动前的准备及制动后的保压位置，此位置相当于"大闸"的中立位，但中继阀的总风遮断阀不关闭，即中继阀能对列车管补风。

2. 气路

（1）空气制动阀：全部通路均不通。由于空气位操纵时其电联锁已失去作用，因此在电空位时的运转位与中立位的差异已不存在，即空气位时的运转位与中立位时的功能完全相同。

（2）中继阀与分配阀均处于保压位。

（三）制动位

1. 作用

制动位控制全列车的调速或制停，此位相当于"大闸"的制动位；"小闸"手柄在该位置的停留时间控制着列车管的减压量；制动位与中立位配合使用可实现列车管常用阶段减压。在制动位长时间停留可使列车管压力减至 0。

2. 气路

（1）空气制动阀：由于手柄的转动带动作用凸轮，其作用柱塞在弹簧作用下右移，开放了均衡风缸与大气的通路，均衡风缸的压力空气经作用柱塞尾部的缩孔通向大气，均衡风缸减压。

（2）中继阀：由于均衡风缸压力下降，使双阀口中继阀处于制动位，列车管压力也随之下降，但总风遮断阀仍处于开放状况。

（3）分配阀：由于列车管压力下降，其主阀部处于制动位，工作风缸向容积室充风，容积室压力上升；其均衡部处于制动位，开放总风与制动缸的通路，机车制动缸增压。

（四）注意事项

使用空气位操纵制动机时应注意以下事项：

（1）此位只作故障运行。因该位操纵时制动机性能不齐全，只具备缓解、中立和制动等基本功能，没有紧急制动、过充、单机制动及不补风等功能，因此不能长期使用。

（2）一旦回段或换端操纵，均须将原操纵端的电-空转换扳键回至电空位。

（3）电空制动控制器应放置运转位，而不能任意放置在其他位置（空气位时，转换柱塞虽已将"大闸"的电源切断，但由于其他电路的影响，在个别位置上仍能发生作用。为避免操纵上的失误，特明确应放置于该位置）。

（4）转换为空气位操纵的手续简化成上述两个动作，是考虑到一般常见故障时的转换。但不包括如压力开关膜板破损、制动电空阀 257YV 及其连线等故障，出现这些故障时，必须将电空制动屏上的转换阀 153 转至空气位。因此，转换空气位时应确认：

① 扳动空气制动阀上的转换扳键至空气位。
② 调整供空气制动阀的调压阀整定值为列车管定压。
③ 电空制动屏上的转换阀 153 转至空气位。

四、DK-1 型电空制动机的操作方法

正确使用机车制动机是机车操纵技术的重要内容之一，特别是对于 DK-1 型电空制动机来说，因其与一般机车空气制动机在结构、操作及性能等方面有较大的不同，因此，如何正确掌握其操作方法是关键问题。下面就 DK-1 型机车电空制动机的操作方法做介绍（虽然各型机车上的 DK-1 型机车电空制动机的部件代号及导线线号有所不同，但操作方法及内容大致相同）。

双节重联机车（如 SS$_4$ 系列）除补充说明外，所有操作内容均应在两节机车上完成。

（一）电空位操作

1. 操作前的准备工作

（1）控制电源屏上的电空制动自动开关（各型机车代号均不相同）扳钮应处于闭合位。

（2）电空制动屏：

① 客货转换阀 154 在列车管定压为 500 kPa 时，打向货车位；在列车管定压为 600 kPa 时，打向客车位。

② 电空转换阀 153 打向正常位。

③ 开关板 502 上的三个钮子开关 463QS、464QS、465QS 均应扳钮朝下，处于闭合位（开关 463QS 因目前尚未使用适应阶段缓解的车辆制动机，不宜朝上处于补风位，而应朝下处于不补风位，开关 464QS、465QS 则在相应的电路故障或段内另有规定时，可分别朝上处于切除位）。

④ 调整均衡风缸调压阀 55，使其输出压力为列车管定压（以司机台的列车管压力表显示值为准）。

（3）机车上与制动机系统有关的塞门，除了无火塞门 155 和分配阀缓解塞门 156 关闭外，均应开通。

（4）空气制动阀上的电-空转换扳键均打向电空位。非操纵端（或非操纵节）电空制动控制器手柄在重联位、空气制动阀手柄在运转位，分别取出手柄后，置于操纵端（或操纵节）

电空制动控制器、空气制动阀相应的位置中。

（5）调整空气制动阀下方的单独制动调压阀 53（或 54），使其输出压力为 300 kPa（以司机台的制动缸压力表显示值为准）。

（6）如设置制动重联装置，还应将重联转换阀 93 打向本机位（双节重联机车的非操纵节机车的重联转换阀应打在补机位，还应开通两节机车之间的列车管、总风联管与平均管）。

完成上述各项准备工作且风源系统工作正常，并对制动机进行规定的机能检查后，用电空位操作。

2. 操作中的注意事项

（1）操纵电空制动控制器可对全列车进行制动与缓解；操纵空气制动阀可对机车进行单独制动与缓解。

（2）电空制动控制器紧急制动后，必须让手柄停留 15 s 以上再回运转位（或过充位），才能缓解全列车（或车辆）。

（3）电空制动控制器在运转位（或过充位、中立位、制动位）时，由于其他原因引起紧急制动作用后，需经 15 s 以上，再将手柄移至重联位（或紧急位）后再回到运转位（或过充位），才能缓解列车（或车辆）。

（4）如为双节重联机车，如果非操纵节机车制动机处于空气位或处于电空位，但无电空制动电源，则应将非操纵节机车中继阀连接管路上的列车管塞门 115 关闭。

（二）空气位操作

1. 操作前的准备工作

（1）将操纵端（或操纵节）空气制动阀上的电-空转换扳键后移至空气位，并将手柄移至缓解位。

（2）将操纵端（或操纵节）空气制动阀下方的调压阀 53 调整其输出压力为列车管定压（以司机台的列车管压力表显示值为准）。

（3）将电空制动屏上的转换阀 153 由正常位转向空气位（如为双节重联机车，只需转换操纵节机车的电空转换阀），此项操作在一般的机能检查时可不必进行，但在运行途中必须转向空气位。

完成上述各项转换准备工作后，即可用空气位操作。

2. 操作中的注意事项

（1）操纵空气制动阀可对全列车进行制动和缓解，单缓机车则要下压其手柄。

（2）电空制动控制器应将手柄放至运转位。

（3）需紧急制动时，可按压紧急按钮或开放手动放风阀，并同时将空气制动阀手柄移至制动位。

（4）因列车管有补风作用，空气制动阀减压后放至中立位保压时，要注意监视列车速度的变化，防止长时间保压时车辆制动机自然缓解。

（5）如为双节重联机车，如果非操纵节机车制动机处于空气位或处于电空位，但无电空制动电源，则应将非操纵节机车中继阀座下方的中继阀列车管塞门 115 关闭。

因空气位的制动机性能不全，不能长期使用，但可作为制动机电路部分故障时的一种维持运行的补救操作措施，因此在操作时必须格外注意，做到正、副司机密切协调，方能确保行车的安全。

（三）重联操作

当机车作为本务机车运行时，制动机的操作方法与上述电空位或空气位时的操作相同；但当机车作为补机运行时，因机车制动机应受本务机车操作，因此应根据不同情况做不同的处理。下面分三种情况介绍重联补机的操作转换。

1. 未装用制动重联装置的重联操作

（1）将操纵端电空制动控制器手柄置于重联位（或取出），空气制动阀手柄置于运转位（或取出）。

（2）开放分配阀缓解塞门156。

（3）如制动机处于空气位或处于电空位但无电空制动电源，则应将中继阀座下方的中继阀列车管塞门115关闭。

2. 装有制动重联装置且重联机车之间的平均管、总风联管、列车管均开通

（1）将两端（或两节机车）电空制动控制器手柄置于重联位（或取出），空气制动阀手柄置于运转位（或取出）。

（2）将重联转换阀93打向补机位（双节重联机车的两节机车重联转换阀均应打向补机位）。

（3）如果制动机处于空气位或处于电空位但无电空制动电源，则应将相应机车中继阀连接管路上的列车管塞门115关闭。

3. 装有制动重联装置，但重联机车间的平均管与总风联管没有开通

（1）将两端（或两节机车）电空制动控制器手柄置于重联位（或取出），空气制动阀手柄置于运转位（或取出）。

（2）开放分配阀缓解塞门156，重联转换阀93打向本机位。如为双节重联机车，只需开放重联操纵节的分配阀缓解塞门，而重联非操纵节的重联转换阀应打向补机位。

（3）如果机车制动机处于空气位或处于电空位但无电空制动电源，则应将相应机车中继阀连接管路上的列车管塞门115关闭。

（四）退乘操作

（1）切断电空制动电源。

（2）关闭风源系统中的总风缸塞门113、111。

（五）无火回送操作

（1）关闭中继阀连接管路上的列车管塞门115。

（2）将空气制动阀上的电-空转换扳键打向电空位。

（3）开放分配阀缓解塞门156和无火塞门155。如设置了重联转换阀，其工作位置与本务机车相同。

（4）关闭风源系统中的总风缸塞门112。

（5）调整机车分配阀安全阀，使其整定值为 180～200 kPa。

如为双节重联机车，以上各项操作转换均应在两节机车上完成。

（六）电空联锁的使用

在制动机处于电空位、电空制动控制器处于运转位，且电空制动屏上的开关板 502 上的电空联锁选择钮子开关 465 处闭合位（扳钮朝下）时，可使用电空联锁。一次电空联锁结束且调速手柄回 0 后，如需再一次实现电空联锁，应在列车管充风完毕后进行。电空联锁作用时，空气制动经 25 s 自动缓解后，电阻制动力不足时，在列车管充风完毕后再用电空制动控制器施行列车空气制动，这时机车制动缸压力能自动缓解。

五、DK-1 型电空制动机的试验检查方法

依据《铁路机车操作规则》中的规定，DK-1 型制动机的试验检查方法见表 2-10-1。

表 2-10-1 DK-1 型电空制动机"五步闸"试验检查方法

序号	电空制动控制器 过充位／运转位／中立位／制动位／重联位／紧急位	空气制动阀 缓解位／运转位／中立位／制动位	检查要求 （制动管定压 500 kPa）
第一步	1 ─── 2 5	3 4	1. 制动管、均衡风缸、总风缸均为规定压力；制动缸压力为 0； 2. 制动管压力 3 s 内降为 0；制动缸压力 5 s 内升至 400 kPa，最高压力达到 450 kPa；自动撒砂；有级位时切除主断； 3. 同时下压空气制动阀手柄，制动缸压力应缓解到 0； 4. 制动缸压力不得回升； 5. 制动管充至 480 kPa 的时间在 9 s 内；
第二步	6 7		6. 均衡风缸常用最大有效减压量的时间为 5~7 s；制动缸压力升至 340~380 kPa 的时间为 6~8 s； 7. 均衡风缸、制动管的漏泄量分别不大于 5 kPa/min、10 kPa/min；
第三步	8 9		8. 均衡风缸压力为定压，制动管压力为过充压力 [定压+(30~40)kPa]，制动缸压力不变； 9. 120 s 左右过充压力消除，制动管恢复定压，制动缸压力应缓解为 0；
第四步		10 11 12	10. 制动缸压力由 0 升至 280 kPa 的时间在 4 s 内，最终达到 300 kPa； 11. 制动缸压力不变； 12. 制动缸压力由 300 kPa 降至 40 kPa 的时间在 5 s 内；
第五步	空气位操作程序： 1. 将电空转换扳钮扳至"空气位"； 2. 将调压阀 53 或 54 调至定压； 3. 空气位试验完毕后将电空转换扳钮复至"电空位"，将空气制动阀移至"运转位"	13 ─── 14 15 16	13. 同时下压空气制动阀手柄，制动管、均衡风缸皆为定压，制动缸压力为 0； 14. 均衡风缸减压 140 kPa 的时间为 5~7 s； 15. 均衡风缸、制动管、制动缸的漏泄量分别不超过 5、10 kPa/min； 16. 均衡风缸、制动管恢复定压，制动缸压力为 0

任务实施

学习任务十相关内容，完成任务单 2-10。

任务单 2-10　DK-1 型制动机综合作用及操作

1. 简述电空下大闸在制动位的作用原理。
2. 写出机车制动机转换为空气位的操作步骤。
3. 按照表 2-10-1，在机车司机操作台上进行 DK-1 型电空制动机检查。

任务评价

任务：DK-1 型电空制动机"五步闸"试验

班级_____　学号_____　姓名_____　小组_____　考核时间 10 min

考核项目	序号	考核标准	扣分	扣分次数	扣分合计
准备工作（A）	1	着装不符合铁路劳动安全规定	2		
	2	安全防护措施设置不到位	4		
	3	其他错漏	2/每项		
时间（B）	1	超过规定时间 1 min	2		
	2	超过规定时间 2 min	4		
	3	超过规定时间 3 min	失格		
作业过程（C）	1	操作检查方法不当	3~4/每次		
	2	工序错乱	5/每次		
	3	风压漏检	5/每次		
	4	风压尚未稳定就操纵手柄	3/每次		
	5	口述内容有遗漏、错误或无法听清	2/每次		
	6	工作中返工	10/每次		
	7	违反安全注意事项	10/每次		
	8	作业后未按要求恢复、整理	3		
其他（D）	1	裁判认为有不当并指出	2~5/每次		
	2	责任性损坏设备者	失格		
	3	发生工伤者	失格		
总分	1	总分=（100-A、B、C、D 合计扣分）		合计扣分	

巩固自测

1. 自动制动作用是在电空位下操作还是在空气位下操作？
2. 试分析自阀紧急制动位的综合作用。

任务十一　DK-1 型电空制动机常见故障分析

项目二任务十一课件

任务导入

在列车运行中，可能会发生 DK-1 型机车制动机故障，查找出制动机的故障原因并及时修复，才能让列车继续运行，确保铁路运输安全。如何快速分析制动机出现的常见故障呢？下面介绍几种 DK-1 型电空制动机故障，学习如何分析故障，学习分析方法。

任务目标

知识目标	1. 熟悉 DK-1 型制动机的常见故障现象； 2. 掌握 DK-1 型制动机常见故障分析的方法。
能力目标	能准确查找 DK-1 型电空制动机的故障。
素养目标	1. 培养细致、认真的工作作风以及分析问题、解决问题的能力； 2. 培养工作中的安全意识和责任意识。

关联知识

一、DK-1 型电空制动机故障分类及处理方法

（一）故障分类

由于 DK-1 型机车电空制动机与一般机车空气制动机在结构性能及操作方法等方面有较大的不同，因此故障的性质与特征也不同，造成故障的原因也较为复杂，一般可分为控制电路和阀类故障、部件管路故障、连接部分故障及操作不当导致的故障这四个方面。

1. 控制电路故障

DK-1 型机车电空制动机的操纵与转换控制系统是采用电控方式，因此常会出现控制电路故障。例如，接线头、插座、插头的虚接和电子元件的虚焊，二极管及压敏电阻的击穿，这些均会造成控制功能的错误。

2. 阀类部件故障

在 DK-1 型机车电空制动机中，阀类部件的故障会直接影响到气路的作用。这类故障大多发生在阀类部件内的滑动件上。例如：由于缺少油脂润滑，各种活塞和分配阀的滑动件会

出现卡滞，造成气路不能连通；由于动作频繁和老化等原因，弹簧件会失效，影响阀类部件的日常动作，橡胶件会出现龟裂造成漏风，使阀类部件不能动作或性能下降；同样，阀类部件的小孔堵塞也会影响阀类部件的作用。

3. 管路及连接部分故障

这类故障的现象一般比较明显，主要表现在堵塞和泄漏，也有部分阀座因内部暗孔内泄引起串风。例如，具有排水、滤清作用的部件，因有污物或冬天积水结冰，可能会出现堵塞。

4. 操纵不当引起的故障

DK-1 型机车电空制动机是一个比较复杂的系统，司机在使用机车前，必须全面学习并掌握 DK-1 型机车电空制动机的功能与作用，并按照制动机的操作方法来操纵机车，如果违反操作规则或操作不当也会使制动机出现故障。例如：塞门开闭不对，重联装置位置不对，非操纵端电空制动控制器及空气制动阀的手柄位置不对等，都会导致制动机不能正常工作。

（二）故障处理方法

（1）必须熟悉 DK-1 型机车电空制动机的控制电路和空气管路，而且要熟悉各部件的内部结构、作用原理和制动机的操作方法。

（2）对机车制动机出现的故障先大致判断，再按分类方法将故障分类。

（3）对于每种故障现象，可根据经验从最易发生故障的地方入手查找并处理故障；也可以根据分析，并按照电路或气路顺序一处一处查找并处理故障。

二、DK-1 型电空制动机操作运用故障分析及处理

（一）大闸放运转位时

1. 均衡风缸和列车管均无压力

1）原因

（1）电源开关未闭合。

（2）电-空转换扳键未在电空位。

（3）紧急及电联锁。

（4）缓解电空阀故障。

2）处理

（1）电空制动控制器在各位置均不能工作，则恢复电源开关。

（2）空气制动阀移至缓解位，均衡风缸有压力上升，但不能达到定压，则转换扳键置电空位。

（3）断开 464QS 开关，复充风，查紧急及电联锁，一时无法修复，即应断开 464QS 开关。

（4）手按 258YV 缓解电空阀头部，即能恢复充风。检查 258YV 电空阀，一时无法修复，转空气位操纵。

2. 均衡风缸有压力，列车管无压力

1）原因

（1）253YV 中立电空阀下阀口未复位或被异物垫住。

（2）总风遮断阀的遮断阀卡住，不复位。

2）处理

（1）电空制动控制器手柄置于中立位 2～3 次看是否能恢复正常，若运转位 253YV 中立电空阀继续排风不止，则关闭 157 塞门，转换至空气位操纵。检测更换 253YV 中立电空阀。

（2）转空气位操纵后，列车管仍无压力，拆检遮断阀，一时修不好，抽出遮断阀，维持运行到段检修。

3. 制动后中立位移到运转位，均衡风缸不充风

1）原因

（1）258YV 缓解电空阀接线松脱或导线 803 无电。

（2）203 止回阀固着或过风慢。

（3）157 塞门关闭。

2）处理

（1）检查 258YV 缓解电空阀接线及导线 803。运行中可手按充气按钮，当均衡风缸压力达到列车管规定压力时即松手，或转空气位操纵。

（2）抽出 203 止回网清洗，并吹扫管路。运行中的处理同（1）项。

（3）恢复 157 塞门至开位。

4. 均衡风缸及列车管压力升压缓慢

1）原因

（1）中继阀主膜板破损。

（2）二极管 263V、264V 同时击穿。

（3）259YV 重联电空阀卡漏。

2）处理

（1）电空制动控制器放制动位不减压，拆检中继阀。如在运行中则用手动放风阀减压，停车后拆中继阀，抽出供风阀，维持运行。

（2）充风先快后慢。转空气位恢复正常，则可切除 264V 二极管（断开 800 至 264V 接线）维持运行。

（二）大闸放中立位时

1. 初次放中立位就有初制动减压量

1）原因

（1）209 压力开关故障。

（2）263V 二极管断路。

2）处理

（1）检查 258 缓解电空阀是否得电；压力开关 209 联锁则恢复正常，即可确认该压力开关故障。如在运行中遇到该故障，仍可维持运行。注意，初放中立位即有减压，其余均正常。

（2）判断方法同上，可短接 263V 二极管，可继续运行；但应注意此时无初制动作用。

2. 制动后中立位，均衡风缸压力继续下降

1）原因

（1）某端空气制动阀转换柱塞第二道 O 形密封圈泄漏。

（2）257YV 制动电空阀上阀口不严。

（3）二极管 262V 断路。

2）处理

（1）检查调压阀 53（54）溢流孔，判断是操纵端 O 形密封圈泄漏，可在减压后放置中立位后，将电空扳键转换至空气位，空气制动阀回运转位后，扳键再扳回电空位即可缓解。非操纵端 O 形密封圈泄漏，则须转至空气位运行。

（2）更换 257YV 制动电空阀，或转空气位操纵。

（3）电空制动控制器放制动位过量减压后能自动保压，则可短接 800—807 线，维持运行。

（三）电空制动控制制动位

1. 均衡风缸不减压

1）原因

（1）260V 二极管击穿。

（2）压力开关膜板破损。

（3）258YV 缓解电空阀下阀口未关闭。

2）处理

（1）查 259YV 重联电空阀得电，则拆除 260V 二极管维持运行。

（2）查 257YV 制动电空阀有排风声，但压力不降。当关 153 塞门后正常即判为压力开大膜板破损故障，转空气位运行，回段检修。

（3）查 257YV 电空阀正常但无排风声，拆检 258YV 缓解电空阀。运行时则转空气位操作。

2. 初制动减压后，不能继续减压或减压缓慢

1）原因

（1）257YV 制动电空阀排风口有脏物堵塞。

（2）非操纵端转换扳键在空气位。

（3）208 压力开关在最大减压动作后不恢复。

2）处理

（1）查 257YV 电空阀排风口，有少量排风甚至不排风，则拆检该电空阀座处的缩堵。

（2）查 257YV 电空阀受电，且只有初制减压量，应恢复非操纵端转换板键至电空位。

（3）检查208压力开关状态，未达其动作值时，其芯杆应处于高位；反之，拆检该压力开关。

上述故障在运用中均应转至空气位操作。

任务实施

学习任务十一相关内容，完成任务单2-11。

任务单2-11　DK-1型电空制动机常见故障分析

1. 归纳查找DK-1型制动机故障的方法。
2. 查找资料分析其他DK-1型制动机故障，列举一、二条。

任务评价

任务：大闸由紧急位回运转位时，列车管压力不回升的原因

班级_____　　学号_____　　姓名_____　　小组_____

序号	评价项点	评价标准	配分	得分
1	分析思路	分析故障思路清晰，原理图使用熟练	30	
2	故障原因	原因查找准确，不漏不错	30	
3	处理方法	处理方法得当，贴合现场生产实践	20	
4	素养方面	小组团队成员协同配合查找故障原因，安全意识强，有责任担当，素养高	20	
5	总分			

巩固自测

机车运行中，试分析电空制动控制器手柄放在紧急位时，制动缸的压力上升到400 kPa的时间大于5 s的原因及处理方法。

项目三　CCB Ⅱ 型制动系统检查及试验

项目描述

CCB Ⅱ 型电空制动系统是基于微处理器和 LON 网的电空制动控制系统,是按照美国铁路协会标准(AAR),以 26-L 型制动机为基础设计的。该系统除紧急制动作用由机械阀触发外,其他所有逻辑控制指令均由微处理器发出。

CCB Ⅱ 型电空制动系统可以在干线客运和货运机车上使用,可以和我国现有的机车车辆制动系统进行匹配使用。它具有如下技术特点:控制准确性高,反应迅速;安全性高;部件集成化高,可进行部件的线路更换,维护简单;有自我诊断、故障显示及处理方法提示功能;制动系统内部通过 LON 网络通信,制动系统与机车间通过 MVB 网进行通信。

项目导图

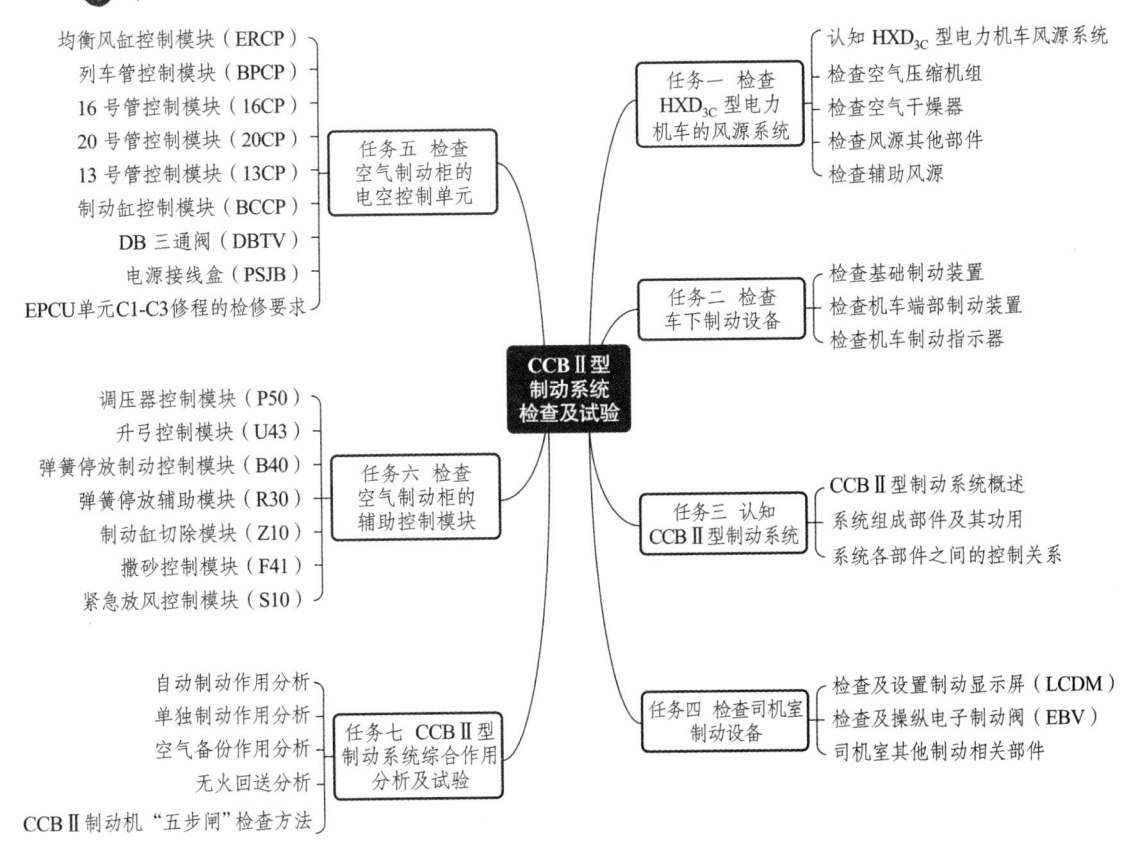

CCB Ⅱ 型制动系统检查及试验

- **任务一　检查 HXD$_{3C}$ 型电力机车的风源系统**
  - 认知 HXD$_{3C}$ 型电力机车风源系统
  - 检查空气压缩机组
  - 检查空气干燥器
  - 检查风源其他部件
  - 检查辅助风源

- **任务二　检查车下制动设备**
  - 检查基础制动装置
  - 检查机车端部制动装置
  - 检查机车制动指示器

- **任务三　认知 CCB Ⅱ 型制动系统**
  - CCB Ⅱ 型制动系统概述
  - 系统组成部件及其功用
  - 系统各部件之间的控制关系

- **任务四　检查司机室制动设备**
  - 检查及设置制动显示屏(LCDM)
  - 检查及操纵电子制动阀(EBV)
  - 司机室其他制动相关部件

- **任务五　检查空气制动柜的电空控制单元**
  - 均衡风缸控制模块(ERCP)
  - 列车管控制模块(BPCP)
  - 16 号管控制模块(16CP)
  - 20 号管控制模块(20CP)
  - 13 号管控制模块(13CP)
  - 制动缸控制模块(BCCP)
  - DB 三通阀(DBTV)
  - 电源接线盒(PSJB)
  - EPCU单元C1-C3修程的检修要求

- **任务六　检查空气制动柜的辅助控制模块**
  - 调压器控制模块(P50)
  - 升弓控制模块(U43)
  - 弹簧停放制动控制模块(B40)
  - 弹簧停放辅助模块(R30)
  - 制动缸切除模块(Z10)
  - 撒砂控制模块(F41)
  - 紧急放风控制模块(S10)

- **任务七　CCB Ⅱ 型制动系统综合作用分析及试验**
  - 自动制动作用分析
  - 单独制动作用分析
  - 空气备份作用分析
  - 无火回送分析
  - CCB Ⅱ 制动机"五步闸"检查方法

任务一　检查 HXD₃C 型电力机车风源系统

项目三任务一课件

任务导入

机车风源系统的作用是生产、储备、调节、控制压力空气，并向全车各气路系统提供高质量、洁净、稳定的压力空气。它在保障铁路运输安全、提高列车速度和铁路线路通过能力等方面起着十分重要的作用。本任务主要学习 HXD₃C 型电力机车的风源系统，着重介绍螺杆式空气压缩机、空气干燥器、辅助风源的组成、工作原理和检查要求。

任务目标

知识目标	1. 熟悉 HXD₃C 型电力机车的风源系统及其主要部件； 2. 掌握螺杆式空压机、空气干燥器、辅助压缩机的结构及工作原理； 3. 熟悉螺杆式空压机、空气干燥器、辅助压缩机的维护作业标准。
能力目标	1. 熟知机车风源系统的主要组成及其安装位置； 2. 能分析机车风源系统的工作原理； 3. 会检查螺杆式空压机、空气干燥器、辅助压缩机并能排除常见故障。
素养目标	1. 培养分析问题、解决问题的能力； 2. 培养服务意识和安全意识。

关联知识

一、认知 HXD₃C 型电力机车风源系统

HXD₃C 型电力机车风源系统能为机车制动系统及车辆制动系统提供符合要求的干燥、洁净的压缩空气。该风源系统采用两台螺杆式空气压缩机组作为系统风源，排风量每台不小于 2400 L/min；配套使用两个双塔干燥器和两个微油过滤器作为风源滤水、滤油的处理装置，其双塔干燥器的空气处理量为每台不小于 2.4 m³/min；采用 2 个容积均为 800 L 的风缸串联，作为压缩空气的储存容器，风缸采用车内立式安装。为了满足机车重联功能及客车总风供风功能，在机车端部安装了总风软管和平均软管。

HXD₃C 型电力机车风源系统的管路和工作原理如图 3-1-1 所示。

二、检修空气压缩机组

（一）空气压缩机组的结构和技术参数

HXD₃C 型电力机车风源系统螺杆式空气压缩机组的结构如图 3-1-2 所示，其驱动电机为三相交流异步电动机，具有温度、压力控制装置，可以实现无负荷启动；其冷却器排风口向

下，能满足机械间的独立通风要求。空气压缩机组的开停状态由总风压力开关自动控制，也可以通过手动按钮强行控制开停。

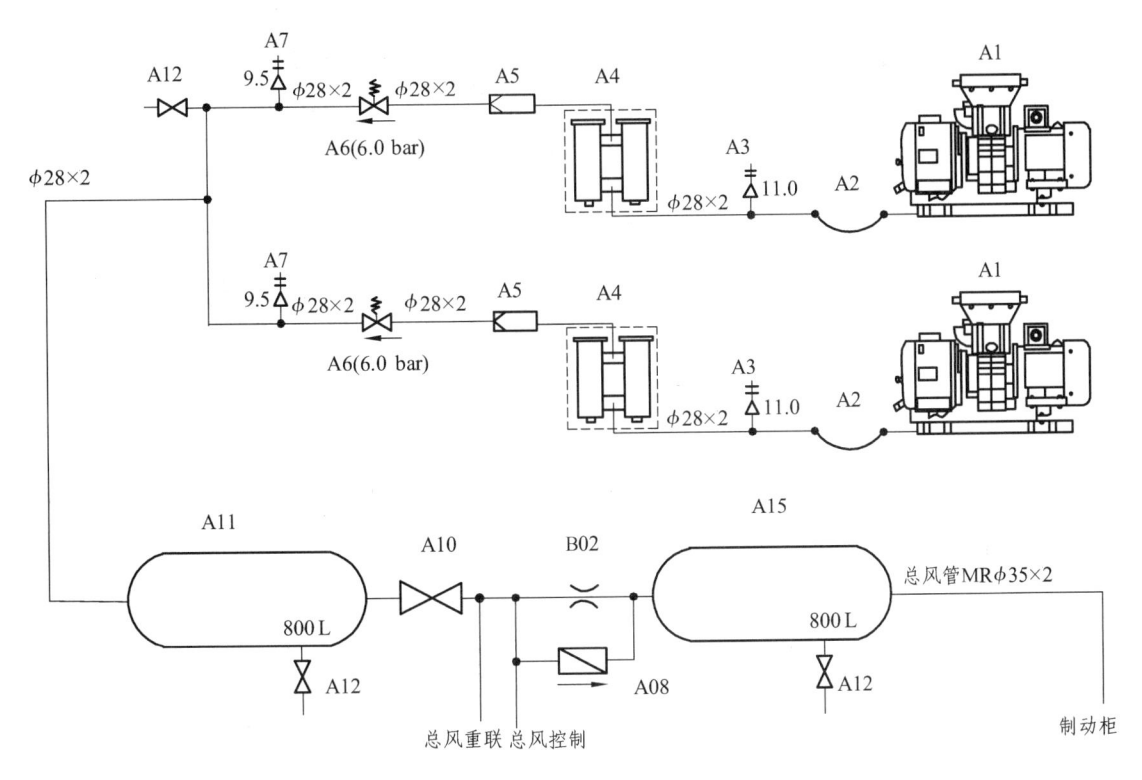

A1—空气压缩机组；A2—空气压缩机出风软管；A3、A7—高压安全阀；A4—双塔空气干燥器；A5—微油过滤器；A6—低压维持阀；A08—单向阀；A10—截断塞门；A11—第一总风缸；A12—总风缸排水塞门；A15—第二总风缸；B02—限流缩堵。

图 3-1-1 HXD$_{3C}$ 型电力机车风源系统管路原理图

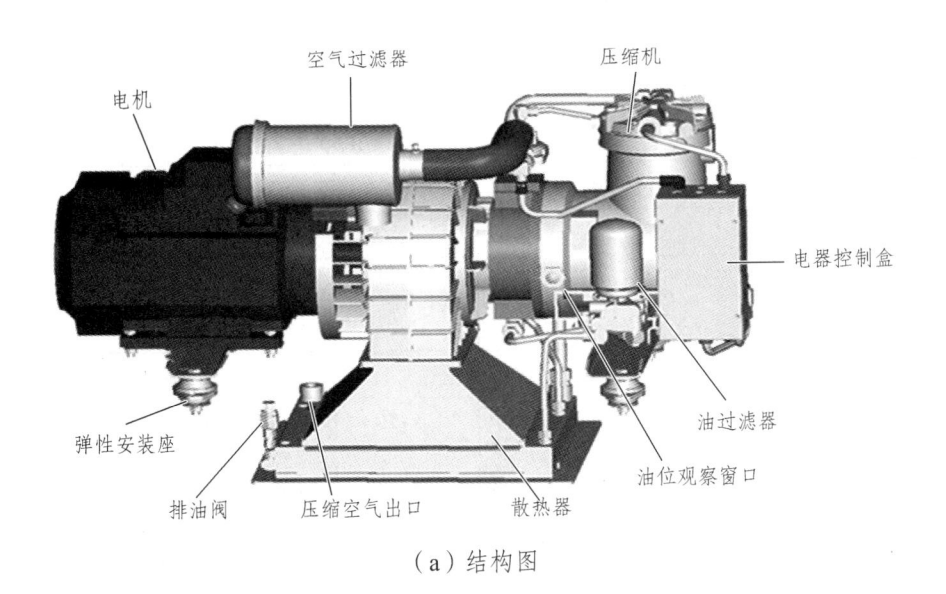

（a）结构图

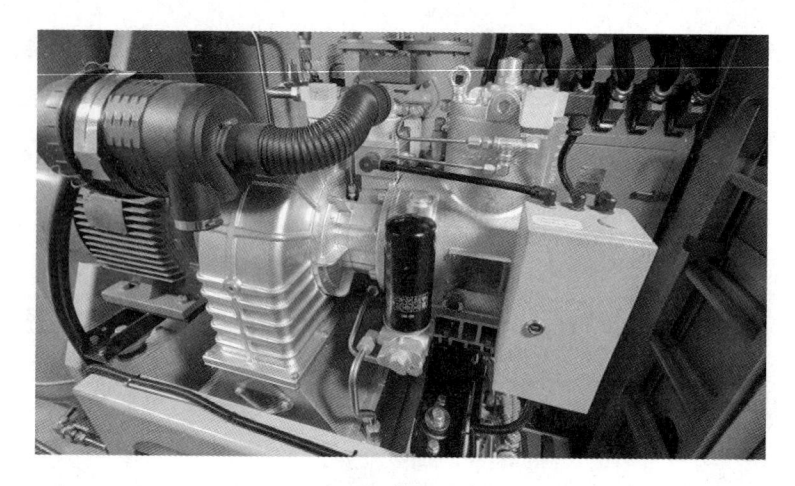

（b）实物图

图 3-1-2　螺杆式空气压缩机组结构图

常见螺杆式空气压缩机的主要技术参数如表 3-1-1 所示。

表 3-1-1　常见螺杆式空气压缩机的主要技术参数

参数	SL22-66	TSA-230AVI-II	BT-2.6/10AD3
排风量/(L/min)	2750	2400	2600
工作压力/bar	10	10	10
转速/rpm	2920	2955	2940
工作温度/℃	−40～+50	−40～+50	−40～+50
润滑油型号	ANDEROL 3057M	ANDEROL 3057M	ANDEROL 3057M
油量/L	6～7	7.9	7
工作电压/V	380	380	380
频率/Hz	50	50	50
控制电压/V	110	110	110
防护等级	IP55	IP55	IP55
外形尺寸/mm	1346×563×838	1305×685×875	1305×685×890
安装尺寸/mm	809×460	809×460	809×460
安装螺栓/mm	M16×130	M16×120	M16×110
排气含油率/ppm	≤5	≤5	≤5
管路接口	G1	G1	G1
质量/kg	395×(1±3%)	420×(1±3%)	430×(1±3%)
机组噪声/dB（A）	≤102	≤102	≤102

（二）空气压缩机组的控制模式

该空气压缩机组有间歇工作和延时工作两种模式。当压缩机需要频繁启动（如牵引客车需要大量风源）或发生轻微的机油乳化现象时，可以操作机车显示屏将压缩机设置在延时工作模式。延时工作模式可以有效减少由于压缩机频繁启动对电机及机头造成的损害，同时可以减缓压缩机机油乳化现象。机车风源系统设有2个空气压力开关来控制空气压缩机的启停动作。

1. 间歇工作模式

空气压缩机在间歇工作模式下的启停压力如表3-1-2所示。

表3-1-2　间歇工作模式下的启停压力

序号	启动压力	启动台数	位置	控制压力开关	停止压力
1	680 kPa<P<750 kPa	1	远离操作端	P50.72	900 kPa
2	P<680 kPa	2	两端	P50.75	900 kPa

注：P为总风缸压力。

2. 延时工作模式

空气压缩机在延时工作模式下的启停压力如表3-1-3所示。

表3-1-3　延时工作模式下的启停压力

序号	加载压力	启动台数	位置	控制压力开关	空载压力
1	680 kPa≤P≤750 kPa	1	远离操作端	P50.72	900 kPa
2	P<680 kPa	2	两端	P50.75	900 kPa

3. 间歇、延时工作模式的转换

间歇、延时工作模式的转换过程如表3-1-4所示。

表3-1-4　间歇、延时工作模式的转换过程

序号	转换模式	转换时的压力	执行过程
1	间歇→延时	P<750 kPa	压力至900 kPa后，进入延时模式。
2	间歇→延时	P≥750 kPa	压缩机先不启动，压力低于750 kPa启动，待压力至900 kPa后，进入延时模式。
3	延时→间歇	P<750 kPa	压力至900 kPa后停止工作，进入间歇模式。
4	延时→间歇	P≥750 kPa	压缩机不工作，进入间歇模式。

注意以下概念：

加载——压缩机释放压力空气；

空载——压缩机工作但不释放压力空气；

空载计时——单次空载运转时间超过20 min，该机组停止运行；

空载计时内，压缩机进入加载工作，其空载计时清零。

（三）空气压缩机组的工作原理

空气压缩机组的工作原理如图3-1-3所示，阴阳两螺杆形的转子（图中9和10）旋转进行空气的压缩和输送。

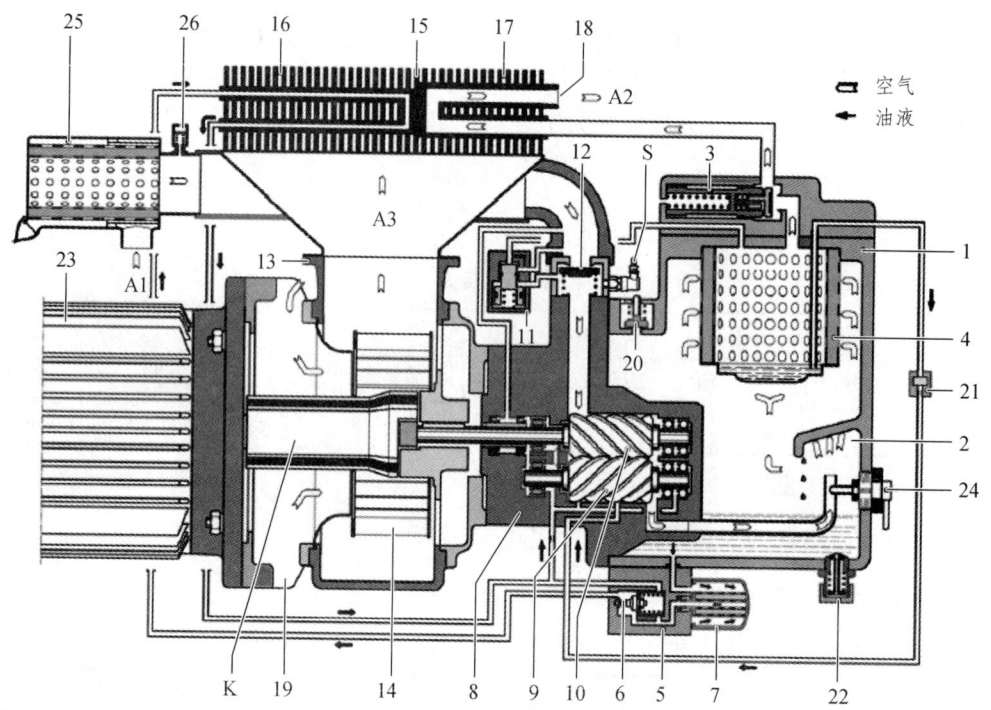

1—压缩机壳；2—挡板；3—最小压力阀；4—油细分离器；5—油控制单元；6—温控器；7—油过滤器；8—压缩机；9—阳转子；10—阴转子；11—泄荷阀；12—进气阀；13—风扇蜗壳；14—离心风扇；15—冷却器；16—油冷却器；17—空气冷却器；18—压缩空气出口；19—外壳连接体；20—安全阀；21—回油过滤器；22—排油阀；23—三相电动机；24—温度开关；25—空滤器；26—真空指示器；K—联轴节；S—压力开关；A1—压缩空气进口；A2—压缩空气出口；A3—冷却空气。

图 3-1-3　空气压缩机组工作示意图

1. 空气压缩过程

空气通过空滤器（25）和进气阀（12）吸入压缩气体；空气被压缩后，通过与转子连接的输送口被推进压缩机壳（1）。如果压缩机启动时，压缩机壳里无空气压力，最小压力阀（3）将保持关闭状态，以便使压缩机壳内迅速建立起空气压力，帮助润滑油尽快循环。当压缩机壳内的空气压力达到约 650 kPa 时，最小压力阀打开并将压缩空气送出。送出的压缩空气达到系统的规定压力后，压缩机受总风压力开关控制自动停机，最小压力阀自动关闭，将系统和压缩机壳内的通路隔断。

每次压缩机停机后，压缩机壳内的空气压力被自动释放。压缩机停机后，最小压力阀（3）和进气阀（12）关闭。在进气口，由于压缩机壳内的空气逆流而压力升高，导致泄荷阀（11）打开。压缩机壳（1）里的压缩空气可通过泄荷阀（11）流进空滤器（25）后排向大气，从而快速将压缩机壳里的空气压力降低到约 180 kPa。剩余的压力通过泄荷阀上的缩孔被缓慢排放至 0。停机时间大于 14 s 后，可以实现空压机的无负荷再启动。

2. 油循环过程

当压缩机运转时，在压缩机壳（1）里建立起的空气压力将壳内的润滑油通过油过滤器输送到轴承、传动装置和压缩机体内的油喷射点，这些油的作用是润滑、密封并带走空气压缩产生的热量。

压缩机传送的空气和油的混合物通过输送口甩到壳内挡板上,这一过程属于油粗级过滤;之后,压缩空气又经过油细分离器(4)进行精级过滤。精级过滤分离的油被收集到油细分离器底部,在压缩机壳内的空气压力作用下,通过回油过滤器(21)返回到压缩机体内。

3. 其他

当压缩机运转时,如果在压缩机壳内没有建立起空气压力,压缩机将不能被充分润滑和冷却。在这种情况下,转子可能被快速损坏。当润滑油温度高于83 ℃,油控制单元中的温控器打开至油冷却器(16)的通道,对润滑油进行冷却。当润滑油温度低于83 ℃后,油冷却器的通道保持关闭,油被直接传送到压缩机体。通过这种方式可达到润滑油的最佳操作温度,可以有效避免机油乳化。压缩机壳里的空气和油的混合物的温度由输送口的温度开关监测。如果温度高于设定值(110±5)℃,温度开关动作,压缩机停止工作。若环境温度较低(−20 ℃以下),压缩机可以通过一个油加热器对润滑油进行预热约20 min(根据环境温度预热时间有所调整)后再启动空气压缩机。

(四)空气压缩机的检修内容及技术要求

以某铁路局机务段C1-C3修程范围及要求为参考,空气压缩机C1-C3修的检修内容与技术要求如表3-1-5所示。

表3-1-5 空气压缩机C1-C3修的检修内容与技术要求

检修内容	技术要求
1. 检查润滑油	将空压机启动连续运转5 min之后,停机10 min至15 min之内完成润滑油位的检查,正常的油位应在油位表上下刻线间,一旦缺油或者油位过高,则必须补加油或者排出多余的润滑油,补油或者排油的过程也必须在停机10 min至15 min之内完成,补油或者排油后必须重新按以上要求确认油位。每次加完油或因其他原因而打开了加油口盖,必须更新加油口密封铝垫,使用套筒力矩扳手拧紧,力矩值为90~100 N·m。
2. 检查油细分离器	(1)检查安装牢固,无漏油现象,并使用红色油漆笔打防缓标识(油细分离器只涉及外置式的标顶压缩机) (2)C3修时更换油细分离器。更换惠州标顶螺杆空压机油细分离器时,在封垫上涂抹适量螺杆泵润滑油,更换克诺尔螺杆空压机及石家庄嘉祥螺杆空压机油细分离器时还必须同时更新上盖密封垫,注意密封垫安装后导电片必须能正常导电。油细分离器装车使用年限不得超过2年
3. 检查油过滤器	(1)检查安装牢固,无漏油现象。使用红色油漆笔打防缓标识。油过滤器、油细分离器外观完好,无变形、凹坑、裂纹、破损、漏油 (2)C3修时使用皮带扳手更换油过滤器,更换时在油过滤器密封垫上涂抹适量螺杆泵润滑油
4. 检查空气滤清器滤芯	(1)吹扫空气滤清器滤芯,清洁空气滤清器 (2)C3修时更换空气滤清器滤芯(含安全滤芯)
5. 检查进气止回阀	(1)检查安装紧固,无泄漏 (2)进气胶管外观检查安装紧固,无破损

续表

检修内容	技术要求
6. 检查真空指示器	（1）检查安装紧固，无破损 （2）如果指示器变成红色，应更换或清洁空气滤清器滤芯
7. 检查最小减压阀	检查安装紧固，无泄漏
8. 检查回油管路中滤芯	（1）检查滤芯完好，无破损、堵塞 （2）使用压缩空气试验单向阀单向导通作用正常
9. 检查冷却器	（1）清洁冷却器，表面保养，清除表面灰尘 （2）检查散热器观察孔盖。使用电筒通过观察孔盖检查散热器表面完好，无裂损、漏油
10. 检查各安装螺栓	使用检车锤锤击检查各安装螺栓安装牢固、无松动
11. 检查电控箱	（1）电控箱开盖检查，各部件安装牢固，接线紧固，无过热，断股不超过5% （2）使用数字万用表测量压力开关、温度开关静态阻值不大于0.3 Ω
12. 检查安全阀、油位表、散热器观察孔盖、放油堵、加油口盖	（1）检查安全阀安装牢固，泵风时，安全阀无泄漏（螺杆泵安全阀） （2）检查油位表安装牢固，无破损、渗漏，油位显示清晰 （3）目视、手动检查安装牢固，无裂损。通过观察孔盖检查散热器表面完好，无裂损、漏油，检查蜗壳内散热叶片、弹性联轴节等无异物 （4）加油口盖、放油堵使用红色油漆笔打防缓标识，按要求确认油位并更新加油口垫
13. 检查弹性联轴节、弹性支座	（1）外观检查弹性联轴节无裂损、掉块 （2）检查弹性支座状态，若有裂纹、破损更换
14. 车上动作试验	电机转向正确，检查无异声或不正常振动，泄荷阀作用良好，卸荷时间不得大于14 s。压缩机工作时回路接通，压缩机停止后压力开关动作，电气回路断开，压力在14 s内释放后，电气回路应重新接通。各管路无漏风、漏油现象。检查排风量正常，试验时切除系统控制管路的连接，两个总风缸内的空气压力应为零，按下空压机"强泵"开关，给总风缸充风，一台空压机工作时总风缸空气压力从0上升到900 kPa的时间应小于10 min；两台空压机同时工作时总风缸空气压力从0上升到900 kPa的时间应小于5 min

（五）空气压缩机常见故障及分析处理

1. 机油乳化及处理

1）机油轻微乳化及处理

如果发现机油有轻微乳化现象（见图3-1-4），可进行以下操作来去除乳化现象：

（1）压缩机静置1~2 h，微开压缩机排油口（位于机头底部和散热器底部），将位于下层的液态水排出，直至有油排出关闭排油口。

（2）打开总风缸下方的排水塞门，使乳化的压缩机组连续运转60 min以上，停机后观察润滑油的状态，如果恢复正常可继续使用。

（3）如果乳化现象减轻但没有完全恢复，再连续运转 30 min，观察机油状态，可重复进行上述操作，直至乳化消失。

（4）使用延时工作模式，运行机车压缩机组减缓机油乳化。

图 3-1-4　机油轻微乳化

2）机油重度乳化处理

如果发现机油严重乳化（见图 3-1-5），切勿自行处理，应及时联系压缩机供货厂商进行分析处理。

图 3-1-5　机油重度乳化

2. 其他常见故障分析及处理

空气压缩机组常见故障及分析处理如表 3-1-6 所示。

表 3-1-6　空气压缩机组的常见故障及分析处理

故障现象	原因分析	解决措施
电机转向错误	电机的电源线相序错误	按电路图正确连接电源线，并检查电机转向
压缩机组无法启动	断电	检查电源电路
	线缆连接松动	检查线缆连接，拧紧接线端子
	电机保护开关断开	给保护开关解锁
	电机损坏	查找电机故障，必要时更换电机
	温度开关未连接或线缆断路	检查电缆连接
	温度开关断开	按维护文件进行故障排除
压缩机启动困难	压缩机损坏	按维护文件拆除压缩机，并返厂检修
	启动时，供给电压过低	检查机车供电电压
	环境温度过低	压缩机预热或连续工作以提高环境温度

续表

故障现象	原因分析	解决措施
压缩机在达到定压前停止工作	电机保护开关断开	给保护开关解锁
	压缩机启停压力控制开关故障	检查压力开关或调整压力值
	温度开关断开	按维护文件进行故障排除
安全阀有排风声	压缩机损坏	按维护文件拆除压缩机,并返厂检修
	压缩机用安全阀损坏或故障	更换安全阀
无压缩空气排出或排出量少,工作周期延长	空气滤清器滤芯污染	更换滤芯
	压缩系统密封不严	排除泄漏
	压缩机损坏	按维护文件拆除压缩机,并返厂检修
压缩空气中含油量、油温过高	压缩机损坏	按维护文件拆除压缩机,并返厂检修
	压缩机外壳内油位过高	排油以降低油位至刻度线间
	油温过高	检查温度开关
	油细分离器故障	检查油细分离器或更换
高油耗	压缩机损坏	按维护文件拆除压缩机,并返厂检修
	油温过高	检查温度开关
油从空气滤清器溢出	压缩机损坏	按维护文件拆除压缩机,并返厂检修

三、检查空气干燥器

JKG-1C 型空气干燥器为双塔无热、再生吸附式干燥器,如图 3-1-6 所示。每个空气压缩机组配备一个干燥器,用来过滤压缩空气中的水及水蒸气。

图 3-1-6 空气干燥器

（一）空气干燥器的技术参数

空气干燥器的主要技术参数如表 3-1-7 所示。

表 3-1-7　空气干燥器的主要技术参数

最大工作压力/kPa	1100	加热功率/W	50×2
工作温度/℃	-40～50	防护等级	IP65
入口最高温度/℃	60	空气处理量/(L/min)	2700
压力损失/kPa	<40	工作周期/s	90±4
出口相对湿度	满足 ISO 8573 水 2 级	长×宽×高/mm	475×340×980
电磁阀功率/W	14	质量/kg	135

（二）空气干燥器的结构、组成

空气干燥器的结构如图 3-1-7 所示，主要包括：两个干燥塔，每个塔内集成一个油分离器和一定量的干燥剂、带有计时功能的脉冲电磁阀、带有可更换再生节流孔的双逆止阀、配备恒温器控制器的排放阀、消音器和冷凝排放盖。

每个电磁阀的工作状态用一个指示灯显示。当电磁阀作用时，指示灯亮，表示对应的干燥塔处于再生状态，如图 3-1-8 所示。

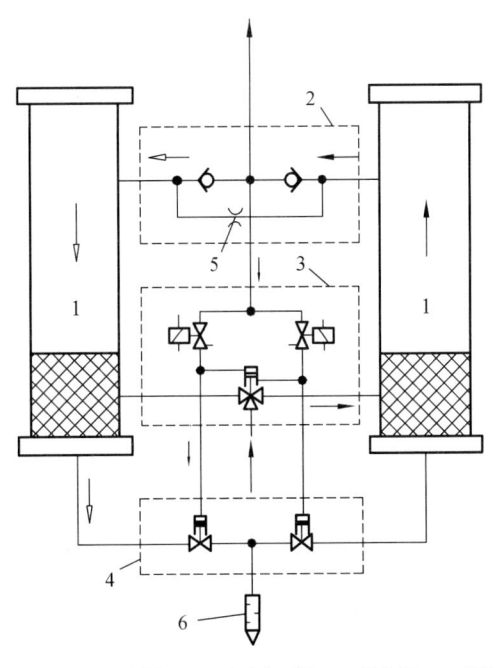

1—干燥塔；2—双逆止阀；3—脉冲电磁阀；4—排放阀；5—节流孔；6—消音器。　→ 主气流；--→ 再生空气；→ 控制空气。

图 3-1-7　空气干燥器的结构示意图

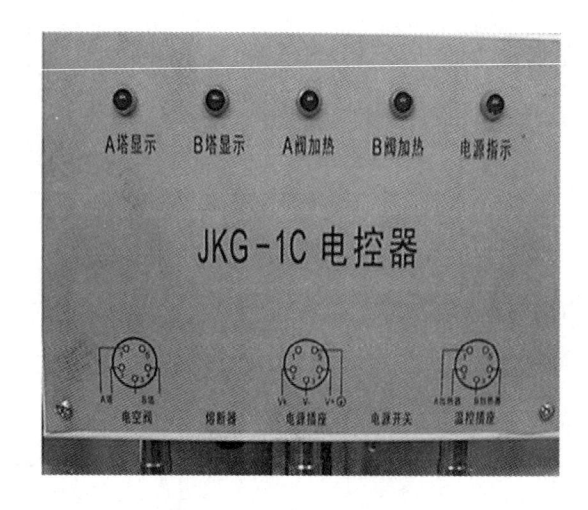

A塔显示—A塔进入再生状态；B塔显示—B塔进入再生状态；A阀加热—A塔排污阀进入加热状态；
B阀加热—B塔排污阀进入加热状态；电源指示—干燥器得电指示；电源开关—控制干燥器得失电。

图 3-1-8　干燥器工作指示图

（三）空气干燥器的工作原理

无热吸附式双塔干燥器的再生和吸附工作在两个塔中同时进行，当压缩空气在一个塔内通过干燥剂进行干燥时，另一塔内的干燥剂被干燥的空气吹扫进行再生处理。到达干燥器的饱和压缩空气里的油和冷凝物在首先通过油分离器时被提取出来。饱和的压缩空气接着通过干燥塔的干燥剂，压缩空气里的水分子被吸收，干燥器出口压缩空气的相对湿度达到35%以下。部分干燥后的压缩空气通过再生节流孔进入再生塔，吸收饱和干燥剂表面的水分，并将其排放到大气中。两个工作塔交替作为干燥塔和再生塔进行工作。

（四）空气干燥器的气路工作通路

干燥器的工作气路如图 3-1-9 所示。假如 B 塔（右）在干燥阶段，A 塔（左）在再生阶段，此时电空阀（左）得电工作，排气阀（左）打开，进气阀（Aj）关闭，由于电空阀（右）失电，排气阀（右）关闭，进气阀（Bj）打开；压缩空气经 P1 口和打开的进气阀（Bj），在油分离器里进行旋转，在离心力作用下将油和水滴甩向油分离器的内壁后收集到排气阀（右）；压缩空气随后通过干燥剂将压缩空气中的水及水蒸气吸收，使干燥器出口的压缩空气的相对湿度小于35%。

压缩空气通过出气止回阀（Bc）和 P2 口从干燥器排出之前，部分干燥的压缩空气通过再生节流孔进入再生塔（A塔），带走干燥剂表面的液态水后从排气阀（左）排放到大气，再生塔中的干燥剂得到干燥；电空阀（左）在半个工作周期（90 s）前 18 s 失电，排气阀（左）关闭，进气阀（Aj）开放，控制管路中的压缩空气通过电空阀排放到大气，通过节流孔，再生塔（A塔）中的空气压力将增加到与干燥塔（B塔）相同的空气压力；半个周期时（90 s），原干燥塔变为再生塔，原再生塔变为干燥塔，电空阀（右）得电，排气阀（右）打开，进气阀（左）开放。当压缩机停止工作，干燥器也同时停止工作，干燥器的两个电空阀都失电，控制管路被排空，排气阀两侧均关闭，进气阀停留在干燥器停止工作时的位置。

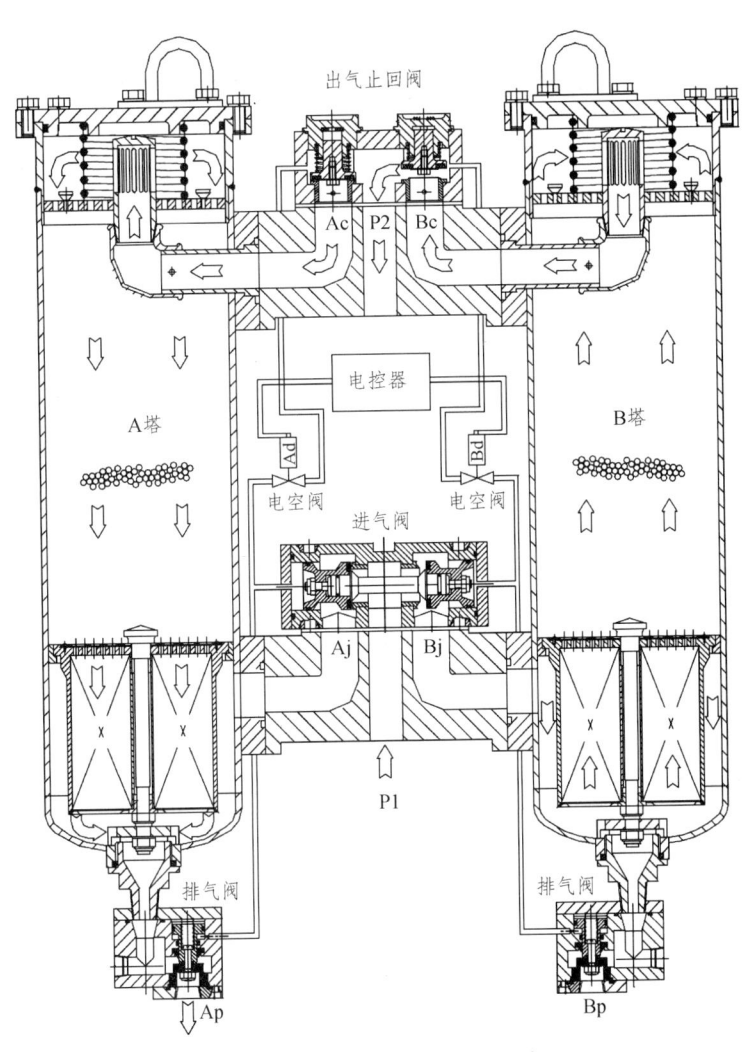

图 3-1-9　空气干燥器工作示意图

（五）空气干燥器的故障处理

空气干燥器常见故障及分析处理如表 3-1-8 所示。

表 3-1-8　空气干燥器常见故障及分析处理

故障现象	原因分析	解决措施
总风缸出现凝结水	干燥剂吸附饱和或油污失效	当发现总风缸出现冷凝水时，首先要确定净化系统的故障所处的位置和原因，然后作相应处理，恢复系统正常工作。若确认不属于系统故障造成的总风缸出水，则须开盖检查干燥剂的状态。如干燥剂颗粒表面变成棕黑色，说明已油污失效，必须更换；若表面呈淡黄色但手感潮湿，说明是偶然事故使干燥剂吸附饱和，可不必更换，待装置正常工作一段时间后，干燥剂可逐步再生复原
	干燥器本身发生故障，已不能正常工作	
	排气阀故障，使油水分离器长期不能排污，积水过多和干燥剂再生不良而失效	

续表

故障现象	原因分析	解决措施
当压缩机输送空气时，消音器不排放空气	节流孔阻塞	从逆止阀拆除阻气门并清洗
	电空阀不得电	检查电源；更换有缺陷电路板；检查电空阀磁铁上的连接器（电缆连接）
	排气阀冻住	解冻排气阀；检查加热器筒和恒温器及电缆连接；更换有缺陷零件
空气从电空阀排气口稳定排放（如果空气干燥器单元正确工作，当压缩机输送空气时，电空阀每次往复时，必须排放少量空气）	阀座脏或损坏；磁铁电枢上的橡胶密封有缺陷	拆除电空阀；清洗阀座；如果必要，修理或者更换衬套
	电空阀有缺陷或电路板故障	检修电空阀，或者更换电路板

四、检查风源其他部件

（一）总风缸

HXD$_{3C}$ 型电力机车使用两个 800 L 的总风缸，均直立安装在机械间内作为储风设备，设计压力为 1.0 MPa，风缸材质为 16MnDR。风缸缸体采用 6 mm 厚的钢板按直径 750 mm 卷制后焊接，缸头采用 7 mm 厚钢板热压成碟形封头。

（二）安全阀

在干燥器前后各有一个安全阀。A3 安全阀的开启压力为 1100 kPa，A7 安全阀的开启压力为 950 kPa，以确保机车空气系统的安全。

（三）总风低压保护开关

当总风压力低于（500±20）kPa 时，P50.74 开关动作，机车牵引封锁（动力制动仍可投入），以确保机车内保留有能够安全停车用的压缩空气。

（四）微油过滤器

对通过干燥器后的压缩空气进行油污处理，保证通过微油过滤器后的压缩空气满足 ISO 8573 油 2 级要求。该过滤器需进行定期排污处理。

（五）低压维持阀

保证干燥器内部快速建立起压力，使干燥器可以进行再生、干燥工作，开通压力为 600 kPa，同时对两台干燥器间通道进行隔离。

（六）截断塞门

截断塞门用于机车无火回送操作。当机车进行无火操作时关闭该塞门，机车只有第二总风缸投入运用，以保证机车快速达到无火行车状态。

五、检查辅助风源

LP115 型辅助压缩机组（见图 3-1-10）作为辅助风源，将其和升弓控制模块、升弓风缸及压力表相连。辅助空压机组的控制开关在空气控制柜上，按下开关后，辅助空压机开始工作。升弓控制模块上的压力开关也可对压缩机的启停进行自动控制。为保证压缩空气和管路的清洁，辅助压缩机配有小型的单塔干燥器和再生风缸。

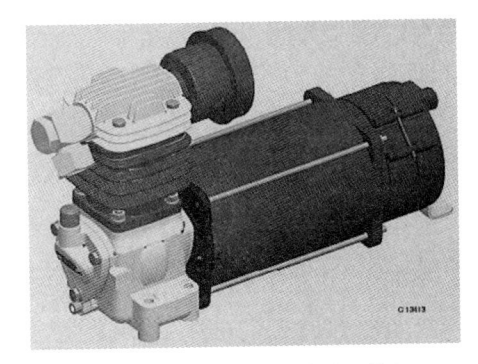

图 3-1-10 LP115 型辅助压缩机

（一）辅助风源的组成

辅助风源由下列主要部件组成：直流电机、空压机和干式空气过滤器。辅助空压机为单级压缩，自带法兰安装。直流电机通过联结器和空压机连接。干式空气滤清器可以为压缩机提供纯净的空气。

（二）辅助风源的控制模式

辅助风源的控制方式分为人工控制和自动控制两种。

当机车初次升弓或进行升弓装置试验时，采用人工控制方式，操作时需要操作者持续按下辅助空气压缩机的启动按钮（位于空气控制柜内），并观察升弓压力表的指示值，在满足升弓压力要求后松开按钮。

当机车投入运用后采用自动控制方式，当辅助风缸压力低于 480 kPa（压力开关 U43.02 监测）时，辅助压缩机自动投入工作；当辅助风缸压力达到 735 kPa 时，压缩机自动停止工作。

任务实施

学习任务一相关内容，完成任务单 3-1。

任务单 3-1　检查机车风源系统

1. 写出机车空压机的气路循环通路。
2. 写出机车空压机的油路循环通路。
3. 简述机车空压机的检查要求。
4. 简述机车空气干燥器的工作原理。

任务评价

任务：机车风源系统检查

班级_____ 学号_____ 姓名_____ 小组_____

考核项目		考核要求	分值	得分
自评	空压机检查	熟练掌握空压机检查技术要求	20	
	空气干燥器分析	熟练掌握空气干燥器原理分析	20	
	辅助风源组成	熟练掌握辅助风源组成	20	
	素养考核	分析问题、解决问题能力	20	
小组互评		从知识掌握、小组活动参与度等方面考核	10	
教师评价		根据完成任务的情况等进行评价	10	
总评			100	

巩固自测

一、填空题

1. 当机车投入运用后辅助压缩机采用自动控制方式，当辅助风缸压力低于（   ）kPa（压力开关 U43.02 监测）时，辅助压缩机自动投入工作；当辅助风缸压力达到（   ）kPa 时，压缩机自动停止工作。

2. HXD_3c 型电力机车，司机将受电弓扳键开关置于"前"或"后"位，如果机车辅助风缸压力低于（   ）kPa，则机车辅助压缩机自动开始打风。

二、选择题

1. HXD_3c 型电力机车的 TCMS 自动控制辅助压缩机的运行时间不超过（   ），再次投入工作需间隔（   ）。

  A. 8 min；15 min   B. 10 min；15 min   C. 10 min；20 min

2. HXD_3c 型电力机车的干燥器前后各有一个高压安全阀，干燥器前高压安全阀的控制压力为（   ）kPa。

  A. 1100   B. 1000   C. 950

任务二　检查车下制动设备

项目三任务二课件

任务导入

本任务主要介绍基础制动装置、机车端部制动装置以及机车制动指示器等，着重介绍主要部件的结构组成、作用原理、维护保养及检查要求。机车制动盘能否用检车锤敲击？机车制动软管的安装角度有什么要求？带着这些问题我们学习本任务的内容。

任务目标

知识目标	1. 熟悉 HXD$_{3C}$ 型电力机车车下制动设备的结构组成及动作原理； 2. 掌握基础制动装置、机车端部制动装置的检查要求； 3. 熟悉机车制动指示器的显示含义。
能力目标	1. 能认知车下制动设备主要部件的安装位置； 2. 能分析基础制动装置、机车端部制动设备的动作原理； 3. 会检查基础制动装置、机车端部制动设备的使用状态。
素养目标	1. 培养工作中的安全意识和担当意识。 2. 培养质量意识、勇于担当的素养。

关联知识

一、检查基础制动装置

HXD$_{3C}$ 型电力机车基础制动装置采用的是轮盘制动方式。每个车轮安装一套独立的单元制动器，其中每台转向架装有一套单元制动器带弹簧停车储能制动，安装在第一轴车轮上。当机车制动时，制动单元得到压缩空气，通过制动缸活塞推动卡钳，通过闸瓦，将压力作用到安装在车轮辐板的摩擦盘上，使闸瓦与摩擦盘间产生摩擦，消耗功率，将动能转变为热能散发掉，从而使机车达到减速或停车的目的。

（一）盘式制动单元的外形结构

盘式制动单元的外形如图 3-2-1 所示。

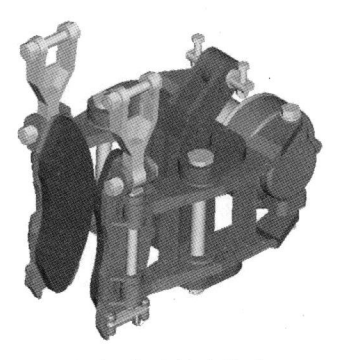

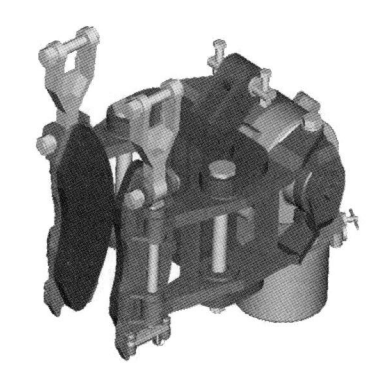

（a）常用制动单元　　（b）带停放的制动单元

图 3-2-1　盘式制动单元外形图

（二）盘式制动单元的主要技术参数

盘式制动单元的主要技术参数如表 3-2-1 所示。

表 3-2-1 盘式制动单元的主要技术参数

最高运行速度 v_H/(km/h)	120	机车轴数	6
轴重 Q/t	23 或 25	车轮直径/mm	ϕ1250
车轮宽度/mm	140	紧急制动制动缸压力 P_Z/kPa	450±10
机车每轴制动缸个数	2	机车常用单元制动缸个数	8
机车带停放单元制动缸个数	4	制动盘摩擦半径/mm	448
v_H 下的平均摩擦系数	0.33	每轴制动盘个数	4
每轴闸片个数	4	制动盘内/外直径/mm	ϕ740/ϕ1040
制动盘安装厚度/mm	52.5	闸片厚度/mm	24

（三）盘式制动单元的维护保养

（1）制动盘的连接螺栓不得松动。

（2）检查摩擦面的任何部位是否超过规定的极限尺寸（磨耗限度为每侧 5 mm），如果超过规定的磨耗极限值，必须更换制动盘。

（3）制动盘允许存在沿径向、周向热裂纹；从摩擦面内外边缘开始的长度不超过 60 mm；其余热裂纹长度不超过 65 mm，摩擦面不允许有明显的台阶与沟槽、拉伤，但允许有 1 mm 深的擦伤和小于 2 mm 的凹面。

（4）检查单元制动缸及夹钳的螺栓、螺母及衬套等零件不得松动、丢失和损坏，各转动部分定期给油润滑。

（5）检查单元制动缸的制动缓解作用良好。

（6）单元制动缸能够正常制动，闸片能压紧轮盘制动盘。

（7）单元制动缸缓解良好，活塞杆复位时，不得有卡滞现象；同时闸片对轮盘不得有压力。

（8）单元制动缸不得漏泄，机车单机试验符合要求。

（9）单元制动缸间隙调整器作用良好。

注意：施行停放制动后，拉动手动缓解拉手，应能完全缓解；检查时不允许敲打制动盘任何部位；检查时必须保证机车不溜车。

二、检查机车端部制动装置

在干线上使用多机牵引时，可以仅由一名司机在一台机车上操纵，而将各台机车通过机车两端的多芯电缆插头使其电气线路连接起来，实现由一名司机操纵多台机车，这种运行方式称为机车的重联运行。司机操纵的机车称为本务机车，非操纵机车称为重联机车。

HXD$_3$c 型电力机车端部制动设备如图 3-2-2 所示，主要包括重联插座、制动管、总风管、平均管等。

1—重联插座；2—列车供电插座；3—平均管截断塞门；4—列车管折角塞门；5—制动软管；
6—总风管截断塞门；7—总风软管。

图 3-2-2　机车端部制动设备

（一）重联插座

（1）功用：当需要实现多机重联时，可以使重联机车在电路上与本务机车相互连接，达到同步运行，减轻了乘务人员的劳动强度，提高了生产效率。

（2）检查要求：重联插座锁闭、密封严密，安装牢固，插孔无进水，插针无缺损，插接线牢固无松动，拉伸及关闭时导杆润滑有油膜。

（二）折角塞门

（1）功用：锁闭或打开制动管、总风管。

（2）检查要求：外观检查折角塞门，折角塞门开关灵活，无卡滞、泄漏。

（三）制动软管

（1）功用：每端 1 个，为车辆提供控制压力。

（2）检查要求：制动管无折损、老化、龟裂，各软管密封胶圈无变形、龟裂，软管试验日期不得超过 3 个月，连挂正常，制动管与机车中心线夹角为 45°。

（四）总风重联软管

（1）功用：每端 2 个重联软管，为重联机车提供总风压力空气，也是重联机车制动系统断钩保护监测压力。

（2）检查要求：总风管无折损、老化、龟裂，各软管密封胶圈无变形、龟裂，软管试验日期不得超过 3 个月，连挂正常。

（五）平均软管

（1）功用：每端2个平均软管，为重联机车提供制动缸压力空气。
（2）检查要求：平均管无折损、老化、龟裂，各软管密封胶圈无变形、龟裂，软管试验日期不得超过3个月，连挂正常。

（六）各软管挂板

（1）功用：挂接制动管、总风管、平均管。
（2）检查要求：外观检查各软管挂板，挂板焊接牢固，无变形。

三、检查机车制动指示器

（一）基础制动指示器

基础制动指示器为双指示器，如图3-2-3所示，在机车外部可以很方便观察两台转向架制动缸的制动状态，红色为制动施加状态，绿色为制动缓解状态。

图3-2-3　机车制动指示器

（二）停放制动指示器

停放制动装置在防止机车溜逸方面起到非常好的效果，能够满足机车停放制动作用。停放制动指示器为单指示器，如图3-2-3所示，在机车外部可以很方便地观察停放制动的状态，红色为停放制动施加状态，绿色为停放制动缓解状态。

（三）检查要求

检查制动指示器、弹停指示器接管螺母无松动，显示正确，玻璃无破损或丢失。

任务实施

学习任务二相关内容，完成任务单3-2。

任务单 3-2　检查车下制动设备

1. 写出机车制动盘的检查要求。

2. 写出制动软管的检查要求。

3. 写出制动指示器的检查要求。

任务评价

任务：机车车下制动设备检查

班级_____　学号_____　姓名_____　小组_____

	考核项目	考核要求	分值	得分
自评	基础制动装置检查	熟练掌握基础制动装置的检查技术要求	20	
	机车端部风管检查	熟练掌握机车端部风管的检查技术要求	20	
	制动指示器检查	熟练掌握制动指示器的检查要求	20	
	素养考核	安全意识、担当意识、质量意识	20	
小组互评		从知识掌握、小组活动参与度等方面考核	10	
教师评价		根据完成任务的情况等进行评价	10	
	总评		100	

巩固自测

1. HXD$_3$C 型机车在 1 端进行撒砂试验，机车向前运行时，位于（　　）轴前的撒砂装置进行撒砂。

　　A. 1、4 位　　　　　　B. 3、6 位　　　　　　C. 1、3、4、6 位

2. HXD$_3$C 型机车在 1 端进行撒砂试验，机车向后运行时，位于（　　）轴前的撒砂装置进行撒砂。

　　A. 1、4 位　　　　　　B. 3、6 位　　　　　　C. 1、3、4、6 位

3. 停放制动作为一种（　　）制动，用来防止机车停放时意外溜放。

4. HXD$_3$C 型机车一个转向架上有（　　）个带停放的制动单元，机车带停放的制动单元安装在（　　）上。

　　A. 2，1、6 轴　　　　B. 2，1、3、4、6 轴　　　C. 1，1、6 轴

任务三　认知 CCB Ⅱ 型制动系统

项目三任务三课件

任务导入

CCB Ⅱ 型制动系统中的英文字母代表的含义是什么？有何特点？由哪些部分组成？各组成部分之间是如何控制的？每部分在制动系统中起什么作用？

任务目标

知识目标	1. 熟悉 CCB Ⅱ 型制动系统的特点； 2. 熟悉 CCB Ⅱ 型制动系统的组成； 3. 掌握 CCB Ⅱ 型制动系统各部分的作用； 4. 熟悉 CCB Ⅱ 型制动系统的控制原则。
技能目标	1. 会分析 CCB Ⅱ 型制动系统各部分之间的控制关系； 2. 会分析 CCB Ⅱ 型制动系统的控制原则。
素养目标	1. 培养团队协作能力和表达能力； 2. 培养工作中的质量意识和安全意识。

关联知识

一、CCB Ⅱ 型制动系统概述

（一）CCB Ⅱ 型制动系统的发展史

CCB Ⅱ 型制动系统最早装在大秦铁路线运用的 SS_4 改型电力机车上，使大秦铁路在 2004 年成功实现了 2 万吨列车的开行。之后 CCB Ⅱ 型制动系统广泛安装在 HXD_1、HXD_3、HXN_3、HXN_5 等系列机车上。

在采用动力分散牵引模式下，国产 DK-1 型制动机虽然具有充风快、排风快的效果，但不能遥控，在万吨列车中，前部、中部和后部的机车对列车进行充风和排风同步性差，机车车辆纵向冲动大，存在较大的安全隐患。

2004 年 10 月我国引进了具有动力分散无线同步控制功能的 Locotrol 同步操控系统，而 CCB Ⅱ（Computer Control Brake Ⅱ）型制动系统是 Locotrol 系统的重要组成部分之一，该制动机的前身是德国的 KLR 型制动机，后经美国结合 26-L 型制动机的优点而加以改造，研发了 CCB Ⅱ 型制动机，尤其适用于牵引重载列车的机车使用。CCB Ⅱ 型制动系统可以遥控，前部主控机车在操纵列车管的同时发出无线网络指令，以不超过 0.06 s 的时间，使列车中部、后部的各台从控机车同步操纵列车管，消除了万吨列车运行中由于不同步操纵造成的前拉后拽现象，杜绝了断钩事故的发生。

（二）CCB Ⅱ 型制动系统的特点

CCB Ⅱ 型制动系统是基于现场总线的微处理器电空制动控制系统，除了紧急制动作用外，其他所有逻辑都是微机控制的。作为基于网络的电空制动系统，CCBⅡ型制动系统控制准确性高、反应迅速，安全性较高，部件集成化高；可进行部件的线路更换，维护简单，有自我诊断、故障显示及处理方法提示功能。

（三）CCBⅡ型制动系统的控制原则

（1）优先使用机车再生制动，其制动指令由司控器发出。

（2）若再生制动存在时进行常用制动操作，机车制动缸保持零压力，机车实施再生制动，车辆实施空气制动；若常用制动存在时进行再生制动操作，机车制动缸压力下降为零，机车实施再生制动，车辆保持原空气制动压力。

（3）在紧急制动过程中，机车和车辆实施最大的空气制动力。

（4）机车再生制动与单独制动阀产生的机车空气制动可同时存在于机车上。

（四）CCBⅡ型制动系统的电空联合控制模式

（1）在客车模式（即直流供电投入）时采用电空联锁制动模式，如表3-3-1所示。

（2）在货车模式（即直流供电不投入）时采用电空联合制动模式，如表3-3-2所示。

（3）机车动力制动与车辆空气制动可同时使用，机车动力制动力的大小与自动制动手柄对应的列车管减压量所产生的机车空气制动力相匹配。

表3-3-1　客车模式时的电空联锁制动模式

序号	大闸位置	小闸位置	牵引手柄位置	功能
1	运转	运转	电制	根据牵引手柄位置实施
2	运转	制动	电制	机车响应小闸手柄位置实施空气制动。如果制动缸压力小于90 kPa，则机车电制动与空气制动叠加；当制动缸压力大于90 kPa时，则电制动缓解
3	制动	运转	牵引、零位	机车根据大闸的制动申请值相应实施空气制动。如果此时施加电制动，则空气制动逐渐缓解，电制动逐渐上升到目标值
4	制动	运转	电制	机车实施电空联锁，机车按照牵引手柄的位置施加电制动，如果电制动失效，则按照列车管的减压量施加空气制动
5	制动	—	—	侧压小闸手柄可以缓解自动制动作用
6	紧急	—	牵引、零位	空气制动优先，同时保证电制动随时可以施加。当电制动力没有达到40 kN之前，空气制动与电制动叠加；当电制动达到或者超过40 kN时，开始排制动缸的压力，电制动逐渐发挥到目标值。侧压小闸手柄可以缓解自动制动作用，小闸手柄复位后空气制动回复紧急制动作用
7	紧急	—	电制	空气制动优先。电制动下降到零，如果希望再次实施电制动，则需要牵引手柄回到零位后方可实施

注：按下紧急按钮将断开主断，触发空气紧急制动。

表 3-3-2 货车模式时的电空联合制动模式

序号	大闸位置	小闸位置	牵引手柄位置	功能
1	运转	运转	电制	根据牵引手柄位置实施
2	运转	制动	电制	机车根据小闸位置实施空气制动，如果制动缸压力小于 90 kPa，则机车电制动与空气制动叠加，当制动缸压力大于 90 kPa 时，则电制动缓解，机车响应小闸手柄位置实施空气制动
3	制动	运转	牵引、零位	机车实施电空联合制动，机车根据大闸的制动申请值相应的实施电制动，如果此时电制动失效，则按照列车管的减压量实施空气制动
4	制动	运转	电制	机车将实施制动机申请值与电制动申请值较高的电制动，如果此时电制动失效，则按照列车管的减压量实施空气制动
5	制动	—	—	侧压小闸手柄可以缓解自动制动作用
6	紧急	—	牵引、零位	空气制动优先，同时保证电制动随时可以施加，当电制动力没有达到 40 kN 之前，空气制动与电制动叠加，当电制动达到或者超过 40 kN 时，开始排制动缸的压力，电制动逐渐发挥到目标值。侧压小闸手柄可以缓解自动制动作用，小闸手柄复位后空气制动回复紧急制动作用
7	紧急	—	电制	空气制动优先，电制动下降到零，如果希望再次实施电制动，则需要牵引手柄回到零位后方可实施

注：按下紧急按钮将断开主断，触发空气紧急制动。

二、CCB Ⅱ型制动系统组成部件及其功用

CCB Ⅱ型制动系统包括 5 个主要部件：制动显示屏（LCDM），电子制动阀（EBV），电空控制单元（EPCU），集成微处理器模块（IPM），继电器接口模块（RIM），如图 3-3-1 所示。

EBV

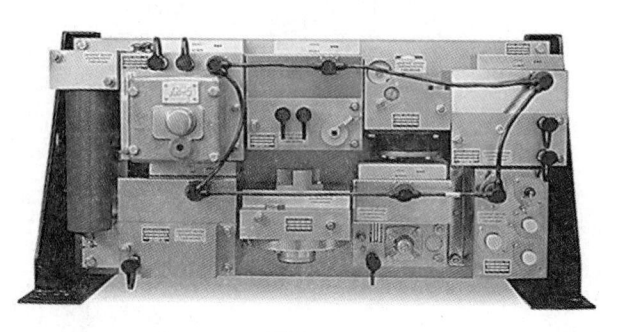

EPCU

LCDM　　　　　　　　RIM　　　　　　　IPM

图 3-3-1　CCB-Ⅱ型制动机的主要部件

（一）制动显示屏（LCDM）

制动显示屏（Locomotive CAB 型 Display Module，简称 LCDM）位于司机室操纵台左侧，如图 3-3-2 所示。制动显示屏是 CCBⅡ型制动机的主要显示和操作装置，它由 10.4 英寸液晶显示器、8 个功能键（F1～F8 键）和 3 个亮度调节键组成。

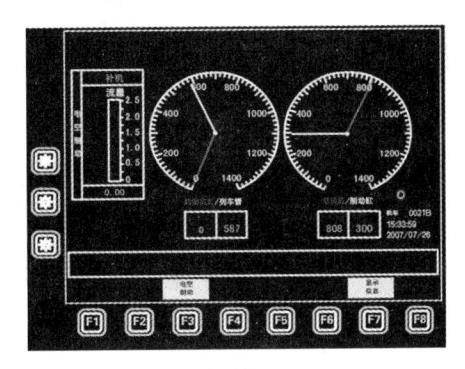

（a）外观　　　　　　　　　　　　（b）界面

图 3-3-2　制动显示屏（LCDM）

8 个功能键用来实现操作菜单的选择及制动功能的锁定。操作菜单可以用中文或英文来显示。HXD$_{3C}$ 型电力机车每端司机室配一台 LCDM，共有两台，由 TCMS 控制的司机室开关接触器控制每一个司机室 LCDM 的得电。当一个司机室的 LCDM 得电后，其信号送到制动系统微机（IPM），主机根据此信号激活对应司机室的电子制动阀（EBV），使其控制机车的制动系统；而另一端司机室的 LCDM 未被激活，其电子制动阀（EBV）也未被 IPM 激活，不能控制机车车辆制动，且未被激活的电子制动阀自动制动手柄需用销子将其锁定在重联位，以免误动作触发紧急制动，单独制动手柄应置于运转位。

制动显示屏在机车正常操作时，实时显示均衡风缸、制动管、总风缸和制动缸的压力值，实时显示制动管充风流量和空气制动模式的当前状况。

通过制动显示屏还可以了解制动机的故障信息，可以对制动显示屏进行以下操作：

（1）对制动机各模块进行自检。

（2）进行本机/补机、均衡风缸压力设定、制动管投入/切除、客车/货车、补风/不补风、风表值标定、故障查询等功能的选择和应用。

（二）电子制动阀（EBV）

电子制动阀（Electronic Brake Valve，简称EBV）位于机车司机台左侧，采用水平安装结构，由自动制动阀和单独制动阀组成，自动制动阀手柄位于左侧，单独制动阀手柄位于右侧，中间为手柄位置指示牌，如图3-3-3所示。除紧急制动外，EBV是全电子阀，在EBV内部有一个机械阀（NB11），当自动制动手柄置于紧急制动位时，此机械阀动作，保证机车车辆在任何状态下均能通过紧急制动位产生紧急制动作用。

图 3-3-3　电子制动阀（EBV）

机车操纵人员通过自动制动手柄和单独制动手柄发出指令，电空控制单元（EPCU）接收到命令后会执行列车制动、缓解和保压作用；同时制动系统微机（IPM）通过EPCU接收到EBV的手柄指令，实时处理EPCU各模块动作执行情况，IPM软件处理后给EPCU发出指令而完成了制动手柄发出的命令。在此过程中，IPM通过处理各压力传感器信号，通过RS-422数据线向LCDM传输总风缸（MR）、列车管（BP）、均衡风缸（ER）、制动缸（BC）压力值及风缸中流量变化等数据，LCDM会实时显示对应的数据。EBV在LON网络上。

（三）电空控制单元（EPCU）

电空控制单元（Electro-Pneumatic Control Unit，简称EPCU）安装在机车空气控制柜（或者空气制动柜）的下方，由电磁阀和空气阀组成8个模块化线路可更换单元（LRU），其中5个模块为智能型的，相互可通信，各模块控制空气管路的压力，是制动系统的执行部件，如图3-3-4所示。

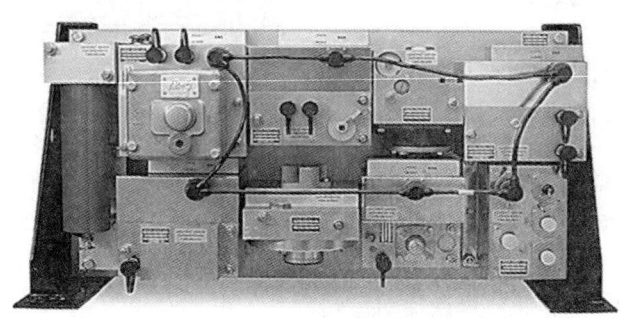

图 3-3-4　电空控制单元（EPCU）

（四）集成微处理器模块（IPM）

集成微处理器模块（Integrated Processor Module，简称IPM）安装在机车空气控制柜内，如图3-3-5所示。它是CCBⅡ型制动系统的中央处理器，进行各制动功能的软件计算，并对各部分软件状态进行检测和维护。它处理所有与制动显示屏（LCDM）有关的接口任务，并通过LON网络传送制动命令给电空控制单元（EPCU）。

集成微处理器模块（IPM）也通过继电器接口模块（RIM）与HXD_{3c}型电力机车控制系统（TCMS）和安全装置（ATP）进行通信。

1. IPM 上的接口

J1——DATALINK 数据传输装置，通过 RS-422 数据线连接制动显示屏 LCDM。

J2——TEST 测试接口，用于系统软件的更新及维护软件的下载。

J3——DP RADIO 远程控制用电台连接接口（HXD$_{3C}$ 型电力机车无此功能）。

J4——AIR BRAKE 连接继电器接口模块。

J5——110VDC POWER 电源输入接口。

J6——EPCU 网络接口，连接电空控制单元。

J7——MVB 远程控制接口（HXD$_{3C}$ 型电力机车连接 TCMS）。

J8——MVB 远程控制接口（HXD$_{3C}$ 型电力机车无连接）。

图 3-3-5 集成微处理器模块 IPM

2. IPM 上的 13 个指示灯

IPM 上有 13 个指示灯，这些指示灯的作用为：

POWER——电源指示，绿色灯光亮，表示 IPM 已供电。

CPU OK——根据内部看门狗计时器，绿色灯光亮显示 IPM CPU 的状况良好，表示 IPM 成功通过每 15 min 进行一次的自检。

DP LEAD——绿色灯光亮表示该机车处于动力分散本务机车模式。

DP REMOTE——绿色灯光亮表示该机车处于动力分散重联机车模式。

DP TX A——黄色灯光亮表示该机车电台 A 正在传输 DP 无线信息。

DP TX B——黄色灯光亮表示该机车电台 B 正在传输 DP 无线信息。

DP RX——绿色灯光亮表示该机车正接收 DP 无线信息。

DP COMM INT——红色灯光亮表示该机车 DP 无线通信故障。

DATALINK FA——红色灯光亮表示该机车 IPM 无法通过数据线与机车控制系统进行通信。

NETWORK FA——红色灯光亮表示 LOCOTROL EB 或 CCB Ⅱ 型制动系统内部（IPM，EPCU and EBV）LON network 通信有问题。

EBV FAIL——红色灯光亮表示 LOCOTROL EB/CCB Ⅱ 制动系统 EBV 失效，可能是电子部分故障或空气部分故障或两者皆有。

EPCU FAIL——红色灯光亮表示 LOCOTROL EB/CCB Ⅱ 制动系统 EPCU 失效，可能是电子部分故障或空气部分故障或两者皆有。

EAB BACKUP——红色灯光亮表示 LOCOTROL EB/CCB Ⅱ 系统已工作于一项后备模式，比如第一总风缸传感器失效，系统工作于第二总风缸传感器。

（五）继电器接口模块（RIM）

继电器接口模块（Relay Interface Module，简称 RIM）位于机车空气控制柜内，如图 3-3-6 所示，是微处理器（IPM）与其他外部电气部件的中间接口，以保证 IPM 接口的统一性。

信号输入部分包括：由安全装置（ATP）产生的惩罚制动和紧急制动，Ⅰ/Ⅱ端司机室操作激活信号，再生制动投入信号，MREP 压力开关工作状态信号，机车速度信号（紧急制动时列车速度低于 5 km/h，制动系统认为机车已经完全停车了，机车认为可以缓解了）。

信号输出部分包括：紧急制动信号，动力切除（PCS）信号，撒砂动作信号，再生制动切除信号，重联机车故障信号。

三、CCBⅡ型制动系统各部件之间的控制关系

在图 3-3-7 所示的各部件中，EBV、EPCU、RIM、IPM 之间通过 LON 网线进行通信，IPM、LCDM 之间通过 RS-422 数据线进行通信，TCMS、RIM 通过开关模拟量进行通信。

图 3-3-6　继电器接口模块 RIM

CCBⅡ型制动机系统主要部件的控制关系如图 3-3-7 所示。

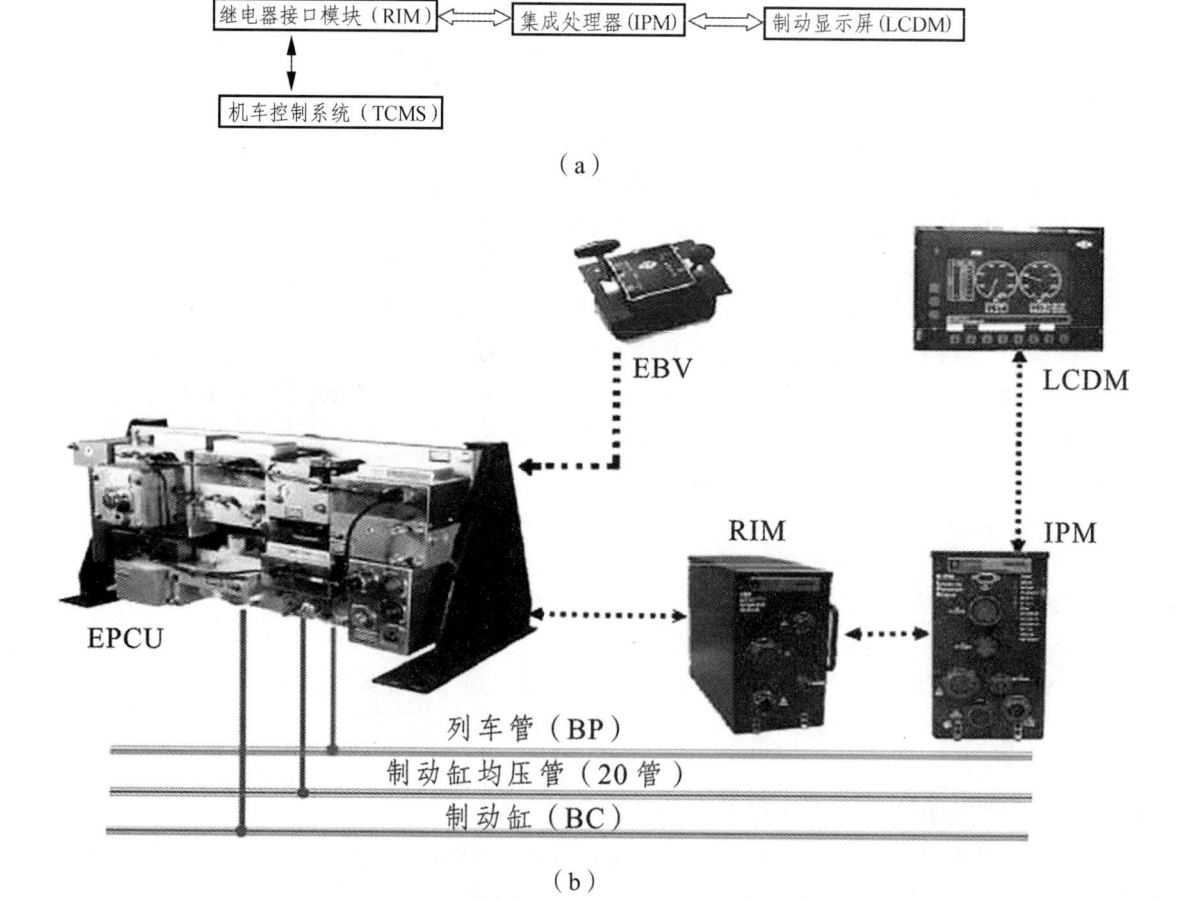

（a）

（b）

图 3-3-7　CCBⅡ型制动系统各部件之间的控制关系

任务实施

学习任务三相关内容,完成任务单 3-3。

任务单 3-3　CCBⅡ型制动系统的组成名称及功用

序号	名称	英文缩写	功用	在机车中的位置
1				
2				
3				
4				
5				

任务评价

任务：熟悉 CCBⅡ型制动系统

班级_____　学号_____　姓名_____　小组_____

	考核项目	考核要求	分值	得分
自评	识别 CCBⅡ型制动系统各部件名称	能够准确、快速地指认并说出名称	20	
	名称与英文缩写对应	能够完全准确地对应	20	
	各部件功能	能够准确、全面地说出各部件功能	20	
	素养考核	团队协作、质量意识、表达能力	20	
小组互评		从知识掌握、小组活动参与度等方面考核	10	
教师评价		根据完成任务的情况等进行评价	10	
		总评	100	

巩固自测

1. 简述 CCBⅡ型制动系统的组成。
2. 简述制动显示屏的功用。
3. 简述 HXD$_{3C}$ 型电力机车的 CCBⅡ型制动系统电空联合控制模式。

任务四　检查司机室制动设备

项目三任务四课件

任务导入

机车司机室有哪些制动设备？叫什么名称？分布在司机室的哪些位置？都起到什么样的作用？机车乘务员上车后应该怎么检查这些设备呢？本任务主要介绍 HXD$_{3C}$ 型电力机车司机室制动设备的相关内容。

任务目标

知识目标	1. 熟练掌握电子制动阀的组成及作用； 2. 熟悉制动显示屏的作用及界面显示信息； 3. 掌握车长阀、紧急按钮、弹簧停放制动按钮的作用； 4. 了解机车司机室其他设备的作用。
技能目标	1. 能正确设置CCBⅡ型制动系统的制动显示屏模式； 2. 能准确操纵电子制动阀和司机室其他制动设备； 3. 会检查机车司机室各制动设备的使用状态并能排除常见故障。
素养目标	1. 通过学习培养安全意识； 2. 培养"精益求精"的工匠精神。

关联知识

一、检查及设置制动显示屏（LCDM）

CCBⅡ型制动系统的操纵方式主要有下面六种。

（一）本机（列车管投入）模式

单独制动控制、自动制动均可控制。列车管压力被投入并随从均衡风缸压力变化。当自动制动手柄移至运转位，ER和BP将加压到空气制动设置中确定的ER设定压力。同时可进行列车管补风/不补风功能选择。正常设置时，可设置为：本机、不补风、定压500 kPa或600 kPa，此时在此端能对机车进行大闸和小闸操作。

1. LCDM制动显示屏当前设置查询

目视检查LCDM屏中制动机的当前设置：进入LCDM屏的"电空制动"界面（点击F3键），查看"电空制动机设置"中的"当前设置"信息，如检查设置为500 kPa、操纵端、投入、货车、不补风，如图3-4-1所示；严禁将以上参数设为非操纵端、切除、客车、补风模式。

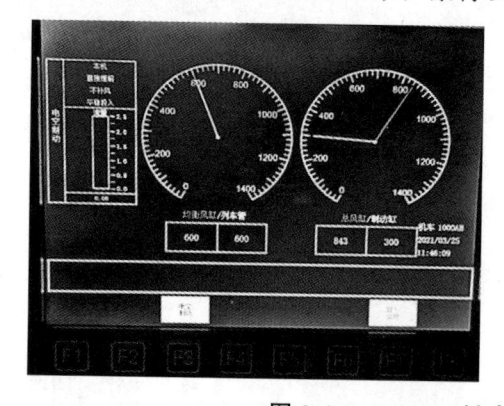

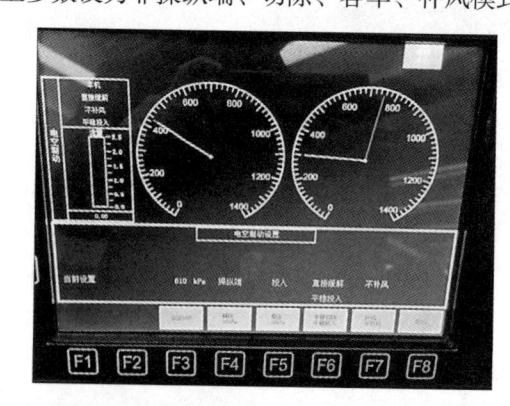

图3-4-1 LCDM制动显示屏的当前设置信息

2. LCDM屏定压500 kPa设置为600 kPa

将定压设置为600 kPa：按F3功能键（电空制动）进入二级界面，按F3（其他）进入三级界面，再按 F3 键（定压 500 kPa/600 kPa）选择定压 600 kPa，点击 F1 键确认，再次按 F1 键执行，如图 3-4-2 所示。

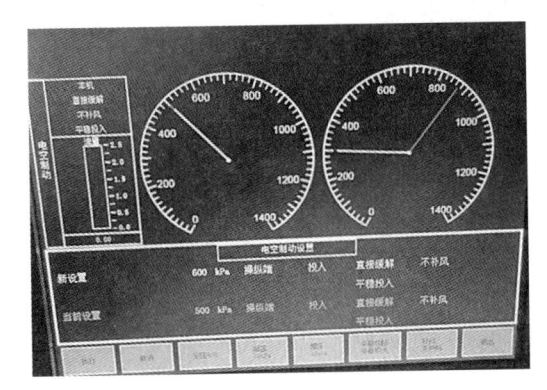

图 3-4-2　LCDM 屏设置定压

3. 补机模式设置为本机模式

将补机模式（非操纵端）设置为本机模式：按 F3 功能键进入二级界面，按 F4 键（操作端/非操作端）将制动机设置为"操纵端"，再按 F5 键（投入/切除）将列车管"投入"，最后按 F1 键执行，如图 3-4-3 所示。

4. 单机模式设置为本机模式

将单机模式设置为本机模式：按 F3 功能键进入二级界面，按 F5 键（投入/切除）将列车管"投入"，最后按 F1 键执行，如图 3-4-4 所示。

图 3-4-3　补机模式设置为本机模式　　　　图 3-4-4　单机模式设置为本机模式

5. 不补风模式设置为补风模式

将不补风模式设置为补风模式：按 F3 功能键进入二级界面，按 F7 键（不补风/补风）设置为"补风"，最后按 F1 键执行，如图 3-4-5 所示。

6. 补风模式设置为不补风模式

将补风模式设置为不补风模式：按 F3 功能键进入二级界面，按 F7 键（不补风/补风）设置为不补风，最后按 F1 键执行，如图 3-4-6 所示。

图 3-4-5　不补风模式设置为补风模式　　　　　图 3-4-6　补风模式设置为不补风模式

（二）客运（阶段缓解）模式

单独制动控制、自动制动均可控制。列车管压力被投入并随均衡风缸压力的变化而变化。当自动制动手柄移至运转位，ER 和 BP 将逐步加压并逐步减小 BC 压力到 0。移动自动制动手柄至运转位，将加压 ER 和 BP 至 EAB（电子空气制动系统）设置中确定的 ER 设定压力，此时 ER 定压为 500 kPa 或者 600 kPa。注意，只有少数 CCB Ⅱ 型制动系统才有此模式，所以不常见。

（三）单机（列车管切除）模式

单独制动控制可通过 EBV 单独制动手柄获得，ER 控制可通过 EBV 自动制动手柄获得。列车管压力被切除，不被均衡风缸压力控制。机车制动作用和缓解作用仍可根据列车管压力的减少和增加而变化，但是此时单机的大闸不能使用，只能依靠单机的小闸操纵机车的制动作用和缓解作用。

设置此模式主要有两种情况：第一，如果两台或者多台机车连挂在一起，可以将本务机车后面的机车制动系统设置为单机模式，如本务机车为本机模式，可以连接制动管，本务机车通过制动管控制后面机车的制动、缓解作用；如本务机车为单机模式，可以只连接平均管，本务机车通过平均管控制后面机车的制动、缓解作用。第二，如只有一台机车在段内或者出段挂车的调车作业，理论上可以设置为单机模式，只用小闸控制机车的制动、缓解作用。具体要根据各铁路局机务段的规定而设置制动机的使用模式。

（四）补机（列车管切除）模式

均衡风缸排大气，列车管压力被"切除"，不受均衡风缸压力的控制，EPCU 将对 EBV 手柄移动不响应，仅当自动制动手柄被移至"紧急位"产生紧急制动作用时才会动作，机车的制动、缓解作用通过平均管来控制。

此模式下的应用如下：如果是重联机车，需要设置为补机模式，并且将机车端部的制动软管、平均软管与本务机车对应软管连挂在一起，连挂制动软管主要是将本务机车的制动、缓解作用通过重联机车的制动软管传递给后方的车辆，使得车辆产生与本务机车相同的制动、缓解作用，而重联机车的制动软管只是处于本务机车和车辆之间的桥梁作用；连挂平均软管主要是将本务机车的制动、缓解作用通过重联机车的平均管传给重联机车；另外，如果牵引客车车辆，还需要将总风重联软管也连接起来，为客车车辆供风。

1. 本机模式设置为补机模式

将本机模式设置为补机模式（非操纵端）：按F3功能键进入二级界面，按F4键（操作端/非操作端）设置为"非操纵端"，按F1键执行，如图3-4-7所示。

2. 本机模式设置为单机模式

将本机模式设置为单机模式：按F3功能键进入二级界面，按F5键（投入/切除）将列车管"切除"，按F1键执行，如图3-4-8所示。

图 3-4-7　本机模式设置为补机模式 　　　　图 3-4-8　本机模式设置为单机模式

（五）无火状态

（1）无火状态（连接在车辆后）：EAB系统没有动力，机车被拖在车辆后（远离本机），制动作用将和货运车辆相同。

（2）无火状态（连接在本机后）：EAB系统没有动力，机车被连接在本机机车后，制动作用将和机车相同。通过平均管可实现单独制动，通过列车管压力变化可实现机车自动制动。无火机车无单缓功能。

二、检查及操纵电子制动阀（EBV）

电子制动阀（EBV）由自动制动阀和单独制动阀组成，左侧为自动制动阀（俗称"大闸"），操纵手柄为自动制动手柄（红色），右侧为单独制动阀（俗称为"小闸"），操纵手柄为单独制动手柄（黑色）。如图3-4-9所示。

图 3-4-9　电子制动阀（EBV）

(一) 自动制动手柄的工作位置及作用

自动制动手柄包括运转位、初制动位(最小减压位)、全制动位(最大减压位)、抑制位、重联位、紧急制动位,初制动位和全制动位之间是常用制动区,即六个工作位置一个制动区。手柄向前推为常用制动或紧急制动作用,手柄向后拉为缓解作用。在重联位时,通过插针可将手柄固定在此位置。

1. 运转位

本机位时使列车全部缓解,即均衡风缸和列车管都充风至定压,机车和车辆制动缸都缓解。而机车设置为补机和单机时,此位置不起作用。本机位时,大闸手柄在运转位时 EPCU 各模块的动作如下:均衡风缸控制部分(ERCP)响应手柄位置,给均衡风缸(ER)充风到设定值;BPCP 响应均衡风缸压力变化,列车管(BP)被充风到均衡风缸设定压力;16CP 响应列车管压力变化,将作用管(16#管)压力排放;BCCP 响应作用管压力变化,机车制动缸(BC)缓解;同时车辆副风缸充风,车辆制动机缓解。

由大闸手柄在运转位的作用可以推导得出 CCB Ⅱ 型制动系统控制列车的气路控制关系如下:

EBV(大闸)→ERCP→ER→BPCP→BP→16CP→16#管→BCCP→BC
　　　　　　　　　　　　　　　　　　　└→车辆制动机

2. 初制动位

本机位时使列车产生初制动作用,即均衡风缸减压 40～60 kPa,列车管也减压,机车和车辆制动机具有初制动作用。而机车设置为补机和单机时,此位置不起作用。本机位时,大闸手柄在初制动位时 EPCU 各模块的动作如下:手柄放置在初制动位时,ERCP 响应手柄位置,均衡风缸压力将减少 40～60 kPa(定压 500 kPa 或 600 kPa);BPCP 响应均衡风缸压力变化,压力也减少 40～60 kPa;16CP 响应列车管压力变化,作用管压力上升到 70～110 kPa;BCCP 响应作用管压力变化,机车制动缸压力上升到作用管压力;同时车辆副风缸给车辆制动缸充风而产生制动作用。

3. 全制动位

本机位时使列车产生常用全制动作用;即均衡风缸压力将减少 140 kPa(定压 500 kPa)或 170 kPa(定压 600 kPa),制动缸压力将上升到 360 kPa(定压 500 kPa)或 420 kPa(定压 600 kPa),机车和车辆制动机具有常用全制动作用。

手柄放置在初制动与全制动之间时(常用制动区),均衡风缸将根据手柄的不同位置减少压力。

4. 抑制位

此位置有两个作用:第一个作用为机车产生常用惩罚制动后,必须将手柄放置此位置使制动机复位后,手柄再放置运转位,机车制动作用才可缓解;第二个作用为在抑制位,机车将产生常用全制动作用。

5. 重联位

当制动机系统在补机或断电状态时手柄应放此位置,并插上插销,以防手柄触碰到紧急制动位产生紧急制动作用或者到其他位置误动作，影响行车安全。另外机车设置为本机位时，在此位置均衡风缸将按常用制动速率减压到 0。

6. 紧急制动位

在此位置，自动制动阀上的机械阀 NB11（原理图中的代号为 D41）动作，列车管排风，从而引起机车管路中的 N97（KM2 紧急放风阀）和触发 EPCU 中 BPCP 的 PVEM 机械紧急阀动作，产生紧急制动作用。NB11 阀如图 3-4-10 所示，KM2 紧急放风阀如图 3-4-11 所示。

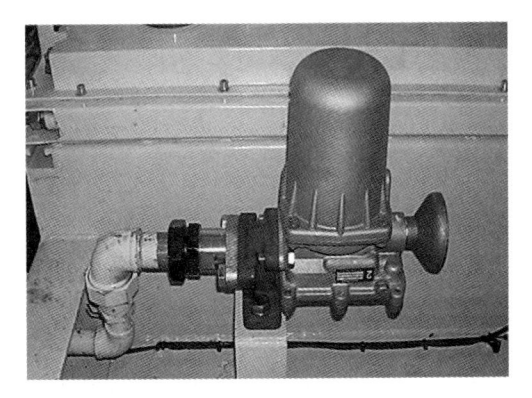

图 3-4-10　NB11 阀　　　　图 3-4-11　KM2 紧急放风阀

（二）单独制动手柄的工作位置及作用

1. 单独制动手柄的工作位置

单独制动手柄包括运转位，通过制动区到达全制动位，手柄也可以向右侧压，手柄向前推为制动作用，向后拉为缓解作用。

2. 单独制动手柄的作用

20CP 响应手柄的不同位置，使制动缸产生作用压力为 0~300 kPa。当侧压手柄时，13CP 工作，可以实现缓解机车的自动制动作用。

由小闸手柄的作用可以推导出 CCBⅡ型制动系统单独控制机车的气路控制关系，即控制机车的控制关系为：

EBV（小闸）→20CP→20#管→BCCP→BC
　　　　　　　　　　↳ 平均管→重联机车制动缸 BC

EBV（小闸侧压）→13CP→16CP→16#管→BCCP→BC
　　　　　　　　　　↳ 20CP→20#管→平均管→重联机车制动缸 BC

（三）EBV 的检查及试验要求

1. 检查要求

（1）用干毛巾擦拭电子制动阀表面，表面清洁、无污物。

（2）检查电子制动阀各零部件齐全完整，无裂纹、破损，装配牢固。风管无破损，接头紧固、连接可靠，无漏泄。

（3）检查插头、插座完好，无缺损、过热。插头座插接牢靠，并使用绝缘胶带将插头向紧固的方向缠绕防护。检查接线良好无破损、接磨。

（4）检查定位销齐全、完好，安装牢固，作用可靠。大闸手柄置重联位时，定位销应能插接到位，定位销插接到位后手柄应无法活动。

2. 试验要求

（1）通电进行试验，各位置准确，动作灵活，无卡滞、异声，手柄无松旷。

（2）制动机试验时，确认手柄各位置作用良好，逻辑关系正确。

三、司机室其他制动相关部件

（一）车长阀 N69

车长阀（见图 3-4-12）在 HXD$_{3C}$ 型电力机车空气管路原理图上的代号为 N69。从原理图上可知，车长阀 N69 直接与制动管 BP 连接，竖直位置为关闭，水平位置为打开。车长阀 N69 打开则列车实施紧急制动作用。

车长阀 N69 检查及试验要求：

（1）拉力确认：将车长阀关闭使手柄达到上止点，两人配合完成，一人使用弹簧秤勾住车长阀手柄最顶端，使弹簧秤或拉力计呈水平状态拉动弹簧秤，如图 3-4-13 所示；另一人确认车长阀开启拉力符合要求，即 HXD$_{3C}$ 型、HXD$_{3D}$ 型、HXD$_{1C}$ 型电力机车的车长阀开启拉力不得小于 50 N。

（2）关闭试验：将手柄关闭，列车管充风后，检查阀体各部无泄漏。关闭位如图 3-4-12 所示。

（3）开通试验：将电子制动阀 EBV 的自动制动手柄置于运转位，待列车管充风 1 min 后，迅速打开车长阀，机车应产生紧急制动作用。

（4）施封：将车长阀关闭使手柄达到上止点，使用单根 0.6 mm 专用铅封铜线穿入车长阀手柄孔、面板施封孔及铅封后，用钳子压紧铅封，确保车长阀手柄处于施封状态，为保证车长阀手柄可靠打开，铅封线不得使用多根，也不得交叉打结并将多余的铅封线剪去。车长阀铅封如图 3-4-14 所示。

图 3-4-12　车长阀　　　图 3-4-13　车长阀拉力图　　　图 3-4-14　车长阀铅封图

（二）紧急停车按钮

紧急停车按钮在 HXD$_{3C}$ 型电力机车电气原理图上的代号为 SA103 和 SA104。先触发

S10.36 排出紧急管（21#管）压力以触发 PVEM，其次是 KM2 和 NB11 阀加速列车管排风，列车产生紧急制动作用。紧急停车按钮如图 3-4-15 所示。

图 3-4-15　紧急停车按钮

（三）压力表

HXD3c 型、HXD3D 型电力机车司机台上均有 2 个双针压力表，在空气管理原理图上的代号分别为 D66 和 D67，分别显示总风管 MR、列车管 BP 和制动缸 BC1、制动缸 BC2 的压力。HXD3c 型电力机车风压表的位置如图 3-4-16 所示。

图 3-4-16　HXD3c 型电力机车压力表的位置

（四）刮雨器

机车每一端有一套刮雨器，端部大玻璃外侧有两个雨刷，另配一个水箱，如图 3-4-17（a）（b）所示。雨刷的工作由司机台侧面的万能转换开关控制其启动、停止、喷水、快慢等动作，如图 3-4-17（c）所示。

（a）刮雨器　　　　　　　　（b）水箱　　　　　　　　（c）万能转换开关

图 3-4-17　雨刷、水箱及万能转换开关

1. 雨刷的检查及试验要求

（1）检查外盖固定螺栓紧固、密封垫完好；检查刷架与转轴安装螺丝紧固、无松脱；刷架调整弹簧涂润滑油。

（2）刷片与刷架连接处的安装螺丝使用防缓螺母紧固，检查雨刷胶条无破损、老化，安装牢固，胶条安装扣紧固到位。

（3）手动检查雨刷开关动作灵活；紧固件须齐全，紧固状态良好；检查接线牢靠，无烧损、无松脱。

（4）间歇控制器各零部件应齐全完整，无缺损、裂纹及变形；螺栓完整齐全；插头、插座检查完整无烧痕、无变形，插接牢固可靠。

（5）保险管完好，连线牢靠，无接磨、过热、烧损，线芯断股不得超过原截面的 10%；保险完好，保险容量为 3 A。

（6）通电试验，刮雨器动作灵活，无卡滞、异声，各挡位工作正常，快慢可调，复位正常；喷淋试验正常，检查各喷嘴无堵塞现象，喷水正常；若喷嘴堵塞则需使用通针疏通。

2. 水箱检查

（1）水箱完好，无老化、破损，对水箱的牢固性进行检查，牢固不得松动。

（2）上水管路无老化、破损，管路畅通。

（3）水箱水位不低于 3/4。水管路畅通，各接头无漏水现象，喷淋管安装牢固，无破损。

（五）脚踏开关

HXD$_3$ 系列机车司机台下方有三个脚踏开关，从左向右分别为脚踏撒砂开关、脚踏警惕开关和脚踏风笛开关，如图 3-4-18 所示。

图 3-4-18　脚踏开关

脚踏开关的检查及试验要求：
（1）检查开关零部件齐全完整，无裂纹、破损，装配牢固。
（2）上盖穿销安装牢固，无松脱。
（3）试验开关运动部件动作灵活、无卡滞，微动开关通断良好。

（六）风笛及弹停按钮开关

在 HXD$_{3C}$ 型电力机车司机台上有高音风笛、停放缓解和停放制动按钮，如图 3-4-19 所示。

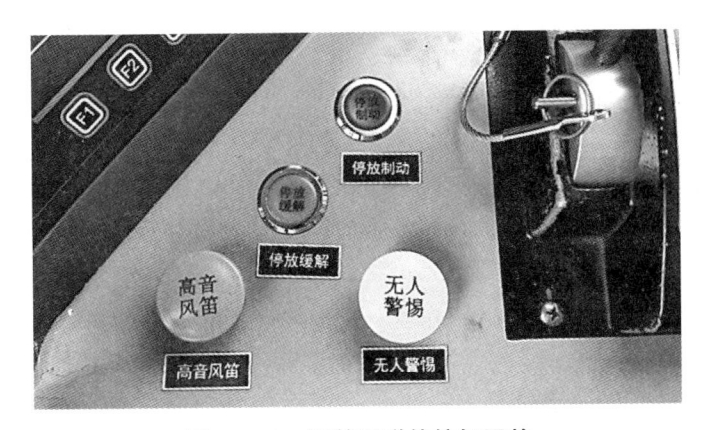

图 3-4-19　风笛及弹停按钮开关

风笛及弹停按钮的检查及试验要求：

（1）检查按钮零部件齐全完整，无裂纹、破损，装配牢固。

（2）微动开关无破损、断裂，动作灵活、无卡滞，接线紧固无松脱。用绝缘胶带防护各按钮联锁接线。

（3）试验按钮开关运动部件动作灵活、无卡滞，微动开关通断良好。（带灯显的按钮须确认灯显正常）

> 拓展知识

1. LCDM 制动显示屏的机车号设置

修改机车号设置：按 F7 功能键进入"信息显示"界面，按 F4 键进入"机车号"界面，通过 F3/F4 选择要调整的内容，通过 F1/F2 进行修改；修改好后按"接受"键确认，如图 3-4-20 所示。

2. LCDM 制动显示屏的时间设置

将 LCDM 屏中的系统时间调整成与 LKJ、TCMS 屏相一致：按 F7 功能键进入"信息显示"界面，按 F4 键进入"时间/日期"界面，通过 F3/F4 选择要调整的内容，通过 F1/F2 进行修改；修改好后按"接受"键确认，如图 3-4-21 所示。

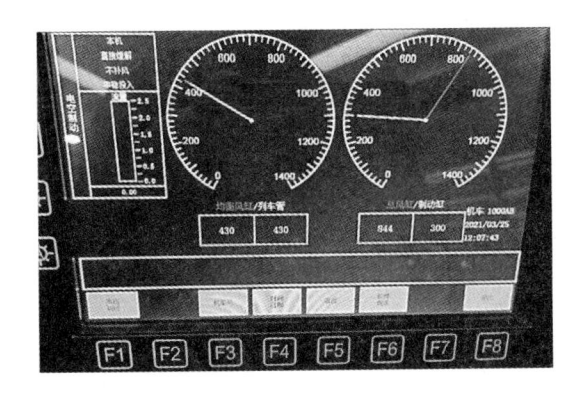

图 3-4-20　LCDM 屏机的车号设置 　　　　图 3-4-21　LCDM 屏的时间设置

3. LCDM 制动显示屏的检查及试验要求

（1）目视外观检查：LCDM 安装螺丝紧固，各零、部件齐全完整，无裂纹、破损，装配牢固；显示屏完好，无变形、裂纹及破损。

（2）目视检查插头、插座完好，无缺损、过热。插头座插接牢靠，并使用绝缘胶带将插头向紧固的方向缠绕防护；检查接线良好无破损、接磨；检查制动显示器 RS-422 及通信、电源接线及接地线，接线紧固，无破损、接磨，其断股不得大于原截面的 5%。

（3）手动检查各键动作应有效，校准制动显示器与监控装置的日期、时间，以监控装置为准不超过 ±15 s。检查显示屏无花屏、黑屏及闪烁现象，显示屏显示内容齐全。

> 任务实施

学习任务四相关内容，完成任务单 3-4。

任务单 3-4　机车司机室制动设备

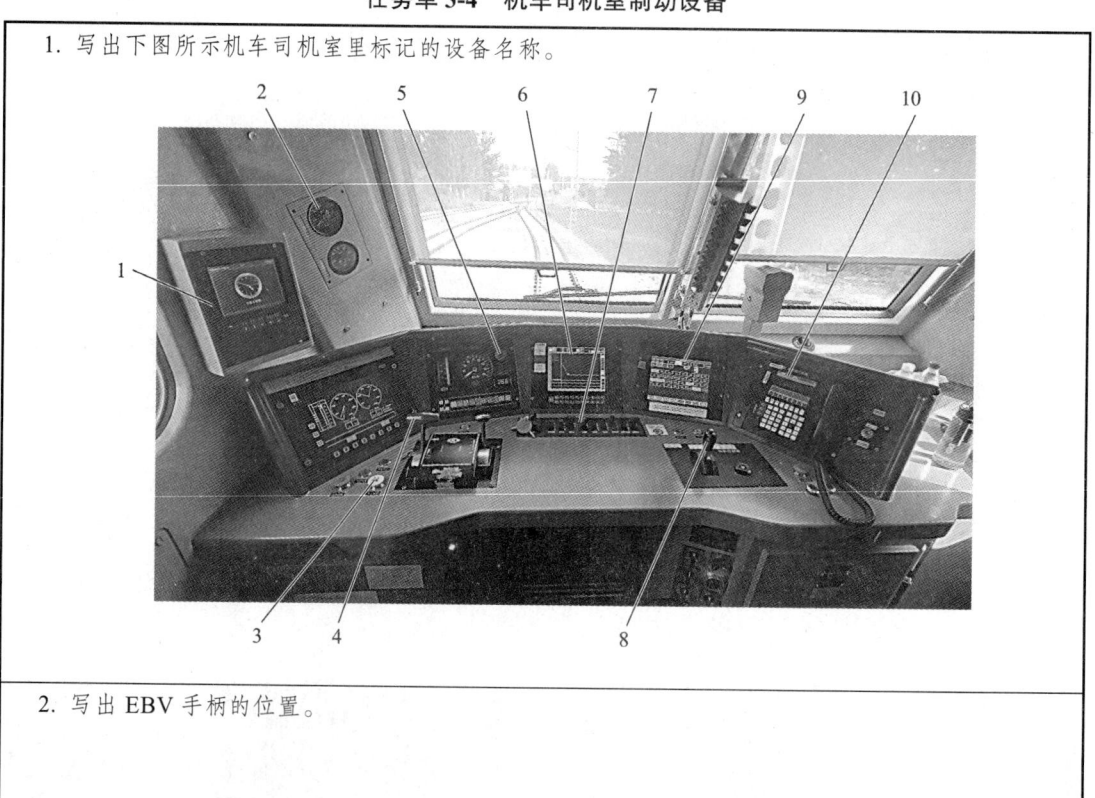

1. 写出下图所示机车司机室里标记的设备名称。
2. 写出 EBV 手柄的位置。
3. 简述 LCDM 本机位模式的设置。
4. 写出 CCB Ⅱ型制动系统的控制关系。

任务评价

任务：机车司机室制动设备检查

班级_____ 学号_____ 姓名_____ 小组_____

	考核项目	考核要求	分值	得分
自评	EBV 检查	会检查 EBV	20	
	LCDM 模式设置	会设置 LCDM 模式	20	
	司机室其他制动设备检查	会检查司机室其他制动设备	20	
	素养考核	安全意识，"精益求精"的工匠精神	20	
小组互评		从知识掌握、小组活动参与度等方面考核	10	
教师评价		根据完成任务的情况等进行评价	10	
	总评		100	

巩固自测

1. CCB Ⅱ型制动机自动制动阀手柄置初制动位，均衡风缸减压量（　　）kPa。
   A. 50～70　　　B. 40～60　　　C. 30～40　　　D. 60～70

2. CCB Ⅱ型制动机单独制动阀手柄置全制动位，制动缸压力为（　　）kPa。
   A. 450　　　B. 500　　　C. 400　　　D. 300

3. CCB Ⅱ型制动机电子制动阀的红色手柄为（　　）。
   A. 单独制动阀手柄　　　　　　B. 自动制动阀手柄
   C. 制动手柄　　　　　　　　　D. 缓解手柄

4. CCB Ⅱ型制动机定压 500 kPa 时，自动制动阀手柄置全制动位，则均衡风缸减压量为（　　）kPa。
   A. 140　　　B. 150　　　C. 160　　　D. 170

5. CCB Ⅱ型制动机定压 500 kPa 时，自动制动阀手柄置全制动位，则制动缸压力为（　　）kPa。
   A. 360　　　B. 390　　　C. 400　　　D. 410

6. CCB Ⅱ型制动机自动制动阀手柄置于初制动位和全制动位之间，则根据其位置关系，作用管与机车制动缸按照（　　）的比例变化。
   A. 1∶1　　　B. 1∶4.5　　　C. 1∶5.5　　　D. 1∶2.5

7. CCB Ⅱ型制动机侧压（　　）手柄，可以实现缓解机车的自动制动作用。
   A. 自动制动手柄　　　　　　B. 单独制动手柄
   C. 电空制动控制器手柄　　　D. 空气制动阀手柄

8. 机车产生惩罚制动后，必须将 CCB Ⅱ型制动机手柄放置（　　）使制动机复位后，手柄再放置运转位，机车制动作用才可缓解。
   A. 初制动位　　　B. 全制动位　　　C. 抑制位　　　D. 重联位

9. 电子制动阀 EBV 置自动制动阀手柄（　　）位，则机械阀动作，列车管压力排向大气。
   A. 初制动位　　　　　　　　　　B. 全制动位
   C. 抑制位　　　　　　　　　　　D. 重联位
10. LCDM 用于选择空气制动模式下（　　）、空气制动检测记录以及系统状况和警报显示。
    A. 制动管的投入　　B. 均衡风缸压力设置　　C. 制动管切除
    D. 制动缸压力控制　E. 制动缸切除　　　　　F. 制动管补风/不补风
11. LCDM 采用液晶显示屏，带有 8 个功能键，用于（　　）选择。
    A. 故障　　　　　　B. 位置信息　　　　　　C. 菜单
    D. 警报显示　　　　E. 功能　　　　　　　　F. 速度信息

任务五　检查空气制动柜的电空控制单元

项目三任务五课件

任务导入

当列车需要减速时，将大闸手柄移至初制动位，此时空气制动柜内的相应模块接受指令，从而让压缩空气进入到基础制动装置制动缸而产生制动作用，实现列车的减速，确保铁路行车安全。那么，空气制动柜内的模块是怎么实施制动的？制动柜内有哪些模块？各模块起什么作用？这些模块是由哪些部件组成的？本任务介绍空气制动柜内的电空控制单元。

任务目标

知识目标	1. 熟练掌握电空控制单元的组成、作用及工作原理； 2. 熟练掌握制动柜内电空控制单元检修要求。
能力目标	1. 能准确识别电空控制单元的各组成部分； 2. 会分析电空控制单元各模块的工作原理； 3. 会分析各模块间的控制关系。
素养目标	1. 培养自主学习、独立思考的能力； 2. 培养责任意识、团队协作精神。

关联知识

一、电空控制单元的组成

电空控制单元（EPCU）由 ERCP（均衡风缸控制部分）、BPCP（制动管控制部分）、16CP（16 号管控制部分）、BCCP（制动缸控制部分）、20CP（20 号管控制部分）、13CP（13 号管控制部分）、DBTV（DB 三通阀）和 PSJB（电源接线盒）8 个模块组成，如图 3-5-1 所示。

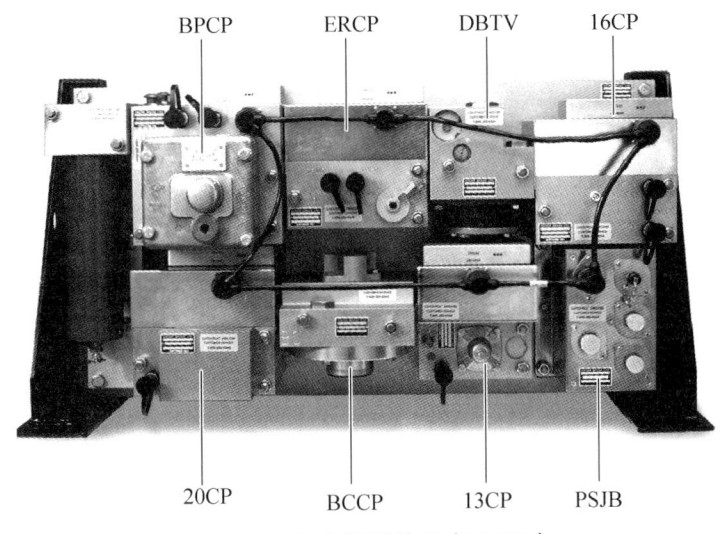

图 3-5-1 电空控制单元（EPCU）

二、均衡风缸控制模块（ERCP）

（一）ERCP 模块的作用

ERCP 模块接收来自 EBV（电子制动阀）的自动制动手柄信号、IPM 以及机车监控系统（ATP）的指令来控制机车均衡风缸的压力。它的功能类似于 DK-1 型制动机中的电空制动控制器、缓解电磁阀、制动电磁阀的联合作用，但又有所不同。ERCP 模块通过电信号能够准确地控制均衡风缸的压力，且具有自保压功能，如果此模块发生了故障，会自动由 16CP 模块来代替其功能；另外无动力回送装置也位于此模块内部。

ERCP 模块的组成和工作原理

（二）ERCP 模块的组成

ERCP 模块由外壳、管座、均衡风缸 ER、缓解电磁阀 REL、作用电磁阀 APP、均衡模块电磁阀 MVER、总风压力传感器 MRT、均衡风缸压力传感器 ERT、均衡压力测试点 TPER、总风测试点 TPMR、过滤器等部分组成，其中无动力回送装置由无动力塞门 DE、压力调整阀 DER、充风节流孔 C2、单向止回阀 CV 等部分组成。各部件的连接如图 3-5-2 所示。

1. 管座

管座是 ERCP 模块的安装座。管座上设有四根管子的连接孔，即制动管 BP、总风管 MR、制动管控制管（BP Control）、均衡风缸备份管 ERBU，其中均衡风缸容积约 1.47 L（90 立方英寸），直接连接在管座上。

2. 缓解电磁阀 REL

缓解电磁阀 REL 为两位两通电磁阀，左位工作时竖直管路连通，右位工作时管路截断。当电磁铁得电时，左位工作，其气路通路为：均衡风缸 ER→均衡模块电磁阀 MVER→均衡风缸通大气，均衡风缸减压。

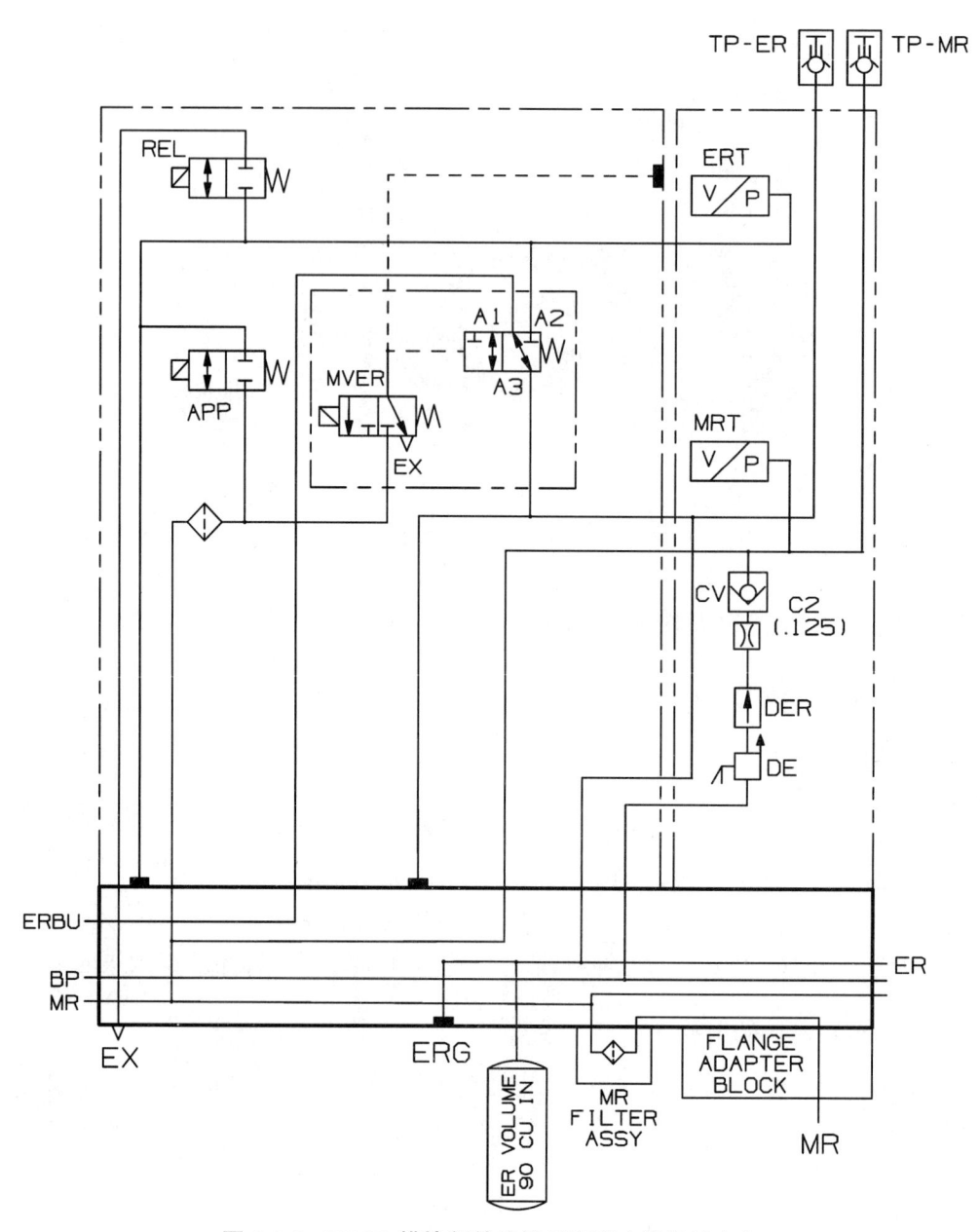

图 3-5-2　ERCP 模块部件连接示意图（缓解状态）

当电磁铁失电：停止均衡风缸通大气，均衡风缸保压。

3. 作用电磁阀 APP

得电：总风通均衡风缸，均衡风缸增压。

失电：停止总风通均衡风缸，均衡风缸保压。

ERCP 模块通过 REL、APP 电磁阀实现对均衡风缸压力的控制。在缓解后或制动后的保压状态时，两个电磁阀均失电。当操作自动制动阀手柄在重联位时，REL 电磁阀得电，将均衡风缸风压排空到零。

4. 均衡模块电磁阀 MVER

得电：产生控制压力，允许机械阀接口 A2 通 A3，从而使均衡风缸接收 REL、APP 电磁阀的指令。

失电：控制压力排向大气，允许机械阀接口 A1 通 A3，从而使均衡风缸与 ERBU 管连通。

MVER 电磁阀用来控制其机械阀的接口连通，是 ERCP 模块的缺省电磁阀。

当制动机断电、机车设置为补机或 ERCP 模块故障处于备用模式下，MVER 电磁阀失电；其他状态下均得电。

5. 总风压力传感器 MRT

总风压力传感器 MRT 产生与第二总风缸压力成比例的电压信号，并通过 IPM 转换，在 LCDM 显示屏上显示总风压力。如果此传感器故障，会自动由 BPCP 模块中的 MRT 压力传感器产生第二总风缸压力，并在显示屏上显示。

6. 均衡风缸压力传感器 ERT

均衡风缸压力传感器 ERT 产生与均衡风缸压力成比例的电压信号，并通过 IPM 转换，在 LCDM 显示屏上显示均衡风缸压力。在备用模式下，其均衡风缸压力由 16CP 模块中的 16T 压力传感器通过 IPM 转换，在 LCDM 显示屏上显示。

7. 均衡风缸压力测试点 TPER

TPER 测试点直接和均衡风缸连接，通过与系统外部的压力表连接，能够检测出任何状态下均衡风缸的实际压力。

8. 总风压力测试点 TPMR

TPMR 测试点直接和第二总风缸连接，通过与系统外部的压力表连接，能够检测出第二总风缸的实际压力。

9. 无动力塞门 DE

无动力塞门 DE 在机车附挂时（无动力回送）使用，有投入和切除两个位置。

投入：将制动管和第二总风缸连通，允许制动管给总风缸充风，机车附挂时使用此位置。

切除：断开制动管和第二总风缸的通路，机车在正常运行时使用此位置。

10. 压力调整阀 DER

当无动力塞门在投入位时，限制制动管给总风缸充风的压力为 250 kPa。

11. 充风节流孔 C2

当制动管给总风缸充风时，限制其压缩空气的流速，使得总风缸能够获得稳定的压缩空气，同时避免制动管压力下降太快而引起机车紧急制动。

12. 单向止回阀 CV

单向止回阀 CV 防止机车在正常状态或无火回送状态时，总风缸压力空气向制动管逆流的现象发生。

三、列车管控制模块（BPCP）

（一）BPCP 模块的作用

BPCP 模块接收来至 ERCP 模块控制的均衡风缸的压力，由内部 BP 作用阀响应其变化并快速产生与均衡风缸具有相同压力的制动管压力，从而完成列车的制动、保压和缓解。它的作用相当于 DK-1 型制动机中继阀的作用。

BPCP 模块的组成和工作原理

此外，BPCP 模块可以监测列车的压力或接收自动制动阀、IPM 的指令，当发现制动管压力快速下降或接收到来自自动制动阀、IPM 的紧急制动指令，BPCP 模块会加快制动管减压，从而产生紧急制动，此作用相当于 DK-1 型制动机中电动放风阀和紧急阀的作用。

（二）BPCP 模块的组成

BPCP 模块由外壳、管座、作用阀 BP、电磁阀 MV53、机械阀 BPCO、制动管压力传感器 BPT、总风压力传感器 MRT、制动管流量传感器 FLT、充风节流孔 C1、制动管压力测试点 TPBP、紧急电磁阀 EMV（74 V）、紧急电磁阀 MVEM（24 V）、气动紧急放风阀 PVEM、充风节流孔 C3 等部分组成。各部件的连接如图 3-5-3 所示。

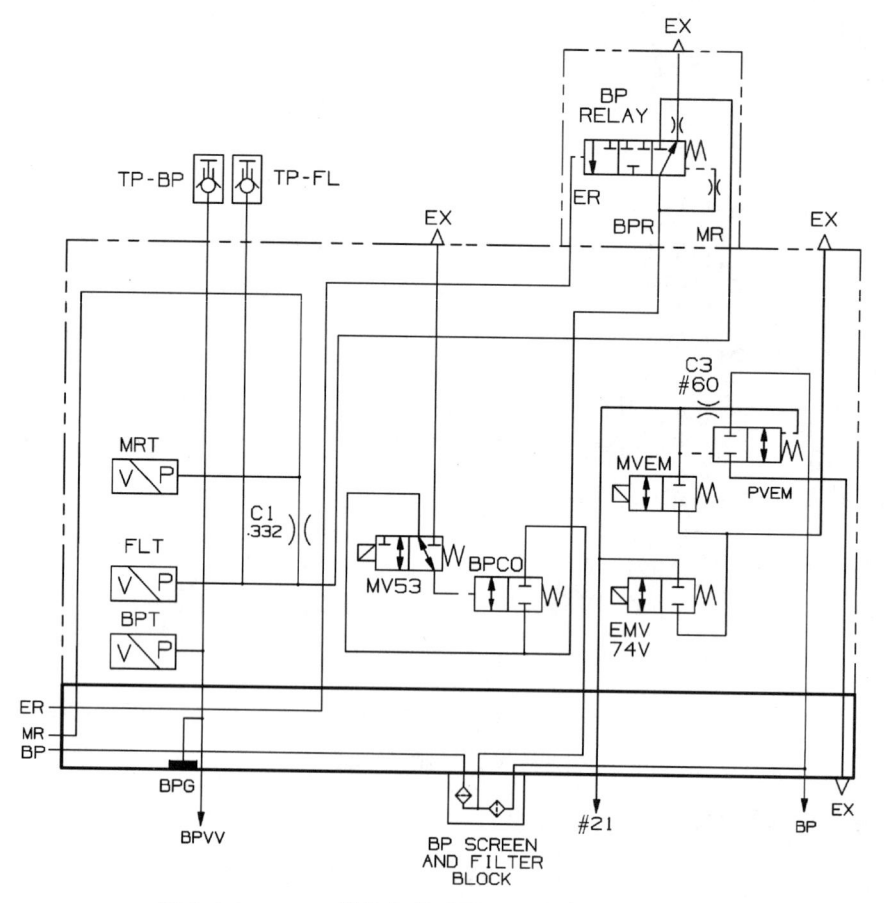

图 3-5-3　BPCP 模块部件连接示意图（缓解状态）

1. 管座

此管座是 BPCP 模块的安装座。管座上设有五根管子的连接孔，即总风管 MR，制动管压力反馈管 BPVV、制动管控制管 ER（BP Control）、21#管、制动管 BP。BPCP 模块的其他部件均集成在外壳内，图 3-5-3 中的下侧虚线框表示外壳。

2. 作用阀 BP

作用阀 BP 接受均衡风缸压力的控制，产生与之相等的制动管压力，实现对列车的制动、缓解控制功能。其排风管路（EX）的制动管排风速度受节流孔限制，使得制动时实施常用制动功能而不会引起紧急制动。此阀是 BPCP 模块的核心部件，是纯机械阀。

3. 电磁阀 MV53、机械阀 BPCO 或遮断阀

电磁阀 MV53 同机械阀 BPCO 共同作用，实现机车制动管投入/切除、补风/不补风、一次缓解/阶段缓解等功能。

电磁阀 MV53 失电：允许由作用阀 BP 产生的制动管压力通过本电磁阀，进而控制机械阀 BPCO 使其开通，BPCO 开通后由作用阀 BP 产生的制动管压力通过机械阀 BPCO，使压缩空气经过过滤后进入列车制动管。

电磁阀 MV53 得电：由作用阀 BP 产生的制动管压力不能通过本电磁阀，并且本电磁阀另一侧控制机械阀 BPCO 的压缩空气排向大气，从而使得机械阀 BPCO 关闭通路，机车（或列车）的制动管路与作用阀 BP 隔离，机车制动管处于保压状态，作用阀 BP 虽仍受均衡风缸压力的控制，但它不再控制机车的制动管压力。

机车正常运行（本机状态，制动管补风，阶段缓解）时，电磁阀 MV53 处于常失电状态，如果正常运行时产生紧急制动作用或将机车设置为单机状态（制动管/切除）、补机状态，电磁阀 MV53 将得电。当制动管压力低于 48～90 kPa 时，BPCO 会自动关闭通路。

4. 制动管压力传感器 BPT

BPT 产生与制动管压力成比例的电压信号，传送给集成处理器 IPM，进行数据处理并通过制动显示屏显示压力值。

5. 总风压力传感器 MRT

MRT 产生与第二总风缸压力成比例的电压信号，并传送给集成处理器 IPM。如果 ERCP 模块上的总风压力传感器故障，MRT 将代替其功能，在显示屏上显示总风压力。

6. 制动管流量传感器 FLT

FLT 产生与经过充风节流孔 C1 的总风压力成比例的电压信号，并传送给集成处理器 IPM。IPM 通过比较 MRT 和 FLT 的电压信号，计算出制动管的充风流速，并在显示屏上显示。

7. 充风节流孔 C1

充风节流孔 C1 的直径为 0.3075 英寸，其作用是限制总风给制动管的充风速度，并且充风时可产生节流孔前后的总风压力降。

8. 制动管压力测试点 TPBP

TPBP 测试点直接和制动管压力反馈管 BPVV 连接，通过与系统外部的压力表连接，能

够检测出制动管的实际压力。

9. 紧急电磁阀 EMV（74 V）

电磁阀 EMV 由集成处理器 IPM 直接控制，产生紧急作用。

电磁阀 EMV 失电：21#管不排风（正常操作模式）。

电磁阀 EMV 得电：21#管排风，产生紧急制动。

10. 紧急电磁阀 MVEM（24 V）

电磁阀 MVEM 接收电子制动阀 EBV 的紧急制动指令，产生紧急制动作用。

电磁阀 MEMV 失电：EBV 不在紧急制动位，21#管不排风。

电磁阀 MEMV 得电：EBV 在紧急制动位，21#管排风，产生紧急制动。

11. 紧急放风阀 PVEM

由于 21#管排风，造成紧急放风阀 PVEM 动作，使得制动管内空气以足够大的流速排向大气，保证紧急制动的发生。

四、16 号管控制模块（16CP）

（一）16CP 模块的作用

16CP 模块的组成和工作原理

16CP 模块用来产生制动缸的控制压力。

在本机状态时，通过对机车制动管的减压量、平均管的压力、机车单独缓解指令以及单独制动阀的控制指令的判断来产生制动缸的控制压力，即 16#管压力；在补机状态时，除了制动管压力降到 140 kPa 以下、总风重联管压力开关动作之外，不再根据制动管的减压而产生制动缸的控制压力，重联机车的制动缸压力由平均管的压力来控制。

在本机模式下，16#管增加的压力与制动管减少的压力的比率为 2.5：1，并且 16#管增加的压力最大不超过（450±15）kPa。

当接收到单独缓解命令或列车管压力增加 14 kPa 时，制动缸压力开始缓解。

当出现电源故障时，16CP 模块对制动缸的控制压力自动进行释放，然后通过 DBTV（本务状态）或者从 20CP 到制动缸中继阀的先导压力来对制动缸压力进行控制。

一旦制动管压力小于 140 kPa，16CP 模块内部的紧急限制阀（ELV）将增加制动缸先导压力到一个常规值 440 kPa，这样会产生一个最小 420 kPa 的制动缸压力。产生的制动缸压力在补机单元不能自动释放，只有当制动管的压力被充风到高于 140 kPa 时，补机单元中的制动缸压力才可随制动管压力增高进行缓解。

在控制单元 ER 故障的情况下，16CP 模块与制动缸隔离，通过 3 个电磁阀的动作连接到均衡风缸（上电 ERBU，断电 MV16 和 MVER），这样 16CP 模块可以控制均衡风缸的压力。制动缸的控制压力则由 DBTV 控制。

在 20CP 模块故障的情况下，16CP 模块可以根据单独制动手柄 EBV 的位置产生制动缸控制压力。这种方式可以在本务机车上产生相应的制动缸压力，但不能在本务机车上产生相应的平均管压力。

（二）16CP 模块的组成

16CP 模块由外壳、管座、缓解电磁阀 REL、作用电磁阀 APP、电磁阀 MV16、三通阀 PVTV、变向阀 DCV2、紧急压力阀 PVE、紧急限压阀 ELV、变向阀 DCV1、压力传感器 16T、制动管压力传感器 BPT、制动缸压力传感器 BCT、充风节流孔 C1、作用管压力测试点 TP16、测试点 TPBC、过滤器及作用风缸等部分组成。各部件的连接如图 3-5-4 所示。

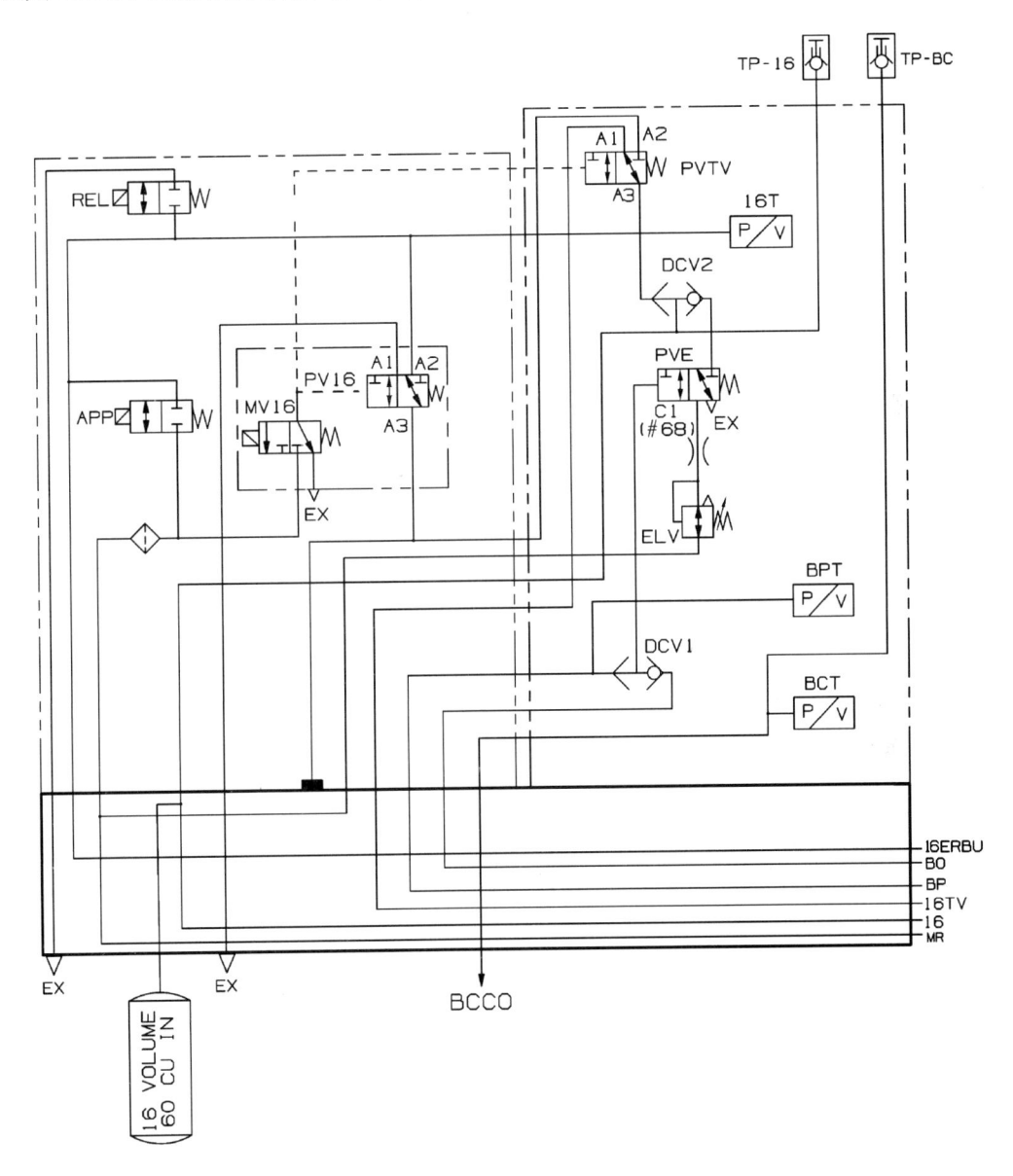

图 3-5-4　16CP 模块部件连接示意图

1. 管座

此管座为 16CP 模块的安装座。管座上设有七根管子的连接孔，即均衡风缸备用管 ERB（13）、总风管 MR、制动缸控制管（16#管）、通 DBTV 控制管（16TV 管）、制动管 BP、单独缓解管（13#管）、制动缸压力反馈管 BCCO。作用风缸（90 立方英寸）直接连接在管座上。16CP 模块的其他部件均集成在外壳内，图 3-5-4 中的下侧虚线框表示外壳。

2. 缓解电磁阀 REL

得电：作用风缸通大气，作用风缸减压。

失电：停止作用风缸通大气，作用风缸保压。

3. 作用电磁阀 APP

得电：总风通作用风缸，作用风缸增压。

失电：停止总风通作用风缸，作用风缸保压。

16CP 模块通过电磁阀 REL、APP 实现对作用风缸压力的控制。当缓解后或制动后，作用风缸达到目标值，两个电磁阀均失电，作用风缸保压。若将机车设置在补机位，则电磁阀 REL 得电，将作用风缸的压力空气排空。

4. 电磁阀 MV16

得电：产生控制压力，允许机械阀接口和三通阀 PVTV 接口的 A2 通 A3，从而作用风缸接收 REL、APP 电磁阀指令。

失电：控制压力排向大气，允许机械阀接口和三通阀 PVTV 接口 A1 通 A3，从而使作用风缸与 DBTV 连通，并受其控制。

电磁阀 MV16 用来控制其机械阀接口的连通，是 16CP 模块的缺省电磁阀。

当制动机断电、ERCP 模块故障处于备用模式、16CP 模块故障处于备用模式时，电磁阀 MV16 失电，16CP 模块失去对作用风缸的控制能力，同时允许 DBTV 模块对作用风缸进行控制，即对制动缸压力进行控制；其他状态无论机车设置为本机/投入、本机/切除或补机，MV16 电磁阀均得电。

5. 三通阀 PVTV

三通阀 PVTV 为机械阀，受电磁阀 MV16 的控制，和电磁阀 MV16 配合作用，完成 16CP 模块对作用风缸的控制或 DBTV 对作用风缸的控制选择或自动转换。在正常的工作状态下，作用风缸的压力控制应由 16CP 模块产生的 16#管压力来完成，但 DBTV 也适时根据制动管的压力变化产生作用风缸的控制压力，但此控制压力在三通阀 PVTV 处被堵截。

6. 变向阀 DCV2

DCV2 从 16/16TV 或 ELV 中选择最高压力，并以此向作用风缸充风。

7. 紧急压力阀 PVE

当 BP 压力低于 140 kPa 时，PVE 动作，接通 ELV 和 DCV2，允许总风通过 ELV 直接进入作用风缸。

8. 紧急限压阀 ELV

ELV 将 MR 压力限制到 440 kPa，使通过紧急压力阀 PVE 控制的作用风缸的压力不超过 440 kPa。

9. 变向阀 DCV1

DCV1 从制动管 BP 和单独缓解管 13 中选择最高压力，最高压力控制紧急压力阀 PVE 动作。

在紧急后自动制动单独缓解时，13 号管强制 PVE 动作，切断总风通往作用风缸的通路，可进行机车缓解。当解除单缓命令后，PVE 恢复原态，BC 压力恢复到 440 kPa。

当使用单独手柄进行单独缓解时，建议将单阀手柄置于制动区，以免单缓后机车突然缓解溜车。

10. 压力传感器 16T

16T 产生与作用管压力成比例的电压信号，传送给集成处理器 IPM 进行数据处理。

11. 制动管压力传感器 BPT

BPT 产生与制动管压力成比例的电压信号，传送给集成处理器 IPM 进行数据处理。

如果 BPCP 模块上的压力传感器 BPT 故障，制动管压力传感器 BPT 将代替其功能，在显示屏上显示制动管压力。

12. 制动缸压力传感器 BCT

BCT 产生与制动缸压力成比例的电压信号，传送给集成处理器 IPM 进行数据处理。并在显示屏上显示制动缸压力。

13. 作用管压力测试点 TP16

测试点 TP16 直接和作用风缸连接，通过与系统外部的压力表连接，能够检测出任何状态下作用风缸的实际压力。

14. 制动缸压力测试点 TPBC

测试点 TPBC 直接和制动缸反馈管 BCCO 连接，通过与系统外部的压力表连接，能够检测出任何状态下制动缸的实际压力。

五、20 号管控制模块（20CP）

（一）20CP 模块的作用

20CP 模块根据制动管减压量、单独缓解命令、本务投入/切除模式下单独制动手柄的位置等判断信号，产生本务和补机的制动缸、平均管压力；平均管控制压力为列车管减压量的 2.5 倍；当制动管压力增加 14 kPa 或者在单独缓解时，平均管压力缓解。

20CP 模块的组成和工作原理

平均管压力直接根据单独制动手柄 EBV 的命令产生，从在运转位的 0 直到全制动时的 300 kPa，平均管可无级变化；平均管压力取常用制动或 EBV 单独制动命令中的压力较高者；20CP 模块在电源故障时进行压力保持，不会排风也不会向平均管供风；20CP 模块只在本务机车上有效，故障后会在 LCDM 或仪表上显示一个恒定的制动缸压力值。当 20CP 模块故障时，16CP 模块会根据本务机单独制动命令产生制动缸压力，但平均管没有压力；20CP 模块在补机模式下不起作用。

（二）20CP 模块的组成

20CP 模块由外壳、管座、缓解电磁阀 REL、作用电磁阀 APP、电磁阀 MVLT、20R 阀、PVLT 阀、压力传感器 20TL、压力传感器 20TT、充风节流孔 C1、平均管压力测试点 TP20、过滤器及作用风缸等部分组成。各部件的连接如图 3-5-5 所示。

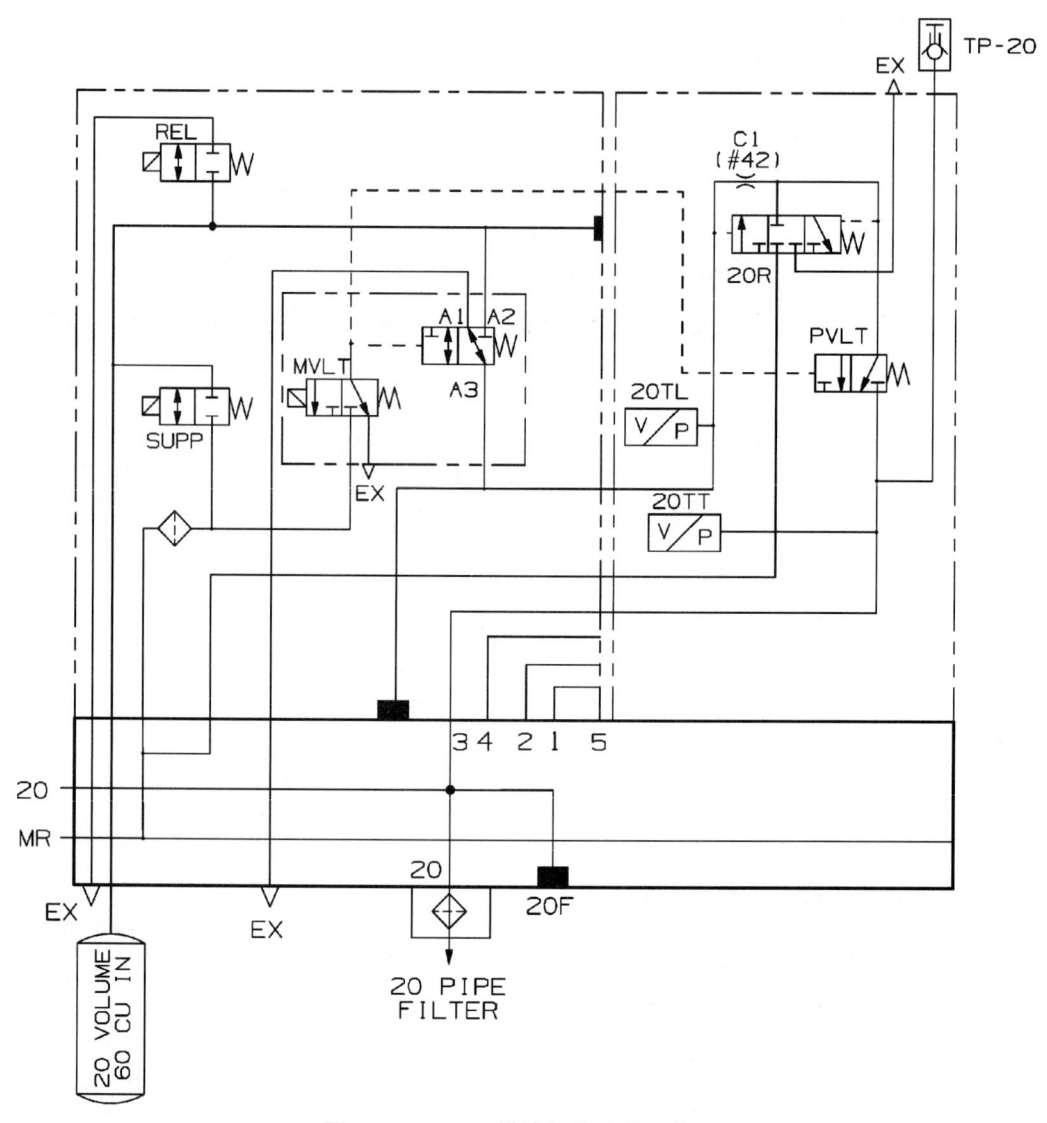

图 3-5-5　20CP 模块部件连接示意图

1. 管座

此管座为 20CP 模块的安装座。管座上设有两根管子的连接孔，即总风管 MR 和平均管（20#管）。作用风缸（45 立方英寸）直接连接在管座上。

2. REL 缓解电磁阀

得电：作用风缸通大气，作用风缸减压，平均管排风。

失电：停止作用风缸通大气，作用风缸保压，平均管停止排风。

3. 作用电磁阀 APP

得电：总风通作用风缸，作用风缸增压，平均管充风；

失电：停止总风通作用风缸，作用风缸保压，平均管停止充风。

20CP 模块通过 REL、APP 电磁阀实现对作用风缸压力、平均管压力的控制。在缓解后或制动后，作用风缸达到目标值，两个电磁阀均失电，作用风缸保压。若将机车设置在补机位，两个电磁阀均在失电状态。

4. 电磁阀 MVLT

得电：产生控制压力，允许机械阀接口的 A2 通 A3，同时开通 PVLT 阀，从而实现通过控制电磁阀 REL、APP 对平均管进行控制。

失电：控制压力排向大气，允许机械阀接口 A1 通 A3，同时关闭 PVLT 阀，从而使 20CP 失去对平均管的控制能力。

MVLT 用来控制其机械阀接口的连通和 PVLT 阀的通断，是 20CP 模块的缺省电磁阀。当制动机断电、20CP 模块故障、机车处于补机模式时，MVLT 阀失电，PVLT 阀关闭，20CP 模块失去对平均管的控制能力。机车平均管管路呈自保压状态；机车设置为本机/投入、本机/切除时，MVLT 电磁阀均得电。

5. 20R 阀

在 20CP 模块对平均管控制时，提供较大的充风通道。

6. PVLT 阀

PVLT 阀和 MVLT 电磁阀配合使用，实现 20CP 模块对平均管的控制。PVLT 阀只有一个通路，在关断后不能将机车平均管排空。

7. 压力传感器 20TL

机车在本机模式下，20TL 产生与平均管控制压力成比例的电压信号，传送给集成处理器 IPM 进行数据处理。

8. 压力传感器 20TT

机车在补机模式下，20TT 产生与机车平均管压力成比例的电压信号，传送给集成处理器 IPM 进行数据处理。

9. 平均管压力测试点 TP20

TP20 直接和 PVLT 阀前部的平均管相连，通过与系统外部的压力表连接，能够检测出任何状态下平均管的实际压力。

六、13 号管控制模块（13CP）

（一）13CP 模块的作用

当单独制动手柄推至一边时，13CP 模块控制 13#管充风，对 DBTV 里的 BO 阀进行控制，排空 16TV 作用管的风压；同时制动系统控制 16CP 模块中的缓解电磁阀，排空作用风缸和 16#管作用管的压力，实现单缓机车制动缸压力（该压力由自动制动产生）。另外，在 ER 备用情况下，13CP 模块与 16CP 模块共同动作来实现均衡风缸的压力控制。

13CP 模块的组成和工作原理

（二）13CP 模块的组成

13CP 模块由外壳、管座、MV13S 电磁阀和 ERBU 电磁阀等各部件组成，各部件的连接如图 3-5-6 所示。

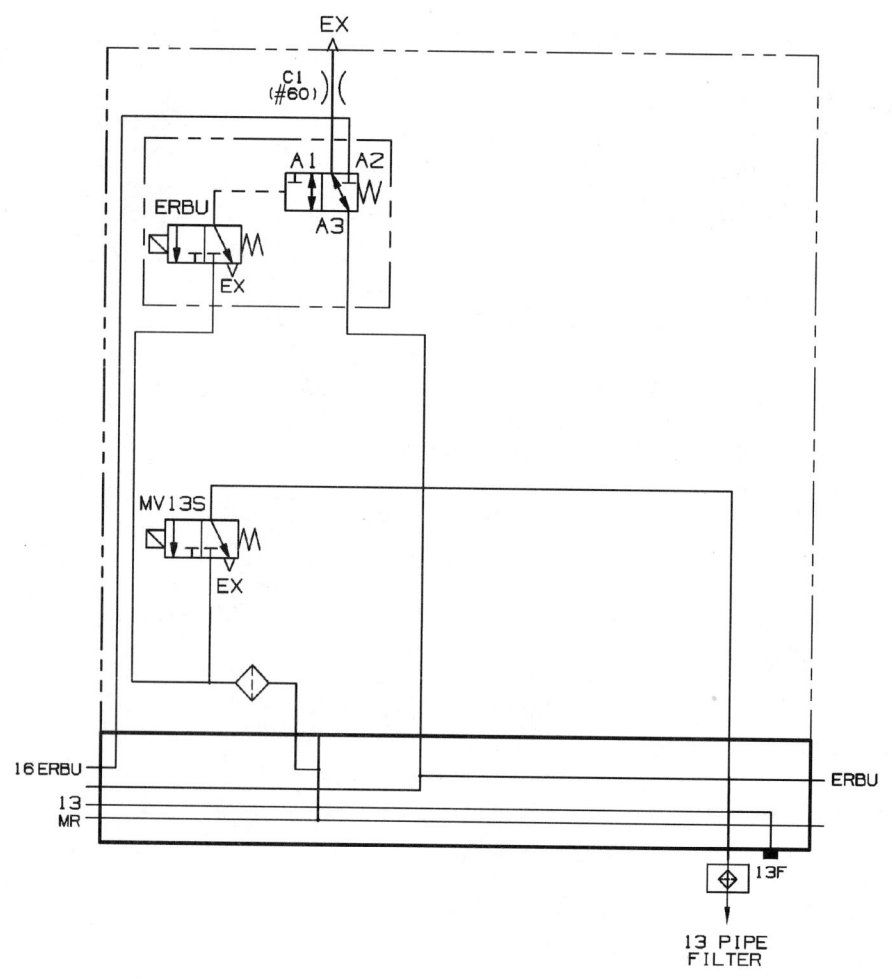

图 3-5-6　13CP 模块部件连接意图

1. 管座

此管座为 13CP 模块的安装座。管座上设有三根管子的连接孔，即总风管 MR、通往 16CP 的 ERBU 管、通往 DBTV 的 13#管。

2. 电磁阀 MV13S

单阀侧压，得电：总风缸给 13#管充风，帮助 DBTV 内部实现机械的单缓功能。
单阀恢复，失电：停止总风缸给 13#管充风。

3. 电磁阀 ERBU

ERBU 和 16CP 模块、ERCP 模块配合使用，当 ERCP 模块故障失效时，系统自动使 MVER 失电、MV16 失电、ERBU 得电，利用 16CP 模块中的缓解电磁阀 REL、作用电磁阀 APP 代替 ERCP 中的缓解电磁阀 REL、作用电磁阀 APP 的作用，用电磁阀 ERBU 代替 16CP 模块中电磁阀 MV16 的功能，实现对均衡风缸的控制。

七、制动缸控制模块（BCCP）

（一）BCCP 模块的作用

BCCP 模块从 16CP 模块或平均管接收到制动缸命令，机械产生制动缸压力。BCCP 模块是大容量的空气中继阀，它使用主风缸作为供风、使用 16#管和平均管作为控制，对机车制动缸进行充风和放风，使制动缸压力必须与 16#控制管或平均管压力相匹配。在失电情况下，BCCP 模块会使制动缸通过 PVPL 与平均管连接，这样补机就可以同本务机一样产生制动。PVPL 在均衡风缸后备压力是 69 kPa 或更高时开通。失电时，13CP 模块缩堵限制均衡风缸压力的释放，从而本务机的 PVPL 可以将其制动缸与平均管相连而产生平均管压力，用于产生补机制动缸压力。电空互锁电磁阀也位于 BCCP 模块的 16#管路中。

（二）BCCP 模块的组成

BCCP 模块由外壳、管座、BCCP 作用阀、DCV1 变向阀、PVPL 阀等部件组成，各部件的连接如图 3-5-7 所示。

1. 管座

此管座为 BCCP 模块的安装座。管座上设有五根管子的连接孔，即总风管 MR、通往 16CP 的 16#管、通往 20CP 的 20#管、通往 13CP 的 ERBU 管、通往制动缸的 BC 管。

2. BCCP 作用阀

BCCP 是大容量的空气中继阀。BCCP 按照 16#管控制压力或平均管压力 1∶1 的比率提供制动缸压力。

3. DCV1 变向阀

DCV1 在 16#管和 20#平均管中选择最高压力，导通此压力作为 BCCP（制动缸中继阀）的控制压力。

BCCP 模块的组成和工作原理

图 3-5-7 BCCP 模块部件连接示意图

4. PVPL 阀

PVPL 阀在 ERBU（均衡风缸备份）工作期间，或 ERCP 断电均衡风缸排风（重联位或断电）期间，连接制动缸和机车平均管，避免 20CP 模块不能工作时，本机机车不能产生平均管的压力，从而导致补机没有制动缸压力。

八、DB 三通阀（DBTV）

（一）DBTV 模块的作用

在电气失效模式下，DBTV 模块为 16CP 模块提供了一个空气备份，用来控制制动缸中继阀。制动管充风缓解时，DBTV 使制动管向 EPCU 上的辅助风缸充风。当制动管压力降低时，DBTV 从辅助风缸向 16TV 管充风，与制动管减压成正比。当产生全制动时，DBTV 会使辅助风缸与 16TV 管和 3 号风缸压力均衡，从而达到全制动。

（二）DBTV 模块的组成

DBTV 模块由外壳、管座、DBTV 阀、BO 阀、缩堵、辅助风缸和 3 号风缸等部件组成。各部件的连接如图 3-5-8 所示。

DBTV 模块的组成和工作原理

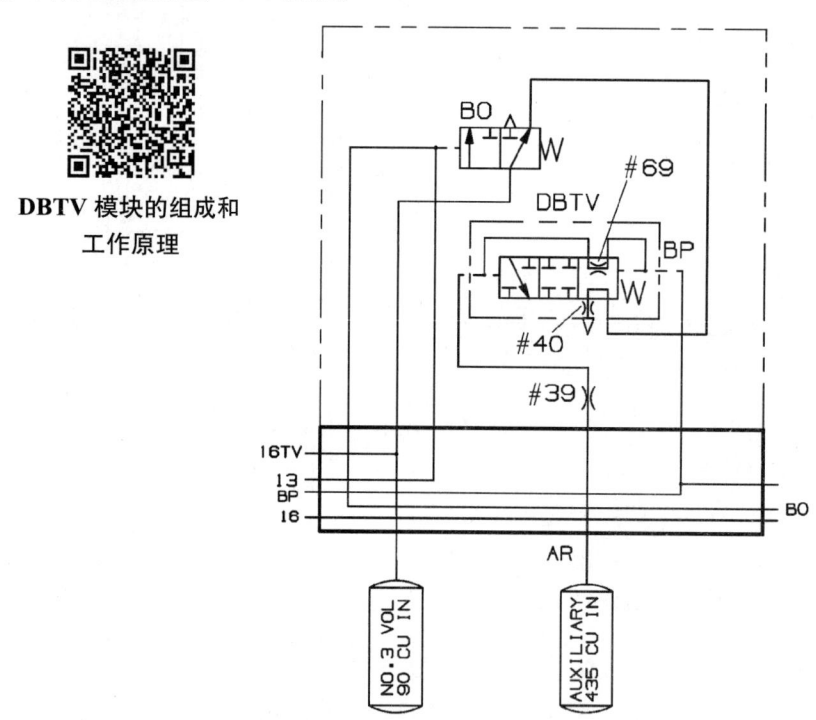

图 3-5-8 DBTV 模块部件连接示意图

1. 管座

此管座为 DBTV 模块的安装座。管座上设有三根管子的连接孔，即制动管 BP、通往 16CP 的 16TV 管、通往 13CP 的 13#管。辅助风缸（435 立方英寸）和 3 号风缸（60 立方英寸）直接连接在管座上。

2. DBTV 阀

BP 压力增加：16TV 管排风，制动缸缓解，制动管给辅助风缸充风。

BP 压力降低：辅助风缸和 16TV 管接通，16TV 充风，制动缸作用。

BP 压力不变：16TV 关闭，充风、排风作用停止。

由于 DBTV 阀为纯机械结构，为使每次产生的制动缸控制压力达到目标值，在列车缓解时，辅助风缸必须完全充满。

3. BO 阀

BDTV 中的 13#管压力高于 140 kPa 时，将导致 16TV 排风，自动制动作用缓解。

九、电源接线盒（PSJB）

PSJB 内置电源，为 CCBⅡ型制动机供电（将 110 V 电压转换到 24 V），在外部具有多个接插件，允许 EPCU、EBV、IPM 和 RIM 相互连接。

十、EPCU 电空控制单元 C1-C3 修程的检修要求

以某机务段的 C1-C3 修程为参考，EPCU 的 C1-C3 修程的检修要求如下：

（1）检查 EPCU 的排气孔及各接头。排气孔应通畅，接头连接应正常，无泄漏。

（2）检修 EPCU 过滤器：

① 使用皮带扳手旋开总风过滤器杯罩更新总风管 MR 过滤器；使用 19 mm 扳手拆开滤芯固定模块更新列车管 BP、平均管 BCEP 及 13#管用过滤器。

② 打开位于总风过滤器体底部的手动排水阀，排放总风过滤器中的液态冷凝水。

（3）检查各压力测试口：

① 各零部件齐全完好，安装牢固，无泄漏。

② 检查各模块紧固螺栓无松缓现象，无漏泄现象。

③ 模块接地线紧固，连接完好；底部风管接头紧固。

（4）检查支架安装六角螺栓：

① 六角螺栓没有松动、缺失。

② 支承板无变形、腐蚀或明显的污物等损伤，支承板背面空气管路连接密封性良好，无漏泄。

③ 单个设备和支承板之间连接状态良好，无漏泄。

（5）检查各模块安装：

① 紧固良好，无外壳变形、腐蚀或明显的污物等损伤。

② 电缆组件的电气接口连接正确；卡口型插头没有松动。

③ 电气接口没有出现如热负荷或绝缘损坏等损伤。

④ 无火塞门处于正常位，使用单根专用铅封线穿入塞门手柄施封孔及铅封后，用钳子压紧铅封，确保塞门手柄处于施封状态，并将多余的施封剪去。

⑤ 更换模块时需检查插头内部密封圈齐全完好。

⑥ 各插头使用胶带防护，方插头除外。

任务实施

学习任务五相关内容，完成任务单3-5。

任务单3-5 电空控制单元

1. 写出电空控制单元各模块英文缩写和对应中文名称。
2. 写出ERCP模块的组成。
3. 简述16CP模块的作用原理。

任务评价

任务：识别电空控制单元

班级_____ 学号_____ 姓名_____ 小组_____

	考核项目	考核要求	分值	得分
自评	识别EPCU各组成模块	能准确、快速地指认并说出名称	20	
	各组成模块的作用分析	能准确分析各组成模块的工作原理	20	
	检查EPCU	能按照检查要求检查EPCU	20	
	素养考核	独立思考、团队协作、责任意识	20	
小组互评		从知识掌握、小组活动参与度等方面考核	10	
教师评价		根据完成任务的情况等进行评价	10	
总评			100	

巩固自测

一、判断题

1. 集成处理器模块IPM管理所有与LCDM有关的接口任务。（   ）

2. IPM前端有13个LED指示灯，用来反馈系统状况。对于正常制动操作，顶端两个绿色的灯应该是亮的，红色的制动故障灯应该是不亮的。（   ）

二、选择题

1. 均衡风缸控制模块ERCP上的无动力回送塞门DE打到"投入"位时，连通的通路是（   ）。

　　A. 均衡管与列车管　　B. 列车管与平均管　　C. 列车管与第二总风缸

2. 均衡风缸控制模块ERCP中的作用电磁阀APP失电时，其作用为（   ）。

　　A. 总风通均衡风缸的通路被关断，均衡风缸保压。

　　B. 均衡风缸通大气的通路被关断，均衡风缸保压。

　　C. 总风通均衡风缸，均衡风缸增压。

3. 均衡风缸控制模块 ERCP 在本机状态下，响应自动制动阀指令，控制均衡风缸压力及（　　）压力。

  A. 总风缸   B. 平均管   C. 列车管预控

4. 均衡风缸控制模块 ERCP 中的缓解电磁阀 REL 失电时，作用为（　　）。

  A. 均衡风缸通大气，均衡风缸减压。

  B. 均衡风缸通大气的通路被关断，均衡风缸保压。

  C. 总风通均衡风缸，均衡风缸增压。

5. （　　）在本机状态时，通过相应列车管减压和单缓指令，产生平均管压力。

  A. BPCP   B. 20CP   C. 13CP   D. 16CP

6. 自阀手柄在运转位时，16CP 模块响应（　　）压力变化，将作用管压力排放。

  A. 列车管   B. 制动缸管   C. 均衡风缸管

7. 紧急限压阀 ELV 限定压力为（　　）kPa。

  A. 440   B. 250   C. 100

8. 16CP 控制模块中的 APP 作用电磁阀得电时，其作用为（　　）。

  A. 作用风缸通大气，作用风缸减压。

  B. 总风缸同作用风缸通路被关断，作用风缸保压。

  C. 总风通作用风缸，作用风缸增压。

9. 当列车管 BP 压力低于（　　）kPa 时，紧急压力阀 PVE 动作，允许总风通过 ELV 直接进入作用风缸。

  A. 250   B. 140   C. 100

10. 16CP 控制模块中的 REL 缓解电磁阀失电时，其作用为（　　）。

  A. 作用风缸通大气，作用风缸减压。

  B. 作用风缸通大气通路被关断，作用风缸保压。

  C. 总风通作用风缸，作用风缸增压。

三、简答题

1. 当 16CP 故障时，分析 DBTV 模块的动作。
2. 自动制动阀从制动区移至运转位，16CP 怎么动作？

任务六　检查空气制动柜的辅助控制模块

项目三任务六课件

任务导入

  机车司机闭合升弓扳键开关，压缩空气通过空气制动柜内的升弓控制模块的动作而使受电弓升起。那么，受电弓怎么升起来的？空气制动柜内有哪些辅助控制模块？各模块起什么作用？模块由哪些部件组成？本任务让我们认识空气制动柜的辅助控制模块。

> 任务目标

知识目标	1. 熟练掌握空气制动柜的辅助控制模块的组成； 2. 熟练掌握制动柜内辅助控制模块的作用及工作原理。
能力目标	1. 准确识别制动柜内辅助控制模块各组成部分； 2. 会检查辅助控制模块； 3. 能判断及查找辅助控制模块故障。
素养目标	1. 培养服务旅客的责任意识和服务意识； 2. 培养安全意识和团队协作精神。

> 关联知识

一、辅助控制模块的组成

HXD$_3$c 型电力机车的 CCBⅡ型制动系统制动柜的辅助控制模块由调压器控制模块 P50、升弓控制模块 U43、弹簧停放制动控制模块 B40、制动缸切除模块 Z10、撒砂控制模块 F41、弹簧停放辅助模块 R30、紧急放风控制模块 S10 等部分组成，如图 3-6-1 所示。

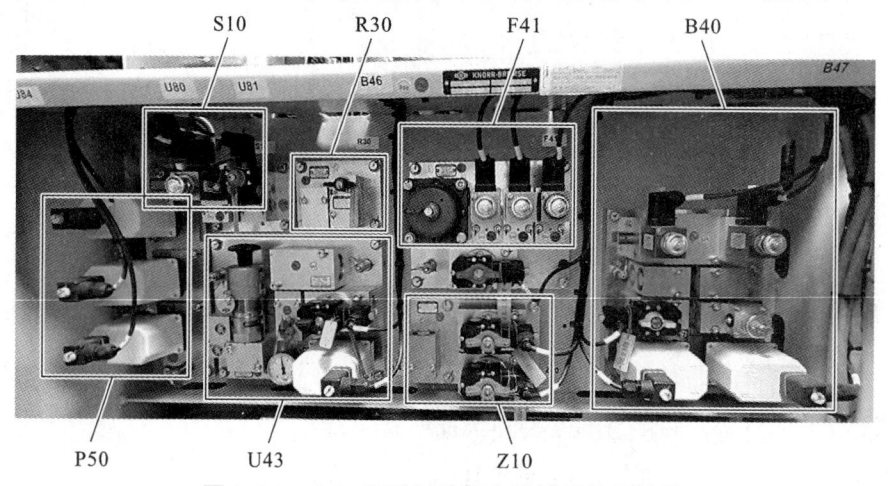

图 3-6-1　CCBⅡ型制动柜内的辅助控制模块

二、调压器控制模块（P50）

（一）P50 模块的作用和组成

P50 模块的作用是：控制主空压机的启动和停止。

P50 模块位于空气控制柜内，由单台压缩机组启停开关 P50.72 [压力范围为（750±20）~（900±20）kPa]、双台压缩机组启停开关 P50.75[压力范围为（680±20）~（900±20）kPa]、总风低压保护开关 P50.74[压力范围为（500±20）~（600±20）kPa] 三个压力开关组成，图 3-6-2 所示为 P50 模块的组成和原理示意图。

P50 模块的作用和工作原理

（a）组成　　　　　　　　　（b）原理图

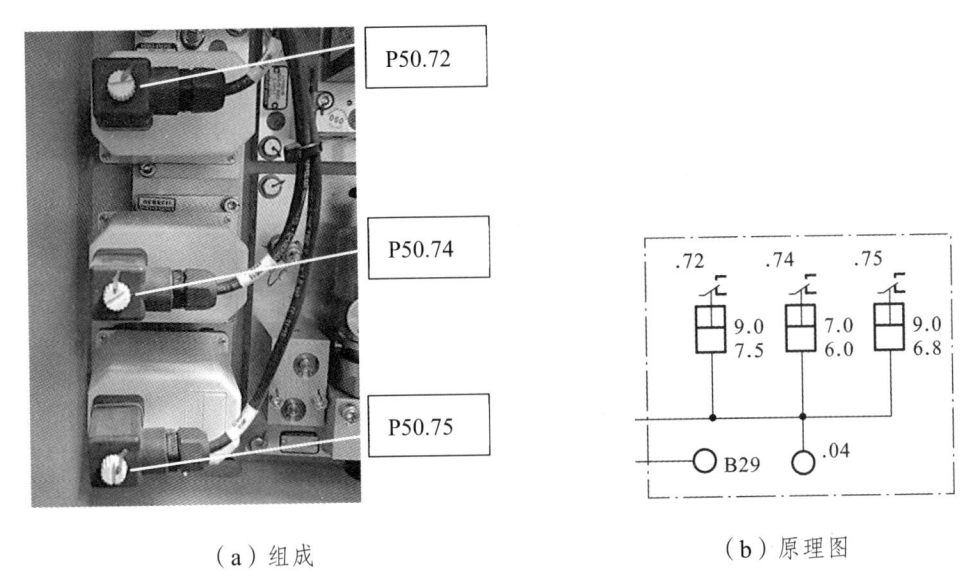

图 3-6-2　P50 模块的组成和原理图

（二）P50 模块的工作原理

当总风压力低于（750±20）kPa 时，P50.72 开关动作，操作端对应压缩机组启动；当总风低于（680±20）kPa 时，P50.75 开关动作，两台压缩机组分别启动；当总风压力达到（900±20）kPa 时，两台压缩机组均停止工作。当总风压力低于（500±20）kPa 时，P50.74 开关动作，机车牵引封锁（动力制动仍可投入），确保机车内保留有能够安全停车用的压缩空气。

允许压缩机组延时工作。

（1）当总风缸压力达到（900±20）kPa 时，空气压缩机组进入空载（延时）运转，压缩空气在机组内部循环，不再向总风缸供风。

（2）当总风缸压力降到（750±20）kPa 时，操纵端对应的空气压缩机组进入加载运转，压缩机组向总风缸供风。

（3）当总风缸压力降到（680±20）kPa 时，两台空气压缩机组均进入加载运行程序，同时向总风缸供风。

（4）若压缩机组单次空载（延时）运转时间超过 20 min，该机组停止运行。若压缩机组在空载时间内，总风压力降到（750±20）kPa 或（680±20）kPa 以下，对应压缩机组的空载时间将重新计算。

三、升弓控制模块（U43）

（一）U43 模块的作用和组成

升弓控制模块（U43）的作用是：为受电弓和主断路器提供干燥、稳定的压缩空气。机车升弓指令投入后，若升弓风缸压力低于 480 kPa 时，压力开关（U43.02）动作发出指令，辅助压缩机自动投入工作，当升弓风缸压力高于 735 kPa 时，压力开关（U84）动作发出指令，辅助压缩机自动停止工作，同时干燥风缸（U83）中的干燥空气将干燥器中的水和油污排出。如果通过按钮手动控制辅助压缩机启动，压力开关（U43.02、U84）将不再对压缩机的起停进行控制。

U43 模块由双逆止阀（.04）、安全阀（.06）、压力开关（.02）、机械压力表（.05）、过滤器（.03）、升弓风缸隔离塞门（.13）、塞门（.14）和测试接口（.09、.10）等组成。它与辅助压缩机（U80）、辅助压缩机用干燥器（U82）、升弓风缸（U76）以及升弓电磁阀（P01.02）、升弓塞门（U98）共同工作。U43 模块的组成和工作原理图 3-6-3 所示。

1—机械压力表（.05）；2—双逆止阀（.04）；3—主断隔离塞门（.14）；4—安全阀（.06）；
5、6—压力测试口（.09、.10）；7—过滤器（.03）；8—升弓风缸隔离塞门（.13）；9—压力开关（.02）。

（a）组成

U43 模块的作用和
工作原理

（b）原理图

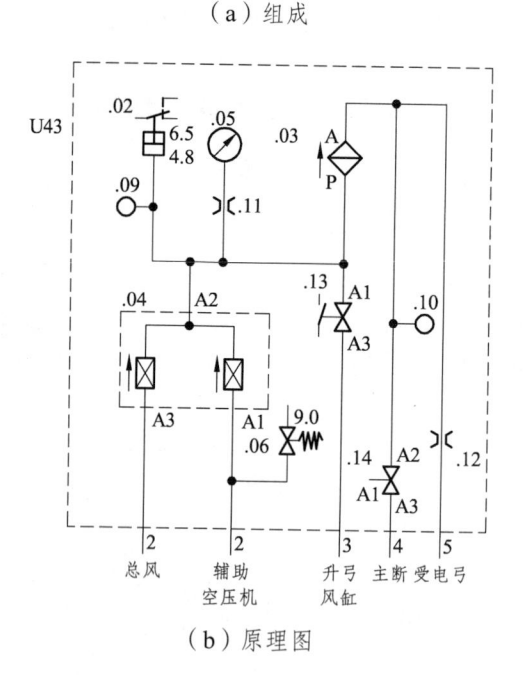

图 3-6-3　U43 模块的组成和原理图

（二）U43 模块的工作原理

1. 库停后使用辅助压缩机供风升弓

（1）启动辅助压缩机，压缩空气通过干燥器（U82）进入升弓控制模块，通过双逆止阀

（.04）右侧的逆止阀后压缩空气分为两路，其中一路进入升弓风缸（U76）将压缩空气存储起来，另一路通过过滤器（.03）又将压缩空气分为两路，其中一路通过塞门（.14）为主断路器、高压隔离开关提供风源，另一路通过钥匙塞门（U99）、截断塞门（U98）、升弓电磁阀（P01.02）进入升弓阀板为受电弓提供风源。当辅助空压机产生的压缩空气达到 735 kPa 后，压力开关（U84）动作，切断辅助压缩机电源，同时干燥风缸（U83）中的干燥空气将干燥器中的水和油污排出。

（2）工作时压缩空气的具体通路如下：

辅助压缩机（U80）→干燥器（U82）→双逆止阀（.04）

↗塞门（.13）→升弓风缸（U76）

↘过滤器（.03）→缩堵（.12）→升弓塞门（U99、U98）、电磁阀（P01.02）→升弓阀板

↘塞门（.14）→主断路器

↘塞门（U95）→高压隔离开关

2. 正常运行时总风缸供风升弓

（1）总风缸的压缩空气直接进入升弓模块，通过双逆止阀（.04）左侧的逆止阀后压缩空气分为两路，其中一路进入升弓风缸（U76）将压缩空气存储起来，另一路通过过滤器（.03）又将压缩空气分为两路，其中一路通过塞门（.14）为主断路器、高压隔离开关提供风源，另一路通过钥匙塞门（U99）、截断塞门（U98）、升弓电磁阀（P01.02）进入升弓阀板为受电弓提供风源。

（2）通过机械压力表（.05）可以观察升弓风缸（U76）及升弓阀板内的空气压力。

（3）压力开关（.02）为机车主断路器闭合及辅助压缩机的自动启动提供信号。

（4）在机车退乘之前，应将升弓风缸（U76）内压缩空气充至 900 kPa，然后关闭塞门（.13、.14、U99），以备机车再次使用时升弓操纵；同时总风缸控制塞门 A24 也应关闭，以减小总风缸内压缩空气的泄漏量。

（5）工作时压缩空气的具体通路如下：

总风缸→双逆止阀（.04）→塞门（.13）→升弓风缸（U76）

↘过滤器（.03）→升弓塞门（U99、U98）、电磁阀（P01.02）→升弓阀板

↘塞门（.14）→主断路器

↘塞门（U95）→高压隔离开关

四、弹簧停放制动控制模块（B40）

（一）B40 模块的作用

B40 模块接收司机控制指令，从而控制机车走行部弹簧停车制动缸压力。当弹簧停车制动缸中的空气压力达到 480 kPa 以上时，弹簧停车制动装置缓解，允许机车行车；机车停车后，将弹簧停车制动缸中的压力空气排空，弹簧停车装置动作，闸片压紧制动盘，避免机车因重力或风力的原因溜走。HXD$_3$ 型和 HXD$_{3C}$ 型电力机车第一、第六轴上安装有 4 个弹停装置，HXD$_{3D}$ 型机车第一、三、四、六轴上各安装 1 个弹停装置。

（二）B40 模块的组成

B40 模块主要由止回阀（.02）、双脉冲电磁阀（.03）、双向止回阀（.04）、减压阀（.05）、弹停塞门（.06）、走行部弹停制动风缸、弹停风缸（A13）、压力开关（.07、.11）、测试口（.09）、节流口（.10）等组成。压力开关（.07）监测弹停管路内的压力，保证安全行车，当管路内压力低于 450 kPa 时，机车牵引封锁，不允许行车；当管路内压力高于 480 kPa 时机车牵引封锁取消，允许行车。B40 模块的组成和原理如图 3-6-4 所示。

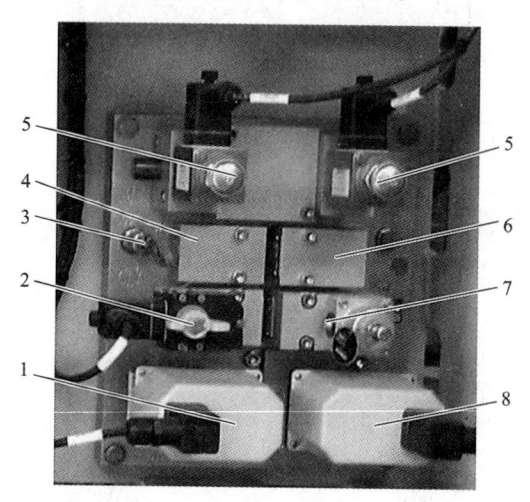

1—压力开关（.07）；2—截断塞门（.06）；3—压力测试口（.09）；4—止回阀（.02）；5—脉冲电磁阀（.03）；6—变向阀（.04）；7—减压阀（.05）；8—压力开关（.11）。

（a）组成

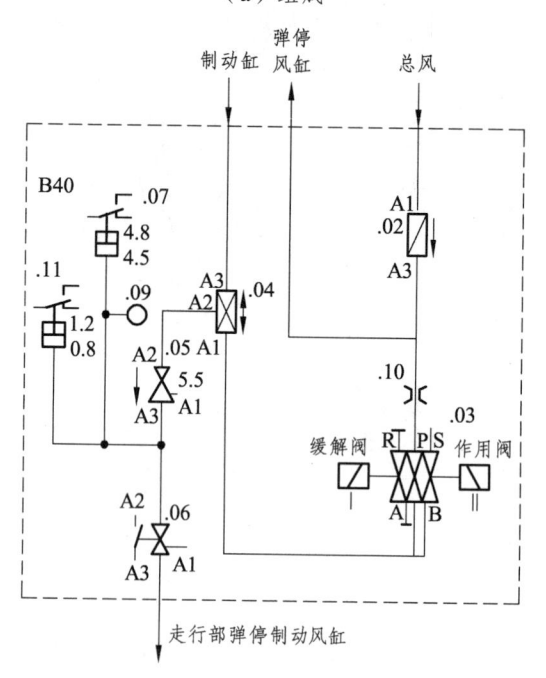

（b）原理图

图 3-6-4　B40 模块的组成和原理图

(三) B40 模块的作用原理

1. 弹簧停车制动缸缓解

如果需要走车,通过操作司机室弹停缓解按钮,可使双脉冲电磁阀(.03)中的缓解阀得电,总风将通过上述通路进入走行部的弹簧停车制动风缸,使得弹簧停车制动风缸充风缓解。

工作时压缩空气的具体通路如下:

总风缸→逆止阀(.02)→弹停风缸(A13)充风

↘双脉冲电磁阀缓解电磁阀得电(.03)→双向止回阀(.04)→

减压阀(.05)→弹停塞门(.06)→走行部弹停制动风缸充风缓解

当总风缸压力升至 120~480 kPa 时,操纵台上的红色按钮会闪动;当压力超过 480 kPa 时,操纵台红色会灭掉,绿灯亮,弹停完全缓解。

2. 弹簧停车制动缸制动

机车停车后通过操作司机室弹停作用按钮,可使双脉冲电磁阀(.03)中的作用阀得电,然后将弹簧停车制动风缸中的压力空气通过双脉冲电磁阀(.03)排出,弹簧停车制动装置 B40(弹簧停放制动控制模块)作用,弹停制动施加。

工作时压缩空气的具体通路如下:

走行部弹停制动风缸压缩空气→弹停塞门(.06)→减压阀(.05)→双向止回阀(.04)→双脉冲电磁阀作用电磁阀得电(.03)→排向大气

当压力降至 80~450 kPa 之间时,操纵台上的红色按钮会闪动;当压力降至 80 kPa 以下,操纵台上的红色按钮会变亮。

3. B40 制动作用后机车实施制动时的气路

弹簧停放制动控制模块 B40 实施制动后,如此时也实施了机车的制动作用,则在制动缸管有风的情况下,因弹停的作用力会比较大,它会缓解一下弹簧停车的作用力,假定弹停制动风缸有 500 kPa 的压力,能缓解部分弹停制动风缸的作用力,防止作用在轮盘上的压力过大,发生制动盘损伤。机车制动缸作用时的工作状态具体通路如下:

制动缸 BC→双向止回阀(.04)→减压阀(.05)→弹停塞门(.06)→走行部的弹停制动风缸充风缓解部分弹停的作用力

五、弹簧停放辅助模块(R30)

(一) R30 模块的作用

HXD₃ 型机车无 R30 模块。该模块用于机车长时间停放后,当机车总风缸和停放风缸风压泄露为零,即机车总风缸(A11/A15)和停放风缸(A13)均无风压的情况下,可用其他机车列车管的压力来实现弹簧停车制动的快速缓解,无须在走行部的弹停风缸上进行手动缓解。该模块提高了机务段的调车作业效率,减小了劳动强度。

R30 模块的作用和工作原理

（二）R30 模块的组成

R30 模块由截断塞门（.01）和止回阀（.02）组成，如图 3-6-5 所示。

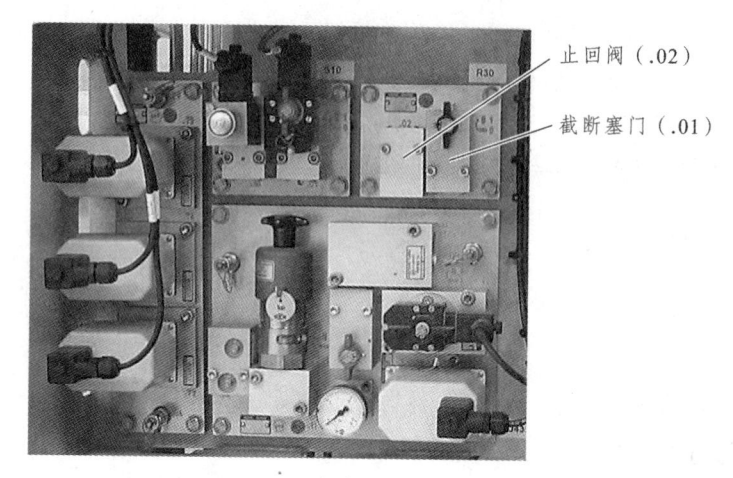

（a）组成

（b）原理图

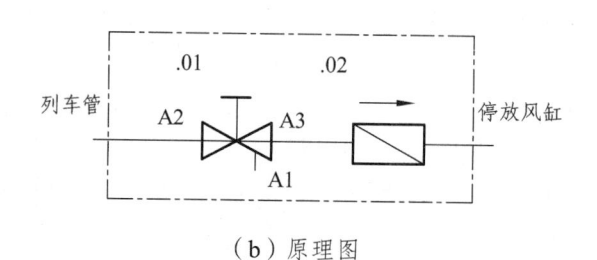

图 3-6-5　R30 模块的组成及和原理图

（三）R30 模块的工作原理

工作时压缩空气的具体通路如下：

其他机车或调车机车列车管→截断塞门（R30.01）→逆止阀（R30.02）
　↗弹停风缸（A13）充风
　↘弹簧停车制动装置控制模块（B40）→手动按压缓解电磁阀按钮后可动车

六、制动缸切除模块（Z10）

（一）Z10 模块的作用

Z10 模块完成对机车第一转向架或第二转向架空气制动的切除功能，同时为制动机提供制动缸压力反馈信号。

Z10 模块的作用和工作原理

（二）Z10 模块的组成

Z10 模块包括截断塞门（Z10.22/Z10.23）、单向阀（Z10.24），如图 3-6-6 所示。

1—单向阀（.24）；2—Ⅱ架隔离塞门（.23）；3—Ⅰ架隔离塞门（.22）。

图 3-6-6　制动缸切除模块（Z10）

七、撒砂控制模块（F41）

（一）F41 模块的作用

HXD$_{3C}$ 型电力机车设有 8 个砂箱和撒砂装置，HXD$_{3C}$ 型电力机车的撒砂装置具有砂子加热功能，加热装置在砂箱底处。每个走行部上面有 4 个砂箱，容积为 50 L/个，撒砂量可在 0.5～1 L/min 范围内调节。撒砂动作与司机脚踏开关、紧急制动、防空转、防滑行等功能配合使用，撒砂方向与机车实际运行方向一致。

F41 模块的作用和工作原理

（二）F41 模块的组成

F41 模块主要由带排风功能的截断塞门（F41.02）、减压阀（F41.09）、干燥电磁阀（F41.04）、撒砂电磁阀（F41.05、F41.06）组成，如图 3-6-7 所示。

1—截断塞门（.02）；2—减压阀（.03）；3—干燥电磁阀（.04）；
4—撒砂电磁阀（.05）；5—撒砂电磁阀（.06）。

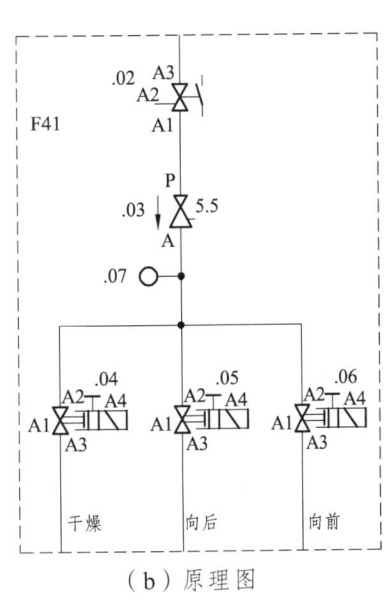

（a）组成　　　　　　　　　　（b）原理图

图 3-6-7　撒砂控制模块的组成和原理图

（三）F41 模块的工作原理

工作时压缩空气的具体通路如下：

总风缸→撒砂塞门（.02）→减压阀（.03）→干燥电磁阀（.04）/撒砂电磁阀（.05）/撒砂电磁阀（.06）→撒砂装置。

八、紧急放风控制模块（S10）

（一）S10 模块的作用

S10 模块又叫警惕装置控制模块，它接收机车监控系统的指令，当监控系统发出指令后，电磁阀（.36）得电动作，引起机车的紧急制动。

（二）S10 模块的组成

S10 模块主要由截断塞门和电磁阀组成，如图 3-6-8 所示。

S10 模块的作用和工作原理

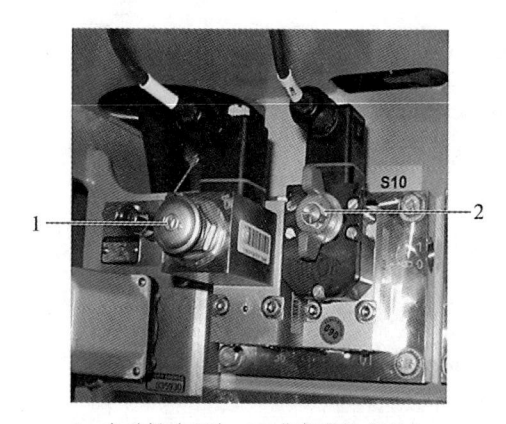

1—电磁阀（.36）；2—截断塞门（.01）。

图 3-6-8　紧急放风控制模块（S10）

九、辅助控制模块 C1-C3 修程的检修要求

以某机务段 C1-C3 修程为参考，制动柜辅助控制模块的检修要求如下：

（一）U43 模块

（1）各部件齐全、完好，安装牢固，无松动，无压缩空气漏泄，接线良好，无破损。

（2）启动辅助压缩机，关闭升弓风缸排水塞门，当压力上升至（650±20）kPa 时，主断路器应可以闭合；开启升弓风缸排水塞门缓慢排风，观察压力表，当压力降至（480±20）kPa 时，主断路器应无法闭合。

（3）塞门状态良好、切断动作灵活，无漏泄，塞门电信号触点接触良好。

（4）用数字风压表校准 U43.05 压力表，误差不超过 ±20 kPa。

（5）U43.04 止回阀的试验：将总风缸压力排至 300 kPa 以下，升弓风缸压力保持 700 kPa

以上，使用数字压力表检测泄漏量。

（二）P50 模块

（1）各部件齐全、完好，安装牢固，无松动，无压缩空气漏泄，接线良好，无破损。

（2）压力控制功能正常。

（三）S10 模块

（1）S10.01 各部件齐全、完好，塞门应安装紧固、切断动作灵活，塞门及连接部位无漏泄现象，电信号触点接触良好。

（2）S10.36 各部件齐全、完好，检查电磁阀安装紧固，电磁阀及安装连接处无漏泄，电气线路状态应良好，线缆无破损。

（3）大闸运转位列车管压力充至定压，检查电磁阀及制动柜背后列车管排风口无泄漏。

（4）监控装置发出紧急制动指令时，电磁阀应动作，并产生紧急制动作用。

（四）F41 模块

（1）各部件齐全、完好，安装牢固，无漏泄；接线状态良好，无破损；切除动作灵活。

（2）用数字压力表测量（F41.07）显示值应为（500±20）kPa。

（五）B40 模块

（1）单向阀的安装紧固状态应良好，无漏泄。

（2）脉冲电磁阀的安装紧固状态应良好，无漏泄；电气线路应状态良好，线缆无破损现象；检查手动柱塞应活动灵活，功能正常。

（3）双逆止阀的安装紧固状态应良好，无漏泄。

（4）塞门应状态良好、切断动作灵活，无漏泄。

（5）在大、小闸运转位，确认制动缸压力缓解为 0，缓解弹停制动后，再用数字压力表通过（B40.09）测量 B40.05 减压阀，显示值应在规定范围内（550±20）kPa。

（6）B40.07 检测：关闭 A14 塞门，启动主空气压缩机，当停放制动风缸管压力上升至（480±20）kPa 时，压力开关闭合，允许机车加载运行；开启停放风缸 A13 上 A14 的塞门并排风，当停放制动风缸管压力下降至（450±20）kPa 时，压力开关断开，不允许加载。整定值为 450～480 kPa。

（六）R30 和 Z10 模块

各部件齐全、完好，安装牢固，切断动作灵活，无漏泄。

任务实施

学习任务六相关内容，完成任务单 3-6。

任务单 3-6　辅助控制模块

1. 写出 CCBⅡ型制动机辅助控制模块各组成部分的英文缩写和对应中文名称。
2. 写出 B40 模块的组成及气路通路。
3. 写出 U43 模块的组成及气路通路。

任务评价

任务：辅助控制模块检查

班级＿＿＿＿＿　学号＿＿＿＿＿　姓名＿＿＿＿＿　小组＿＿＿＿＿

	考核项目	考核要求	分值	得分
自评	识别辅助控制模块各组成部分	能准确、快速地指认并说出名称	20	
	各组成部分的作用分析	能准确分析各组成部分的工作原理	20	
	检查辅助控制模块	能按照检查要求检查辅助控制模块	20	
	素养考核	独立思考、团队协作、责任意识	20	
小组互评		从知识掌握、小组活动参与度等方面考核	10	
教师评价		根据完成任务的情况等进行评价	10	
总评			100	

巩固自测

1. 当关闭弹停塞门（B40.06）后，弹簧停车装置动作，如果要缓解弹停怎么操作？
2. 在发生供电故障的情况下，怎么对 B40 模块实施缓解和制动？
3. 在系统无风的情况下，怎么缓解弹簧停放制动？

任务七　CCBⅡ型制动系统综合作用分析及试验

任务导入

当机车从机车制造工厂检修后，需要无火回送机车到配属铁路局机务段，此时应该如何处理机车的制动系统呢？当列车运行在平直的线路上时，机车司机将自动制动阀从运转位移至初制动位，此时列车减速了，机车是怎么实现制动的呢？机车司机在出库前需要对 CCBⅡ型制动系统性能进行检查，保证各项性能符合技术要求后才能动车出库担当牵引任务，有哪些作用位置需要检查？各位置的技术要求是什么呢？本任务介绍 CCBⅡ型制动系统的综合作用及试验。

项目三任务七课件

> **任务目标**

知识目标	1. 掌握自动制动作用和单独制动作用的工作气路通路； 2. 熟悉空气备份作用和无火回送的工作气路通路； 3. 掌握CCBⅡ型制动系统"五步闸"试验步骤和技术要求。
能力目标	1. 会分析自动制动作用、单独制动作用的工作原理； 2. 会分析空气备份作用及无火回送的工作原理； 3. 在无火回送时会操作CCBⅡ型制动系统的相关部件； 4. 熟练操作CCBⅡ型制动系统"五步闸"试验。
素养目标	1. 培养独立分析问题、解决问题的能力； 2. 培养奉献精神和安全意识。

> **关联知识**

机车制动机的综合作用是指根据自动制动手柄和单独制动手柄各位置的变换（该变换由操纵列车或机车实际运行情况而决定）而确定的机车制动机各主要部件之间的相互关系和作用规律。

一、自动制动作用分析

自动制动作用，即CCBⅡ型制动机的单独制动手柄位于运转位，操纵本机的自动制动手柄在运转位或制动区，观察本机及重联机车的各主要部件的相互作用关系。

自动制动作用有本机运转位、本机制动位、本机紧急位、自动制动的单缓、补机运转作用、补机制动作用。下面按照各位置控制关系进行分析。

（一）本机-运转位分析

该位置是列车在运行过程中，自动制动手柄常放的位置，是向全列车初充风、再充风缓解列车制动以及列车正常运用所采用的位置。

ERCP模块接收到自动制动手柄指令，给均衡风缸充风至设定值；BPCP模块响应均衡风缸的压力变化，制动管被充风至均衡风缸设定压力；16CP/DBTV模块响应列车管的压力变化，将作用管（16#管/16TV管）压力排放；BCCP模块响应作用管的压力变化，机车制动缸排风缓解，同时车辆副风缸充风，车辆制动机缓解。EPCU各模块的内部通路见图3-7-1。

（二）本机-制动位分析

该位置是操纵列车常用制动，使列车正常缓慢停车或调整运行速度所使用的位置，包括初制动位和全制动位，两者之间是制动区。自动制动手柄在制动区的停留位置决定了均衡风缸的减压量，达到目标减压量后，均衡风缸自保压。HXD$_{3C}$型电力机车在货车模式时，自动制动手柄在制动区可实现阶段减压作用，但只可实现一次缓解功能；HXD$_{3C}$型电力机车在客车模式下，自动制动手柄在制动区可实现阶段减压和阶段缓解作用，但一般在机车运用中设置为直接缓解。

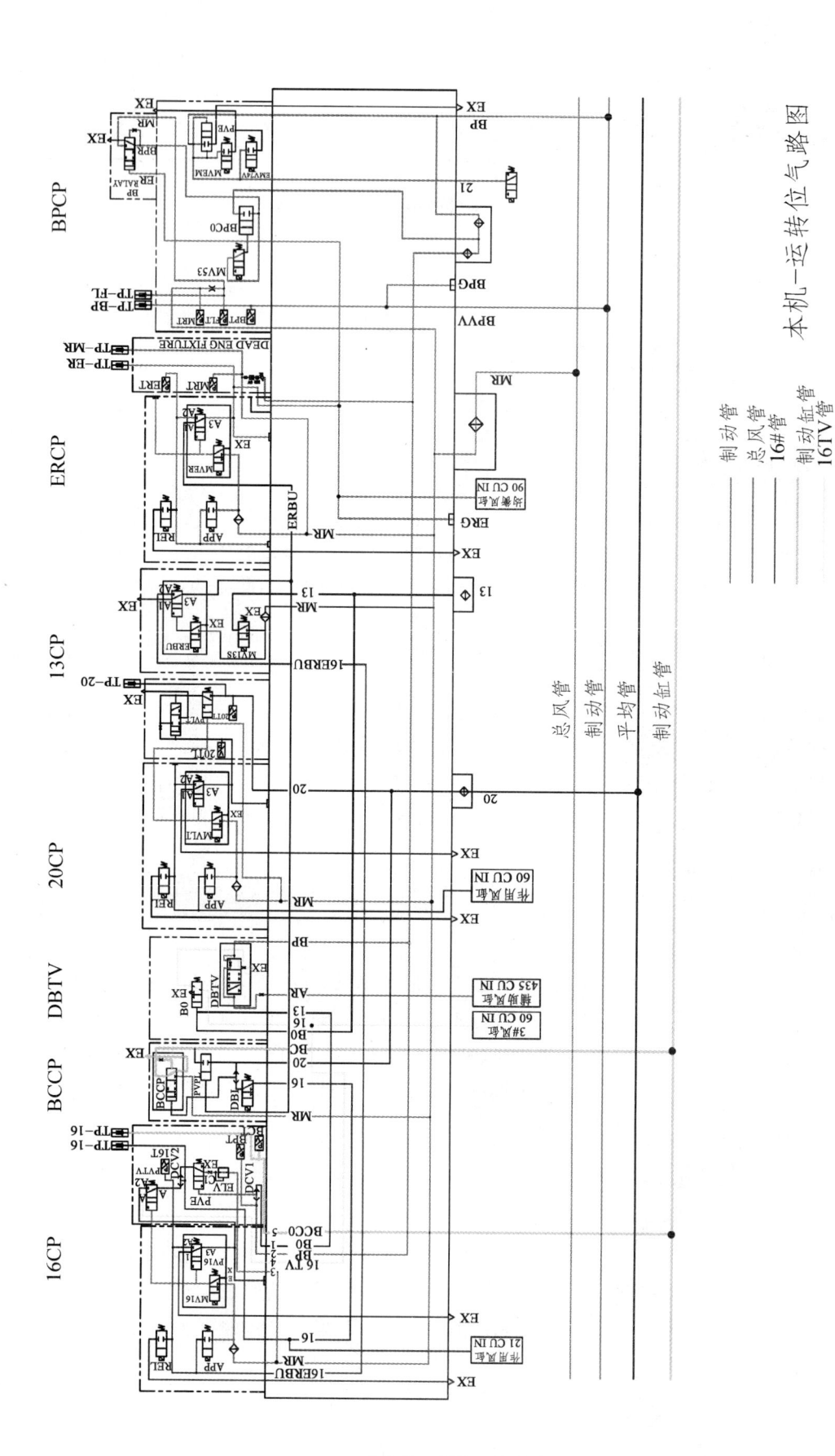

图 3-7-1 本机-运转位气路图

ERCP 模块接收到自动制动手柄指令,给均衡风缸减压至目标值;BPCP 模块响应均衡风缸的压力变化,制动管被减压至均衡风缸目标压力;16CP/DBTV 模块响应列车管的减压变化,给作用管(16#管/16TV 管)充风;BCCP 模块响应作用管的压力增加,机车制动缸充风制动,同时车辆副风缸给车辆制动缸充风,车辆制动机制动。EPCU 各模块的内部通路见图 3-7-2。

(三) 紧急位分析

该位置是列车运行过程中紧急停车所用的位置。一旦自动制动手柄放置此位置,列车管迅速减压到 0,均衡风缸以常用制动速率减压到 0,16CP 模块响应列车管的减压变化,迅速给作用管(16#管)充风至最大允许压力;BCCP 模块响应作用管的压力增加,给机车制动缸充风产生紧急制动作用,同时车辆副风缸给车辆制动缸充风,车辆制动机制动。

(四) 自动制动的单缓

该位置是列车实施制动后认为有必要单独降低机车制动力时使用的位置,需要通过单独制动手柄侧压实现此功能。

单独制动手柄侧压,13CP 模块响应该指令,给 13#管充风,控制 DBTV 模块中的 16TV 作用管减压;同时 16CP 模块和 20CP 模块也响应该指令,允许 16#作用管和 20#平均管进行减压;BCCP 模块响应由自动制动手柄动作产生的作用管压力的减少,允许机车制动缸排风缓解;车辆制动机仍制动。

(五) 补机-运转作用分析

补机(重联机车)自动制动手柄应用销子固定在重联位,单独制动手柄应放置在运转位。此位置为本机机车在运转位时,补机(重联机车)受机车间制动管软管、总风软管、平均软管压力的控制而发生作用的位置,其缓解应和本机同步。

本机制动管充风,平均管压力排空,制动作用缓解;补机(重联机车)接收到制动管压力增高的变化,通过 DBTV 模块将 16TV 作用管的压力排空,同时给补机副风缸充风;补机接收到平均管压力排空的变化,通过 BCCP 将制动缸压力排空,补机缓解。

(六) 补机-制动作用分析

此位置为本机机车在制动位时,补机(重联机车)受机车间制动管软管、总风软管、平均软管压力的控制而发生作用的位置,其制动应和本机同步。

本机制动管减压,平均管、作用管增压,机车制动缸充风产生制动作用;补机接收到制动管压力减少的变化,通过 DBTV 模块停止制动管给辅助风缸充风,并将辅助风缸的风压传送到 16TV 作用管;补机接收到平均管压力增高的变化,通过 BCCP 模块给制动缸充风,补机制动。EPCU 各模块的内部通路见图 3-7-3。

二、单独制动作用分析

单独制动作用是指操纵本机的单独制动手柄在运转位或制动区,观察本机及重联机车的各主要部件的相互作用关系。该作用用于单独操纵机车的制动和缓解。

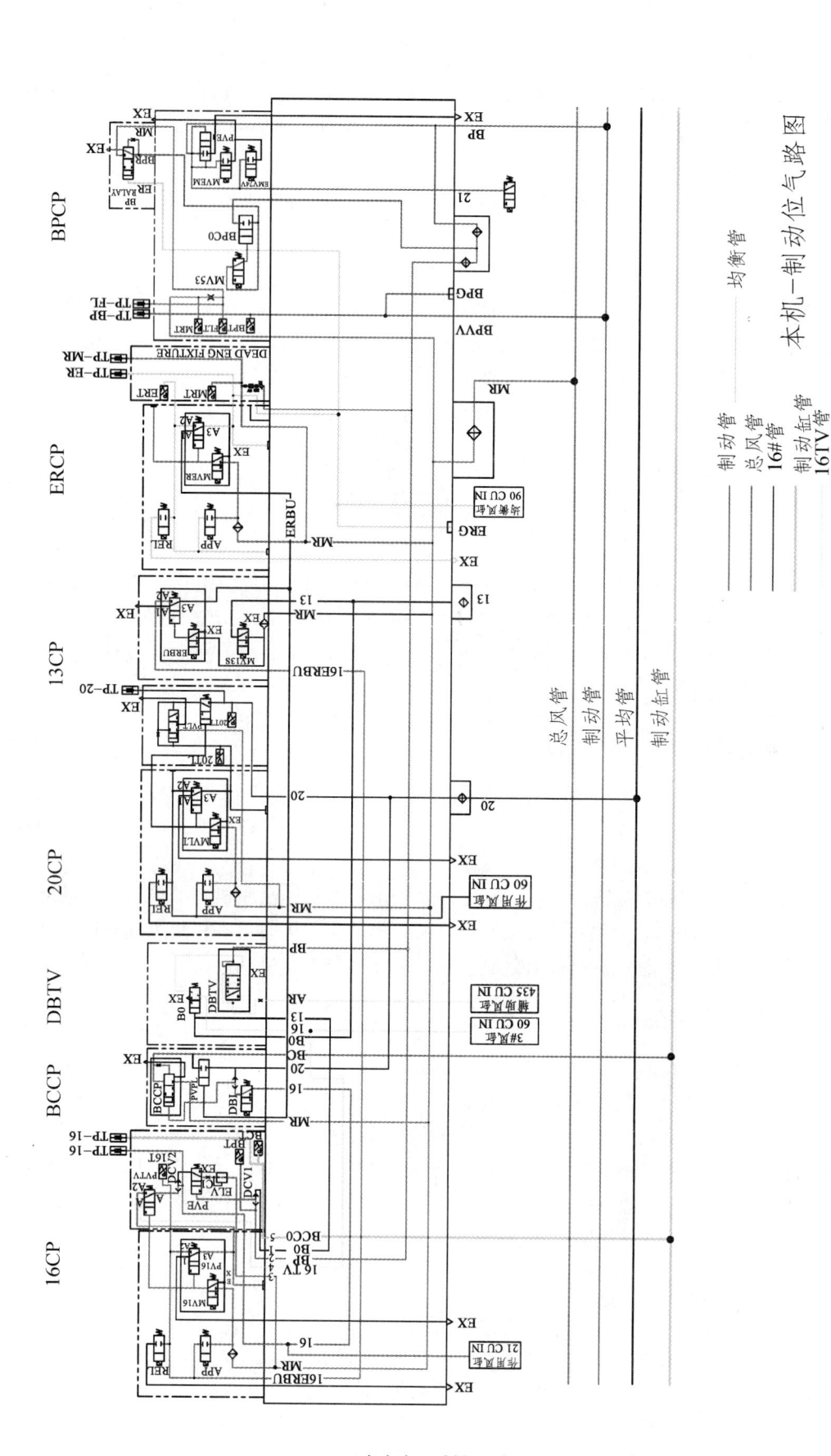

图 3-7-2 本机-制动位气路图

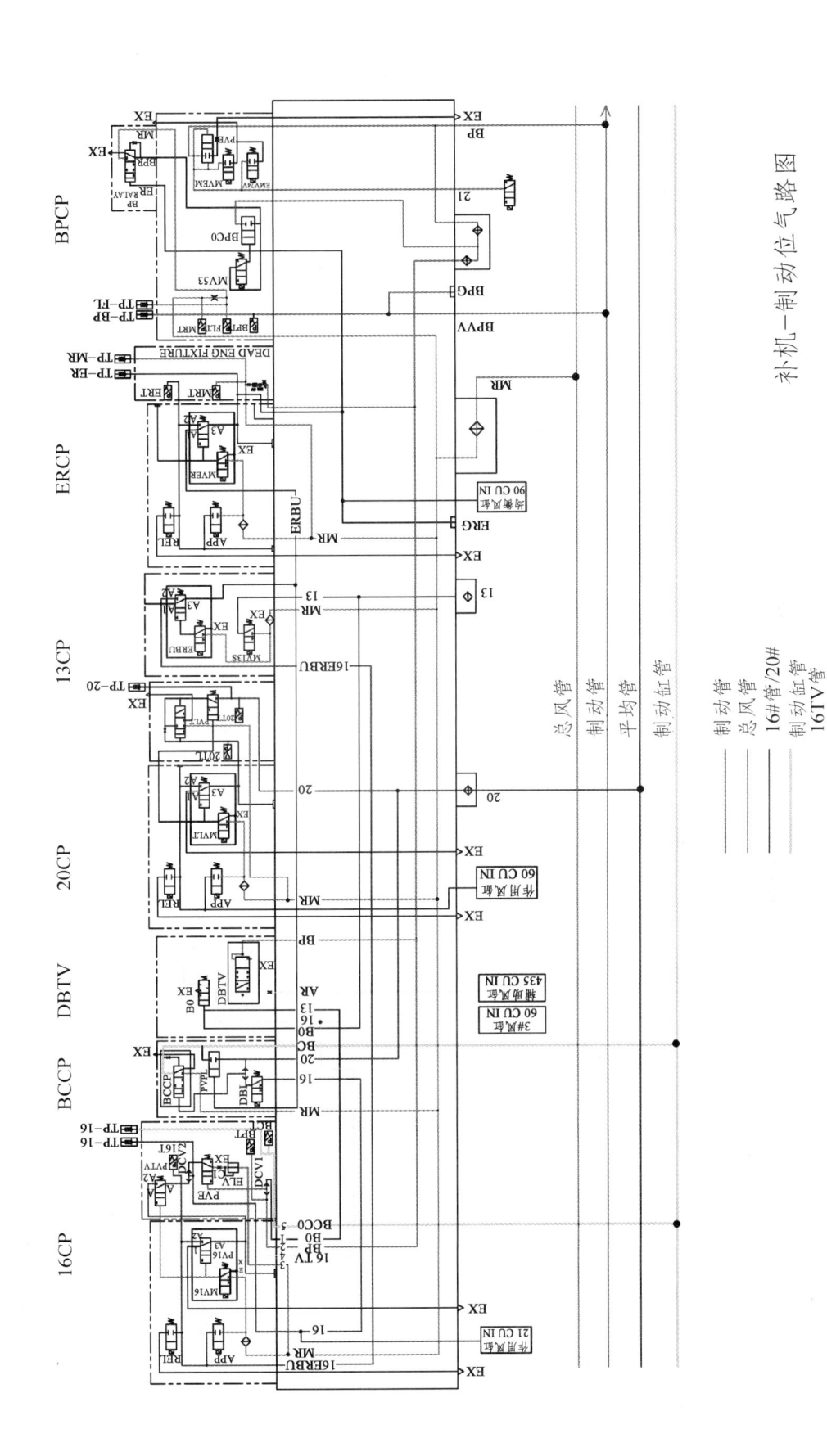

图 3-7-3 补机-制动位气路

单独制动作用有本机-运转位、本机-制动位、补机-制动作用分析、补机-缓解作用分析，按照控制关系各位置分析如下。

（一）本机-运转位分析（单独作用）

该位置为单独缓解机车。20CP 模块缓解电磁阀得电，将 20# 管的压力排空；作用电磁阀失电阻止总风给 20# 管充风。

（二）本机-制动位分析（单独作用）

该位置为单独制动机车。20CP 模块缓解电磁阀失电，作用电磁阀得电，总风给 20# 管充风，MVLT 得电允许总风通过，控制 PVLT 开通，20# 管压力进入 BCCP 模块，制动缸充风，机车制动。

（三）补机-制动作用分析（单独作用）

重联机车自动制动手柄应用销子固定在重联位，单独制动手柄应放置在运转位。此位置为本机机车单独制动手柄在制动位时，重联机车受机车间制动管软管、总风软管、平均软管压力的控制而发生作用的位置，其制动应和本机同步。

三、空气备份作用分析

当机车制动系统 EPCU 中的 ERCP 模块或 16CP 模块故障时，制动系统自动转换到空气模式，使其仍可继续工作。

（一）制动管充风、制动缸缓解

当制动管充风缓解时，DBTV 模块使作用管 16TV 压力排空，同时制动管给副风缸充风；16CP 模块中电磁阀断电，总风不能通过 16CP，从而使作用风缸及作用管 16# 与 16TV 连通，并随 16TV 排空；BCCP 模块响应作用管压力的变化，排空制动缸压力，机车缓解。

（二）制动管减压、制动缸制动

当制动管排风制动时，DBTV 模块使副风缸给作用管 16TV 充风，同时制动管停止给副风缸充风；16CP 模块中电磁阀断电，总风不能通过 16CP 给作用管充风，从而使作用风缸及作用管 16# 与 16TV 连通，并随 16TV 增压；BCCP 模块响应作用管压力变化，使制动缸充风，机车制动。

四、无火回送分析

机车无动力回送中，由于其空气压缩机无电，停止使用，此时必须开放机车无动力装置。无动力装置由无动力塞门 DE、压力调整阀 DER、充风节流孔 C2、单向止回阀 CV 等部分组成，集成于 ERCP 模块中，连接机车的制动管与总风管之间。当开通无动力塞门后，制动管内的压缩空气经无动力塞门 DE、压力调整阀 DER、充风节流孔 C2、单向止回阀 CV 调整后充入第二总风缸 A15，此时总风缸在机车制动机系统中相当于车辆的副风缸。无火回送的空气作用原理与空气备份时相同，但其总风缸压力较低。

五、CCBⅡ型制动机"五步闸"检查方法

CCBⅡ型制动机"五步闸"检查试验方法如表3-7-1所示。

表3-7-1　CCBⅡ型制动机"五步闸"检查试验方法（列车管定压500 kPa）

步骤	设置	自动制动手柄	单独制动手柄	检查内容
1	本机/不补风	运转・初制・制动・全制・抑制・重联・紧急	侧缓・运转・制动・全制	1. 总风压力750~900 kPa，制动缸压力0，均衡风缸压力500 kPa，列车管压力500 kPa； 2. 列车管压力在3 s内降为0，制动缸在3~5 s内升至200 kPa，并继续增压至450 kPa，均衡风缸压力降为0，紧急制动倒计时60 s开始； 3. 制动缸压力下降为0，手柄复位后制动缸压力恢复； 4. 60 s倒计时结束后操作，列车管、均衡风缸、制动缸压力不变
2	本机/不补风			5. 均衡风缸增压至500 kPa，列车管增压至480 kPa不大于9 s，制动缸压力下降为0； 6. 等60 s使系统各风缸充满风； 7. 均衡风缸在5~7 s减压至360 kPa，列车管减压到均衡风缸压力±10 kPa，制动缸6~8 s增压到360 kPa； 8. 保压1 min，均衡风缸压力泄漏不大于7 kPa，列车管压力泄漏不大于10 kPa，制动缸压力变化不大于25 kPa； 9. 各压力无变化； 10. 均衡风缸增压至500 kPa，列车管压力500 kPa，制动缸压力下降为0
3	本机/不补风			11. 充满风后，均衡风缸减压50 kPa，列车管减压到均衡风缸的±10 kPa，制动缸增压到70~110 kPa； 12. 制动缸压力下降为0，手柄复位后制动缸压力不恢复； 13. 均衡风缸以常用制动速率降为0，列车管减压至55~85 kPa后保持，制动缸增压至450 kPa； 14. 均衡风缸增压至500 kPa，列车管压力500 kPa，制动缸压力下降为0
4	本机/不补风			15. 阶段制动，制动缸压力阶段上升，全制动制动缸压力300 kPa； 16. 阶段缓解，制动缸压力阶段下降，运转位制动缸压力下降为0； 17. 制动缸在2~3 s上升到280 kPa，最终为300±15 kPa； 18. 制动缸压力在3~5 s降到35 kPa以下； 19. 均衡风缸减压100 kPa，列车管减压到均衡风缸压力的±10 kPa，制动缸增压到230~250 kPa
5	单机			20. 均衡风缸减压140 kPa，列车管压力保持不变，制动缸压力保持不变； 21. 制动缸压力下降为0，手柄复位后制动缸压力不恢复； 22. 均衡风缸增压至500 kPa，列车管压力保持不变，制动缸压力保持不变； 23. 制动缸压力在2~3 s上升到280 kPa，最终为300 kPa； 24. 制动缸压力在3~5 s降到35 kPa以下

注：试验完毕，机车恢复本机/不补风状态设置。

任务实施

学习任务七相关内容，完成任务单 3-7。

任务单 3-7　综合作用分析

1. 分析自动制动作用，在本机-运转位时，EPCU 各模块的各部件有何动作。
2. 分析单独制动作用，在本机-制动位时，EPCU 各模块的各部件有何动作。
3. 分析空气备份作用，制动管充风、制动缸缓解时 EPCU 各个模块如何动作。

任务评价

任务：CCB Ⅱ型制动系统"五步闸"试验

班级_____　学号_____　姓名_____　小组_____

	考核项目	考核要求	分值	得分
自评	自动制动作用分析	能准确分析自动制动作用	10	
	单独制动作用分析	能准确分析单独制动作用	10	
	空气备份作用、无火回送分析	能准确分析空气备份作用、无火回送	10	
	制动机"五步闸"试验	能熟练操作 CCB Ⅱ型制动系统"五步闸"试验	40	
	素养考核	奉献精神、安全意识、分析问题的能力	10	
小组互评		从知识掌握、小组活动参与度等方面考核	10	
教师评价		根据完成任务的情况等进行评价	10	
	总评		100	

巩固自测

1. 13 号控制模块在本机状态时，侧推单独制动手柄来实现单独（　　　）压力的功能。
   A. 增加制动缸压力　　　　B. 缓解均衡风缸　　　　C. 缓解机车制动缸
2. 侧压 CCB Ⅱ的单阀手柄时，（　　　）工作，可实现缓解机车的自动制动作用。
   A. 13CP　　　　　　　　B. 16CP　　　　　　　　C. 20CP
3. BPCP 是（　　　）。
   A. 列车管控制部分　　　B. 总风控制部分　　　　C. 均衡风缸控制部分
4. 在 CCB Ⅱ型制动系统中，通过改变均衡风缸压力产生列车管控制压力的模块是（　　　）。
   A. ERCP　　　　B. BPCP　　　　C. 13CP　　　　D. 16CP

5. 当列车管压力低于（　　）kPa 时，气动阀 BPCO 会自动关闭通路。
   A. 48～90   B. 70～90   C. 65～100

6. （　　）响应集成处理器 IPM 的紧急制动指令，产生紧急作用。
   A. 紧急电磁阀 EMV（74V）
   B. 紧急电磁阀 MVEM（24V）
   C. 气动紧急放风阀 PVEM

7. 在 CCBⅡ型制动机的日常性能试验中，将大闸手柄移至重联位，则均衡风缸（　　）制动，速率降为 0。
   A. 紧急   B. 常用   C. 快速   D. 以上都不对

8. 在 CCBⅡ型制动机的日常性能试验中，将大闸手柄移至全制动位后，保压 1 min，列车管压力泄漏不大于（　　）kPa。
   A. 5   B. 7   C. 10   D. 12

9. 在 CCBⅡ型制动机的日常性能试验中，均衡风缸在（　　）s 内减压到 360 kPa，列车管减压至均衡风缸压力±10 kPa。
   A. 5～7   B. 4～8   C. 6～8   D. 7～9

10. 在 CCBⅡ型制动机的日常性能试验中，充满风后，均衡风缸减压 50 kPa，列车管减压至均衡风缸压力±10 kPa，制动缸增压至（　　）kPa。
    A. 60～100   B. 60～110   C. 70～110

11. 在 CCBⅡ型制动机的日常性能试验中，单阀阶段制动，制动缸压力阶段上升，全制动制动缸压力为（　　）kPa。
    A. 200   B. 280   C. 300   D. 360

项目四　CAB 型制动系统检查及试验

项目描述

目前，和谐型机车、复兴号动力集中型动车组、复兴号机车主要装用 CCB Ⅱ、Eurotrol、DK-2、JZ-8、CAB-A、CAB-B 等型制动机。而 CAB-A 型和 CAB-B 型机车制动系统均由中国企业自主设计研发，装用于和谐系列机车和动力集中型动车组。

CAB 型机车制动系统是结合我国铁路实际运用情况和机车空气制动技术发展方向，基于计算机控制、网络通信，按功能进行分布式、模块化结构设计的，它在基于微机和网络通信的分布式控制技术、空气制动和电空制动协同工作模式、集成电控空气后备制动操作和控制技术、机车无动力回送操作与设置方法、制动系统自检测技术等方面均有创新性突破，采用分布式双 CAN 冗余网络进行模块间数据交互，实现了标准化、模块化、智能化，具有安全性高、可靠性强、维护方便等特点。

本项目主要介绍 CR200J3 型动力集中型动车组 CAB-A 型动力车制动系统。

项目导图

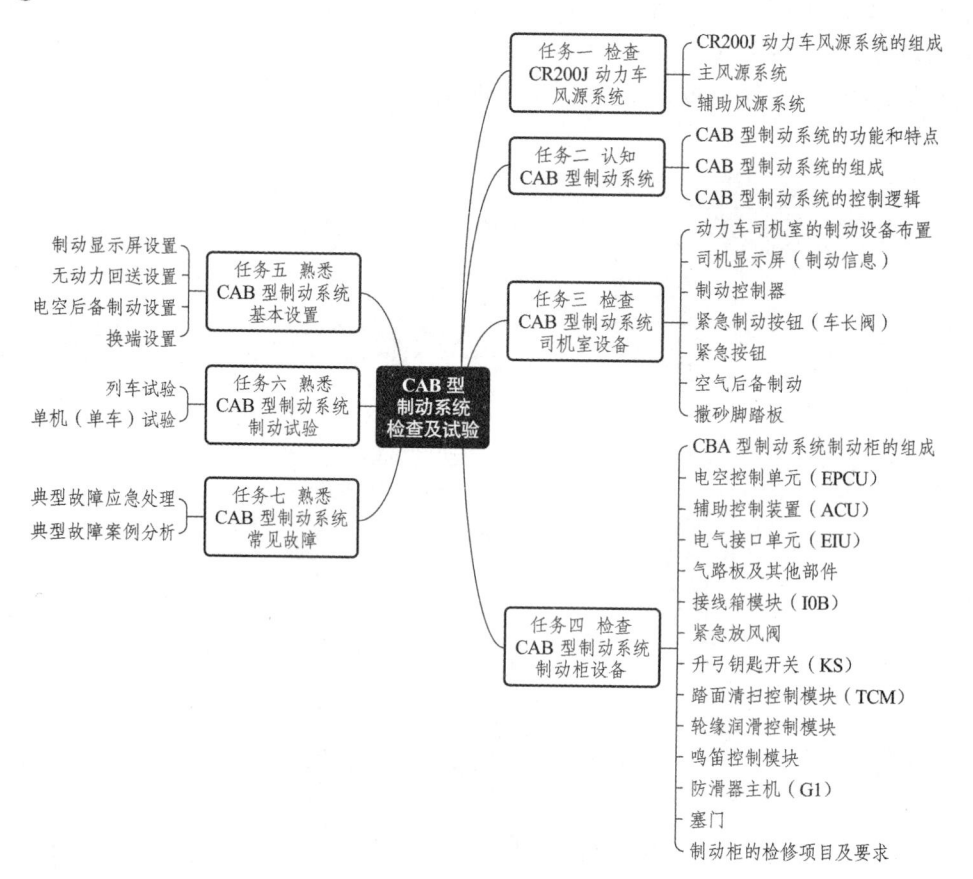

- 任务一　检查 CR200J 动力车风源系统
  - CR200J 动力车风源系统的组成
  - 主风源系统
  - 辅助风源系统

- 任务二　认知 CAB 型制动系统
  - CAB 型制动系统的功能和特点
  - CAB 型制动系统的组成
  - CAB 型制动系统的控制逻辑

- 任务三　检查 CAB 型制动系统司机室设备
  - 动力车司机室的制动设备布置
  - 司机显示屏（制动信息）
  - 制动控制器
  - 紧急制动按钮（车长阀）
  - 紧急按钮
  - 空气后备制动
  - 撒砂脚踏板

- 任务四　检查 CAB 型制动系统制动柜设备
  - CBA 型制动系统制动柜的组成
  - 电空控制单元（EPCU）
  - 辅助控制装置（ACU）
  - 电气接口单元（EIU）
  - 气路板及其他部件
  - 接线箱模块（IOB）
  - 紧急放风阀
  - 升弓钥匙开关（KS）
  - 踏面清扫控制模块（TCM）
  - 轮缘润滑控制模块
  - 鸣笛控制模块
  - 防滑器主机（G1）
  - 塞门
  - 制动柜的检修项目及要求

- 任务五　熟悉 CAB 型制动系统基本设置
  - 制动显示屏设置
  - 无动力回送设置
  - 电空后备制动设置
  - 换端设置

- 任务六　熟悉 CAB 型制动系统制动试验
  - 列车试验
  - 单机（单车）试验

- 任务七　熟悉 CAB 型制动系统常见故障
  - 典型故障应急处理
  - 典型故障案例分析

CAB 型制动系统检查及试验

任务一　检查 CR200J 动力车风源系统

任务导入

由于 CR200J 型动力车制动系统与拖车制动机均采用压缩空气作为动力源，而且动力车上高压电气设备等需要压缩空气作为动力，因此，为满足动力车和拖车用风设备对压缩空气质量、稳定性和安全性的要求，需要通过一组设备来实现这些功能，完成这些功能的设备组合在一起称为风源系统。风源系统是 CAB 型制动系统的"能量来源"，它为全列车制动系统及气动装置提供稳定洁净的压缩空气。风源系统由哪些关键部件组成，这些部件分布在哪里？本任务将介绍这些内容。

项目四任务一课件

任务目标

知识目标	1. 掌握动力车风源系统的组成； 2. 掌握动力车风源系统的工作原理。
能力目标	1. 能叙述动力车风源系统的组成； 2. 能识别风源系统原理图。
素养目标	1. 具备分析问题和解决问题的能力； 2. 引导学生感受我国铁路行业的伟大变革，增强学生的民族自豪感，牢固树立科技强国的责任感、使命感、紧迫感。

关联知识

一、CR200J3 动力车风源系统的组成

时速 160km 的动力集中式动车组（CR200J3），其动力车采用 CAB 型制动控制系统，同时采用螺杆式空气压缩机、辅助压缩机、总风缸等作为风源供风设备，组成 CR200J3 动力车风源系统。该系统分为两个相对独立的部分：主风源系统与辅助风源系统，其作用是为列车制动系统及辅助用风装置提供符合要求的干燥、洁净的压缩空气。CR200J3 动力车风源系统的组成如图 4-1-1 所示。

二、主风源系统

主风源系统由空气压缩机、空气干燥器、过滤器、最小压力阀、安全阀、总风缸等组成，为动力车与拖车制动机系统及气动器械提供稳定和洁净的压缩空气。

（一）空气压缩机

动力车机械间配备两台单级螺杆式空气压缩机，其外形如图 4-1-2 所示。机组采用三相交流异步电动机，具有温度控制装置，可以实现超温保护功能；机组配备压力控制装置，可以实现无负荷启动。空气压缩机组的启停状态可由总风压力开关进行自动控制，也可通过手动按钮强行控制启停。

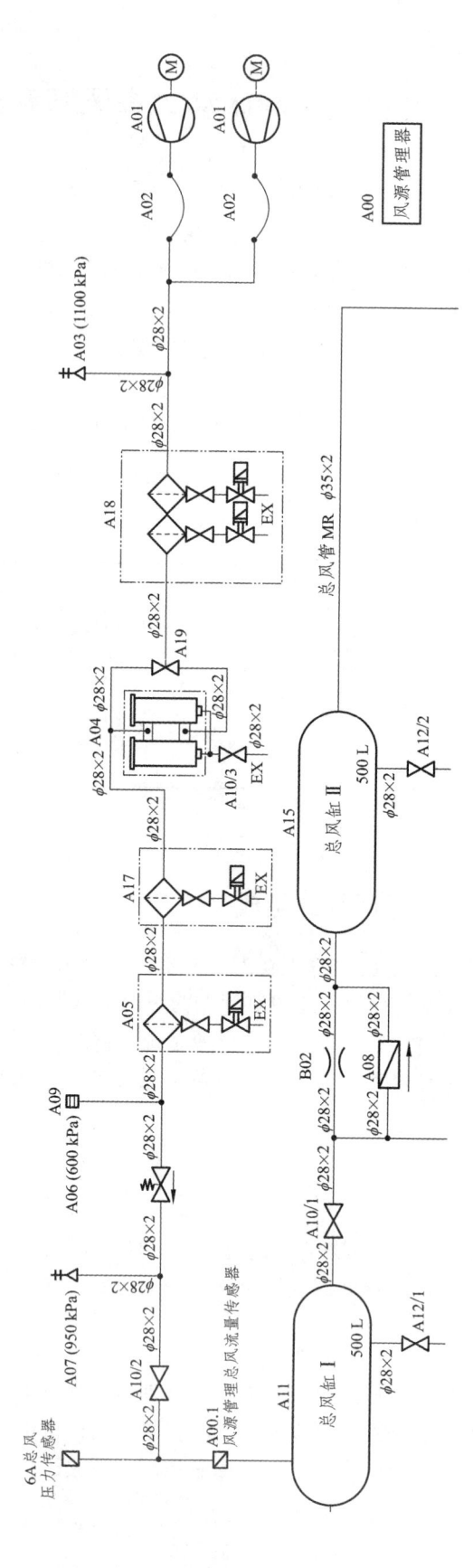

图 4-1-1　CR200J3 动力车风源系统组成

图 4-1-2 螺杆式空气压缩机

1. 空气压缩机的主要技术参数

空气压缩机组主要技术参数如下：
（1）排风量：≥1600 L/min。
（2）额定工作压力：1000 kPa。
（3）润滑油型号：Anderol 3057M。
（4）油量：6~7 L。
（5）冷却方式：风冷，下排风方式。

2. 空气压缩机的启停控制逻辑

1）单泵模式（默认）

总风压力开关检测到总风缸压力降至 750 kPa 时，启动一台空气压缩机；总风压力升至 900 kPa 时，压缩机停止泵风。

2）双泵模式

总风压力开关检测到总风缸压力降至 680 kPa 时，两台空气压缩机同时启动；总风压力升至 900 kPa 时，压缩机停止泵风。

3）连续运转模式

总风压力升至 900 kPa 后，压缩机停止泵风，并进入连续运转模式 5 min，连续运转期间允许执行主压缩机启动指令；总风压力低于 500 kPa 时，牵引封锁，常用全制动惩罚制动（停车状态除外）。

3. 空气压缩机的检修项目及要求

1）外观检查

空气过滤器无变形，真空指示器工作正常；散热器表面不许有明显杂物；各安装螺栓和连接管路安装紧固；油位符合要求，不许有漏油、漏风；空气压缩机工作正常。

2）清洁

定期清洁冷却器。

3）更新滤芯

更新滤油器滤芯筒、空气过滤器滤芯。

4）检查润滑油

检查润滑油，乳化或者变质时，应更新润滑油及油细分离器。

（二）空气干燥器

空气干燥器用于干燥、净化空气压缩机输出的压缩空气，每台动力车机械间配置一台吸附式双塔干燥器，空气处理量不小于 3500 L/min。

1. 空气干燥器的工作原理

空气干燥器的工作原理如图 4-1-3 所示。再生、无热吸附式双塔干燥器的再生和吸附工作分别在两个塔中同时进行，即当压缩空气在一个塔内通过干燥剂进行干燥时，另一塔内的干燥剂被干燥的空气吹扫进行再生处理。

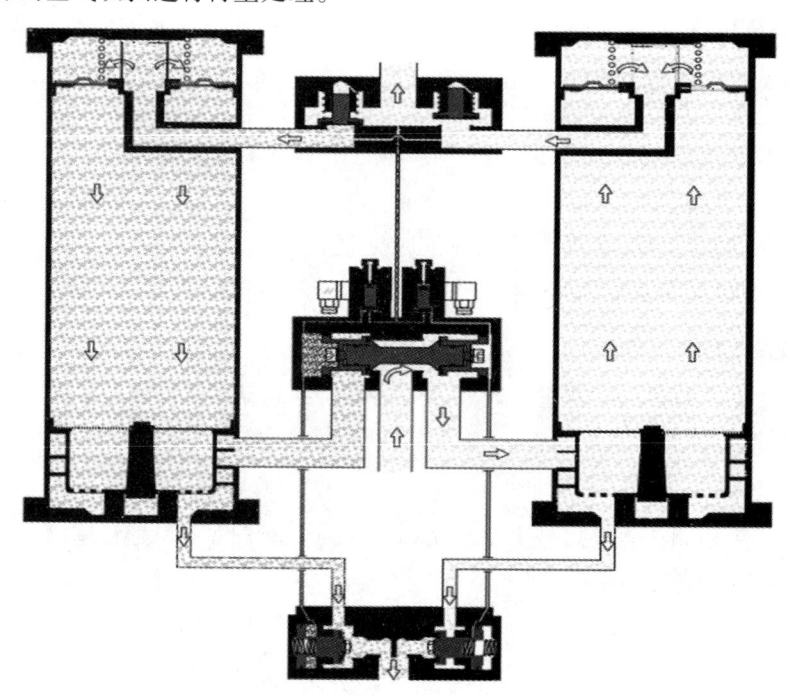

图 4-1-3　空气干燥器原理图

1）干燥

空压机产生的携带油水混合物的压缩空气进入干燥器首先通过油水分离器将油分离，接着通过干燥塔的干燥剂将压缩空气里的水分子吸收。干燥器出口压缩空气的相对湿度达到 35% 以下。

2）再生

部分干燥后的压缩空气通过再生节流孔进入再生塔，将干燥剂吸附的水分子反吹到干燥塔底部，并通过排污阀排出。

2. 空气干燥器的检修项目及要求

1）外观检查

各安装螺栓和连接管路安装紧固，不许有泄漏，工作正常。

2）干燥器检修

（1）空气干燥器及各阀、管路、管接头、连接塞门、进出气滤筒、油水分离器滤芯须清洁、完好，不许有破损、锈蚀。

（2）空气干燥器筒的上盖、底盖、连接体和干燥器筒不许有锈蚀和损伤，弹簧不许有锈蚀；橡胶件、干燥剂、密封件更新，干燥剂状态良好。

（3）干燥器的进气阀、排气阀、出气止回阀、排污阀等阀内密封件更新，在工作压力下动作须灵活、可靠，密封面及连接处不许有泄漏。

（4）干燥器电空阀各部件清洁，不许有裂损，线圈不许有松动、短路及断路；阀口橡胶元件及密封圈不许有老化、变形及松动。电空阀须进行动作性能测试，在最大工作气压 1000 kPa、最小工作气压 675 kPa 及最小工作电压 77 V 时，均能可靠动作，不许有阻滞、泄漏。

（5）管路畅通，接头严密，不许有泄漏，管卡齐全；电控器输入输出电缆插头座及连接电缆、外部护套不许有损伤、断路或短路。

3）干燥器试验（组装后试验）

（1）气密性试验：干燥器内充满 750～900 kPa 压缩空气，关闭干燥器进气口和出气口的塞门，各密封结合面不许有泄漏，同时压缩空气压力值在 5 min 内下降小于 50 kPa。

（2）运转试验：在连续工况下，两干燥塔处于正常的吸附或再生状态，定时转换周期为（72±18）s；在间歇工况下，时间累计功能与状态记忆功能须良好，每次启动与前次停机时间状态相同。

（3）防寒加热功能试验：干燥器的温控开关在环境温度低于（5±5）℃时自动接通加热器电源。

（三）过滤器

过滤器包括除水除油过滤器组、除尘过滤器、微油过滤器。作为风源系统滤水、滤油、滤尘的装置，过滤器在正常运用时的排污塞门状态：除水除油过滤器、微油过滤器竖直位置（开通），除尘过滤器水平位置（关闭）。

1. 除水除油过滤器组

除水除油过滤器组如图 4-1-4 所示。它对空气压缩机输出的含有大量液态水的压缩空气进行处理，对于水的过滤效率≥92%，对于油的过滤效果≥99.925%。

2. 除尘过滤器

除尘过滤器如图 4-1-5 所示。它对干燥器后微油过滤器前的压缩空气进行处理，对于尘的过滤效率≥99.925%。

3. 微油过滤器

微油过滤器如图 4-1-6 所示。它对通过干燥器后的压缩空气进行油污处理，保证通过微油过滤器后的压缩空气满足 ISO 8573 油 2 级的要求。该过滤器需进行定期排污处理。

图 4-1-4　除水除油过滤器组　　图 4-1-5　除尘过滤器　　图 4-1-6　微油过滤器

4. 过滤器的检修项目及要求

1）过滤器外观检查

过滤器不许有破损、漏泄。

2）微油过滤器检修

更新微油过滤器的滤芯及密封圈。

3）过滤器检修

（1）更新除尘过滤器密封件及除尘滤芯；更换除水除油过滤器组；更换密封橡胶件和滤芯。

（2）常闭电磁阀内的橡胶阀芯、弹簧、密封圈，气密性良好，功能正常。

（3）更新除水除油过滤器组排污管、加热器、滤芯及密封圈，更新除尘过滤器密封橡胶件及除尘滤芯。

（四）最小压力阀

最小压力阀如图 4-1-7 所示。它的作用是保证干燥器内部快速建立起压力，使干燥器可以进行再生、干燥工作，其开通压力为 600 kPa。

最小压力阀检修：须清洁，不许有破损、卡滞、泄漏，动作可靠灵活。

（五）安全阀

空气干燥器前后各有一个安全阀，如图 4-1-8 所示。其中，A3 安全阀（图中低处）的开启压力为 1100 kPa，A7 安全阀（图中高处）的开启压力为 950 kPa，以确保动力车总风系统的安全。

安全阀检查：须清洁，不许有破损、卡滞、泄漏，动作可靠灵活。

（六）总风缸

每台动力车采用 2 个 500 L 的总风缸串联作为压缩空气的储存容器，2 个风缸之间有塞门和止回阀。总风缸直立安装在机械间内，如图 4-1-9 所示。总风缸采用轻量化设计，材质为铝合金，设计压力为 1000 kPa。

图 4-1-7　最小压力阀 　　　　图 4-1-8　安全阀 　　　　图 4-1-9　总风缸

总风缸的检修项目及要求：

（1）外观检查：总风缸安装牢固，接头无松动和漏泄现象；总风截断塞门和排水塞门功能及管路连接正常，动作可靠灵活，无漏泄。

（2）风缸排水：定期对总风缸进行排水、排污。

（3）气密性试验：在 900 kPa 压力下，总风缸及其压缩空气管路 5 min 泄漏（压力下降值）不超过 20 kPa，其他各管系 5 min 泄漏（压力下降值）不超过 10 kPa。

三、辅助风源系统

当总风缸中的压缩空气压力不够时，通过辅助风源系统可提供动力车升弓、合主断用的压缩空气。辅助风源系统采用集成方案，主要由辅助压缩机、辅助干燥器、再生风缸、安全阀等组成。

（一）辅助压缩机

1. 辅助压缩机的基本结构

每台动力车配置一台无油活塞式辅助空气压缩机组，安装在制动柜上，作为动力车的辅助风源，与升弓控制模块、升弓风缸相连，如图 4-1-10 所示。辅助压缩机组由直流电机、空压机和干式空气滤清器等组成，为单级压缩，自带法兰安装。直流电机通过联结器与空压机连接，干式空气滤清器可以为辅助压缩机提供纯净的压缩空气。

图 4-1-10　辅助压缩机组

2. 辅助压缩机的主要技术参数

辅助压缩机的主要技术参数如下所示：

（1）工作形式：单缸往复式空压机。
（2）压缩方式：一级压缩。
（3）电机转向：从电机端观察，顺时针。
（4）额定排量：>50 L/min。
（5）排气压力：800~1000 kPa。
（6）控制电压：DC110 V。

3. 辅助压缩机的控制模式

辅助压缩机组的控制模式分为自动控制和手动控制两种方式。

1）自动控制

初次升弓或升弓运行过程中，当升弓风缸压力低于 480 kPa 时，压力开关动作发出指令，辅助压缩机自动投入工作；当升弓风缸压力达到 735 kPa 时，辅助干燥器再生功能反吹，压力开关动作，辅助压缩机自动停止工作。

2）手动控制

需要手动操作时，操作者可以按下辅助压缩机启动按钮（位于制动柜内），并观察升弓压力表的指示值（位于制动柜内），在满足升弓压力要求后松开按钮。

4. 辅助压缩机的检修项目及要求

（1）外观检查：无损坏等异常现象；各紧固件连接无松动；紧固件应齐全、防缓标识无错位。
（2）滤芯检查：空气过滤滤芯状态良好。
（3）功能试验：功能试验正常。

（二）辅助干燥器

辅助干燥器用于去除辅助压缩机输出压缩空气中的水和水蒸气，保证辅助管路内压缩空气的洁净，其外形如图 4-1-11 所示。

辅助干燥器的检修项目及要求：辅助干燥器、再生风缸及其管路安装牢固，不许有损伤、泄漏。辅助干燥器状态良好。

图 4-1-11 辅助干燥器

任务实施

学习任务一相关内容，完成任务单 4-1。

任务单 4-1 CR200J3 动力车风源系统

1. 识别 CAB 型制动系统的风源系统原理图，并写出图中代号的名称。

代号	名称	代号	名称
A01		A12	
A02			
A03		A15	
A04			
A05		A17	
A07		A18	
A08		B02	
A10			
A11			

2. 写出 CR200J 动力车风源系统气路通路。

3. 简述 CR200J 动力车风源系统的主要检查项目。

任务评价

任务：CR200J3 动力车风源系统检修

班级_____ 学号_____ 姓名_____ 小组_____

考核项目		考核要求	分值	得分
自评	螺杆式空气压缩机检查	熟练掌握螺杆式空压机的检查技术要求	20	
	干燥器检查	熟练掌握干燥器的检查技术要求	20	
	风管路其他部件检查	熟练掌握风管路其他部件的检查技术要求	20	
	素养考核	发现问题、提出问题、分析问题、解决问题、责任意识	20	
小组互评		从知识掌握、小组活动参与度等方面考核	10	
教师评价		根据完成任务的情况等进行评价	10	
总评			100	

巩固自测

1. 主风源系统由哪些部件组成？
2. 简述空气压缩机的工作模式。
3. 辅助风源系统由哪些部件组成？
4. 简述空气干燥器安全阀的种类和作用。
5. 简述辅助压缩机组的控制模式。

任务二　认知 CAB 型制动系统

项目四任务二课件

任务导入

　　CAB 型制动系统是由哪些部件组成的？CAB 型制动系统的制动控制逻辑有哪些？CAB 型制动系统各部件间是如何相互作用的，控制关系是什么？

任务目标

知识目标	1. 了解 CAB 型制动系统的功能及特点； 2. 掌握 CAB 型制动系统的组成； 3. 掌握 CAB 型制动系统主要部件的控制关系。
能力目标	1. 能指出 CAB 型制动系统主要部件的安装位置； 2. 能说出 CAB 型制动系统主要组成部分的名称及作用； 3. 能写出 CAB 型制动系统的控制关系。
素养目标	1. 具备认真负责的工作态度，严谨细致的工作作风； 2. 引导学生对典型问题多角度思考，从而促进探究性思维的养成。

> 关联知识

一、CAB 型制动系统的功能和主要特点

（一）功能

（1）车列电空制动的投入和切除，以确保空气制动和电制动的协调配合。电制动优先，能充分利用强大的再生制动力，无冲动且减少了闸片的磨耗，节约电能，降低了动力车的检修维护和运用成本；紧急制动时，只有空气制动作用。

（2）具有阶段制动、阶段缓解和一次缓解选择功能。

（3）具有紧急制动功能、无动力回送功能和备用制动功能。

（4）具有双 CAN 冗余网络功能。

（5）具有断钩保护功能、单阀投入和切除功能。

（二）主要特点

（1）系统按照功能要求采用模块化结构设计，板式安装，便于维护和检修。

（2）系统基于计算机控制技术、网络通信传输制动指令，智能模块采用双 CAN 冗余网络。

（3）系统和主要模块均采用冗余设计。

（4）人机界面和制动操纵习惯与现有交流机车一致。

（5）气路接口和电气接口符合国铁集团标准性技术规范要求，保证互换性。

（6）制动系统各项技术性能指标均符合 TJ/JW100《分布式网络智能模块机车空气制动系统暂行技术规范》规定要求。

（7）优化无火回送设置。

（8）保留系统集成的后备（冗余）制动控制功能。

二、CAB 型制动系统的组成

CAB 型制动控制系统主要由司机显示屏（制动显示器）、制动控制器、电空控制单元、电气接口单元和紧急放风阀等部分构成，如图 4-2-1 所示。

三、CAB 型制动控制系统的控制逻辑

（一）正常情况下系统气路的控制关系

（1）自动制动阀：

自动制动阀（大闸）→列车管控制模块→列车管压力→拖车制动机
　　　　　　　　　　　　　　　　　　　↓
　　　　　　　　　　　　　　制动缸控制模块→动力车制动缸

（2）单独制动阀：

单独制动阀（小闸）→单独控制模块→制动缸控制模块→动力车制动缸

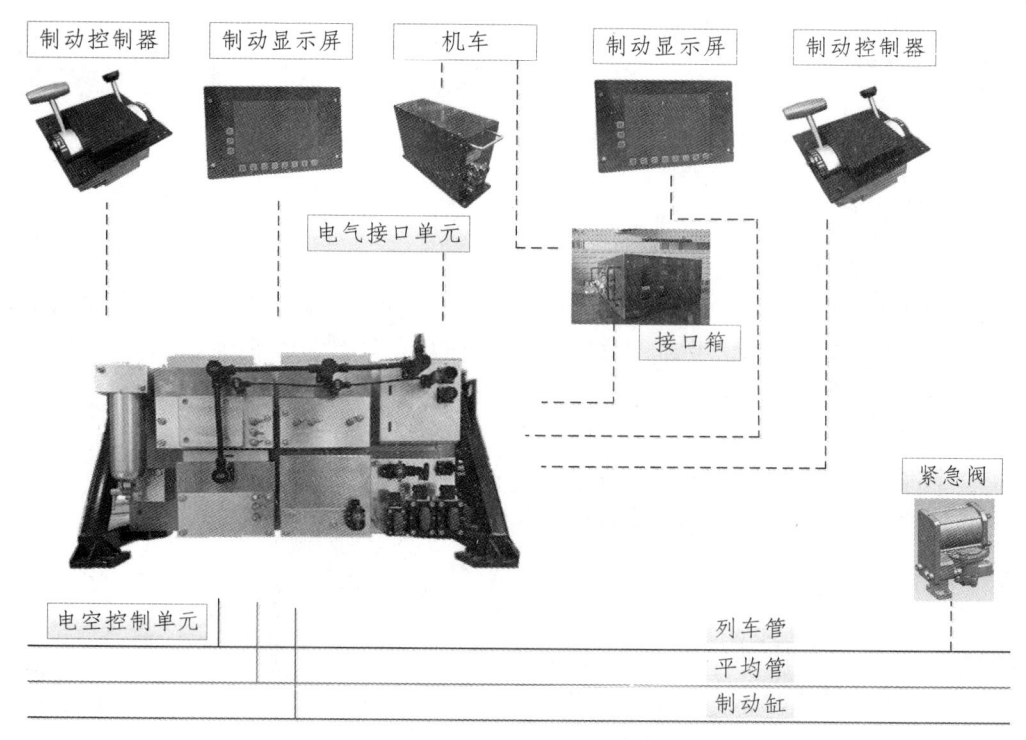

图 4-2-1　CAB 型制动控制系统的组成

（二）自动制动性能

均衡风缸、列车管、制动缸压力参数与自动制动阀手柄位置的对应关系应符合表 4-2-1。

表 4-2-1　CAB 型制动系统自动制动阀手柄的位置关系

手柄位置	均衡风缸（ER）压力/kPa	列车管（BP）压力/kPa	制动缸（BC）压力/kPa
运转位	600±5	600±10 BP=ER±10	0
初制动位	ER=BP±10	减压量 50±5	100±15
减压 100 kPa	ER=BP±10	减压量 100±10	200～270
减压 140 kPa	ER=BP±10	减压量 140±10	320～370
全制动位	减压 170～190	减压量≥170 BP=ER±10	420±15
抑制位	减压 170～190	减压量≥170 BP=ER±10	420±15
重联位	0	<100	450±20
紧急位	0	0	450±20

（三）单独制动性能

（1）将单独制动手柄由运转位向全制动位移动，阶段制动作用应稳定。
（2）将单独制动手柄由全制动位向运转位移动，阶段缓解作用应稳定。

（3）将单独制动手柄由运转位移至全制动位，制动缸最高压力为（300±15）kPa。

（四）自动制动的单独缓解性能

（1）自动制动手柄置于全制动位时，侧压单独制动手柄，制动缸压力为 0；单独制动手柄复位后，制动缸压力仍为 0。

（2）自动制动手柄置于紧急位时，侧压单独制动手柄，制动缸压力为 0；单独制动手柄复位后，制动缸压力恢复至紧急制动位压力。

（五）电空联合与电空互锁

动力车具有电空联合投入与切除功能，通过司机室显示单元进行模式选择，如图 4-2-2 所示。

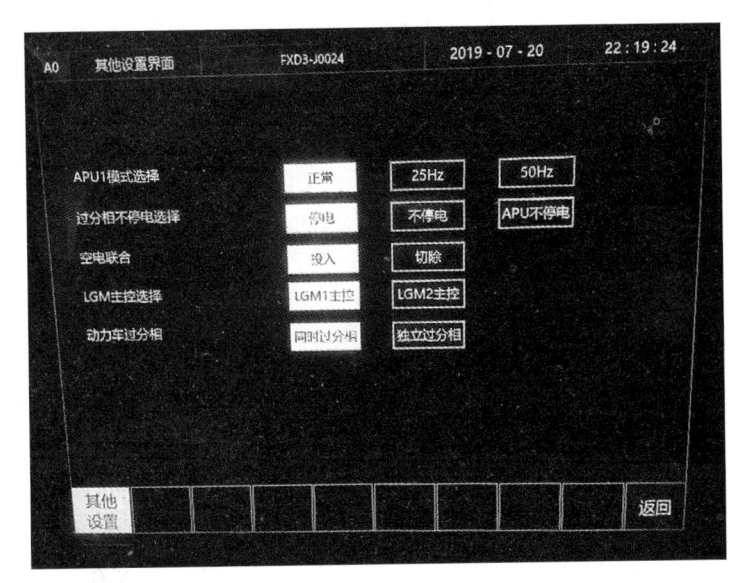

图 4-2-2　电空联合与电空互锁

1. 电空联合与电空互锁逻辑

（1）动力制动 > 自动制动。动力制动可切除自动制动（制动缸压力）。在此过程中如动力制动失效，则空气制动恢复。

（2）单独制动（制动缸压力 > 90 kPa 时）> 动力制动。当单独制动制动缸压力 > 90 kPa 时，切除动力制动。

电空联合投入与切除两种状态下，电空互锁都存在。区别在于：电空联合投入时使用自动制动手柄可施加动力制动；电空联合切除时使用自动制动手柄不可施加动力制动。

2. 电空联合

电空联合仅对动力车而言，仅当主断闭合时可用，并可通过司机室显示单元选择投入/切除。当车速低于 15 km/h 时，电空联合功能失效。CAB 型制动系统的电空联合制动关系见表 4-2-2。

表 4-2-2　CAB 型制动系统的电空联合制动关系

自动制动手柄	司机控制器	动力车制动力 空气制动力	动力车制动力 动力制动力	备注
常用制动	牵引工况/零位		√	（1）动力车施加动力制动力的大小应与大闸对应的列车管减压量所产生的动力车空气制动力相匹配 （2）同时司机可通过司机控制器追加动力制动
常用制动	制动工况			（1）若施加常用制动时，动力制动力<应施加的空气制动力，则动力车施加动力制动力的大小应与大闸对应的列车管减压量所产生的动力车空气制动力相匹配 （2）若施加常用制动时，动力制动力≥应施加的空气制动力，则动力车保持原有的动力制动力 （3）同时司机可通过司机控制器追加动力制动
紧急制动	牵引工况/零位	√		（1）司机可通过司机控制器追加动力制动。当动力制动力<40 kN 时，空气制动力与动力制动力同时存在 （2）当动力制动力≥40 kN 时，仅动力制动力存在
紧急制动	制动工况	√		（1）若施加紧急制动时，动力制动力<80 kN，则动力车施加约 80 kN 的动力制动力 （2）若施加紧急制动时，动力制动力≥80 kN，则动力车保持原有的动力制动力 （3）同时司机可通过司机控制器追加动力制动

3. 电空互锁

动力制动和空气制动不会同时作用于动力车上（单独制动产生的制动缸压力低于规定值时除外）。

（1）如果动力车首先使用了动力制动：当动力车操纵使用自动制动时，动力车本身的自动空气制动作用被阻止；当使用单独制动时，在动力车制动缸压力达到规定值时，动力制动将被切除。

（2）如果动力车首先使用了自动制动：当动力车操纵使用动力制动时，动力车的空气制动缓解。

（3）如果动力车首先使用了单独制动：当动力车制动缸压力超过规定值后，操纵使用动力制动无效。

（六）紧急制动的触发方式

以下是触发紧急制动的 5 种方式：
（1）自动制动阀置紧急位；
（2）按下司机操纵台左侧柜的紧急制动阀（车长阀）；
（3）按下司机操纵台前方的紧急按钮（断主断、降弓）；
（4）监控装置触发紧急制动；
（5）列车断钩分离触发紧急制动。

（七）惩罚制动

CAB 型制动系统的惩罚制动见表 4-2-3。

表 4-2-3　CAB 型制动系统的惩罚制动

序号	惩罚制动源		惩罚制动等级	备注
1	微机	发生以下情况时，CCU 发送惩罚制动指令： （1）司机室占用端冲突故障 （2）速度 5 km/h 以上停放施加 （3）无人警惕动作时 （4）连挂完成时（短编组电钩连挂） （5）非零速，总风压力低于 500 kPa （6）网络节点丢失 10 s 以上 （7）编组中有多余 1 个的制动机处于本务状态 （8）轴温安全环路报警 （9）速度 5 km/h 以上停放安全环路报警 （10）重联端发送的惩罚信号	最大常用制动减压 170 kPa	
2	制动机	（1）制动安全环路报警	最大常用制动减压 170 kPa	惩罚制动后必须停车
		（2）动力车非零速时，总风压力低于 500 kPa	减压 170 kPa	
		（3）动力车零速时，断开电钥匙	减压 100 kPa	动力车零速时
		（4）制动机故障惩罚	ER 以常用制动速率降到 0	
		（5）制动机断电惩罚	ER 以常用制动速率降到 0	
3	监控惩罚	（1）常用惩罚制动 A	减压 80 kPa	硬线 841
		（2）常用惩罚制动 B	减压 130 kPa	硬线 841、840

（八）空气后备制动

空气后备制动设置有独立于电控制动系统的后备制动控制器和空气后备制动模块，在动力车电控制动系统故障失效后可使用空气后备制动实现对列车的制动控制，保证列车能够继续运行。

（九）车列电空制动

车列电空百分比通过硬线信号反馈电流值检测，车列电空贯通状态通过网络反馈信号检测。车列电空制动投入时，目前为阶段缓解模式；车列电空制动切除时，为一次缓解模式，如图 4-2-3 所示。

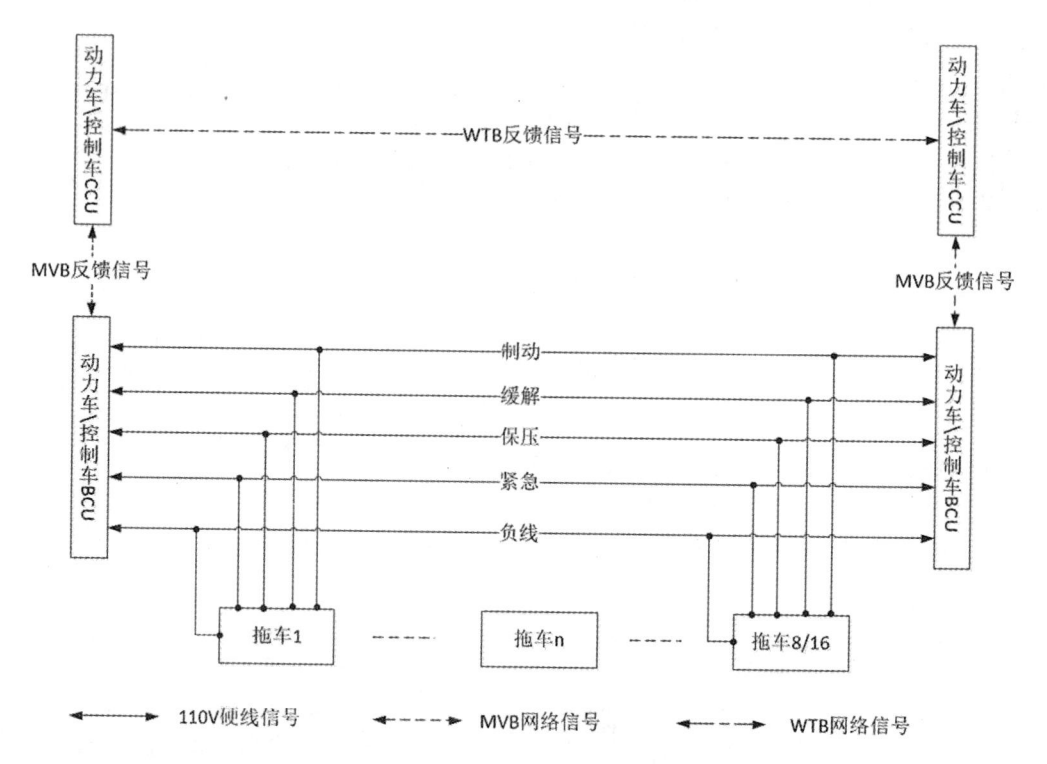

图 4-2-3　车列电空制动系统的组成及原理图

任务实施

学习任务二相关内容，完成任务单 4-2。

任务单 4-2　认知 CAB 制动系统

1. 写出正常情况下 CAB 型制动系统气路的控制关系。
2. CAB 型制动系统由哪些部件组成？
3. 紧急停车有哪些触发方式？
4. 简述 CCU 发送的惩罚制动指令。

任务评价

任务：认知 CAB 型制动系统

班级_____ 学号_____ 姓名_____ 小组_____

	考核项目	考核要求	分值	得分
自评	分析 CAB 型制动系统气路的控制关系	熟练分析控制关系	20	
	分析 CAB 型制动系统的惩罚制动触发条件	熟练分析惩罚制动触发条件	20	
	分析 CAB 型制动系统空气后备制动模块的作用	熟练分析空气后备制动模块	20	
	素养考核	负责的工作态度，严谨细致的工作作风	20	
小组互评		从知识掌握、小组活动参与度等方面考核	10	
教师评价		根据完成任务的情况等进行评价	10	
总评			100	

巩固自测

判断题。

1. 单独制动阀控制制动管的压力变化。（　　）
2. 自动制动阀控制列车管控制模块的压力变化，从而控制列车的制动、缓解和保压。（　　）
3. 动力制动和空气制动不会同时作用于动力车上。（　　）
4. 当动力制动大于自动制动作用时，动力制动可切除自动制动（制动缸压力），在此过程中如动力制动失效，则空气制动恢复。（　　）

任务三　检查 CAB 型制动系统司机室设备

任务导入

CAB 型制动系统司机室主要有哪些制动设备？司机操纵哪些设备来控制动力车制动缸压力，从而实现动力车的制动、保压和缓解呢？

项目四任务三课件

任务目标

知识目标	1. 掌握 CAB 型制动系统动力车司机室设备的组成； 2. 掌握 CAB 型制动系统动力车司机室设备的基本功能。
能力目标	1. 能够熟知 CAB 型制动系统动力车司机室的制动设备； 2. 能够熟知 CAB 型制动系统动力车司机室制动设备的基本功能； 3. 能够熟练使用 CAB 型制动系统司机室的制动设备。
素养目标	1. 培养团队合作精神，具备较好的语言表达与沟通协调能力； 2. 引导学生建立安全意识，养成规范、标准、安全、高效的职业素养。

> 关联知识

一、动力车司机室的制动设备布置

动力车司机室的制动设备包括：司机显示屏（制动信息）、制动控制器、操纵台前方紧急按钮（断主断、降弓）、操纵台左侧柜紧急制动按钮（车长阀）等设备。动力车制动系统司机室的制动设备布置如图 4-3-1 所示。

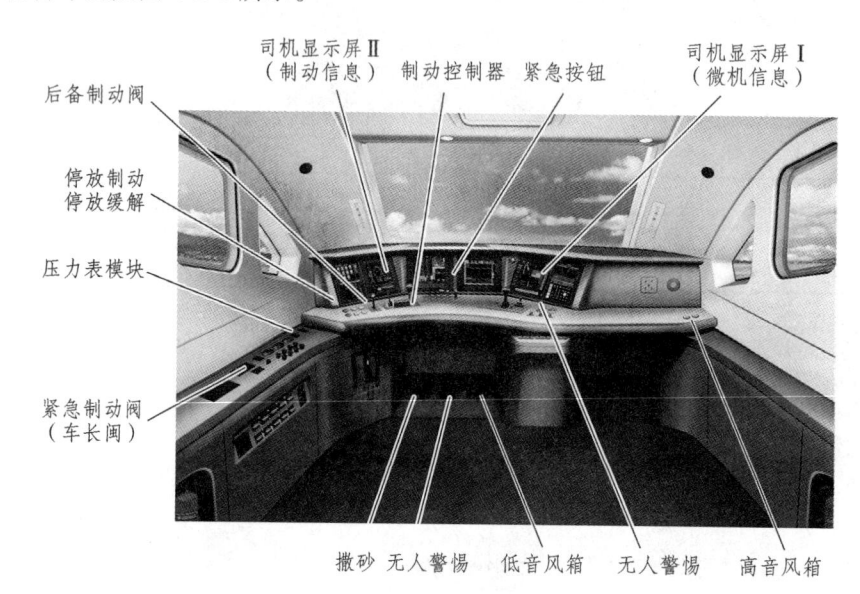

图 4-3-1　动力车司机室的制动设备

二、司机显示屏（制动信息）

司机显示屏（制动信息）位于司机室操作台，是人机接口。通过司机室显示屏可进行均衡风缸定压（微调）、列车管投入/切除（本务/单机）、小闸投入/切除、车列电空投入/切除、系统自检、风压值标定、故障查询等功能的选择和应用，如图 4-3-2 所示。动力车默认为定压 600 kPa、阶段缓解、补风模式；动力车采用双屏冗余模式，正常情况下制动信息和微机信息分屏显示，故障情况下制动信息和微机信息可合屏显示。司机显示屏（制动信息）右侧显示列车电空制动状态和尾车压力信息。

（1）顶部手柄位置提示信息：若 CAB 型制动系统的总风压力低，则会在提示区域最左侧用红底白字显示"总风压力低"；若 CAB 型制动系统触发紧急制动，则会在提示区域右侧使用黄底黑字显示"紧急制动""动力切除""惩罚制动"。

（2）系统状态：

本务——操纵端/投入。

单机——操纵端/切除。

补机——非操纵端。

（3）流量：柱状图范围为 0.0～3.0 cm，数值保留一位小数。

1—车列电空命令和可用车辆数；2—尾车压力值；3—触摸按键；4—机械按键；
5—状态信息（包括提升信息故障信息和故障的提示信息）；6—压力值；
7—流量；8—系统状态；9—顶部提示信息。

图 4-3-2 司机显示屏（制动信息）功能显示

（4）压力值：左侧表盘中，红色指针指示均衡风缸压力，白色指针指示列车管压力；右侧表盘中，红色指针指示总风压力，白色指针指示制动缸压力。

（5）状态信息：操作提示信息、故障信息、故障的处理信息、车号、日期和时间。

（6）车列电空命令和可用车辆数：

车列电空命令显示：缓解、制动、保压或紧急。贯通时用绿色字体显示，未贯通时用白色字体显示。

可用车辆数：显示范围为 1%~100%。

（7）尾车压力值：尾车状态提示区域用于显示 CAB 型制动系统此时列车管、制动缸、总风压力数值。

（8）司机显示屏（制动信息）检修项目及要求：

① 功能检查显示正常，各按键功能正常。

② 运行自检程序，作用良好。

三、制动控制器

制动控制器是系统的操纵部件，通过网络信号实现对制动机各个模块动作的控制，实现对空气管路的开通或关断，从而达到控制列车或动力车制动、缓解的目的。

制动控制器（见图 4-3-3）具备双 CAN 网络接口，它集成了自动制动手柄和单独制动手柄；采用平面化设计，安装后与司机台面平齐，便于安装及操作；紧急位具备直排列车管压力的功能，左侧为自动制动手柄，右侧为单独制动手柄。

图 4-3-3 制动控制器

（一）自动制动手柄的工作位置

自动制动手柄通过对均衡风缸进行充排风从而控制列车管的增压和减压，以实现对列车的缓解和制动。自动制动手柄包括运转位、初制动、全制动、抑制位、重联位、紧急位。初制动和全制动之间是常用制动区。手柄向前推为常用制动或紧急制动作用，手柄向后拉为缓解作用。在重联位，可通过插销将自动制动手柄固定在重联位。

1. 运转位

自动制动手柄在运转位，均衡风缸充风，最终实现列车管的定压充风及制动缸的完全缓解。

2. 初制动位

自动制动手柄在初制动位时，列车管能够实现最小减压量制动作用。

3. 常用制动区

自动制动手柄在常用制动区，能够实现列车管从初制动至全制动的减压，制动缸压力与列车管减压量成线性比例关系。

4. 全制动位

自动制动手柄在常用全制动位，列车管能够实现最大常用减压量制动作用。

5. 抑制位

自动制动手柄置于抑制位，将产生常用全制动作用，列车管仍执行最大常用减压量。当制动控制系统执行动力车或监控装置请求的惩罚制动后，自动制动手柄失去常用制动控制功能；需要缓解惩罚制动时，必须将自动制动手柄置于抑制位至少 1 s，用于确认司机操作，制动机复位后允许自动制动手柄再放置运转位，以缓解惩罚制动作用。

6. 重联位

自动制动手柄置于重联位，均衡风缸和列车管将按常用减压速率减压至 100 kPa 以下。当手柄从抑制位移至重联位，能够进行超出列车管常用全制动减压量的减压作用，均衡风缸连续减压，从全制动减压量到最终减压至 0。

当制动控制系统设为补机或处于断电状态时，手柄可以放此位置。

7. 紧急位

自动制动手柄置于紧急位，则机械和电气联锁能够同时触发紧急制动作用。制动控制器内设有机械排气阀，可直接排出列车管压力空气以触发空气紧急制动作用。

（二）单独制动手柄的工作位置

操作单独制动手柄能够控制动力车本身的制动与缓解作用，而不影响列车管的压力变化。单独制动手柄有运转位、制动区和全制动位，手柄向前推为制动作用，向后拉为缓解作用。当侧压单独制动手柄时，可实现自动制动的单独缓解。

1. 运转位

单独制动手柄在运转位，能够缓解因操作单独制动手柄而施加的动力车制动作用。

2. 制动区

单独制动手柄置于制动区，动力车施加空气制动，动力车制动缸的压力随着单独制动手柄在制动区的移动线性增加。

3. 全制动位

单独制动手柄置于全制动位，施加动力车全制动作用，动力车制动缸压力为（300±15）kPa。

4. 单独缓解

使用单独制动手柄能够进行单独缓解作用，缓解因操作自动制动而产生的动力车制动作用，单独缓解作用通过向右侧压单独制动手柄实现一次单缓作用。常用制动后，动力车制动缸压力在单缓后不能恢复；紧急制动后，动力车制动缸压力在单缓后能够恢复。紧急制动后松开侧压的单独制动手柄，单独制动手柄能自动复位。

（三）后备（冗余）制动控制

制动控制器具有后备冗余功能，采用双供电电路模式，供电电压为 DC24 V 或 DC110 V。在计算机控制的制动系统故障时，通过转换开关能够转为后备制动控制模式，此时操作自动制动手柄仍可实现均衡风缸的充、排风作用，从而达到操纵列车制动、缓解的目的，满足动力车继续牵引列车的要求。

（四）制动控制器的检修项目及要求

1. 外观检查

制动控制器状态良好，无损坏等异常现象；各紧固件连接无松动现象，紧固件齐全、防缓标识无错位；电缆组件接线牢固无松动，电缆导线无破损；模块接地线状态良好。

2. 功能检查

自动制动手柄、单独制动手柄各位置准确，动作灵活，无卡滞现象；后备制动阀手柄推拉灵活，无卡滞现象。

3. 整体检修

制动控制器拆解检修时，更新橡胶件、弹簧、塑料件；进行性能试验，符合技术要求；自动制动手柄、单独制动手柄各位置准确，动作灵活，没有阻滞，作用良好；接线插头紧固良好，接线没有破损，风管接头状态良好，没有泄漏；更新电位器及线束。

四、紧急制动按钮（车长阀）

紧急制动按钮（车长阀）位于司机操作台左边柜，按压后触发紧急制动，功能类似和谐型电力机车的车长阀，如图 4-3-4 所示。

五、紧急按钮

紧急按钮在司机操作台上，如图 4-3-5 所示。按压后触发紧急制动，同时主断路器断开，受电弓降下；复位该按钮时，应按照指示旋转后（顺时针）恢复。

图 4-3-4　紧急制动按钮（车长阀）　　　图 4-3-5　紧急制动按钮

六、空气后备制动

（一）空气后备制动模块的组成及原理

空气后备制动模块主要由集成板、BP 控制模块（.01）、后备均衡风缸（.02）、空气后备制动隔离塞门（.03）、调压阀（.04）和缩堵（.06）等组成。其中 BP 控制模块即列车管中继阀，后备均衡风缸容积为 1.5L，调压阀初始设定值为 600 kPa。在动力车电空制动系统故障失效后可使用后备空气制动实现对列车的制动控制，通过控制后备均衡风缸压力实现对列车管压力的控制，从而控制全列车的制动与缓解作用，保证列车继续运行。空气后备制动模块的组成及原理如图 4-3-6 所示。

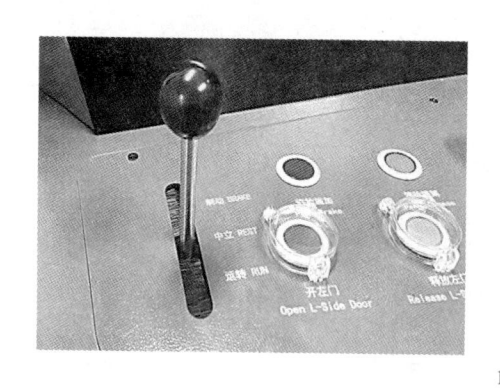

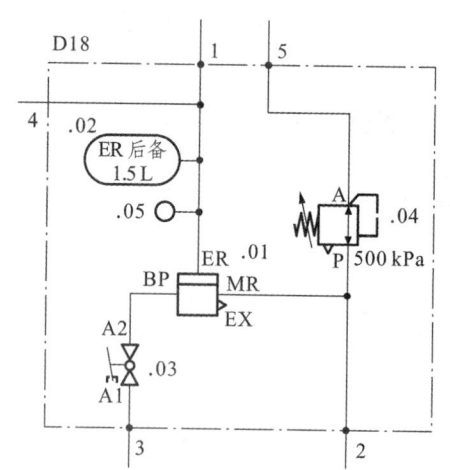

1—后备制动控制器出口气路；2—总风气路；3—列车管气路；
4—后备均衡压力表气路；5—后备制动控制器入口气路。

（a）组成　　　　　　　　　　　　　（b）原理图

图 4-3-6　空气后备制动模块的组成及原理

后备制动控制器采用双阀口式结构，用于控制后备均衡风缸充/排风，设置有制动、缓解和保压三个作用位置。在使用后备空气制动时，应人为地避免空气制动力与再生制动力叠加，防止出现滑行。

（二）后备空气制动投入设置

当微机控制制动系统因自身或由其他设备干扰等产生不能消除的故障时，为维持列车继续运行，允许将动力车制动系统转换为备用空气制动状态以降速、降级运行，其操作步骤如下：

（1）自动制动手柄置重联位，插好重联插销。单独制动手柄置运转位。

（2）制动系统微机断电（制动柜上的电源开关置"OFF"位）。

（3）将操纵台内的备用制动总风转换塞门转到"投入"位。

（4）将操纵台内的备用制动列车管转换塞门转到"投入"位。

（5）试验备用制动手柄作用位置：

手柄向回拉——"运转"位。

手柄竖直位置——"中立"位。

手柄向前轻推——"制动"位。

（6）将备用制动手柄由"中立"位移至"运转"位，列车管充风缓解，待列车管充风至定压后，检查列车缓解是否正常；然后将手柄移至"中立"位，再向前轻推至"制动"位，列车管开始减压，当减压至目标值时松开手柄，手柄自动恢复至"中立"位保压，检查列车制动是否正常。连续试验制动、缓解两次，确保备用制动可以正常使用。

七、撒砂脚踏板

司机操纵台下有 3 个脚踏开关，如图 4-3-1 所示，从左向右依次为：撒砂、无人警惕、低音风笛。

任务实施

学习任务三相关内容，完成任务单 4-3。

任务单 4-3　机车司机室制动设备

1. 写出 CAB 型制动系统动力车司机室的制动设备。
2. 司机显示屏（制动信息）显示哪些信息？
3. 写出 CAB 型制动系统大闸的位置。
4. 动力车电控制动系统失效后，如何转换为后备空气制动？

任务评价

任务：机车司机室制动设备检查

班级_____ 学号_____ 姓名_____ 小组_____

	考核项目	考核要求	分值	得分
自评	制动控制器外观检查	会检查制动控制器外观	20	
	制动控制器功能检查	会检查制动显示屏功能	20	
	司机显示屏（制动信息）操作	会操作司机显示屏（制动信息）	20	
	素养考核	安全意识，精益求精的工匠精神	20	
小组互评		从知识掌握、小组活动参与度等方面考核	10	
教师评价		根据完成任务的情况等进行评价	10	
总评			100	

巩固自测

判断题。

1. CAB 型制动系统的大闸手柄向前推为制动作用，向后拉为缓解作用。（   ）
2. CAB 型制动系统的单独制动阀手柄位置有制动位、缓解位、制动区。（   ）
3. CAB 型制动系统的车长阀能施加紧急制动作用，使机车实施紧急制动作用。（   ）
4. CAB 型制动系统的机车显示屏可以设置均衡风缸压力、制动管压力。（   ）
5. 司机室脚踏板从左向右依次为：撒砂、警惕、鸣笛。（   ）

任务四　检查 CAB 型制动系统制动柜设备

任务导入

制动柜是 CAB 型制动系统的重要组成部分，通过制动柜设备来实现对列车管、制动缸、停放制动的压力控制，同时主压缩机的自动启停控制、弹簧停放的施加和缓解等也需要通过制动柜的相应模块实现。制动柜内设置了哪些制动设备呢？每个部分的功能是什么呢？

任务目标

知识目标	1. 掌握 CAB 型制动系统制动柜的组成； 2. 掌握 CAB 型制动系统制动柜各部分的基本功能； 3. 掌握 CAB 型制动系统制动柜各部分的作用原理。
能力目标	1. 能熟知 CAB 型制动系统制动柜的各部件； 2. 会分析 CAB 型制动系统制动柜内各模块的作用原理； 3. 能够结合制动柜实物，分析各部件的气路控制关系。
素养目标	1. 培养具备创新意识和科技强国的责任感； 2. 增强岗位认同感及责任感，提升职业荣誉感； 3. 具备严谨认真的劳动态度，尽职尽责、一丝不苟的工匠精神。

> 关联知识

一、CAB 型制动系统制动柜的组成

CAB 型制动系统采用制动柜的组装方式，该制动柜集成安装了电气接口单元 EIU、电空控制单元 EPCU、与机车接口的接线箱模块 IOB、辅助控制装置 ACU、升弓钥匙开关 KS、踏面清扫控制单元 TCM、防滑器主机、升弓控制风缸、停放控制风缸和制动机总风缸等。其中辅助控制装置 ACU 模块包括升弓及辅压机启停控制、停放制动控制、撒砂控制和空压机启停控制等单元。鼓形车制动柜设有停放制动指示器，方便车上查看停放制动施加和缓解状态。制动柜外形如图 4-4-1 所示。

项目四任务四课件

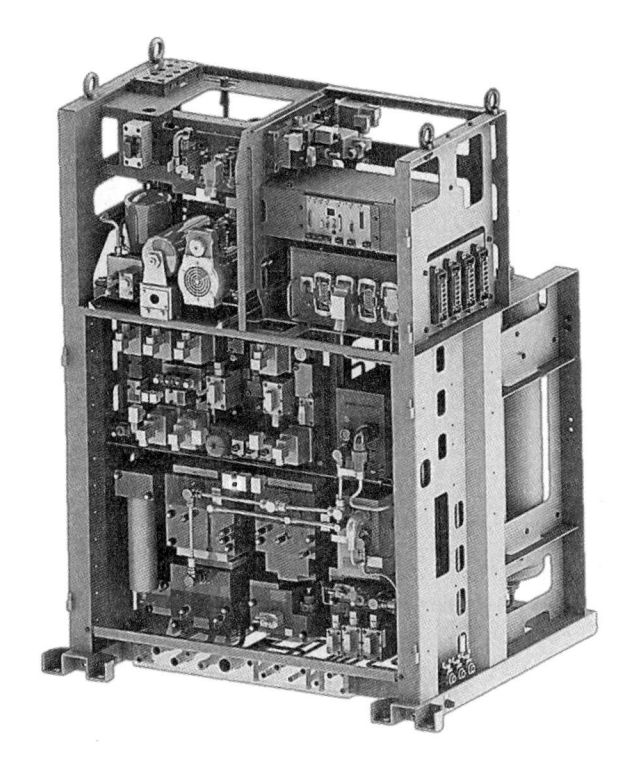

图 4-4-1　CAB-A 型制动系统制动柜

二、电空控制单元（EPCU）

电空控制单元是制动控制系统中的重要组件，其上有数个部件作为网络的节点，根据指令要求实施对动力车或列车的制动控制。电空控制单元根据制动系统功能采用模块化设计，其中 4 个模块具有网络节点，除电源模块 PSCM 外，其余 3 个为机电一体化的智能模块。电空控制单元（EPCU）上的 6 个模块分别为：列车管控制模块 BPCM、制动缸控制模块 BCCM、电源模块 PSCM、单独控制模块 IBCM、空气制动阀模块 PBTV、辅助功能模块 ACM，如图 4-4-2 所示。电空控制单元（EPCU）的工作原理参见附图 3。

图 4-4-2 电空控制单元

电空控制单元背面设有容积风缸和管路接口，其背面布局如图 4-4-3 所示。容积风缸包括 ER 风缸、ACR 风缸、RR 风缸、IR 风缸和 AR 风缸；对外管路接口主要包括总风、列车管、制动机总风缸、制动缸和平均管。

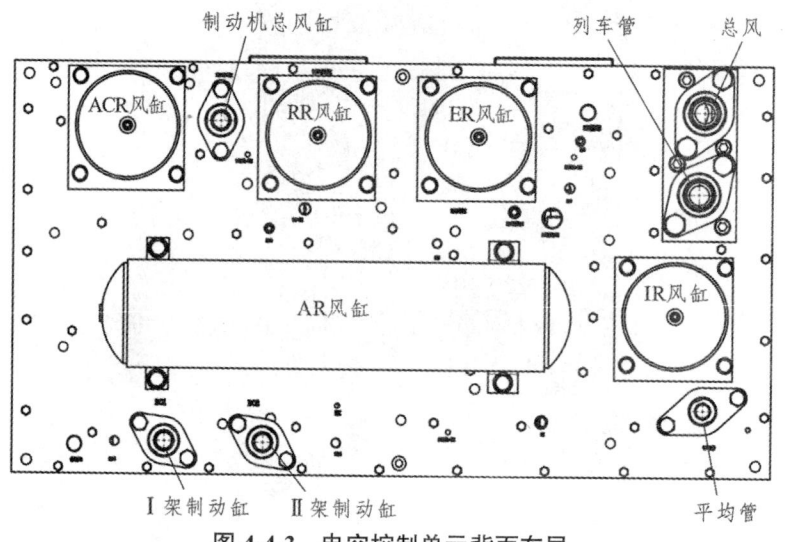

图 4-4-3 电空控制单元背面布局

（一）列车管控制模块 BPCM

1. BPCM 模块的主要功能

列车管控制模块 BPCM 如图 4-4-2 中方框所示，其主要作用是通过对均衡风缸进行充排气控制，最终实现对列车管的充排气控制。其主要功能如下：

（1）采集与测试均衡风缸、列车管等压力；监测列车管充风流量；提供并控制均衡风缸压力。

（2）响应均衡风缸压力变化，实现对列车管压力控制。

（3）执行紧急制动排风；控制列车管补风作用；系统失电时执行惩罚制动。

2. BPCM 模块的组成与原理

BPCM 模块由控制板卡、阀体、均衡风缸、排风电磁阀 EMR、充风电磁阀 EMA、均衡后备转换电磁阀 EME、列车管遮断电磁阀 EMB、总风遮断电磁阀 EMM、列车管遮断阀 BPCO、总风遮断阀 MRCO、紧急电磁阀 EM11、紧急电磁阀 EM24、紧急先导阀 EEV、列车管中继阀 EBR、总风压力传感器 1（MRT1）、总风流量传感器 FLT、均衡压力传感器 ERT、列车管压力传感器 1（BPT1）、均衡压力测点 TP-ER、总风流量测点 TP-FL、列车管压力测点 TP-BP 和控制气路滤清器 AF4 等部分组成。

BPCM 模块的气路如图 4-4-4 所示，各气路接口分别为：BP—列车管，ER—均衡风缸（1.5 L），BPA—紧急先导气路，MR—总风，ERB—ER 后备，EX—大气。

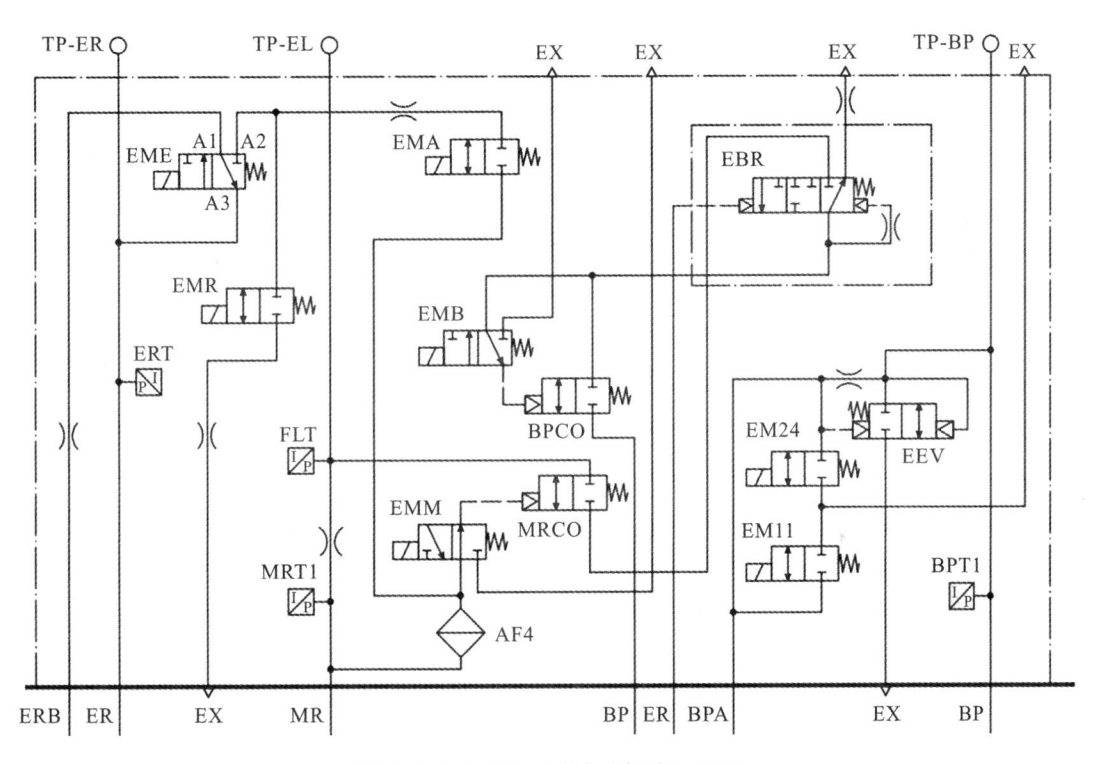

图 4-4-4 BPCM 模块的气路原理图

3. BPCM 模块各部件介绍

1）控制板卡

控制板卡采集传感器数据，配合采集传感器压力数据控制电磁阀动作，通过 CAN 总线通信将相关信息传送到网络上。控制板卡具备传感器校准、故障检测、故障安全导向的功能。

2）排风电磁阀 EMR/充风电磁阀 EMA

BPCM 模块通过 EMR、EMA 电磁阀实现对均衡风缸压力的控制。在缓解后或制动后的保压状态，两个电磁阀均失电。若将自动制动手柄置于重联位，EMR 电磁阀得电将均衡风缸排空到 0。

（1）EMR 电磁阀：

得电：均衡风缸通大气，均衡风缸减压。

失电：停止均衡风缸通大气，均衡风缸保压。

（2）EMA 电磁阀：

得电：总风通均衡风缸，均衡风缸充风。

失电：停止总风通均衡风缸，均衡风缸保压。

3）均衡后备转换电磁阀 EME

得电：均衡风缸接受 EMR、EMA 电磁阀控制。

失电：均衡风缸转 ER 后备控制通路。

EMR 电磁阀为常得电状态。系统断电或故障转电空后备（具备电空后备功能时）模式时，EME 电磁阀失电；其他状态下均得电。

4）列车管中继阀 EBR

EBR 电磁阀响应均衡风缸的控制压力，产生与之相对应的列车管压力，实现对列车的制动、缓解控制功能，属于机械阀。

5）列车管遮断电磁阀 EMB/列车管遮断阀 BPCO

EMB 电磁阀与 BPCO 遮断阀共同作用，实现列车管投入/切除功能。

EMB 电磁阀失电：列车管投入，导通 BPCO 遮断阀预控压力，BPCO 遮断阀处于开通位，EBR 中继阀产生的列车管压缩空气通过该阀，并经过滤后进入动力车的列车管。

EMB 电磁阀得电：列车管切除，BPCO 遮断阀预控压力通过电磁阀排向大气，BPCO 遮断阀处于关闭位，EBR 中继阀与机车的列车管压力隔离；动力车列车管处于保压状态，中继阀不再控制动力车列车管压力。

列车管处于补风状态时，EMB 电磁阀失电；切除状态时，EMB 电磁阀得电；当列车管压力低于 100 kPa 时，BPCO 遮断阀自动关闭通路。

6）总风遮断电磁阀 EMM/总风遮断阀 MRCO

EMM 电磁阀与 MRCO 遮断阀共同作用，实现列车管补风/不补风功能。

EMM 电磁阀失电：列车管补风，导通 MRCO 遮断阀预控压力，MRCO 遮断阀处于开通位，总风通过该阀为 EBR 中继阀提供压缩空气，实现列车管补风功能。

EMM 电磁阀得电：列车管不补风，MRCO 遮断阀预控压力通过电磁阀排向大气，MRCO 遮断阀处于关闭位，EBR 中继阀与动力车总风隔离，实现列车管不补风功能。

7）紧急电磁阀 EM11（110 V）/紧急电磁阀 EM24（24 V）/紧急先导阀 EEV

EM11 电磁阀和 EM24 电磁阀均为紧急先导电磁阀，其中 EM11 由电气接口单元 EIU 直接控制产生紧急作用，EM24 由 BPCM 模块控制。

电磁阀得电：紧急先导气路 BPA 排风。

电磁阀失电：紧急先导气路 BPA 不排风（正常模式）。

紧急先导气路 BPA 排风将造成紧急先导阀 EEV 动作，产生紧急制动排风作用。

8）总风压力传感器 1（MRT1）

MRT1 采集动力车第二总风缸的总风压力值，用于内部逻辑控制和显示屏显示。如果此传感器故障，会自动由 BCCM 模块中的 MRT2 传感器代替其功能。

9）总风流量传感器 FLT

FLT 采集经过充风节流孔的总风压力值，BPCM 模块通过比较 MRT1 和 FLT 的采集值，计算列车管的充风流量，并在显示屏上显示。

10）均衡压力传感器 ERT

ERT 采集均衡风缸压力值，用于内部逻辑控制和在显示屏上显示。

11）列车管压力传感器 1（BPT1）

BPT1 采集列车管压力值，用于内部逻辑控制和在显示屏上显示。如果此传感器故障，会自动由 BCCM 模块中的 BPT2 传感器代替其功能。

12）均衡压力测点 TP-ER

此测试点直接与均衡风缸连接，通过外部压力表能够检测均衡风缸的实际压力。

13）总风流量测点 TP-FL

此测试点直接与动力车第二总风缸的总风连接，通过外部压力表能够检测总风的实际压力。

14）列车管压力测点 TP-BP

此测试点直接与列车管连接，通过外部压力表能够检测列车管的实际压力。

（二）制动缸控制模块 BCCM

1. BCCM 模块的主要功能

制动缸控制模块 BCCM 如图 4-4-2 中方框所示。其主要作用是根据列车管压力变化实现对制动缸的压力控制，最终实现动力车制动缸压力的输出。

BCCM 模块的主要功能如下：

（1）根据列车管压力变化输出制动缸压力。

（2）在电空制动失效时，将制动缸压力自动切换至机械分配阀控制，实现电空联锁功能和制动缸等压力测试功能。

（3）单独控制模块故障时，系统将通过 BCCM 模块实现其功能，输出平均管压力，控制重联动力车；同时 BCCM 模块也可以响应单独制动手柄指令，实现动力车单独制动控制。

2. BCCM 模块的组成与原理

BCCM 模块由控制板卡、阀体、制动缸预控风缸 ACR、排风电磁阀 BMR、充风电磁阀 BMA、制动控制电磁阀 BMC、单独缓解电磁阀 BMI、电空联锁电磁阀 DBI、后备控制阀 BCV、制动缸中继阀 BCR、制动缸传感器 BCT、列车管压力传感器 2（BPT2）、总风压力传感器 2（MRT2）、制动缸预控传感器 ACT、总风压力测点 TP-MR、制动缸压力测点 TP-BC、制动缸预控压力测点 TP-AC 和控制气路滤清器 AF4 等部分组成。

BCCM 模块的气路原理如图 4-4-5 所示，各气路接口分别为：BP—列车管，MR—总风，

ACTV IN—ACTV 控制压力入，ACTV OUT—ACTV 控制压力出，AC—制动缸预控（接 ACR 风缸，容积 1L），IC—单独预控，MR150—制动机总风缸（125L），BC—制动缸，EX—大气。

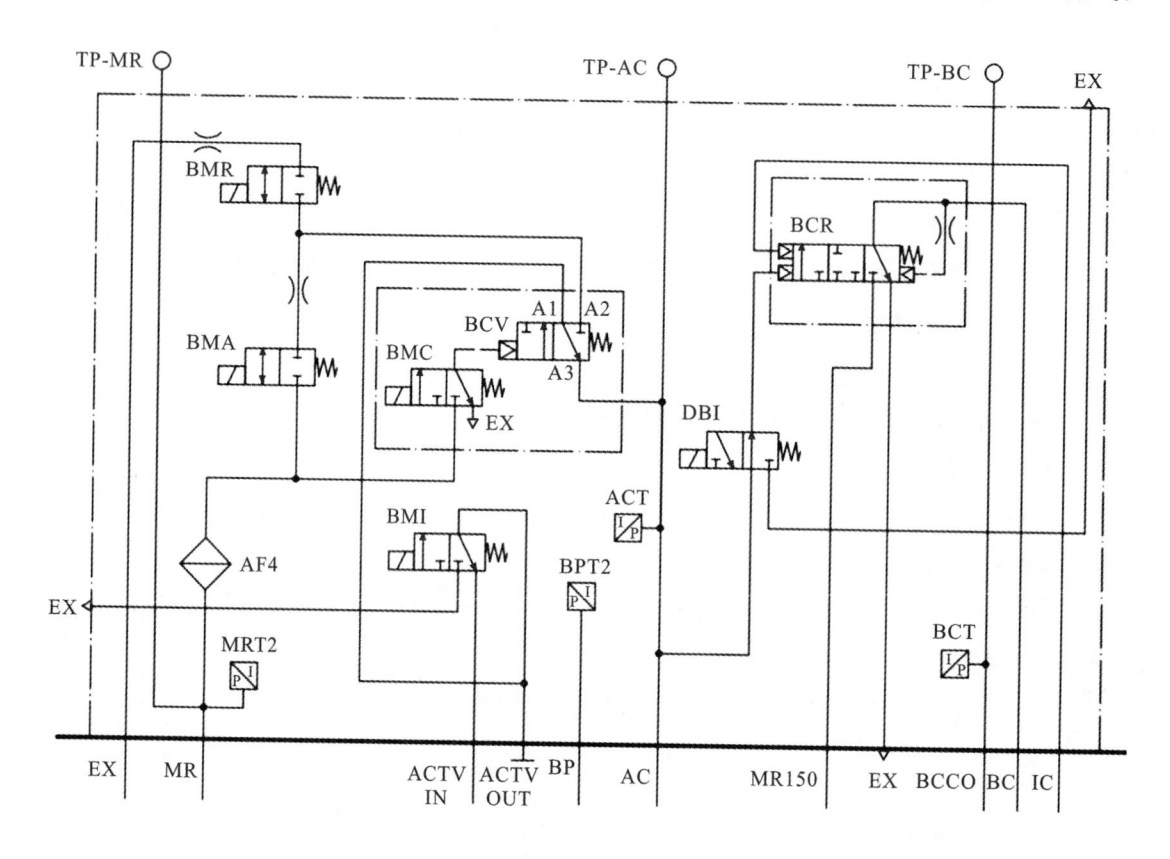

图 4-4-5　BCCM 模块的气路原理图

3. BCCM 模块各部件介绍

1）控制板卡

控制板卡采集传感器数据，配合采集传感器压力数据控制电磁阀的动作，通过 CAN 总线通信将相关信息传送到网络上。控制板卡具备传感器校准、故障检测、故障安全导向功能。

2）排风电磁阀 BMR/充风电磁阀 BMA

BCCM 模块通过 BMR、BMA 电磁阀实现对 ACR 风缸压力的控制。在缓解后或制动后的保压状态，两个电磁阀均失电。

（1）BMR 电磁阀

得电：ACR 风缸通大气，ACR 风缸减压。

失电：停止 ACR 风缸通大气，ACR 风缸保压。

（2）BMA 电磁阀

得电：总风通 ACR 风缸，ACR 风缸充风。

失电：停止总风通 ACR 风缸，ACR 风缸保压。

3）BMC 制动控制电磁阀/BCV 后备控制阀

BMC 电磁阀与 BCV 控制阀共同作用，实现 BCCM 模块电子控制与空气制动阀 PBTV 控制的冗余切换。BCCM 模块正常时，BMC 电磁阀得电，由 BMA 和 BMR 电磁阀控制 ACR 风缸压力，即对制动缸压力进行控制。BCCM 模块故障或失电时，BMC 电磁阀失电，空气制动阀与 ACR 风缸连通，并受其控制。

4）制动缸中继阀 BCR

BCR 中继阀采用双膜板结构，响应 AC 和 IC 双路控制压力，产生与之相对应的制动缸压力，实现对动力车的制动、缓解控制功能。BCR 阀属于机械阀。

5）电空联锁电磁阀 DBI

DBI 阀用于动力车电空联锁控制，由动力车主控系统通过硬线施加。

得电：BCR 中继阀中的 AC 制动缸预控压力排入大气，不控制 BCR 中继阀输出。

失电：AC 制动缸预控压力正常控制 BCR 中继阀输出。

6）单独缓解电磁阀 BMI

系统电空后备模式下，BMI 阀用于动力车单独缓解功能控制。

得电：ACTV 控制压力排入大气，不控制 BCR 中继阀输出。

失电：ACTV 控制压力正常控制 BCR 中继阀输出。

7）制动缸传感器 BCT

BCT 传感器采集制动缸压力值，用于内部逻辑控制和显示屏显示。

8）列车管压力传感器 2（BPT2）

BPT2 传感器采集列车管压力值，用于内部逻辑控制和显示屏显示。如果此传感器故障，会自动由 BPCM 模块中的 BPT1 传感器代替其功能。

9）总风压力传感器 2（MRT2）

MRT2 传感器采集动力车第二总风缸的总风压力值，用于内部逻辑控制和显示屏显示。当 BPCM 模块中的 MRT1 故障时，会自动由此传感器代替其功能。

10）制动缸预控传感器 ACT

ACT 传感器采集 AC 制动缸预控压力值，用于内部逻辑控制。

11）总风压力测点 TP-MR

此测试点直接与动力车第二总风缸的总风连接，通过外部压力表能够检测总风的实际压力。

12）制动缸压力测点 TP-BC

此测试点直接与制动缸连接，通过外部压力表能够检测制动缸的实际压力。

13）制动缸预控压力测点 TP-AC

此测试点直接与 AC 制动缸预控压力连接，通过外部压力表能够检测 AC 制动缸预控的实际压力。

（三）单独控制模块 IBCM

1. IBCM 模块的主要功能

单独控制模块 IBCM 如图 4-4-2 中方框所示。其主要作用是：根据单独制动手柄的操作实现对制动缸的压力控制，并输出平均管压力。其主要功能如下：

（1）平均管等压力测试功能。

（2）响应单独制动，提供对制动缸和平均管的压力控制。

（3）制动缸控制模块故障时，提供对制动缸的压力控制。

2. IBCM 模块的组成与原理

单独控制模块 IBCM 由控制板卡、阀体、单独预控风缸 IR、排风电磁阀 IMR、充风电磁阀 IMA、本补转换电磁阀 IMC、失电转换电磁阀 IML、单独制动控制阀 ICV、平均管中继阀 ICR、失电转换阀 ILTV、重联转换阀 ITTV、单独预控传感器 ITL、平均管传感器 ITT、单独预控压力测点 TP-ITL、平均管压力测点 TP-ITT 和控制气路滤清器 AF4 等组成。

IBCM 模块的气路原理如图 4-4-6 所示，各气路接口分别为：MR—总风，IR-单独预控风缸（1 L），IC—单独预控，BC—制动缸，BCEP—平均管，EX—大气。

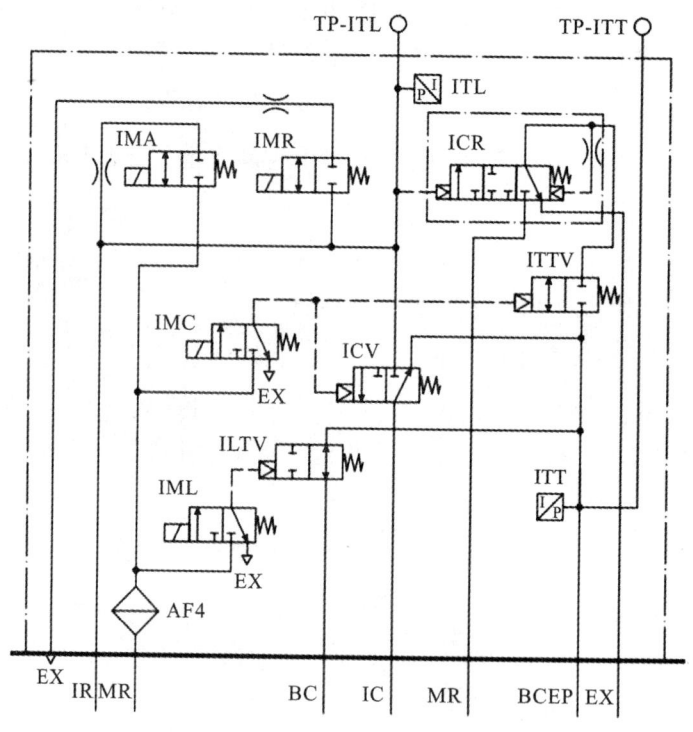

图 4-4-6 IBCM 模块的气路原理图

3. IBCM 模块各部件介绍

1）控制板卡

控制板卡采集传感器数据，配合采集传感器压力数据控制电磁阀的动作，通过 CAN 总线通信将相关信息传送到网络上。控制板卡具备传感器校准、故障检测、故障安全导向功能。

2）排风电磁阀 IMR/充风电磁阀 IMA

ICCM 模块通过 IMR、IMA 电磁阀实现对 IR 风缸压力的控制。在缓解后或制动后的保压状态，两个电磁阀均失电。

3）IMR 电磁阀

得电：IR 风缸通大气，IR 风缸减压。

失电：停止 IR 风缸通大气，IR 风缸保压。

4）IMA 电磁阀

得电：总风通 IR 风缸，IR 风缸充风。

失电：停止总风通 IR 风缸，IR 风缸保压。

5）本补转换电磁阀 IMC/单独制动控制阀 ICV

IMC 电磁阀与 ICV 控制阀共同作用，实现 IBCM 模块电子控制与平均管控制（作为重联动力车）制动缸压力的冗余切换。制动机作为本务动力车，IMC 电磁阀得电，由 IMA 和 IMR 电磁阀控制 IR 风缸压力和单独预控 IC，实现平均管和制动缸压力控制。制动机作为重联动力车，IMC 电磁阀失电，单独预控 IC 与平均管连通，制动缸压力受平均管控制。

6）平均管中继阀 ICR

ICR 中继阀响应 IR 风缸控制压力，并产生与之相对应的平均管压力，实现对平均管的充气、排气功能。ICR 中继阀属于机械阀。

7）本补转换电磁阀 IMC/重联转换阀 ITTV

IMC 电磁阀与 ITTV 转换阀共同作用，在制动机本/补模式下实现平均管中继阀的输出与遮断控制。

IMC 得电：总风预控压力输出作为 ITTV 预控，ICR 中继阀与平均管通路导通。

IMC 失电：ITTV 预控压力排向大气，ICR 中继阀与平均管通路被切断。

8）失电转换电磁阀 IML/失电转换阀 ILTV

IML 电磁阀与 ILTV 机械阀共同作用，实现对平均管与制动缸的导通和切断控制。

IML 得电：总风预控压力输出作为 ILTV 预控，制动缸与平均管通路被切断。

IML 失电：ILTV 预控压力排向大气，制动缸与平均管连通。连通的目的是保证在 IBCM 模块故障或失电时，能够向重联机车输出平均管压力，控制重联动力车的制动、缓解作用。

9）单独预控传感器 ITL

ITL 传感器采集 IR 风缸压力值，用于内部逻辑控制。

10）平均管传感器 ITT

ITT 传感器采集平均管压力值，用于内部逻辑控制。

11）单独预控压力测点 TP-ITL

此测试点直接与 IR 风缸连接，通过外部压力表能够检测单独预控的实际压力。

12）平均管压力测点 TP-ITT

此测试点直接与平均管连接，通过外部压力表能够检测平均管的实际压力。

（四）空气制动阀模块 PBTV

1. PBTV 模块的主要功能

空气制动阀模块 PBTV 如图 4-4-2 中方框所示。其主要作用是响应列车管压力变化并实现制动缸的压力控制。PBTV 模块始终处于热备状态，在每次动力车列车管减压时均同时产生作用，一旦制动缸控制模块 BCCM 或制动系统故障，立刻实现对制动缸的压力控制。其主要功能如下：提供制动缸的冗余压力控制；无火回送时转换为制动缸压力控制，可根据需要增加转换塞门状态电触点。

2. PBTV 模块的组成与原理

空气制动阀模块 PBTV 由阀体、DBV 空气制动阀、BD1 双向阀 1、DETV 紧急转换阀、DRV 紧急限压阀、RG1 调压阀 1、CKDE 转换塞门等部分组成。

PBTV 模块的气路原理如图 4-4-7 所示，各气路接口分别为：BP—列车管，AR—辅助风缸（7.1 L），MR—总风，ACTV—ACTV 控制压力（制动缸冗余预控），EX—大气。

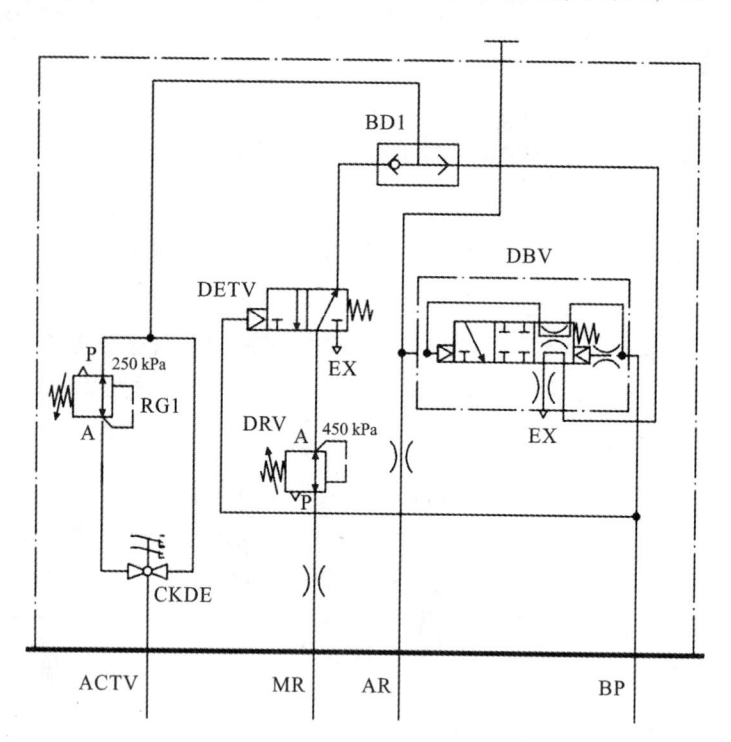

图 4-4-7　PBTV 模块的气路原理图

3. PBTV 模块各部件介绍

1）空气制动阀 DBV

DBV 制动阀响应列车管压力变化，产生与之相对应的制动缸预控压力，实现对列车的制动、缓解控制功能。

列车管压力增加：ACTV 控制压力排风，制动缸缓解，列车管向 AR 辅助风缸充风。

列车管压力降低：AR 辅助风缸与 ACTV 控制压力连通，ACTV 充风，制动缸产生制动作用。

列车管压力保压：ACTV 充风、排风作用停止，处于保压状态。

由于 DBV 制动阀属于纯机械分配阀，为使每次产生的制动缸控制压力达到目标值，在列车缓解时，辅助风缸必须完全充满风。

2）双向阀 BD1

双向阀 BD1 比较 DBV 中继阀和 DETV 紧急转换阀输出压力，并输出较大侧压力。

3）紧急转换阀 DETV

紧急制动时，紧急转换阀 DETV 输出制动缸预控压力。

4）紧急限压阀 DRV

紧急制动时，限压阀 DRV 将总风压力限制到 450 kPa，作为制动缸预控压力输出。

5）调压阀 RG1

无火回送时，调压阀 RG1 限制制动缸预控压力，满足制动缸最高压力 200～250 kPa 的要求。

6）转换塞门 CKDE

转换塞门 CKDE 可使动力车制动系统在无火模式与正常模式之间进行转换。

无火模式：投入位（IN）水平位置，制动缸最高压力限定在 200～250 kPa。

正常模式：切除位（OUT）竖直位置（非无火状态）。

（五）辅助功能模块 ACM

1. ACM 模块的主要功能

辅助功能模块 ACM 如图 4-4-2 中方框所示。其主要功能如下：

（1）系统后备（冗余）制动模式下，通过观察司机室列车管压力表，实现列车管压力控制。

（2）无火回送时，可以实现列车管向总风管的充风，可根据需要增加无火塞门状态电触点。

（3）能够根据转向架切除制动缸压力。

（4）执行动力车请求的紧急制动要求，迅速排出列车管压力空气，故障时可将其切除。

2. ACM 模块的组成与原理

ACM 模块由阀体、排风电磁阀 RMR、充风电磁阀 RMA、紧急放风电磁阀 RME、Ⅰ架制动缸隔离塞门 CKBC1、Ⅱ架制动缸隔离塞门 CKBC2、双向阀 2（BD2）、紧急隔离塞门 CK2、无火塞门 CK1、单向阀 1（CH1）、单向阀 2（CH2）、调压阀 2（RG2）和控制气路滤清器 AF4 等部分组成。

ACM模块的气路原理如图4-4-8所示，各气路接口分别为：BP—列车管，BPA—紧急先导气路，ERB—后备均衡压力，MR—总风，MR150—制动机总风缸，BC—制动缸，BC1—Ⅰ架制动缸压力，BC2—Ⅱ架制动缸压力，BCCO—制动缸压力采集，EX—大气。

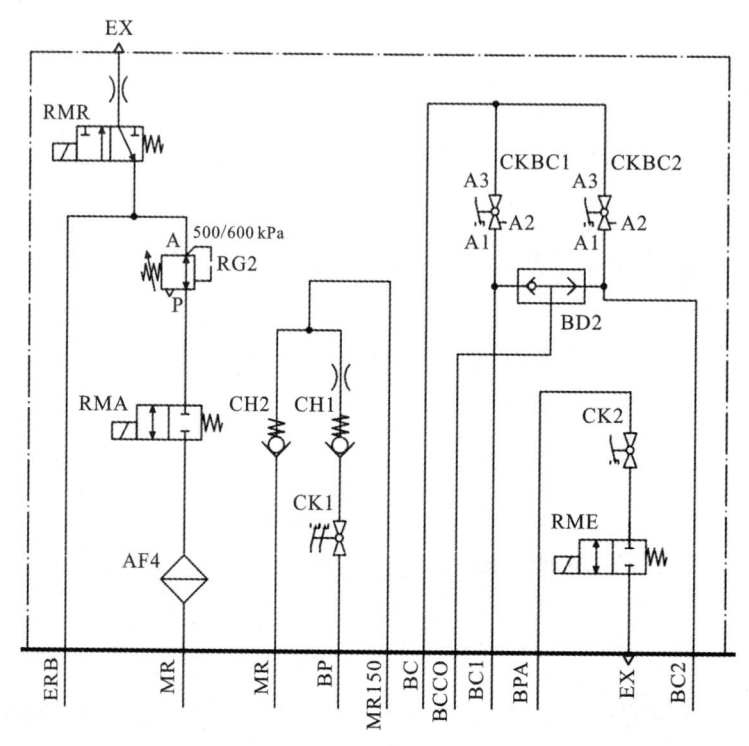

图 4-4-8　ACM 模块的气路原理图

3. ACM 模块各部件介绍

1）排风电磁阀 RMR/充风电磁阀 RMA

在电空后备工况下，ACM 模块通过 RMR、RMA 电磁阀可实现对 ERB 后备均衡压力的控制。

（1）RMR 电磁阀

得电：停止后备均衡压力通大气，均衡风缸保压。

失电：后备均衡压力通大气，均衡风缸减压。

（2）RMA 电磁阀

得电：总风通后备均衡压力，均衡风缸充风。

失电：停止总风通后备均衡压力，均衡风缸保压。

2）调压阀 RG2

在电空后备工况下，调压阀 RG2 可调整后备均衡风缸 600 kPa/500 kPa 定压值，初始定压设定值为 600 kPa。

3）无火塞门 CK1

在无火模式下，无火塞门 CK1 实现列车管对制动机总风缸的充风。

投入位（IN）水平位：实现列车管对制动机 125L 风缸的充风。
切除位（OUT）竖直位：列车管不能向 125L 风缸的充风。

4）单向阀 CH1

在无火模式下，单向阀 CH1 可防止制动机总风缸向列车管逆流。

5）单向阀 CH2

单向阀 CH2 可防止制动机总风缸向总风源逆流。

6）Ⅰ架制动缸隔离塞门 CKBC1/Ⅱ架制动缸隔离塞门 CKBC2

CKBC1/CKBC2 可切除Ⅰ架或Ⅱ架制动缸的通路，并排空Ⅰ架或Ⅱ架制动缸压力。正常情况下，CKBC1 塞门处于垂直位置，即开通状态。在动力车运行中，严禁关闭 CKBC1 塞门，即塞门呈水平状态；若误关此塞门，动力车Ⅰ架制动缸将无制动力。正常情况下，CKBC2 塞门处于垂直位置，即开通状态。在动力车运行中，严禁关闭 CKBC2 塞门，即塞门呈水平状态；若误关此塞门，动力车Ⅱ架制动缸将无制动力。

7）紧急放风电磁阀 RME

RME 电磁阀由机车硬线控制，得电后列车管迅速排风，触发机车紧急制动。

8）紧急隔离塞门 CK2

CK2 塞门用于切断 RME 电磁阀与列车管之间的通路。正常情况下，该塞门处于竖直位置，即开通状态。

（六）电源模块 PSCM

电源模块 PSCM 内置变压器，将动力车提供的 110 V 直流电源转换成 24 V 直流电源提供给 CAB 型制动系统，并对电源进行滤波、抗干扰处理，供电空控制单元、制动控制器等部件使用。PSCM 模块如图 4-4-2 中方框所示，在其外部有多个接口，允许电空控制单元、制动控制器、电气接口单元和接线箱模块相互连接通信。其主要功能如下：为电空控制单元供电；作为网络节点实现电空控制单元与 CAN 网的通信。

（七）气路板及其他部件

电空控制单元还设有空气气路板、滤清器、容积风缸等。空气气路板作为各个模块、气动附件、容积风缸等部件的安装载体。滤清器将进入 EPCU 的压力空气进行适度过滤，包括总风滤清器、列车管滤清器和平均管滤清器以及各模块控制气路滤清器。容积风缸用于相关压力的控制和输出。

三、辅助控制装置（ACU）

CAB-A 型制动系统的辅助控制装置 ACU 包括：停放制动控制模块 PBM、升弓及辅压机启停控制模块 APM、撒砂控制模块 SDM、空压机启停控制模块 ACSM，如图 4-4-9 所示。

空压机启停控制模块ACSM　　　升弓及辅压机启停控制模块APM

停放制动控制模块PBM　　　撒砂控制模块SDM

图 4-4-9　辅助控制装置 ACU

（一）空压机启停控制模块 ACSM

空压机启停控制模块 ACSM 如图 4-4-9 中方框所示。它由三个压力开关（.01、.02、.03）和一个压力测点（.04）组成，用于读取总风压力，按压力开关不同的设定值给动力车输出控制指令。其中压力开关（.01 和.03）用于主空压机启停控制，压力开关（.02）用于总风压力低保护。

ACSM 模块的气路原理如图 4-4-10 所示，其中 1 口为总风气路。若总风小于 750 kPa，则单泵打风；若总风小于 680 kPa，则双泵打风；若总风小于 500 kPa，则牵引封锁。

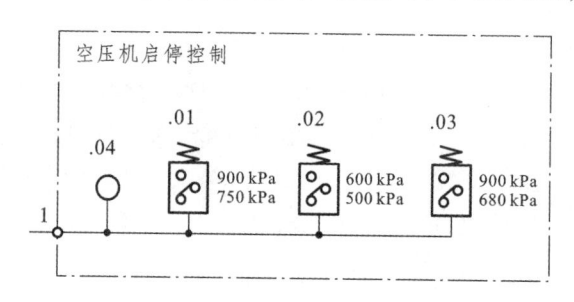

图 4-4-10　ACSM 模块的气路原理图

（二）升弓及辅压机启停控制模块 APM

升弓及辅压机启停控制模块 APM 如图 4-4-9 中方框所示。它主要是为受电弓和主断路器提供干燥、稳定的压缩空气。其主要功能如下：升弓风缸切除功能；显示升弓风缸压力；主断切除功能；向动力车反馈升弓风缸状态信号。

APM 模块由控制压力测点（.01）、辅助空压机控制压力开关（.02）、过滤器（.03）、双向止回阀（.04）、压力表（.05）、安全阀（.06）、升弓风缸隔离塞门（.08）、主断隔离塞门（.09）、主断压力测点（.10）、升弓缩堵（.11）组成。

APM 模块的气路原理如图 4-4-11 所示，其中 1 口为辅压机气路，2 口为总风气路，3 口为升弓风缸气路，4 口为主断气路，5 口为升弓气路。

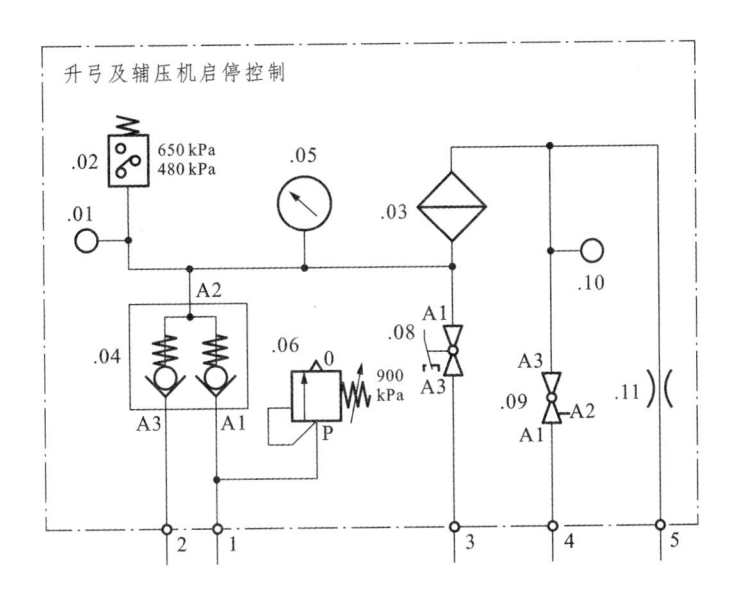

图 4-4-11　APM 模块的气路原理图

APM 模块中的压力空气来自动力车总风缸和辅助压缩机组。模块中的压力开关（.02）控制辅助压缩机的启动。动力车升弓指令投入后，若升弓风缸压力低于 480 kPa 时，压力开关（.02）动作发出指令，辅助压缩机自动投入工作；当升弓风缸压力高于 735 kPa 时，辅助压缩机自动停止工作。如果通过按钮手动控制辅助压缩机启动，压力开关（.02）将不再对压缩机的启停进行控制。

控制压力测点（.01）：用于检查升弓控制压力。

升弓风缸压力表（.05）：用于读取升弓风缸压力。

升弓风缸隔离塞门（.08）：用于隔离升弓风缸。该塞门竖直状态为开通状态，可通过辅助空压机对升弓风缸进行打风操作；当该塞门处于水平状态时，切断升弓风缸的充风气路。

主断隔离塞门（.09）：用于隔离并排空主断路器供风通路。正常情况下，该塞门处于竖直位置，即开通状态。该塞门必须始终处于垂直位置，严禁打到其他位置。

主断压力测点（.10）：用于检测主断控制压力。

在乘务员退乘之前，将升弓风缸内压缩空气充至 900 kPa，然后关闭升弓风缸塞门，以备动力车再次使用时不必启动辅助压缩机就可进行动力车升弓操纵。

（三）停放制动控制模块 PBM

停放制动控制模块 PBM 如图 4-4-9 中方框所示。它由单向阀（.01）、双脉冲电磁阀（.02）、停放缩堵（.03）、双向阀（.04）、停放减压阀（.05）、停放隔离塞门（.06）、停放缓解压力开关（.07）、停放制动压力开关（.08）和停放缸压力测点（.09）组成。其主要功能如下：手动控制停放制动/缓解；响应操纵台停放制动控制按钮；停放制动切除功能；向动力车反馈停放制动状态信号；空气制动和停放制动防叠加功能。

PBM 模块的气路原理如图 4-4-12 所示，其中 1 口为制动缸气路，2 口为总风气路，3 口为停放风缸气路，4 口为停放制动缸气路。

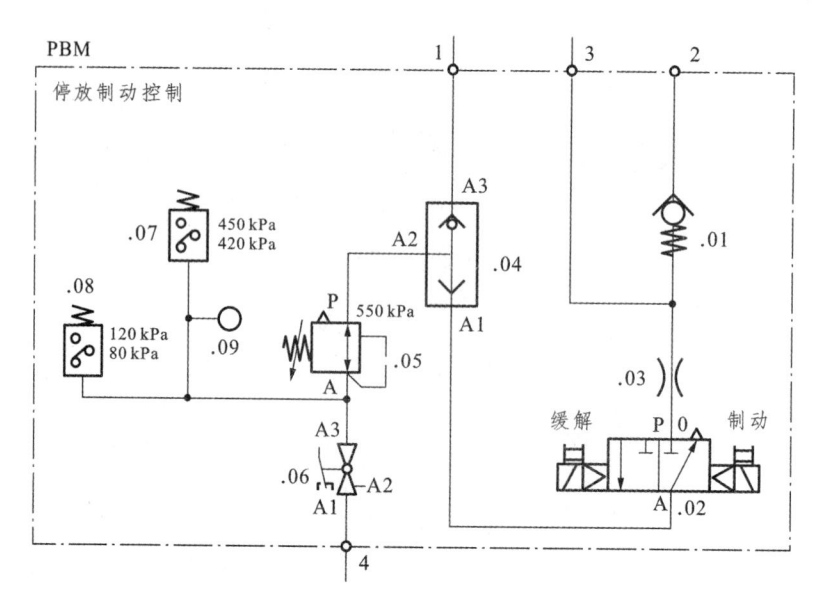

图 4-4-12　PBM 模块的气路原理图

PBM 模块接收司机控制指令，从而控制动力车走行部停放制动缸压力。当停放制动缸中的空气压力达到 450 kPa 以上时，停放制动装置缓解，允许动力车牵引；动力车停车后，将停放制动缸中的压力空气排空，停放装置动作，由停放弹簧产生停放制动力，避免动力车因重力或风力的原因溜车。

动力车停车后，按下操作台的停放施加开关，可使双脉冲电磁阀（.02）中的作用阀得电，双脉冲电磁阀（.02）处于作用位，停放制动缸中的压力空气通过双脉冲电磁阀（.02）排出，停放制动装置完全作用。若需要缓解停放，则按下停放缓解开关，可使双脉冲电磁阀（.02）中的缓解阀得电，双脉冲电磁阀（.02）处于缓解位，总风将通过上述通路进入停放制动缸；当停放制动缸中的压力高于 450 kPa 时，停放制动完全缓解，允许牵引。也可以使用双脉冲电磁阀的手动功能对停放制动装置进行手动控制。

双脉冲电磁阀（.03）：向右按压左侧按钮，缓解停放制动；向左按压右侧按钮，施加停放制动。

模块设置有双向阀（.04）：用于防止停放制动和空气制动的制动力叠加，造成基础制动过载。当空气制动和停放制动同时施加时，空气制动压力将通过双向阀进入停放制动缸，缓解停放制动。

停放隔离塞门（.06）：用于隔离停放制动缸，并排空停放制动缸压力。正常情况下，该塞门处于竖直位置，即开通状态，可对停放制动缸进行正常的制动和缓解操作；该塞门处于水平位置，即关闭状态，会排空停放制动缸的压力，施加停放制动。

停放制动缸压力测点（.09）：用于检查停放制动管压力。

（四）撒砂控制模块 SDM

撒砂控制模块 SDM 如图 4-4-9 中方框所示。它由撒砂隔离塞门（.01）、撒砂减压阀（.02）、撒砂压力测点（.03）、撒砂干燥电磁阀（.04）、向后撒砂电磁阀（.05）、向前撒砂电磁阀（.06）组成。其主要功能如下：实现撒砂向前/向后/撒砂干燥；撒砂切除功能。

SDM 模块的气路原理如图 4-4-13 所示，其中 1 口为总风气路，2 口为向前撒砂气路，3 口为向后撒砂气路，4 口为撒砂干燥气路。撒砂动作与司机脚踏开关、紧急制动、防空转、防滑行等功能配合使用，撒砂方向与机车实际运行方向一致。

撒砂隔离塞门（.01）：用于隔离撒砂控制功能。正常情况下，该塞门处于竖直位置，即开通状态。当运行途中由于微机误动作导致撒砂不止时，需要将此塞门打到水平位置，即切除总风缸到撒砂阀的空气通路。

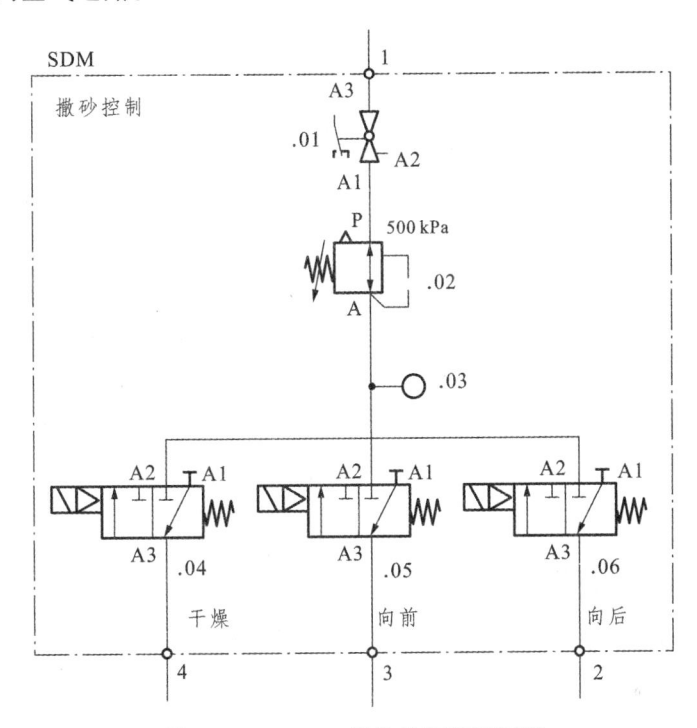

图 4-4-13　SDM 模块的气路原理图

（五）辅助控制装置的外观检查

（1）各部件状态良好、标识清晰，塞门提示牌齐全、塞门开闭状态正确，无损坏、漏风等异常现象。

（2）各紧固件连接无松动现象，紧固件齐全，防缓标识无错位。

（3）电缆组件接线牢固无松动，电缆导线无破损。

（4）模块接地线状态良好。

四、电气接口单元（EIU）

（一）EIU 单元的主要功能

电气接口单元 EIU 如图 4-4-14 所示。它主要用于对制动系统中的信息进行管理，包括对与动力车通信

图 4-4-14　电气接口单元 EIU

的 MVB 网络和开关量的输入/输出管理控制，通过 MVB 网络接收动力车计算机或硬线的信息并下发至 CAN 网，同时也向动力车传输制动系统的相关信息。

电气接口单元 EIU 是制动控制系统中的网络节点，内部设有事件及故障记录器，能够对动力车运行中发生的重要制动事件或故障进行记录并存储，存储的内容包括事件或记录发生时的各种制动参数、动力车速度、乘务员的操纵等。电气接口单元上设有端口用于数据下载，数据下载方式可通过 USB 接口或以太网两种方式进行。

电气接口单元的指示灯自左而右分别为电源、运行、告警、ETH（预留）、CAN、USB 和记录器，状态定义如表 4-4-1 所示。

表 4-4-1　电气接口单元的指示灯状态定义

指示灯	颜色	正常状态	故障状态	
电源	红色	常亮	不亮	电源故障
运行	红色	闪烁	常亮或常灭	模块故障
告警	红色	正常时不亮	常亮	模块故障
ETH（预留）	红色	闪烁	常亮或常灭	通信故障
CAN	红色	闪烁	常亮或常灭	通信故障
USB	红色	未插入 U 盘为常灭；插入 U 盘后开始下载文件闪烁，下载结束后常亮	插入 U 盘后不亮	下载异常
记录器	红色	记录文件时闪烁		

（二）EIU 单元的外观检查

（1）各紧固件连接无松动，紧固件齐全、防缓标识无错位，电缆组件接线牢固无松动，电缆导线无破损。

（2）接地线状态良好。

（3）电气接口单元指示灯显示正常。

五、接线箱模块（IOB）

接线箱模块 IOB 如图 4-4-15 所示。它主要用于与动力车的连接，同时也负责制动系统内部各模块、设备之间的硬线或电源接口，这些接口主要包括：与电气接口单元接口，与电空控制单元接口，与动力车 LKJ 装置和动力车控制系统的硬线接口，空气防滑系统接口。接线箱模块设置有制动系统电源开关，可实现制动系统断电。

图 4-4-15　接线箱模块

IOB 模块的外观检查：

（1）各紧固件连接无松动，紧固件齐全、防缓标识无错位，电缆组件接线牢固无松动，电缆导线无破损。

（2）接地线状态良好。

（3）电气接口单元指示灯显示正常。

六、紧急放风阀

紧急放风阀是根据动力车实际运用需求开发设计的，它由紧急阀、紧急风缸和安装座组成。紧急阀和紧急风缸集成安装在铝合金材质的安装座上，组合式结构使紧急放风阀结构更加紧凑。考虑到紧急放风阀的动作原理，紧急放风阀必须垂直安装，安装接口满足动力车的安装要求。

紧急放风阀的检修项目及要求：

（1）外观检查：外观检查状态良好，无损坏等异常现象；各紧固件连接无松动现象，紧固件应齐全、防缓标识无错位；管路连接应正常，无泄漏现象。

（2）功能检查：自动制动手柄移至紧急位，紧急放风阀能正常排风。

（3）整体检修：拆解检修，更新橡胶件、弹簧、滤网；安装紧固、状态良好，不许有泄漏。

七、升弓钥匙开关（KS）

升弓钥匙开关（KS）用于控制升弓气路并给出电信号，钥匙竖直位时处于开放位，逆时针旋转钥匙至水平位时处于关闭位。

八、踏面清扫控制模块（TCM）

踏面清扫控制模块（TCM）如图4-4-16所示。它由踏面清扫隔离塞门（.01）、减压阀（.02）、压力测点（.03）、电磁阀（.04）和踏面清扫状态压力开关（.05）组成。减压阀设定压力为300 kPa，状态压力开关设定值为270 kPa。

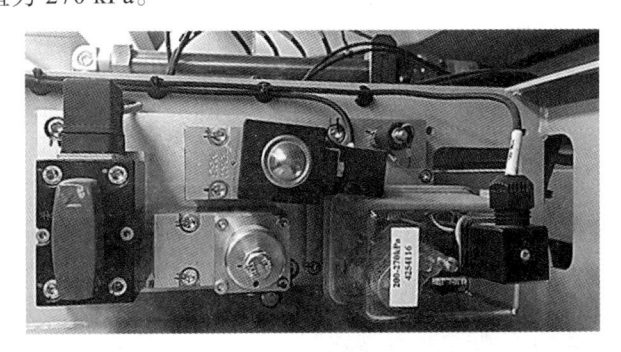

图4-4-16　踏面清扫控制模块TCM

TCM模块的主要功能是：踏面清扫功能的投入/切除。

踏面清扫隔离塞门：踏面清扫隔离塞门手柄竖直位时，踏面清扫功能有效。

TCM模块的气路原理如图4-4-17所示，其中1口为总风气路，2口为踏面清扫控制气路。

踏面通过微机自动施加，施加条件有：

（1）当动力车紧急制动时，踏面清扫装置自动清扫一次，踏面清扫装置动作4 s。

（2）动力车启动运行且速度≥30 km/h时，踏面清扫装置自动清扫一次，踏面清扫装置动作4 s。

（3）动力车运行过程中，司机控制器每次置于电制位时，踏面清扫器自动清扫一次，踏面清扫装置动作4 s。

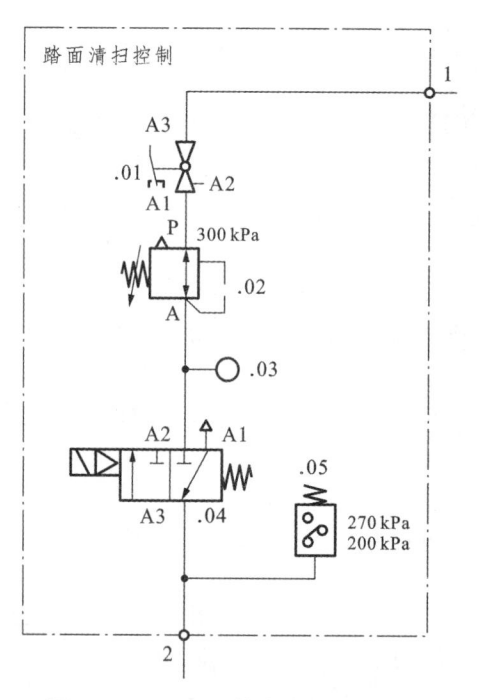

图 4-4-17　TCM 模块的气路原理图

（4）动力车制动时，当制动缸压力超过 100 kPa，且速度小于 30 km/h 时，踏面清扫一次，踏面清扫装置动作 4 s。

（5）防滑器动作时，踏面清扫一次，踏面清扫装置动作 4 s。

九、轮缘润滑控制模块

轮缘润滑控制模块如图 4-4-18 所示。它由塞门（.01）、过滤器（.02）、减压阀（.03）、机械压力表（.04）、电磁阀（.05、.06、.07、.08）组成。

轮缘润滑控制模块的气路原理如图 4-4-19 所示。

图 4-4-18　轮缘润滑控制模块 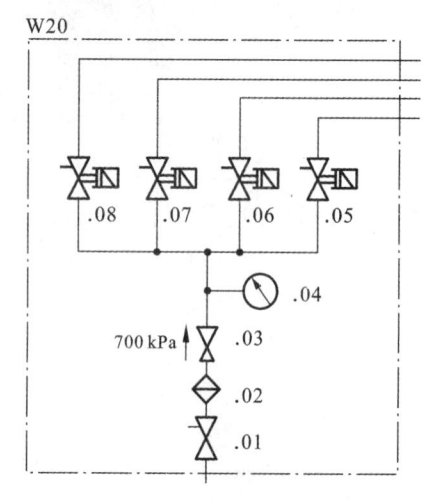　　图 4-4-19　轮缘润滑控制模块气路图

轮缘润滑装置安装在机车的一、四轴，由电控器、油脂罐、喷头、支架、风路系统等组成。HB-FL 型轮缘润滑装置通过采集机车运行的加速度及请求信号的控制模式，实现弯道喷脂模式。

十、鸣笛控制模块

鸣笛控制模块由塞门（P87/1、P87/2）、电磁阀（P89/1、P89/2）组成。其气路原理如图 4-4-20 所示。鸣笛控制模块分为高音风笛和低音风笛，可由脚踏板和按钮施加。

十一、防滑器主机（G1）

系统配置 TFX2L 型机车防滑器，采用轴控方式，每根轴均设置一个防滑速度传感器、测速齿轮和防滑排风阀，能对系统内部件进行检测、诊断，当系统故障时，在防滑器主机（G1）的数码管上将显示相应的故障代码。防滑器主机 G1 集成安装在制动柜内，防滑速度传感器、测速齿轮安装在车轴轴端，防滑排风阀安装在动力车机械间，如图 4-4-21 所示。

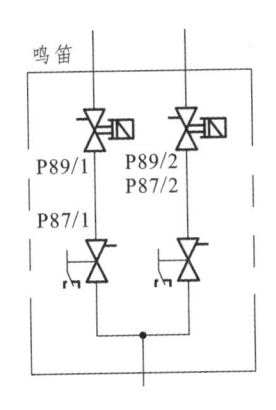

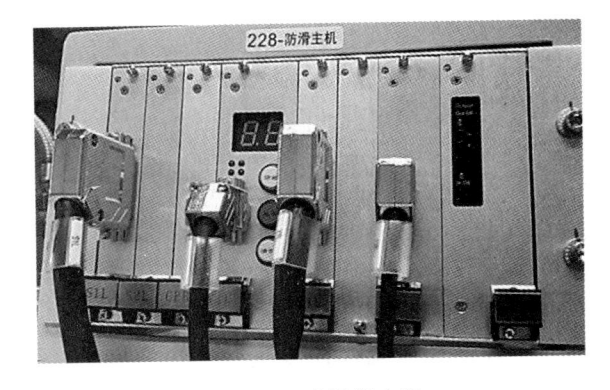

图 4-4-20　鸣笛控制模块的气路原理图　　图 4-4-21　防滑器主机

防滑系统的检修：
（1）防滑阀拆解检修，不许有破损、泄漏，橡胶件、滤网、失效弹簧更新。
（2）对防滑控制主机进行功能测试、检测，不良更新。
（3）防滑速度传感器检测不良更新。

十二、塞门

（一）制动柜总风塞门

制动柜总风塞门用于控制制动系统的总风供给，手柄竖直向下时处于开通状态，逆时针旋转手柄至水平位时处于关闭状态。塞门置关闭状态时将排放制动柜侧总风。关闭该塞门，即塞门手柄处于水平状态时机车无制动力，易引起动力车溜车，但可依靠 150 L 风缸进行两次停放制动和缓解。

（二）风缸排水塞门

制动柜集成了升弓控制风缸、停放控制风缸和制动机总风缸，三个风缸在制动柜右侧分别独立设置排水塞门。风缸排水塞门的蝶形手柄与塞门阀体平行时，排水塞门处于关闭位；排水塞门的蝶形手柄与塞门阀体垂直时，塞门处于开放位。

十三、制动柜的检修项目及要求

1. 外观检查

（1）外观检查制动柜，各部件状态良好、标识清晰，紧固件齐全、防缓标识无错位，各阀和风管接头无漏泄，电气接口状态良好，塞门开闭状态正确。

（2）电空控制单元安装牢固。

（3）紧急放风阀安装紧固，工作正常，状态良好，不许有漏泄。

（4）微油过滤器不许有破损、漏泄。

（5）后备制动阀手柄杆推拉灵活。

（6）WSP防滑装置的防滑器处理模块、防滑电磁阀、传感器等安装牢固，状态良好。

2. 总风滤清器

定期对总风滤清器排水。

3. 风缸排水

定期对制动柜集成的停放风缸、升弓风缸和制动机总风缸进行排水、排污。

4. 部件更新

总风管、列车管过滤器滤芯更新。

5. 电空控制单元整体检修

（1）各模块拆解检修，更新橡胶件、弹簧、滤芯。

（2）弹簧检测不良更新。

（3）各模块安装紧固状态良好，表面不许有变形、腐蚀或明显的污物。

（4）电缆组件的电气接口连接正确；卡口型插头不许有松动；电气接口不许有热负荷或绝缘损坏等损伤。

（5）过滤器滤芯更新。

（6）模块接地线状态良好，连接完好。

任务实施

学习任务四相关内容，完成任务单4-4。

任务单 4-4　CAB 型制动系统制动柜

1. 写出电空控制单元各模块英文缩写和对应中文名称。
2. 简述 PCM 模块的组成。
3. 简述辅助控制装置 ACU 的组成。

任务评价

任务：识别 CAB 型制动系统制动柜

班级_____　　学号_____　　姓名_____　　小组_____

	考核项目	考核要求	分值	得分
自评	识别 EPCU 各模块	能够准确、快速地指认并说出名称	20	
	EPCU 各模块的作用分析	能够完全准确地分析各模块的工作原理	20	
	识别及分析辅助控制装置各模块	能够准确、快速地指认并说出名称和原理分析	10	
	检查制动柜	能按照检查要求检查制动柜	20	
	素养考核	责任感、荣誉感、一丝不苟的工匠精神	10	
	小组互评	从知识掌握、小组活动参与度等方面考核	10	
	教师评价	根据完成任务的情况等进行评价	10	
	总评		100	

任务五　熟悉 CAB 型制动系统基本设置

任务导入

当进行动力集中型动车组司机从一端换到另一端、动力集中型动车组无动力需回送到检修车间维修等典型工作任务时，应如何操作或者设置 CAB 型制动系统呢？应注意哪些事项呢？

任务目标

知识目标	1. 掌握机车显示屏功能的设置方法； 2. 掌握动力车无动力回送、电空后备制动、司机换端的操作方法。
能力目标	1. 会按照功能设置方法对机车显示屏进行设置； 2. 会设置动力集中型动车组进行无动力回送、电空后备制动、司机换端操作。
素养目标	1. 具备团队协作、严谨细致的职业精神； 2. 具备严谨求实的劳动态度，尽职尽责、一丝不苟的工匠精神； 3. 通过场景化任务的完成，增强岗位认同感及责任感。

> 关联知识

一、制动显示屏的设置

（一）制动显示屏的功能设置

1. 设置本务模式

（1）确认动力车处于静止状态，且被设置动力车已插入电钥匙。
（2）点击"电空制动"按钮。
（3）点击"投入切除"按钮，使"新设置"中变为"操纵端、投入"。
（4）点击"执行"按钮。
（5）若原设置为补机模式，则需要将自动制动手柄置于抑制位。
（6）当系统状态内显示"本务"时，设置完成。

注意：① 设置本务模式必须在零速条件下进行，在行进过程中改变此项设置可能会触发惩罚制动；② 被设置端需插入电钥匙；③ 由补机模式转换为本务模式时，需将制动控制器自动制动手柄置于抑制位。

2. 设置单机模式

（1）确认动力车处于静止状态，且被设置动力车已插入电钥匙。
（2）点击"电空制动"按钮。
（3）点击"投入切除"按钮，使"新设置"中变为"操纵端、切除"。
（4）点击"执行"按钮。
（5）若原设置为补机模式，则需要将自动制动手柄置于抑制位。
（6）当系统状态内显示"单机"时，设置完成。

注意：① 设置单机模式必须在零速条件下进行，在行进过程中改变此项设置可能会触发惩罚制动；② 被设置端需插入电钥匙；③ 由补机模式转换为单机模式时，需将制动控制器自动制动手柄置于抑制位。

3. 设置补机模式

（1）确认动力车处于静止状态。
（2）拔出动力车电钥匙，并在列车另一端司机室插入钥匙。
（3）此时无电钥匙的一端自动转换为补机模式。
（4）当系统状态内显示"补机"时，设置完成。

注意：① 设置补机模式必须在零速条件下进行，在行进过程中改变此项设置可能会触发惩罚制动；② 无法通过显示屏完成，由机车 CCU 根据电钥匙状态自行判断并下发设置。

4. 定压微调

（1）确认动力车处于静止状态，且被设置动力车已插入电钥匙。
（2）点击"电空制动"按钮。

项目四任务五课件

（3）点击"其他"按钮，进入定压微调界面。

（4）点击"增加 10 kPa"或"减少 10 kPa"按钮，调整定压大小。

（5）点击"执行"按钮。

（6）当前设置内显示的内容与想要设置的状态相同时，设置完成。

注意：① 定压微调必须在零速条件下进行，在行进过程中改变此项设置可能会触发惩罚制动；② 定压微调只能在插有电钥匙的一端司机室操作；③ 微调范围为-20 ~ +30 kPa，微调步长为 10 kPa。

5. 单独制动手柄投入/切除设置

（1）确认动力车处于静止状态，且被设置动力车已插入电钥匙。

（2）点击"电空制动"按钮。

（3）点击"小闸投入/小闸切除"按钮，使"新设置"中变为"小闸投入"/"小闸切除"。

（4）按"执行"按钮。

（5）当前设置内显示的内容与想要设置的状态相同时，设置完成。

注意：① 单独制动手柄投入/切除设置必须在零速条件下进行，在行进过程中改变此项设置可能会触发惩罚制动；② 被设置端需插入电钥匙；③ 此项功能仅在动力车有效。

6. 车列电空投入/切除设置

（1）确认被设置动力车已插入电钥匙。

（2）点击"车列电空"按钮。

（3）点击"电空投入/电空切除"按钮，使"新设置"中变为"电空投入"或"电空切除"。

（4）点击"执行"按钮。

（5）当前设置内显示的内容与想要设置的状态相同时，设置完成。

注意：① 车列电空投入/切除设置可在列车行进过程中进行操作，也可在零速条件下进行；② 制动系统进入车列电空切除状态后，不允许对制动系统进行阶段缓解操作。

（二）制动显示屏的自检功能

进行单机自检的方法：

（1）"单机自检"流程需在零速状态下进行，行进过程中不允许进行"自检"操作。

（2）为了防止溜车，在开始"单机自检"前，需确保动力车已做好防溜措施。

（3）制动系统具备"单机自检"功能。进入显示屏里的"单机自检"页面按"运行"键，此时制动系统进入自检过程。

（4）"自检"进行过程中，需保证制动控制器的自动制动手柄和单独制动手柄置于运转位，自检过程中不应进行任何其他操作。

（5）显示屏会显示自检进度，共17步。

（6）如果制动系统有模块异常，显示屏会提示相关异常信息；如果制动系统没有模块异常，显示屏会提示"自检通过"。

（三）制动显示屏的传感器校准

制动系统允许对压力传感器、制动控制器角度传感器、流量传感器进行校准。

1. 进行传感器校准的注意事项

（1）传感器校准仅能在零速条件下进行。

（2）传感器校准操作在显示屏里的"压力表校准菜单"页面进行，需要输入密码才能进入"压力表校准菜单"页面。

（3）校准压力传感器时应注意标定顺序，必须先标定传感器"下限"，否则可能出现标定后传感器压力仍然不准的情况。

（4）若传感器校准提示故障或失败时，要退出标定界面或重启制动系统后再重新标定。

2. 压力传感器校准（下限）

（1）进入"压力表校准菜单"页面，选择传感器。

（2）"开始标定"：进入均衡风缸传感器标定界面后，选择"下限"。

注：若标定列车管压力传感器"下限"时，列车管无法排零，则需要将自动制动阀手柄置于紧急位。

（3）"读取"：均衡风缸压力稳定后，按"读取"键。

（4）"接受"：按"接受"按钮，下发气压标定值。

（5）"保存"：按"保存"按钮，保存标定结果，使标定生效。

3. 压力传感器校准（上限）

（1）"开始标定"：选择"上限"均衡风缸开始充风。

注：若标定均衡风缸和列车管传感器"上限"时，风缸压力不上升，则需要将自动制动阀手柄置于运转位。

（2）"读取"：均衡风缸压力稳定后，按"读取"键，同时用气压表或其他压力采集设备记录按下按钮的时刻均衡风缸的压力值。

（3）"接受"：操作"增加"和"减少"按钮，调整压力大小，使之和读取的气压表压力值一致，按"接受"按钮，下发气压标定值。

（4）"保存"：按"保存"按钮，保存标定结果，使标定生效。

（5）提示"标定成功！"后，操作显示屏返回主页面，操作自动制动手柄和单独制动手柄，观察各个均衡风缸、列车管和制动缸压力变化是否正常。

4. 控制器角度传感器校准

以单独制动手柄为例：

（1）进入显示屏里的"制动手柄校准"页面，选择"单独制动手柄校准"。

（2）校准"全制动位"：将单独制动手柄置于"全制动位"，根据显示屏的提示进行操作，按键步骤为"全制动"—"读取"—"接受"—"保存"。

（3）校准"运转位"，将单独制动手柄置于"运转位"，根据显示屏的提示进行操作，按键步骤为："运转"—"读取"—"接受"—"保存"。

（4）提示"标定成功！"后，显示屏返回主页面，将单独制动手柄分别置于"运转位""制动区""全制动位"，观察各个均衡风缸、列车管和制动缸压力变化是否正常。

二、无动力回送设置

（一）无火回送设置方法 1

（1）自动制动手柄置重联位，单独制动手柄置运转位。
（2）断开电钥匙，断开所有动力车和控制车的蓄电池。
（3）将空气制动阀 PBTV 上的"转换塞门"置于"投入"位，辅助功能模块 ACM 上的"无火塞门"置于"无火"位。
（4）手动按压双脉冲阀左侧缓解柱塞（绿色）到底。
（5）连接列车管并打开折角塞门，平均管折角塞门处于关闭状态。
（6）确认停放制动处于缓解状态，停放指示器为绿色。
（7）动车组试验，确认列车制动和缓解作用良好。

（二）无火回送恢复方法 1

（1）手动推双脉冲阀制动柱塞，施加停放制动，关闭列车管折角塞门。
（2）闭合蓄电池开关，制动机上电。
（3）空气制动阀 PBTV 上的转换塞门和辅助功能模块 ACM 上的无火塞门均置"切除（OUT）"位。
（4）合上电钥匙，升弓，闭合主断，确认总风缸风压在 750 kPa 以上。
（5）设置本务模式，进行制动机性能试验。
（6）摘开本务机车。

（三）无火回送设置方法 2

如发生停放制动软管破裂之类的故障，可采用以下方法进行无动力回送设置：
（1）自动制动手柄置重联位，单独制动手柄置运转位。
（2）断开电钥匙，断开所有动力车和控制车的蓄电池。
（3）将空气制动阀 PBTV 上的"转换塞门"置于"投入"位，辅助功能模块 ACM 上的"无火塞门"置于"无火"位。
（4）将停放隔离塞门置于"隔离位"（水平位）。
（5）拉动停放制动装置的手缓解拉环，缓解停放制动。
（6）连接列车管并打开折角塞门，平均管折角塞门处于关闭状态。
（7）确认停放制动处于缓解状态。
（8）动车组试验，确认动车组制动和缓解作用良好。

（四）无火回送恢复方法 2

（1）将停放隔离塞门置于"正常位"（竖直位）。
（2）手动推双脉冲阀制动柱塞，缓解停放制动后再施加停放制动，关闭列车管折角塞门。
（3）闭合蓄电池开关，制动机上电。

（4）空气制动阀 PBTV 上的转换塞门和辅助功能模块 ACM 上的无火塞门均置"切除（OUT）"位。

（5）合上电钥匙，升弓，闭合主断，确认总风缸风压在 750 kPa 以上。

（6）设置本务模式，进行制动机性能试验。

（7）摘开本务机车。

三、电空后备制动设置

（一）电空后备制动的设置方法

当制动系统出现故障时，可转至电空后备模式下维持运行，设置方法如下：

（1）首先需要保证列车安全停车。

（2）确认自动制动手柄在全制动位，单独制动手柄在运转位。

（3）将制动柜接口箱模块 IOB 上的拨杆开关（电源开关置于"OFF"位，将后备转换开关置于"电空后备"位，制动控制器后备指示灯亮。

（4）自动制动手柄置运转位，列车管充风，观察司机室列车管压力表和制动缸压力表。

（5）当列车管定压不符合要求时，可通过调整辅助功能模块 ACM 上的定压调整阀 RG2 设置列车管定压。

（6）自动制动手柄置全制动位，列车管减压，观察司机室列车管压力表和制动缸压力表，减压到预定压力时，将自动制动手柄置制动区，列车管保压。

（7）通过自动制动手柄分别置运转位（缓解）、全制动位（制动）和制动区（保压）操作，实现对列车制动的控制。

（二）电空后备制动的惩罚制动

（1）在电空后备制动模式时，系统响应监控惩罚制动。响应惩罚制动时，需要将自动制动手柄推离运转位，以免惩罚撤销后制动机自动缓解。

（2）当惩罚源消除后，将自动制动手柄拉回运转位，制动系统可缓解。

（三）空气后备制动的设置和恢复

1. 设置

（1）将制动控制器设置为本务模式，自动制动手柄置于重联位。

（2）将空气后备制动手柄置于制动位。

（3）制动系统断电。

（4）待列车管和后备均衡风缸压力稳定后，将空气后备制动隔离塞门转至投入位。

2. 恢复

（1）将空气后备制动手柄置于制动位。

（2）待列车管和后备均衡风缸压力稳定后，将空气后备制动隔离塞门转至切除位。

（3）制动系统重新上电。

四、换端设置

（1）换端操作时，须保持动力车为停车、自动制动手柄置重联位、单独制动手柄置全制动位。

（2）拔电钥匙。

（3）到另外一端司机室，合上电钥匙，自动制动手柄置抑制位 1 s 后拉回运转位，列车管充风至定压，完成换端操作。（须零速、插电钥匙、手柄置抑制位同时满足才能转本务模式）

注意：进行自动换端操作时，需保证动车组两端的动力车（控制车）的制动缸压力同时大于 150 kPa。

任务实施

学习任务五相关内容，完成任务单 4-5。

任务单 4-5　CAB 型制动系统的基本设置

1. 设置机车显示屏由本务模式转为单机模式。
2. 写出机车无火回送时 CAB 型制动系统的设置方法。
3. 写出机车换端的设置方法。

任务评价

任务：设置 CAB 型制动系统

班级＿＿＿＿　　学号＿＿＿＿　　姓名＿＿＿＿　　小组＿＿＿＿

考核项目		考核要求	分值	得分
自评	机车显示屏设置	能够准确、快速地设置机车显示屏	20	
	无火回送设置	能够准确、快速地设置无火回送	20	
	后备制动设置	能够准确、快速地设置后备制动	10	
	机车换端设置	能够准确、快速地设置机车换端	20	
	素养考核	团队协作、一丝不苟的工匠精神、责任感	10	
小组互评		从知识掌握、小组活动参与度等方面考核	10	
教师评价		根据完成任务的情况等进行评价	10	
总评			100	

巩固自测

判断题：
1. 设置本务模式时，必须在零速条件下进行。（   ）
2. 设置本务模式时，在行进过程中改变此项设置不会触发惩罚制动。（   ）
3. 设置本务模式时，设置端需插入电钥匙。（   ）
4. 设置本务模式时，由补机模式转换为本务模式需将制动控制器的自动制动手柄置于重联位。（   ）
5. 无火回送设置时，自动制动手柄置重联位，单独制动手柄置运转位。（   ）
6. 无火回送设置时，将空气制动阀 PBTV 上的"转换塞门"置于"投入"位，辅助功能模块 ACM 上的"无火塞门"置于"有火"位。（   ）
7. 无火回送设置时，拉动停放制动装置的手缓解拉环，缓解停放制动。（   ）

任务六　熟悉 CAB 型制动系统制动试验

项目四任务六课件

任务导入

本任务介绍动集动车组列车试验方法、动集动车组动力车单机试验、控制车制动系统单机试验方法、拖车和控制车单车试验方法。

任务目标

知识目标	1. 掌握 CR200J 型动车组制动系统的列车试验方法； 3. 掌握 CR200J 型动车组制动系统的单机（单车）试验方法。
能力目标	1. 会操作动集动车组列车试验； 2. 会操作动集动车组动力车、控制车单机试验； 3. 会操作动集动车组拖车和控制车试验。
素养目标	1. 具备虚心学习、持续提升、戒骄戒躁的职业素质； 2. 培养忠于职守、执标达标、安全至上的职业品质。

关联知识

本任务主要采用手动试验方式进行制动试验。在进行全部试验、专项全部试验时，其中"感度（制动）试验"和"感度（缓解）试验"应通过制动缓解指示器、机械师室显示屏、司机室显示屏确认动集动车组制动、缓解状态，且保持一致，但换端试验时可不通过制动缓解指示器进行现车状态确认。在进行其他试验项点时，除明确规定的确认方式外，可根据具体情况，通过司机室显示屏、机械师室显示屏、TCDS 地面专家系统进行确认，不再通过制动缓解指示器进行确认，具体方式按照各铁路局集团公司的规定。

以下试验中，凡是要求投入或切除车列电空时，可采取在操纵端司机室显示屏设置车列电空的投入/切除方式或断开/闭合操纵端低压柜车列电空开关的方式。试验完毕后，确认车列电空处于投入状态。

一、列车试验

动车组供电后，制动系统上电，应无故障报警。操纵端制动系统为本务投入模式，非操纵端制动系统为补机模式；施加停放制动，操纵端自动制动手柄（以下简称为大闸）和单独制动手柄（以下简称为小闸）均置于运转位，确认操纵端列车管、均衡风缸充至 600 kPa 定压，制动缸缓解至 0。

（一）全部试验

全部试验在 D1 修时实施，须在动集动车组两端分别进行试验。

根据操纵端为动力车或控制车选择试验项点。操纵端为动力车时，各项点均实施试验；操纵端为控制车时，"动力车单独缓解试验"项点不实施试验。

1. 紧急制动及动力车单独缓解试验

（1）紧急制动试验：在操纵端投入车列电空，通过司机室显示屏确认尾部一位动力车（控制车）列车管充风至定压后，将操纵端大闸置紧急位，动集动车组须发生紧急制动作用，列车管压力为 0，操纵端动力车制动缸压力为（450±20）kPa。

（2）动力车单独缓解试验：操纵动力车小闸在运转位实施单缓，动力车制动缸压力缓解至 0；复位小闸后，制动缸压力恢复为（450±20）kPa。

2. 漏泄试验

（1）将操纵端大闸置运转位，动集动车组缓解，通过司机室显示屏确认尾部一位动力车（控制车）列车管充风至定压。

（2）在操纵端司机室显示屏上设置制动系统为单机模式，大闸置初制动位，均衡风缸减压 50 kPa 后，保压 1 min，列车管漏泄不大于 20 kPa。

试验完成后，将操纵端大闸置运转位，通过操纵端司机室显示屏设置制动系统为本务投入模式。

3. 空气制动试验及动力车单独缓解试验

（1）感度（制动）试验：在操纵端切除车列电空，通过操纵端司机室显示屏确认尾部一位动力车（控制车）列车管充风至定压，将大闸置初制动位（减压 50 kPa），动集动车组须发生制动作用。

（2）持续保压试验：感度（制动）试验完成后，持续保压 3~5 min，前 2 min 内，拖车（控制车）不得发生自然缓解；在持续保压时间段内，列车管每分钟漏泄量不得大于 20 kPa。

（3）动力车单独缓解试验：持续保压试验完成后，操纵动力车小闸在运转位实施单缓，动力车制动缸压力下降至 0；复位小闸，动力车制动缸压力维持为 0。

（4）感度（缓解）试验：将操纵端大闸置运转位，动集动车组须在 1 min 内缓解完毕。

4. 电空制动试验

（1）安定试验：在操纵端投入车列电空，通过操纵端司机室显示屏确认尾部一位动力车（控制车）列车管充风至定压后，将大闸置全制动位（减压 170 kPa），确认操纵端司机室显示屏的车列电空状态为"制动"，动集动车组不得发生紧急制动；制动系统自动保压后，确认操纵端司机室显示屏的车列电空状态为"保压"。

（2）阶段缓解试验（动集动车组不具备阶段缓解功能时仅进行一次缓解操作，下同）：

① 安定试验完成后，将操纵端大闸自全制动位阶段移动至运转位，使均衡风缸阶段增压，每次增压量不小于 20 kPa，移动次数不少于 3 次（含运转位），操纵端司机室显示屏的电空状态交替显示为"缓解"和"保压"，列车管压力阶段上升、制动缸压力阶段下降。

② 将大闸置运转位后，缓解过程中确认司机室显示屏的电空制动状态为"缓解"，该"缓解"显示在均衡风缸充风至定压时消失；通过司机室显示屏确认尾部一位动力车（控制车）列车管充风至定压。

5. 动力车单独制动缓解试验

（1）将动力车小闸置全制动位，动力车须发生制动作用，制动缸压力升至（300±15）kPa；实施小闸阶段缓解，制动缸压力阶段下降。

（2）将小闸置运转位，动力车制动缸压力缓解至 0。

（二）简略试验

（1）在操纵端投入车列电空。尾部一位动力车（控制车）列车管充风至定压后，操纵端大闸减压 100 kPa，通过司机室显示屏确认尾部一位动力车（控制车）制动作用正常，保压 1 min，列车管漏泄不大于 20 kPa（具备列车管自动补风功能的不进行保压试验）。

（2）将操纵端大闸置运转位，通过司机室显示屏确认尾部一位动力车（控制车）缓解作用正常，列车管充风至定压。

（三）重联解编试验

1. 空气制动试验

（1）在操纵端切除车列电空，尾部一位动力车（控制车）列车管充风至定压后，将操纵端大闸置初制动位（减压 50 kPa），通过司机室显示屏确认尾部一位动力车（控制车）制动作用正常，保压 1 min，列车管漏泄量不大于 20 kPa，动集动车组不得发生自然缓解。

（2）将操纵端大闸置运转位充风，通过司机室显示屏确认尾部一位动力车（控制车）缓解作用正常，动集动车组在 1 min 内缓解完毕。

2. 车列电空制动试验

（1）在操纵端投入车列电空，尾部一位动力车（控制车）列车管充风至定压后，将操纵端大闸置全制动位（减压 170 kPa），通过司机室显示屏确认尾部一位动力车（控制车）制动作用正常，动集动车组不得发生紧急制动。

（2）将操纵端大闸置运转位，通过司机室显示屏确认尾部一位动力车（控制车）缓解作用正常，列车管充风至定压。

（四）专项全部试验

专项全部试验在 D2 修时实施，须在动集动车组两端分别进行试验。

将"漏泄试验"项点加强为"专项漏泄试验"项点，将"持续保压试验"项点加强为"专项持续保压试验"项点；其余试验项点按"全部试验"执行。

1. 专项漏泄试验

尾部一位动力车（控制车）总风管压力达到 850 kPa 以上后，断开操纵端空压机控制开关，2 min 后在操纵端司机室显示屏上设置制动系统为单机模式，将大闸置初制动位，均衡风缸减压 50 kPa 后，保压 1 min，总风管漏泄不大于 10 kPa，列车管漏泄不大于 20 kPa。

试验完成后，将操纵端大闸置运转位，在操纵端司机室显示屏上设置制动系统为本务投入模式。

2. 专项持续保压试验

感度（制动）试验完成后，持续保压 5 min，前 2 min 内，拖车（控制车）不得发生自然缓解；5 min 内，列车管及拖车（控制车）副风缸每分钟漏泄量均不得大于 20 kPa。

（五）停放制动试验

实施停放制动缓解、施加试验和停放制动安全环路试验时，须在动集动车组两端分别进行试验。

1. 停放制动缓解、施加试验

确认停放制动处于施加状态，列车管充至定压，总风压力不低于 700 kPa。

（1）动力车为操纵端时，大闸置初制动位（减压 50 kPa），小闸在运转位实施单缓后，缓解停放制动，通过司机室显示屏、停放缓解指示灯、停放制动指示器确认全列车停放制动的缓解状态一致（直车体动集动车组只确认动力车）；施加停放制动，通过司机室显示屏、停放制动指示灯、停放制动指示器确认全列车停放制动的制动状态一致（直车体动集动车组只确认动力车）。

（2）控制车为操纵端时，将大闸置初制动位（减压 50 kPa），缓解停放制动，通过司机室显示屏、停放缓解指示灯确认全列车停放制动的缓解状态一致（直车体动集动车组只确认动力车）；施加停放制动，通过司机室显示屏、停放制动指示灯确认全列车停放制动的制动状态一致（直车体动集动车组只确认动力车）。

2. 专项停放制动试验

确认停放制动处于施加状态，列车管充至定压，总风压力不低于 700 kPa。

1）停放制动安全环路试验（鼓形车体动集动车组）

在操纵端将大闸置初制动位（减压 50 kPa），缓解停放制动，将编组中的任一车通过双脉冲电磁阀施加停放制动，确认停放制动安全环路报警；将报警车停放制动安全环路旁路开关置隔离位，确认停放制动安全环路报警消除。试验完成后，恢复报警车停放制动安全环路旁路开关置运行位，动集动车组施加停放制动。

2）停放制动手动缓解试验（仅在动力车端实施）

（1）动力车试验：将大闸置初制动位（减压 50 kPa），小闸在运转位实施单缓后缓解停放制动，将动力车停放制动隔离塞门置隔离位（断位），动力车停放制动指示器应显示为施加状态；拉动动力车各停放制动装置缓解拉杆，确认各停放制动夹钳单元正常缓解；将动力车停放制动隔离塞门置正常位（通位），现车确认各停放制动夹钳单元处于缓解状态。

（2）拖车（控制车）试验：将小闸置全制动位、大闸置运转位，缓解停放制动，将拖车（控制车）各车停放制动隔离塞门置隔离位（断位），各车停放制动指示器应显示为施加状态；取下各车任一侧停放制动手动缓解装置拉杆处的弹性插销，拉动手动缓解拉杆，确认停放制动夹钳单元正常缓解；将拖车（控制车）停放制动隔离塞门置正常位（通位），现车确认停放制动夹钳单元处于缓解状态。

（3）操作结束后，将弹性插销复位。

动力车试验、拖车（控制车）试验全部完成后，在操纵端施加停放制动。

二、单机（单车）试验

（一）动力车单机试验

1. 气密性和风源系统试验

（1）总风缸气密性试验：总风缸充至额定压力后，关闭总风缸出口塞门，停止主空压机工作，待压力稳定后，测试 5 min 内的压力下降值，下降值不应超过 20 kPa。

（2）列车管气密性试验：设置制动系统为单机模式，将大闸置初制动位，列车管压力维持在定压，保压 5 min，列车管漏泄不大于 10 kPa。

（3）整车气密性试验：在各种压缩空气设备压力达到规定值但不工作的情况下，主空压机在总风压力调节器控制下停止工作，测试总风缸在 20 min 内的压力值，不应低于 750 kPa。

（4）主空压机供风能力试验：关闭主空压机，排尽动力车总风缸内的压缩空气后，关闭总风缸出口塞门，启动主空压机，记录总风缸压力从 0 升至主空压机自动停机的时间。总风缸在压力差范围内的升压时间应小于计算的理论升压时间。

（5）辅助空压机供风能力试验：试验时降下受电弓，排尽动力车总风缸和升弓风缸的压缩空气，启动辅助空压机，记录升弓风缸压力从 0 升至额定值（或辅助空压机自动停机）的时间，应小于计算的理论升压时间。

（6）总风压力调节器试验：主空压机处于正常运转状态，利用总风管连接塞门的开关使总风泄漏，记录主空压机启动和停止的总风压力。压力调节器的闭合压力为（750±20）kPa，断开压力为（900±20）kPa。

（7）总风安全阀工作特性试验：主空压机处于"强泵"状态，记录总风安全阀动作时的总风压力变化；总风安全阀的动作压力为（950±20）kPa，总风压力应下降并能连续排风，安全阀关闭压力不应低于 850 kPa。

2. 制动系统静态性能试验

制动系统上电，确认总风缸压力不低于 750 kPa，制动机状态正常；设置制动系统为本务投入模式，均衡风缸压力设为定压 600 kPa，投入车列电空制动；小闸保持在制动区；按规定做好防溜。将大闸置运转位充风至定压。

1）自检功能试验

通过司机室制动显示屏运行"单机自检"功能，不应报出模块异常或其他故障。

2）性能试验

大闸和小闸置运转位后，各手柄按照下述试验要求进行操纵。

（1）自动制动试验：见表 4-6-1 所示的试验方法。

表 4-6-1　自动制动试验

序号	试验项目	试验方法	评定标准
1	大闸置运转位	大闸置运转位，记录 ER、BP 和 BC 的压力变化	大闸置运转位： （1）ER 压力 =（600±5）kPa （2）BP 压力 =（600±10）kPa （3）BP 压力 = ER 实测压力 ±10 kPa （4）BC 压力 = 0
2	大闸置初制动位	大闸置初制动位，待压力稳定后将大闸置运转位，记录 ER、BP 和 BC 的压力变化	（1）大闸置初制动位时，压力稳定后，BP 压力减压（50±5）kPa，并保持在 ER 实测压力 ±10 kPa 内；BC 压力 =（100±15）kPa （2）大闸置运转位，ER 和 BP 的压力恢复至定压，BC 压力缓解到 0
3	大闸减压 100 kPa	大闸置制动区，使均衡风缸减压约 100 kPa，待压力稳定后将大闸置运转位，记录 ER、BP 和 BC 的压力变化	（1）大闸减压 100 kPa 时，待压力稳定后记录 ER、BP、BC 的压力 （2）大闸回运转位，ER 和 BP 的压力恢复至定压，BC 压力缓解到 0
4	大闸减压 140 kPa	大闸置制动区，使均衡风缸减压约 140 kPa，待压力稳定后将大闸置运转位，记录 ER、BP 和 BC 的压力变化	（1）大闸减压 140 kPa 时，待压力稳定后，记录 ER、BP、BC 的压力 （2）大闸置运转位，ER 和 BP 压力恢复至定压，BC 压力缓解到 0
5	大闸置全制动位	大闸置全制动位，待压力稳定后将大闸置运转位，记录 ER、BP 和 BC 的压力变化	（1）大闸置全制动时： ① ER 压力在 6~8 s 内减压 170 kPa，最终减压 170~190 kPa ② BP 减压量不低于 170 kPa ③ BP 压力 = ER 实测压力 ±10 kPa ④ BC 压力上升至 400 kPa 的时间为 7~9.5 s，最终增至（420±15）kPa （2）大闸置运转位，ER 和 BP 压力恢复至定压，BC 压力由最高压力下降到 40 kPa 的时间小于 8.5 s 并缓解到 0
6	阶段制动和阶段缓解	在运转位和全制动位之间，使用大闸实施阶段制动和阶段缓解，记录 ER、BP 和 BC 的压力变化	（1）实施阶段制动和阶段缓解时，每个状态下的 ER、BP 和 BC 压力均应稳定 （2）最终大闸置运转位，ER 和 BP 压力恢复至定压，BC 压力缓解到 0

续表

序号	试验项目	试验方法	评定标准
7	大闸置抑制位	大闸置抑制位，待压力稳定后将大闸置运转位，记录ER、BP和BC的压力变化	（1）大闸置抑制位时： ① ER 最终减压 170～190 kPa ② BP 减压量不低于 170 kPa ③ BP 压力=ER 实测压力±10 kPa ④ BC 压力为（420±15）kPa （2）大闸回运转位，ER 和 BP 压力恢复至定压，BC 压力缓解到 0
8	大闸置重联位	大闸置重联位，待压力稳定后将大闸置运转位，记录ER、BP和BC的压力变化	（1）大闸置重联位时： ① ER 压力以常用速度降低到 0（没有紧急制动发生） ② BP 压力小于 100 kPa ③ BC 压力=（450±20）kPa （2）将大闸置运转位，ER 和 BP 压力恢复至定压，BC 压力缓解到 0
9	大闸置紧急制动位	大闸置紧急制动位，待压力稳定后将大闸置运转位，记录 ER、BP 和 BC 的压力变化	（1）大闸置紧急制动位时，动力车实施紧急制动： ① ER 压力减压至 0 ② BP 压力在 3 s 内降至 0 ③ BC 压力在 3～7 s 内达到 400 kPa，最终达到（450±20）kPa （2）60 s 后将大闸置运转位，ER 和 BP 压力恢复至定压，BP 压力由 0 至 580 kPa 的时间小于 11 s，BC 压力缓解到 0

注：表中 ER 代表均衡风缸，BP 代表制动管，BC 代表制动缸，下同。

（2）单独制动试验：见表 4-6-2 所示的试验方法。

表 4-6-2　单独制动试验

序号	试验项目	试验方法	评定标准
1	小闸置全制动	小闸置全制动位，待压力稳定后将小闸置运转位，记录 BC 的压力变化	（1）小闸置全制动位：BC 压力在 2～4 s 内升至 285 kPa，并最终达到（300±15）kPa （2）小闸置运转位：BC 压力在 3～5 s 内由 300 kPa 下降到 40 kPa，并最终缓解到 0
2	小闸实施阶段制动和阶段缓解	小闸实施阶段制动和阶段缓解，待压力稳定后将小闸置运转位，记录 BC 的压力变化	（1）小闸实施阶段制动和阶段缓解时，每个状态下的 BC 压力均应稳定 （2）小闸置运转位时，BC 压力缓解到 0

（3）大闸与小闸的匹配试验：

① 大闸常用制动与小闸匹配试验：BC 压力缓解到 0；大闸与小闸均置运转位，然后小闸置全制动位、大闸置常用全制动位，小闸在全制动位上侧推进行单独缓解，再松开小闸使其复位，最后将大闸与小闸均推回到运转位；大闸施加常用全制动，小闸在运转位上侧推进行单独缓解，再松开小闸使其复位。记录试验过程中均衡风缸、列车管、制动缸的压力变化。

侧推小闸应能单独缓解大闸实施的常用制动至小闸位置所对应的压力，松开小闸后制动缸压力不恢复。

② 大闸紧急制动与小闸匹配试验：小闸置运转位，大闸施加紧急制动，然后小闸在运转位上侧推进行单独缓解，再松开小闸复位，最后将大闸推回到运转位。记录试验过程中均衡缸、制动管、制动缸的压力变化。侧推小闸应能单独缓解大闸实施的紧急制动，松开小闸后动力车制动缸压力应恢复为紧急制动时压力值。

（4）各种工况紧急制动和惩罚制动试验：见表 4-6-3 所示的试验方法。

表 4-6-3　各种工况紧急制动和惩罚制动试验

序号	试验项目	试验方法	评定标准
1	紧急制动按钮	按下紧急制动按钮，记录 BP 和 BC 的压力变化	实施紧急制动： （1）BP 压力迅速减至 0 （2）BC 压力 =（450±20）kPa （3）BC 压力由 0 升至 400 kPa 的时间在 3～7 s
2	紧急制动阀	启动紧急制动阀，记录 BP 和 BC 的压力变化	实施紧急制动： （1）BP 压力迅速减至 0 （2）BC 压力 =（450±20）kPa
3	监控装置常用惩罚制动	监控装置发出常用惩罚制动指令，记录 ER、BP 和 BC 的压力变化	实施常用惩罚制动： （1）减 80 kPa 模式，BP 减压（80±10）kPa （2）减 130 kPa 模式，BP 减压（130±10）kPa （3）减压 170 kPa 模式，BP 减压不低于 170 kPa （4）BC 压力为（420±20）kPa
4	监控装置紧急惩罚制动	监控装置发出紧急惩罚制动指令，记录 BP 和 BC 的压力变化	实施紧急制动、动力切除： （1）BP 压力迅速减至 0 （2）BC 压力 =（450±20）kPa
5	制动机失电惩罚制动	制动机电源失电，记录 ER、BP 和 BC 的压力变化	实施惩罚制动： （1）ER 压力以常用速度降低到 0（没有紧急制动发生） （2）BP 压力小于 100 kPa （3）BC 压力 =（450±20）kPa
6	无人警惕惩罚制动	使警惕时间超时，记录 ER、BP 和 BC 的压力变化	实施惩罚制动： （1）ER 减压 170～190 kPa （2）BP 减压量不低于 170 kPa （3）BC 压力 =（420±20）kPa

（5）电空性能试验：控制继电器（电空装置）在各位置时的工作状态见表 4-6-4。

表 4-6-4　控制继电器（电空装置）在各位置时的工作状态

继电器	工况					
	运转位	常用制动	保压	充气缓解	紧急制动
制动继电器	失电	得电	失电	失电	得电
缓解继电器	失电	失电	失电	得电	失电
保压继电器	失电	失电	得电	失电	失电
紧急继电器	失电	失电	失电	失电	得电

（6）列车管补风试验（一次缓解时不进行补风试验）：将大闸手柄置于初制动位，待压力稳定后，小心使列车管漏泄，观察 1 min，记录制动管压力的变化。（在补风模式时，列车管的补风能力应满足要求）

（7）制动重联试验（本项试验在定压 600 kPa 时进行，动力车仅作为被试车）：被试动力车（设置为补机模式）与陪试车连挂好后，连接车间管路，并打开车间管路折角塞门，通过操作陪试车大闸，可进行被试动力车的制动与缓解操作，其制动与缓解作用与被试动力车保持一致。

（8）无火回送试验：设置陪试机车/动力车为本务机车，被试动力车设置为"无火回送"状态；在陪试机车/动力车上实施紧急制动和常用全制动，此时处于无火回送状态的被试动力车制动缸最高压力为（200~250）kPa，缓解功能正常。

（9）断钩保护试验：制动系统充风至定压后，迅速打开车端列车管折角塞门排空列车管压力，此时被试车应：

① 切断列车管补风，紧急放风阀打开；

② 列车管压力迅速下降到 0；

③ 制动缸压力上升至（450±20）kPa；

④ 制动屏上出现动力切除提示；

⑤ 制动屏上显示紧急制动信息。

（10）空气备用制动试验：切换到空气后备制动状态，操纵后备制动阀控制列车管的减压与充风，被试车制动缸的制动与缓解正常。

后备制动阀手柄置制动位时，后备均衡风缸的压力从 600 kPa 降至 430 kPa 的时间应为 6~8 s。

（11）防滑器性能试验：大闸置紧急制动位，按下防滑主机上的"诊断"按钮，开始执行自检，防滑器自检功能应正常，防滑阀充/排风及各单元制动器动作正常。

（12）停放制动功能检查：通过停放制动按钮对停放制动进行施加和缓解，检查停放制动功能是否正常。

（13）撒砂功能检查：通过司机脚踏板进行撒砂，检查撒砂功能及方向是否正常。

（14）制动缸切除功能检查：通过制动缸切除截门 1、切除截门 2 分别切除两个转向架的制动力，检查该功能是否正常。

（二）控制车单机试验

1. 气密性和风源系统试验

（1）总风缸气密性试验：总风缸充至额定压力后，关闭总风缸出口塞门，关闭外接风源，待压力稳定后，测试 5 min 内的压力下降值，下降值不应超过 20 kPa。

（2）列车管气密性试验：设置制动系统为单机模式，将大闸置初制动位，列车管压力维持在定压，保压 5 min，列车管漏泄不大于 10 kPa/min，均衡风缸漏泄不大于 10 kPa。

（3）整车气密性试验：开放制动系统、厕所等所有用风装置，总风缸压力充至最大工作压力，待压力稳定后记录 5 min 内总风压力的下降值，整车压缩空气系统总风压力下降值应小于 30 kPa/5 min。

2. 制动系统静态性能试验

制动系统上电，确认总风缸压力不低于 750 kPa，制动机状态正常；设置制动系统为本务投入模式，均衡风缸压力设为定压 600 kPa，投入车列电空制动；按规定做好防溜。大闸置运转位充风至定压。

（1）自检功能试验：通过制动司机室显示屏运行"自检"功能，不应报出模块异常或其他故障。

（2）性能试验：自动制动试验，各手柄按照表 4-6-5 所示的试验要求进行操纵。

表 4-6-5　自动制动试验

序号	试验项目	试验方法	评定标准
1	大闸置运转位	大闸置运转位，记录 ER、BP 和 BC 的压力变化	大闸置运转位： （1）ER 压力=（600±5）kPa （2）BP 压力=（600±10）kPa （3）BP 压力=ER 实测压力±10 kPa （4）BC 压力=0
2	大闸置初制动位	大闸置初制动位，待压力稳定后将大闸置回运转位，记录 ER 和 BP 的压力变化	（1）大闸置初制动位时：BP 压力减压（50±5）kPa，并保持在 ER 实测压力±10 kPa 内 （2）大闸回运转位时，ER 和 BP 压力恢复至定压，BC 压力缓解到 0
3	大闸减压 100 kPa	大闸置制动区，使均衡风缸减压约 100 kPa，待压力稳定后将大闸置回运转位，记录 ER 和 BP 的压力变化	（1）大闸减压 100 kPa 时：压力稳定后记录 ER、BP 压力 （2）大闸回运转位后缓解，ER 和 BP 压力恢复至定压，BC 压力缓解到 0
4	大闸减压 140 kPa	大闸置制动区，使均衡风缸减压约 140 kPa，待压力稳定后将大闸置回运转位，记录 ER 和 BP 的压力变化	（1）大闸减压 140 kPa 时：压力稳定后记录 ER、BP 压力 （2）大闸回运转位后缓解，ER 和 BP 压力恢复至定压，BC 压力缓解到 0
5	大闸置全制动位	大闸置全制动位，待压力稳定后将大闸置回运转位，记录 ER 和 BP 的压力变化	（1）大闸置全制动时： ① ER 压力在 6~8 s 内减压 170 kPa，最终减压 170~190 kPa ② BP 减压量不低于 170 kPa ③ BP 压力=ER 实测压力±10 kPa （2）大闸回运转位时缓解，ER 和 BP 压力恢复至定压，BC 压力缓解到 0
6	阶段制动和阶段缓解	在运转位和全制动位之间，使用大闸实施阶段制动和阶段缓解，记录 ER 和 BP 的压力变化	阶段制动和阶段缓解时，每个状态下的 ER 和 BP 压力均应稳定

续表

序号	试验项目	试验方法	评定标准
7	大闸置抑制位	大闸置抑制位，待压力稳定后将大闸置回运转位，记录ER和BP的压力变化	（1）大闸置抑制位时： ① ER最终减压170～190 kPa ② BP减压量不低于170 kPa ③ BP压力=ER实测压力±10 kPa （2）大闸回运转位时，ER和BP压力恢复至定压，BC压力缓解到0
8	大闸置重联位	大闸置重联位，待压力稳定后将大闸置回运转位，记录ER和BP的压力变化	（1）大闸置重联位时： ① ER压力以常用速度降低到0（没有紧急制动发生） ② BP压力小于100 kPa （2）大闸回运转位时，ER和BP压力恢复至定压，BC压力缓解到0
9	大闸紧急制动	大闸置紧急位，待压力稳定后将大闸置回运转位，记录ER和BP的压力变化	（1）大闸置紧急制动位时，控制车实施紧急制动： ① ER压力减压至0 ② BP压力在3 s内降至0 （2）60 s后大闸回运转位，ER和BP压力恢复至定压，BP压力由0升至580 kPa的时间小于11 s，BC压力缓解到0

注：表中ER代表均衡风缸，BP代表列车管，BC代表制动缸，下同。

（3）各种工况紧急制动和惩罚制动试验：按照表4-6-6所示要求进行。

表 4-6-6　各种工况紧急制动和惩罚制动试验

序号	试验项目	试验方法	评定标准
1	紧急制动按钮	按下紧急制动按钮，记录BP的压力变化	实施紧急制动、动力切除：BP压力迅速减至0
2	紧急制动阀	下拉紧急制动阀，记录BP的压力变化	实施紧急制动、动力切除：BP压力迅速减至0
3	监控装置常用惩罚制动	监控装置发出常用惩罚制动指令，记录ER和BP的压力变化	实施常用惩罚制动： （1）减80 kPa模式：BP减压（80±10）kPa （2）减130 kPa模式：BP减压（130±10）kPa （3）减压170 kPa模式：BP减压不低于170 kPa
4	监控装置紧急惩罚制动	监控装置发出紧急惩罚制动指令，记录BP的压力变化	实施紧急制动、动力切除：BP压力迅速减至0
5	制动机失电惩罚制动	制动机电源失电，记录ER和BP的压力变化	实施惩罚制动： （1）ER压力以常用速度降低到0（没有紧急制动发生） （2）BP压力小于100 kPa
6	无人警惕惩罚制动	使警惕时间超时，记录ER和BP的压力变化	实施惩罚制动： （1）ER减压170～190 kPa （2）BP减压量不低于170 kPa

（4）电空性能试验：控制继电器（电空装置）在各位置时的工作状态见表4-6-7。

表4-6-7 控制继电器（电空装置）在各位置时的工作状态

继电器	工况				
	运转位	常用制动	保压	充气缓解	紧急制动
制动继电器	失电	得电	失电	失电	得电
缓解继电器	失电	失电	失电	得电	失电
保压继电器	失电	失电	得电	失电	失电
紧急继电器	失电	失电	失电	失电	得电

（5）列车管补风试验（一次缓解时不进行补风试验）：列车管仅有"补风"模式，将大闸手柄置于初制动位，待压力稳定后，小心使列车管漏泄，观察1 min，记录列车管压力的变化。在补风模式时，列车管的补风能力应满足要求。

（6）断钩保护试验：制动系统充风至定压后，迅速打开与拖车连挂端的列车管折角塞门，排空列车管压力，此时被试车应：
① 切断列车管补风，紧急放风阀打开。
② 列车管压力应降低到0。
③ 出现动力切除指示。
④ 制动屏上显示紧急制动信息。

（7）空气备用制动试验：
① 切换到空气后备制动状态，操纵后备制动阀控制列车管的减压与充风，被试车制动缸的制动与缓解正常。
② 后备制动阀手柄置制动位时，后备均衡风缸压力从600 kPa降至430 kPa的时间应为6~8 s。

（三）拖车及控制车单车试验

在《铁路客车运用维修规程》中的单车试验要求的基础上，取消电空阶段缓解试验，增加鼓形车体拖车（控制车）停放制动试验，方法如下：

（1）保证总风管压力为（600±10）kPa，副风缸压力为（580±10）kPa，按规定做好防溜，并确认停放制动装置的电器接线无异常或短路，常用制动和停放制动均处于缓解状态。

（2）车上操作，按下停放制动控制模块双脉冲电磁阀制动按钮，停放制动控制装置排风，车上、车下停放制动缓解显示器均应显示为施加状态；车下确认停放制动夹钳单元处于施加状态。

（3）车上操作，按下停放制动控制模块双脉冲电磁阀缓解按钮，停放制动控制装置充风，车上、车下停放制动缓解显示器均应显示为缓解状态；车下确认停放制动夹钳单元处于缓解状态。

任务实施

学习任务六相关内容，完成任务单4-6。

任务单 4-6　CAB 型制动系统制动试验

1. 写出动集动车组列车制动试验全部试验的项点。
2. 写出动集动车组动力车单机制动试验项点。
3. 写出动集动车组控制车单机制动试验项点。

任务评价

任务：CAB 型制动系统制动试验

班级_____　　学号_____　　姓名_____　　小组_____

	考核项目	考核要求	分值	得分
自评	动集动车组列车制动试验：全部试验	能够准确地进行全部试验	20	
	动集动车组动力车单机制动试验项点	能够准确写出动力车单机试验项点	30	
	动集动车组控制车单机制动试验	能够准确地进行控制车单机制动试验	20	
	素养考核	虚心学习、执行达标、安全至上	10	
小组互评		从知识掌握、小组活动参与度等方面考核	10	
教师评价		根据完成任务的情况等进行评价	10	
		总评	100	

巩固自测

1. 动力车制动单机试验时，大闸运转位的评定标准是什么？
2. 动力车制动单机试验时，大闸减压 100 kPa 的评定标准是什么？
3. 动力车制动单机试验时，大闸置抑制位的评定标准是什么？
4. 控制车制动单机试验时，按下紧急制动按钮，评定制动性能的标准是什么？
5. 控制车制动单机试验时，监控装置常用惩罚制动的评定标准是什么？
6. 控制车制动单机试验时，无人警惕惩罚制动的评定标准是什么？

任务七　熟悉 CAB 型制动系统常见故障

项目四任务七课件

任务导入

在列车运行中，可能会发生一些动集动车组制动系统故障，应如何快速地分析制动机出现的常见故障呢？

任务目标

知识目标	1. 熟悉各种故障现象； 2. 掌握故障分析的方法。
能力目标	能准确排查及处理动集动车组制动系统的故障。
素养目标	1. 培养工作认真负责、安全意识强的职业素质； 2. 培养分析问题、处理问题的能力。

关联知识

一、CAB 型制动系统典型故障应急处理

（一）空气压缩机故障应急处理

1. 故障现象

（1）空气压缩机低于启动压力值时不工作。

（2）司机显示屏显示"主压缩机 1 异常""主压缩机 2 异常"等故障。

2. 应急处理措施

（1）检查空气压缩机自动开关，应处于闭合状态。

（2）将操纵台上的空气压缩机扳键开关置于"强泵位"，确认司机显示屏内空气压缩机的工作状态。

（二）干燥器故障应急处理

1. 干燥器排风不止故障应急处理

（1）故障现象：干燥器排风不止，空气压缩机工作时，总风缸长时间泵不满风。

（2）应急处理措施：排污阀排风不止时，将干燥器下方球阀以垂直管路方向旋转 90°关闭（水平位）排污阀，维持运行，并及时反馈信息。

注意：FXD3 型动力车在操作塞门前，应先断开主断路器，操作完成后再闭合主断路器。

2. 其他故障应急处理

(1)故障现象：其他故障。

(2)应急处理措施：干燥器出现其他故障时，将干燥器的旁通塞门打到"故障位"，维持运行，并及时反馈信息。

(三)制动控制系统故障应急处理

1. 制动控制器故障(5100)

(1)故障现象：状态/操作提示区提示"制动控制器故障5100"，制动系统无法正确响应制动控制器的位置指令。

(2)应急处理措施：

① 对制动系统进行断电复位：

FXD3：操作占用端低压柜内的QA71、QA51开关。

故障消除后，按相关规定进行制动缓解试验。

② 若断电复位后故障仍然存在，可将制动系统转入纯空气后备模式运行。

2. 制动机网络通信故障(5321)

(1)故障现象：状态/操作提示区提示"电气接口单元MVB通信故障5321"。

(2)应急处理措施：

① 制动系统仍能够正常响应自动制动手柄指令，维持运行。

② 前方站停车后，检查电气接口单元上的电缆、MVB网络插件的连接状态，对制动系统进行断电复位。

③ 对制动系统进行断电复位：

FXD3：操作占用端低压柜内的QA71、QA51开关。

故障消除后，按相关规定进行制动缓解试验。

3. 紧急制动再缓解时列车管不充风

(1)故障现象：紧急制动后，自动制动手柄置"运转"位，列车管不充风。

(2)应急处理措施：

① 将自动制动手柄置"紧急"位60 s后(如制动显示屏有60 s的倒计时提示)，再置"运转"位。

② 检查、确认"紧急制动"按钮在正常位。

③ 检查、确认紧急制动阀关闭。

④ 若断电复位后故障仍然存在，可尝试将制动系统转入纯空气后备模式运行。

4. 惩罚制动解锁

(1)故障现象：动力车产生惩罚制动，列车管减压。

(2)应急处理措施：

① 检查主界面是否存在安全环路报警：如报警，则与拖车联系解决，也可依据相关管理

办法通过司机显示屏内的安全环路隔离界面进行隔离。

注：安全环路隔离为全列车隔离，若故障再次发生或重现时，动车组不再产生任何保护动作。

② 通过显示屏提示信息确定并消除惩罚制动源。

典型惩罚源如下：占用端冲突故障；停放制动施加（动力车速度大于 5 km/h）；无人警惕装置动作；总风压力低于 500 kPa；网络节点丢失；LKJ、ATP 常用制动 A，LKJ、ATP 常用制动 B。

③ 自动制动手柄置抑制位 1 s 后回运转位，惩罚制动消除则维持运行。

二、CAB 型制动系统 典型故障案例分析

下面以 CR200J3 型动车组为例，分析典型故障案例。

（一）换端失败（制动缸压力低或操作时间问题）

（1）故障现象：换端时发生降弓，并退出自动换端。

（2）故障原因。换端需满足以下条件：

① 头车、尾车的制动缸 BC 压力大于 150 kPa。制动缸 BC 压力低可能有以下原因：

- 动力车：换端前进行单缓操作导致动力车制动缸压力被缓解。
- 控制车：拖车制动机制动缸漏泄。

② 换端操作时间大于 5 s，小于 25 min。

（3）处理办法：确认两端制动缸压力正常后，重新进行自动换端操作，若车辆制动机发生漏泄情况，处理漏泄后再进行换端操作。

（二）换端失败（双本务触发惩罚制动）

（1）故障现象：换端时发生降弓，并退出自动换端。

（2）故障原因：动车组 CCU 检测到车组内出现两个本务模式的制动机，触发惩罚制动，双本务模式问题可能是以下原因触发的：

① CCU 没有发出补机设置指令（在库内紧急试验后发生过）。

② 制动系统内部网络问题导致无法响应 CCU 发送的设置指令。

③ 换端前制动系统判断出列车管控制模块故障，并不再响应系统设置指令。

（3）处理办法：重启无钥匙端动力车/控制车后可消除该问题。

（三）总风压力开关 1/2 故障的误判

（1）故障现象：系统报总风压力开关故障。

（2）故障原因：大多数情况下是属于误判。误判原因是：

① 总风压力传感器读取总风缸 1，压力开关接总风缸 2，由于车组气路布置原因，总风缸 1 和总风缸 2 之间存在节流阀，造成两个总风缸压力并不完全同步，总风压力传感器读数不能真实反映压力开关的动作状态，容易在总风缸充/排风速度较快的情况下造成 CCU 误报

总风压力开关故障，比如在刚开始试验时、换端时、紧急时等。

② 在关闭制动机 A24 总风塞门时，会同时报压力开关 1 和压力开关 2 故障，也属于误判。

（四）总风低时单缓操作，报制动缸控制模块故障

（1）故障现象：总风压力低时，进行了单缓动作，制动缸压力不能缓解，制动显示屏报制动缸控制模块故障。

（2）故障原因：制动机内部各机械气阀是靠压力空气执行动作的，总风压力低时气阀动作不能有效执行，制动缸压力不能缓解，从而报出制动缸模块故障。

（五）无火回送时，停放制动异常施加

（1）故障现象：无动力回送操作有误，导致无火后非操纵端停放施加，造成带闸行车。

（2）故障原因：在操作过程中，长编组列车进行无火回送时，主控车在未降弓、断电的情况下，通知随车机械师进行非操纵端无动力回送操作；非操纵端设置完毕后，主控车进行降弓、断电及主控车的无动力回送操作，由于停放制动通过硬线贯穿全列，非操纵端设置完毕后停放缓解，但当主控端动力车断电后，停放指令会通过贯穿硬线施加给非操纵端。

（3）处理办法：无火操作前，将动车组或动力车（单机）的所有供电断开后，再进行无火操作设置。

（六）手柄在初制动位与运转位之间快速动作，造成 BP 异常排风，报 BPCM 不充风故障，触发惩罚

（1）故障现象：推大闸至初制动位，1 s 后拉回运转位，列车管压力持续降低，报 BPCM 不充风故障，触发惩罚。

（2）故障原因：推大闸至初制动位 1 s 后，列车管压力最低降至 570 kPa，减压未足够（550 kPa）时就拉回运转位，造成车辆列车管异常排风，触发惩罚。

（3）处理办法：实施制动，必须等减压完毕后再进行其他操作。

操作规范：减压时，制动阀排风未停止前不应追加、停车或缓解列车制动。

（七）BCU 通信丢失

（1）故障现象：制动机断电，显示屏报"BCU 通信丢失"故障。

（2）故障原因：正常行车时，空气后备制动的电塞门手柄在非水平位，可能会造成塞门电信号的改变，并引起制动机断电，显示屏报"BCU 通信丢失"故障。

（3）处理办法：空气后备制动的电塞门一定要操作到位，正常行车时置于水平位，空气后备时置于竖直位。

任务实施

学习任务七相关内容，完成任务单 4-7。

任务单 4-7　动集动车组制动系统故障处理

1. 简述动集动车组干燥器故障的应急处理。
2. 动集动车组紧急制动再缓解时列车管不充风,分析原因并给出处理方案。
3. 简述动集动车组惩罚制动解锁。

任务评价

任务：动集动车组制动系统故障处理

班级_____　学号_____　姓名_____　小组_____

考核项目		考核要求	分值	得分
自评	动集动车组制动系统应急故障处理	方法得当、处理流程正确	30	
	动集动车组制动系统案例分析	分析准确、思路清晰、表述正确	40	
	素养考核	虚心学习、执标达标、安全至上	10	
小组互评		从知识掌握、小组活动参与度等方面考核	10	
教师评价		根据完成任务的情况等进行评价	10	
总评			100	

巩固自测

1. 空气压缩机低于启动压力值时不工作,怎么处理？
2. 动力车惩罚制动后,典型惩罚源有哪些？
3. 动力车惩罚制动,列车管减压,怎么处理才能维持运行？
4. 状态/操作提示区提示："电气接口单元 MVB 通信故障 5321"时,应如何处理？

参考文献

[1] 张振鹏,金竹,饶忠.列车制动计算[M].北京:中国铁道出版社,1984.
[2] 刘豫湘,陆缙华,潘传熙.DK-1型电空制动机及空气管路系统[M].北京:中国铁道出版社,1998.
[3] 时速160公里动力集中型电力动车组(CR200J3型)原理与操作编委会.时速160公里动力集中型电力动车组(CR200J3型)原理与操作[M].北京:中国铁道出版社,2020.
[4] 李书营,马金法.交流传动机车制动系统[M].成都:西南交通大学出版社,2019.
[5] 左继红,李云召.电力机车制动机[M].成都:西南交通大学出版社,2019.
[6] 李益民.机车制动系统[M].北京:中国铁道出版社,2021.
[7] 铁道部劳动和卫生司,铁道部运输局.机车制动钳工[M].北京:中国铁道出版社,2005.
[8] 铁路职工岗位培训教材审委员会.制动钳工(机车)[M].北京:中国铁道出版社,2011.
[9] 饶忠.列车制动[M].北京:中国铁道出版社,2002.
[10] 中华人民共和国铁道部.铁路机车操作规则[M].北京:中国铁道出版社,2012.
[11] 中国铁路总公司.铁路技术管理规程(普速铁路部分)[M].北京:中国铁道出版社,2014.